高职高专教材

大学语文

王艳冰 赵倩 史慧 主编
巩玲玲 田翠翠 副主编

化学工业出版社
·北京·

内容简介

《大学语文》以培养高职学生人文精神和综合素质为目标，融人文性、审美性和实用性于一体，旨在引导学生品读经典诗文、寻找文化基因、树立文化自信。全书共分三个部分：第一部分中国古典文化与文学，采取以史为纲、突出经典的编写思路，具体包括文明伊始、先秦原典、秦汉灿烂、魏晋风度、盛唐诗音、两宋词韵、元曲芬芳和明清余韵；第二部分中国现代文学由诗歌、小说、散文和戏剧组成；第三部分应用文写作，注重应用写作能力的培养，包括应用文写作概述、事务文书写作、党政机关公文写作及日常文书写作。

本书既可作为高等职业院校大学语文课程教材，也可作为社会读者的阅读参考书。

图书在版编目（CIP）数据

大学语文/王艳冰，赵倩，史慧主编. -- 北京 ：
化学工业出版社，2024. 7. --（高职高专教材）.
ISBN 978-7-122-44666-4

Ⅰ. H193.9

中国国家版本馆CIP数据核字第20240PU544号

责任编辑：满悦芝　　文字编辑：王　琪
责任校对：李雨晴　　装帧设计：张　辉

出版发行：化学工业出版社
（北京市东城区青年湖南街13号　邮政编码100011）
印　　刷：三河市航远印刷有限公司
装　　订：三河市宇新装订厂
787mm×1092mm　1/16　印张17½　字数432千字
2024年11月北京第1版第1次印刷

购书咨询：010-64518888　　售后服务：010-64518899
网　　址：http://www.cip.com.cn
凡购买本书，如有缺损质量问题，本社销售中心负责调换。

定　　价：48.00元

编写人员名单

主　编：王艳冰　赵　倩　史　慧

副主编：巩玲玲　田翠翠

参　编：王泽亚　李嘉懿

前言

随着我国进入新的发展阶段，产业升级和经济结构调整不断加快，社会各行各业对技术技能人才的需求越来越紧迫，高职教育的人才培养质量也备受社会各界关注。如何培养出适应社会发展需要的高素质人才，是当下高职教育需要认真思考并交出答卷的新课题。

文化是民族的血脉，是人民的精神家园。中华五千年的悠久历史，孕育了底蕴深厚的历史文化，源远流长的经典诗文，是历史长河中经久不衰的瑰宝。以中国历代经典文学作品为主要内容的大学语文，是中华民族精神文化的重要载体，也是培养高职学生人文素养的重要路径。

大学语文是高职院校开设的一门必修公共基础课，主要培养学生汉语语言文学方面的阅读、欣赏、理解和表达能力，培养高职学生人文精神和综合素质，帮助学生拓宽视野，寻找精神家园，更好地面对当下和未来，实现人生价值。

结合高职院校办学定位和学生特点，我们编写了这本融人文性、审美性和实用性于一体的大学语文教材。本教材分三个部分：第一部分中国古典文化与文学，第二部分中国现代文学，第三部分应用文写作。本教材具有以下特征。

一、以史为纲，突出经典

纵观当前的大学语文教材，或以文体组成教学单元，或以人文主题作为大学语文教材的组元形式，这两种形式各有其优点。本书在吸收前人教材优点的基础上，在中国古典文化与文学部分采取以史为纲，突出经典的编写思路。正如王国维在《宋元戏曲史》的自序中所说："凡一代有一代之文学：楚之骚，汉之赋，六代之骈语，唐之诗，宋之词，元之曲，皆所谓一代之文学，而后世莫能继焉者也。"本书第一部分以时间为轴，选取各个时期的经典作品作为课文篇目，以选文、注释、作者简介、思考与练习为序布局安排，旨在凸显历史长河中的中国文脉，引导学生品读经典诗文，传承文化经典，弘扬中华文化。

二、融思政元素，寻文化基因

大学语文是中华民族文化精神的重要载体。古往今来传承下来的经典篇章是大学语文最主要的教学内容，那些古雅的文字中蕴藏着的智慧、仁爱思想、家国情怀、积极的人生追求和思想内涵，在时间的长河中汇入中国人的血脉，成为中国人心灵深处的文化基因。而这正是开展课程思政教育的绝佳素材，可以说，学生学习大学语文的过程，是阅读人文经典的过程，是思想受到熏陶和启迪的过程，是寻找文化基因、树立文化自信的过程。

三、注重写作实践，学以致用

应用文写作主要解决现实工作和生活中的实际问题。本书第三部分从应用文概述、事务文书、党政机关公文及日常文书四个章节精选文种，系统介绍。从知识要点、例文评析、写作实践等方面，帮助学生了解常用应用文体的性质特点，掌握应用文体的写作格式和写作要求，使学生能结合实际写作日常工作和生活中常用的应用文，学以致用；力图增强学生服务岗位与社会的能力，提升学生的职场竞争力，实现未来职业生涯的可持续发展。

本书由王艳冰确定编写原则、内容和体例，并负责全书统稿。具体分工如下：巩玲玲编写第一章、第八章、第九章；史慧编写第二章、第三章、第十一章；赵倩编写第四章、第五章、第十章；王艳冰编写第六章、第十三章、第十四章及附录；田翠翠编写第七章、第十五章、第十六章；王泽亚和李嘉懿共同编写第十二章。王泽亚和李嘉懿负责资料整理、文字录入等工作。

在本书编写过程中，我们参阅了大量的书籍和相关教材，在此向有关人士致以诚挚的谢意。

由于编者水平及时间所限，在编写过程中一定会存在这样或那样的问题，书中存在的不妥之处，恳请读者给予批评指正。

编　者

2024年7月

目 录

第一部分　中国古典文化与文学

第一章　文明伊始

第二章　先秦原典

第三章　秦汉灿烂

第四章　魏晋风度

第五章　盛唐诗音

第六章　两宋词韵

第七章　元曲芬芳

第十二章　戏剧

第三部分　应用文写作

第十三章　应用文写作概述

第十四章　事务文书写作

第十五章　党政机关公文写作

第十六章　日常文书写作

大學語文

第一部分　中国古典文化与文学

第一章　文明伊始

概　　述

什么是神话？神话是原始先民根据其所接触的自然现象、社会现象，幻想出来的具有艺术意味的解释和描述的集体口头创作。神话是人类文明共有的一种文化现象，无论在东方还是在西方，都普遍存在神话。

现代的考古证据显示，170 万年前，甚至更早的时候，中华民族就生活在以长江和黄河流域为中心的这片古老的土地上。为了更好地应对自然挑战，顺利繁衍生息，中华民族的先人们创造出大量神话。他们通过神话编织梦想、创造希望、鼓舞干劲，构造起中华民族自强不息的精神家园，也使其成为中华优秀传统文化的重要组成部分。细细梳理这些神话，可分为五类——创世神话、始祖神话、洪水神话、战争神话、发明创造神话，这也反映了中华民族认知自然、谋求生存的历程。

创世神话又称开辟神话，是关于天地开辟、人类和万物起源的神话。古代的创世神话，以盘古的故事最为著名。一则神话说盘古不仅分开了天和地，同时他也是天地之间万事万物的缔造者；另一则神话则说盘古死后，呼吸变为风云，声音变为雷霆，两眼变为日月，肢体变为山岳，血液变为江河，须发变为星辰，皮毛变为草木……这种“垂死化身”的宇宙观，暗喻了人和自然的相互对应关系。中国古代关于宇宙万物起源的神话还有多种表达形态，如《山海经》中所记录的帝俊的妻子羲和生育了十个太阳，常羲生育了十二个月亮等。还有烛龙之神，他的生理行为就直接引发了昼夜、四季等自然现象。这些都表明了原始先民对宇宙等自然现象积极探索的精神。

始祖神话是有关人类起源的神话。有关女娲的神话大概产生于母系氏族社会，女娲造人和补天的不朽功绩，既反映了人们对女性延续种族作用的肯定，同时也是对女性社会地位的认可。女娲的相关神话塑造了一个有着奇异神通而又辛勤劳作的妇女形象，她所做的一切，都充满对人类的慈爱之情。始祖神话几乎各部族皆有，而且不少在情节或结构上有相似之处。它们反映了原始先民对于自身起源的探究和对祖先的追念，表现出民族自豪感。

洪水神话是以洪水为主题或背景的神话，在世界各地普遍存在。近代科学已经证明，地球在冰川末期随着气候变暖，曾经暴发过世界性的大洪水。那次大洪水已成为世界各民族的远古记忆而流传在各种神话、传说之中。在中国的洪水神话中，洪水是一种自然灾害，神与原始先民积极同洪水进行斗争，体现了人的智慧及人与大自然抗争的精神。在洪水神话中，最杰出的英雄当数鲧禹父子。《山海经·海内经》载："洪水滔天，鲧窃帝之息壤以堙洪水，不待帝命。帝令祝融杀鲧于羽郊。鲧复生禹，帝乃命禹卒布土以定九州。"鲧禹治水的神话反映了中国古代汉族劳动人民治理洪水的艰苦卓绝的斗争过程，他们所表现出来的那种执着的信念和前仆后继、不屈不挠的伟大斗争精神，至今依然闪烁着灿烂的光芒。

战争神话是以战争为主题的神话，它反映了原始社会部落之间的斗争。中国古代最有名的战争神话当属黄帝、炎帝和蚩尤之间的战争。《史记·五帝本纪》记载："蚩尤作乱，不用帝命。于是黄帝乃征师诸侯，与蚩尤战于涿鹿之野。"《太平御览》引《志林》曰："黄帝与蚩尤战于涿鹿之野，蚩尤作大雾，弥三日，军人皆惑。黄帝乃令风后法斗机作指南车以别四方，遂擒蚩尤。"涿鹿之战后，华夏、东夷共同融合为后来华夏民族的核心。炎黄的联合，蚩尤部落的被同化，催化了民族和国家的诞生。

发明创造神话是与发明创造有关的一系列神话。人们把自身发展过程中所积累的各类重大发明，以及对各种自然、社会障碍的克服，都加在一个个神话人物身上，并把他们看作本部族的英雄象征。庖牺氏，即伏羲，被称作上古的人文始祖，他通过观察天象、地象以及人世间的变化，创造了中华民族历史上有名的八卦学说，构成了中华民族认识自然、认识社会的系统哲学思想；神农氏，即炎帝，一直被认为是农业文明的缔造者，他发明了陶器和炊具，并且为了解除疾病的痛苦，冒着生命危险尝百草，发明了中医和中药；燧人氏则发明了火，使人们可以驱赶禽兽，可以度过漫长的寒冬，可以在黑暗中找到光明，可以吃上熟食，用火成为人类文明的重要里程碑。严格意义上来讲，这些已经不再是神话，而是故事。中华民族彻底以"人"的姿态，开启了中华文明之路。

在文字尚未出现的时代，人们要对历史做记录只能采用口耳相传的方式，有些记录已经被后人改造，中国神话的原始形态没有很好地保存下来。文字产生以后，中国文学脱离了传说时期，后世这些神话传说散见于多部典籍，最有名的莫过于战国时期的《山海经》和西汉刘安的《淮南子》。《山海经》是我国现存最古老的地理书籍，主要记载古代传说中的地理——包括自然地理和人文地理。此书文字古朴，很少篡改，保留先秦资料比较可靠。原题夏禹、伯益所作，实际上，当出于春秋战国人之手，秦汉间有所附益，经过刘向、刘歆父子整理，又经晋人郭璞作注。全书共十八卷，记述山川、地理、部族、物产、天文、历法、神话、巫术、医药、科技、风俗等，多及异物和神奇灵怪，保存了我国丰富的古代神话、宗教、祭祀等资料，内容广博宏富，涉及上古时代的社会状况和自然现象的各个方面。鲁迅说它是"古之巫书"。《淮南子》是汉代初年淮南王刘安领衔编撰的一部集大成作品，是在《山海经》之外搜罗神话最为宏富的著作。《淮南子》最大的功绩是完整记录和保存了著名的四大神话，即后羿射日、嫦娥奔月、女娲补天和共工触山。其中的后羿射日与嫦娥奔月，先秦时代已有记载，但以《淮南子》的记载最为完整；女娲补天和共工触山，则是第一次出现。另外，东晋干宝的《搜神记》、三国吴人徐整的《三五历纪》和《五运历年记》、唐代李冗的《独异志》中，也包含了不少神话传说。

文字的出现，是社会文明的标志之一。美国的路易斯·亨利·摩尔根（Lewis H.Morgan）在其《古代社会》中曾说过："没有文字记载，就没有历史，也就没有文明。"汉字是世界上历史最悠久的文字之一，而且是当今世界上通行使用的文字中最古老的一种。如果单从已经相当发达、成熟的殷商甲骨文字算起，汉字迄今已有3000年以上的历史。而比这更早的良渚文字，则距今5000年以上。文字是文化的载体，是一个民族的传统与文化得以延续的主要手段。数千年来，历史悠久的中华文化层峦叠嶂、代有高峰，以其连续性、持久性闻名于世，但其能够完整地流传到今天，靠的全是汉字的记录与传承。因此，我们可以毫不夸大地说，汉字是中华文明之光，汉字是中华文化之母。没有汉字，就不会有光辉灿烂的中华传统文化。

神话传说

盘古开天辟地

选自《三五历纪》

天地混沌[①]如鸡子，盘古生其中。万八千岁，天地开辟，阳清为天，阴浊为地[②]，盘古在其中，一日九变。神于天，圣于地[③]，天日高一丈，地日厚一丈，盘古日长一丈，如此万八千岁。天数极高，地数极深，盘古极长。后乃有三皇[④]。数起于一，立于三，成于五，盛于七，处于九[⑤]，故天去地九万里。

【注释】

① 天地混沌：世界开辟前元气未分、模糊一团的状态。

② 阳清为天，阴浊为地：清气上升，为天；浊气下沉，为地。

③ 神于天，圣于地：意思是说盘古可以在天空自由拓展，而又能够在大地上任意发挥。

④ 三皇：说法很多，其中最为流行的当属《史记》中所载的"天皇""地皇""泰皇"和《古微书》中记载的"伏羲""神农""黄帝"。

⑤ 数起于一，立于三，成于五，盛于七，处于九：指数字开始于一，建立于三，成就于五，壮盛于七，终止于九。这里比喻自天地分开，天空离地面的距离就开始不断增大。因为任何变化都有个极点，所以，一旦天空离地面达到了"九万里"，天升高、地下降的局面就转向停止，天就不再继续升高了。

【思考与练习】

1. 中国古代著名的神话有哪些？

2. 盘古开辟天地的神话寓有什么样的传统精神？

女娲补天

选自《淮南子·览冥训》

往古[①]之时，四极[②]废，九州[③]裂，天不兼覆，地不周载[④]。火爁焱[⑤]而不灭，水浩洋[⑥]而不息。猛兽食颛民[⑦]，鸷鸟[⑧]攫老弱。于是女娲炼五色石以补苍天，断鳌[⑨]足以立四极，杀黑龙以济冀州[⑩]，积芦灰以止淫水[⑪]。苍天补，四极正，淫水涸，冀州平[⑫]，狡虫[⑬]死，颛民生。

【注释】

① 往古：很远的古代，上古。

② 四极：古代人民认为天的四边由四根擎天大柱支撑。

③ 九州：泛指天地。

④ 天不兼覆，地不周载：天不能完整地笼罩大地，地不能周全地承受万物。

⑤ 爁（làn）焱（yàn）：火势蔓延的样子。爁，焚烧、火蔓延。焱，火花、火焰。

⑥ 浩洋：水势浩大的样子。

⑦ 颛（zhuān）民：善良的百姓。颛，善、善良。

⑧ 鸷鸟：凶猛的鸟。

⑨ 鳌：古代传说中的大龟。

⑩ 冀州：古代九州之一，此泛指中原地带。

⑪ 淫水：泛滥的洪水。

⑫ 平：平定。

⑬ 狡虫：猛兽。

【思考与练习】

1.《女娲补天》这则古代神话，体现了怎样的人与自然的关系？

2. 关于女娲的神话你还知道哪些？

后羿射日

选自《淮南子·本经训》

逮至尧[①]之时，十日[②]并出，焦禾稼，杀草木，而民无所食。猰貐[③]、凿齿[④]、九婴[⑤]、大风[⑥]、封豨[⑦]、修蛇[⑧]，皆为民害。尧乃使羿诛凿齿于畴华[⑨]之野；杀九婴于凶水[⑩]之上；缴[⑪]大风于青丘[⑫]之泽；上射十日而下杀猰貐；断修蛇于洞庭；禽[⑬]封豨于桑林。万民皆喜，置[⑭]尧以为天子[⑮]。

【注释】

① 尧：唐尧，传说中的“五帝”之一。

② 十日：据说是东方天帝帝俊之妻羲和所生。《山海经·大荒南经》：“东南海之外，甘水之间，有羲和之国。有女子名曰羲和，方浴日于甘渊。羲和者，帝俊之妻，生十日。”

③ 猰貐（yàyǔ）：一种吃人的怪物。关于猰貐的形状与特性，各书记载不一，大抵是长得丑恶可怕的怪兽，行走极快，吃人，叫声似婴儿啼哭。

④ 凿齿：吃人的凶兽，齿长三尺，形状像凿子，直露在嘴外。

⑤ 九婴：传说中长着九个脑袋的怪物，能喷水吐火。

⑥ 大风：一种凶猛的大鸟，飞翔时常有大风伴随，有很大的破坏力。

⑦ 封豨（xī）：根据野猪特点虚构出来的妖精。

⑧ 修蛇：巨蟒。据说头大如山，吞象三年而出其骨。

⑨ 畴华：传说中的南方水泽名。

⑩ 凶水：水名，传说在北狄。

⑪ 缴（zhuó）：系在箭尾上的绳，这里作动词用，指用带缴的箭来射。

⑫ 青丘：东方水泽名。

⑬ 禽：同“擒”。

⑭ 置：设置，这里作推选、拥戴讲。

⑮ 天子：天的儿子，统治者妄称自己是上天派来的，所以称天子，其实尧不过是原始社会中各部落的大酋长。

【思考与练习】

1. 这则神话体现了人类怎样的精神？

2. 如果你有机会见到后羿，你会对他说些什么？

精卫填海

选自《山海经·北山经》

又北[①]二百里，曰发鸠之山[②]，其上多柘木[③]，有鸟焉，其状[④]如乌[⑤]，文首[⑥]，白喙，赤足，名曰“精卫”，其鸣自詨[⑦]。是炎帝之少女[⑧]，名曰女娃。女娃游于东海，溺而不返，故[⑨]为精卫，常衔西山之木石，以堙[⑩]于东海。漳水出焉，东流注于河。

【注释】

① 北：向北。

② 发鸠之山：古代传说中山的名字。

③ 柘木：又名桑柘木，桑科植物，中国自古至今以其叶养蚕。

④ 状：形状，外形。

⑤ 乌：乌鸦。

⑥ 文首：头上有花纹。文，同“纹”。

⑦ 其鸣自詨（xiào）：它的叫声是在呼唤自己的名字。詨，呼叫、呼唤。古代许多鸟的命名是来源于其叫声。

⑧ 少女：小女儿。

⑨ 故：所以。

⑩ 堙：填塞。

【思考与练习】

1. 这则神话展示了中国先民什么样的民族特征？

2. 与西方神话相比，中国神话有何特点？

夸父逐日

选自《山海经·海外北经》

夸父[①]与日逐走[②]，入日[③]；渴，欲得饮，饮于河、渭[④]；河、渭不足，北饮大泽[⑤]。未至，道[⑥]渴而死。弃其杖，化为邓林[⑦]。

【注释】

① 夸父：《山海经·海外北经》记载有一个"博父国"，前人考证，"博父"就是"夸父"。"博父国"中都是一些善于奔跑的巨人。

② 逐走：追赶，赛跑。

③ 入日：进入太阳光圈。一说太阳入于地平线下。

④ 河、渭：二水名。河指黄河。渭指渭水，是黄河的一个支流，在今陕西省境内。

⑤ 大泽：神话里的大湖，传说在山西雁门山北，纵横千里。

⑥ 道：途中，半路上。

⑦ 邓林：清代毕沅注释《山海经》说："邓林即桃林，邓、桃音相近。"《列子·汤问》记载："邓林弥广数千里。"一说邓林是地名，在今河南、湖北、安徽三省交界的大别山附近。

【思考与练习】

1. 从这个故事中，你看到了夸父哪些优秀品质？

2. 神话是一种虚构，它以形象来体现远古时代人们对现实的认识，请你谈谈对这则神话意义的认识。

汉 字 起 源

汉字，亦称中文字、中国字、国字，是属于表意文字的词素音节文字，是迄今为止连续使用时间最长的主要文字，也是上古时期各大文字体系中唯一传承至今的文字。有学者认为汉字是维系中国南北长期处于统一状态的关键元素之一，亦有学者将汉字列为中国第五大发明。中国历代皆以汉字为主要官方文字。

汉字是世界上最古老的文字之一，它是记录事件的书写符号。在形体上逐渐由图形变为由笔画构成的方块形符号，所以汉字一般也叫"方块字"。它由象形文字（表形文字）演变成兼表音义的意音文字，但总的体系仍属表意文字。所以，汉字具有集形象、声音和辞义三者于一体的特性。这一特性在世界文字中是独一无二的，因此它具有独特的魅力。汉字是中华民族几千年文化的瑰宝，是中华五千年文明连绵不绝的载体，是中华文化源远流长的见证。中华文明能够持续发展，从未中断，始终保持着旺盛的生命力，汉字功不可没。汉字随着时代的发展而发展，直到今天，依然担负着传承中华文明的历史使命。中国的汉字以它特有的艺术魅力和认识价值赢得了世世代代人们的喜爱和关注。

一、汉字起源之美

各个民族都有着关于语言文字产生的传说，很多传说都告诉后人，这种语言文字之所以这么完美神圣，是因为这是神发明出来的。比如西方世界里传说，上帝不仅创造了人，还创造了语言文字，在我们中国也是如此。

（一）仓颉造字说

此说流传最为深远和广泛。相传仓颉是黄帝的一名史官，他异于常人，有四只眼睛，所以才会看到别人所看不到的事物和情况，才有超乎常人的智慧，比如太阳的东升西落、月亮的阴晴圆缺、鸟兽的足迹、四季的轮回，从这一切自然变化中他找到了特点和规律，受到了启示，进而创造了汉字。他的这个创造太过伟大，以至于惊天动地，鬼神皆知，老天爷受到触动，漫天下雨一样下起了小米，鬼神也随之“鬼哭神叫”，可见这一事件的非同寻常。

（二）八卦造字说

许慎在《说文解字·叙》中认为，最初伏羲氏创作了八卦符号以显示“宪象”，也就是反映客观的外部世界，一直到黄帝的史官仓颉造出了可以书写的文字，官民才真正得到管理。所以八卦是汉字的前身，汉字的产生也是得到了八卦的启发。或者说，汉字是由八卦演变出来的。可是如果我们仔细观察就会发现，八卦不过是一种数学上的排列组合游戏，用两个基本的符号进行组合，可以得到八个卦象符号，再用这八个卦象符号进行组合，一共可以得出八八六十四种排列方式，每一种排列方式代表一个独特意义的卦象，古代人凭借对这些卦象的分析预测事件或人生的未来。这八个卦象符号是这样的：

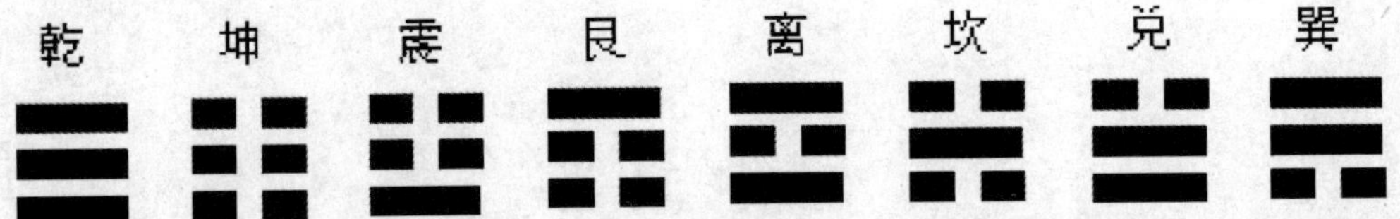

有些人找出了一些汉字的古字的写法，希望能证明汉字是从八卦中产生的这一说法。例如“水”字，篆字的写法是“水”，字形很像横过来的坎卦，还有“坤”字的古文写法是“巛”，他们认为这就是坤卦竖过来的变体写法。再比如，甲骨文中从一到八都是由四根以内的小草棍拼凑摆设而成，其中“五”的样子很像“爻”的一半，“教”字的古字是“教”，其中包含了一个“爻”字，也就是两个“五”字，“学”字“學”含有“爻”这个部分，是由两个“五”和一个“六”组成的，相当于八卦中的巽卦。这说明在一部分汉字当中，确实有把部分八卦符号作为汉字的部件的现象，但这绝对不代表汉字就是从八卦当中脱胎出来的，因为八卦与汉字是两种性质和用途都完全不同的符号系统。

1　2　3　4　5　6　7　8

（三）结绳记事说

神话故事毕竟只是神话故事，大多数人很难相信中国历史上真的有一个四只眼睛的怪人为我们创造了我们现在所使用的汉字。所以人们便去追寻汉字产生的真正原因。

生活中总会发生一些我们想要记住的事情，没有文字的时候人们怎么办呢？也许有人找来一块石头帮助记忆，但是后来发现石头并不方便：大事情用大石头，小事情用小石头，时间一长满地是石头，根本分不清发生事情的时间和先后顺序；而且用石头摆出的形式不容易保存，很容易被扰乱。所以某一天一个聪明的原始人找来一根绳子，发生一件事情就在绳子上系一个疙瘩，大事情系大疙瘩，小事情系小疙瘩，这样不仅区分开事情，还能帮助记住事情的顺序。《周易·系辞下》中有“上古结绳而治”的记载，说的是古代曾有一个时期，统治者用结绳的方法管理国家。

但是生活中的事情太多、太复杂，用结绳的方法不能完全把它们记录下来，这就激发了人类去创造更为有效的工具——文字的动力。只有用准确的手段来记录信息，人们才能保存住想要记录的内容。另一方面，古代汉字的字形也留给我们一些蛛丝马迹，说明在汉字产生前曾有过结绳记事。比如“廿”（二十）、“卅”（三十）、“卌”（四十）等。

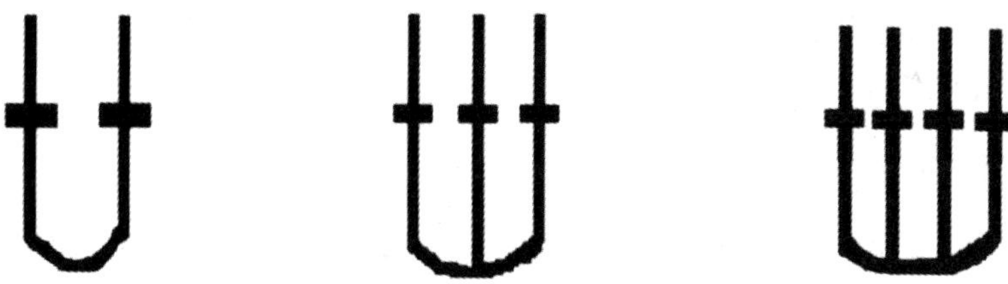

这些字形很像在绳子上打的结，有人认为这就是结绳记事的遗迹。

（四）契刻说

契刻就是在东西上刻下痕迹以记录事情。古时候人们通常在木片或竹片的表面和边沿刻上痕迹来记录数量，这和结绳记事其实是非常相似的。但很明显，契刻的办法已经比结绳记事先进了许多，至少携带轻便简单——可以揣在兜里，不易错——不会因为所打的结滑开而缺少数量，还可以作为交接时的信用凭证，例如将一片已经制作好的木片从侧面平分劈开，这样两片木片大小、切口都可以完全重合，简单方便。这一点也可以间接证明，契刻记事要比结绳记事更晚出现。

同样道理，契刻与结绳一样都只能简单地记录数字，不能记载更加复杂的内容，而且都没有与语言发生联系。所以当人们发现在木片上契刻不能满足对于记事的要求时，便也必然要求产生一种更复杂、更详细的对事情的记录方式，于是汉字便应运而生。

（五）图画说

从中国的古老文字当中，我们能发现很多汉字都是象形文字，也就是从最开始的描摹物体的图画到后来由图画变成的象形字。世界上几种最古老的文字都是象形文字，这说明人类文字起源有着共同的规律，人类思考和创造事物都遵循着一个相似的发展轨迹。那么图画造字说也就不是一种猜想或者故事，而是人类所必须经历的文字早期发展阶段。我们一起来看下面这些古代的文字：

惟妙惟肖的摹画，使人从表面上就能看出一些含义来，这就是象形文字的特点。这些象形文字已经与汉语中的词和音节紧密地结合了。它们是从一些更原始、复杂，并且与语言结合得不紧密的图画中发展出来的。

（六）汉字祖先甲骨文

甲骨文，是盛行于中国商代盘庚时期至西周早期的一种古老文字，因绝大部分出土于河南安阳殷墟，且文字契刻在龟甲和兽骨（主要是牛肩胛骨）上，又称“契文”“甲骨卜辞”“殷墟文字”或“龟甲兽骨文”。甲骨文在汉字漫长的发展历史上具有极其重要的地位，它上承原始刻绘符号，下启青铜铭文，是汉字发展的关键形态，故有“最早的汉字”“汉字鼻祖”之称。

中国的文字萌芽较早，在新石器时代仰韶文化的陶器上，就发现了各种刻划符号，这些符号成为中国文字的雏形，经过两三千年的孕育、发展，到了商代，中国的文字达到基本成熟阶段。截至 2022 年 11 月，中国甲骨文发现总计约十五万片，经科学考古发掘的有三万五千余片，单字数量已逾四千字，其中既有大量指事字、象形字、会意字，也有很多形声字。其中形声字约占 27%，可见甲骨文已是相当成熟的文字系统。甲骨文具有一定体系并有比较严密的规律，内容丰富，是研究古文字的宝贵资料。过去，古文字研究的主要依据是商周青铜器上的铭文，如东汉许慎的《说文解字》。甲骨文比《说文解字》要早约 1500 年，而且它是来源于直接发掘出来的出土文物，可信程度更高，对研究汉字的起源和发展、纠正《说文解字》的疏失、解决青铜器铭文中悬而未决的问题，都有极大价值。

甲骨文主要为占卜记事卜辞，《礼记·表记》载：“殷人尊神，率民以事神，先鬼而后礼。”已知，殷商时期，王室贵族上自国家大事，下至私人生活，如祭祀、气候、收成、征伐、田猎、病患、生育、出门等，无不求神问卜，以得知吉凶祸福决定行止。于是，占卜成了国家政治生活中的一件大事，朝廷设置了专门的机构和卜官。有刻辞的甲骨，都作为国家档案保存起来，堆存在窖穴之中。因此甲骨上的卜辞成为研究商代历史的第一手材料，它反映了从公元前1300年到公元前1000年的社会生活的各个方面，为我们研究中国商周的政治、军事、经济、科技、宗教、文化、立法、社会制度提供了可资利用的、弥足珍贵的资料。

二、第一部字典《说文解字》

许慎在东汉和帝永元十二年（100）开始写作《说文解字》一书，这是中国第一部字典，对中国后世的字典有着深远的影响。许慎（约58—约147），字叔重，东汉汝南召陵（今属河南）人。许慎年轻时在汝南郡做功曹，后来被推举为孝廉应召入京，在太尉府工作。当时的人们就给他以很高的赞誉，称他为“五经无双许叔重”。他是汉代有名的经学家、文字学家（有“字圣”之称）、语言学家，是中国传统文字学的开拓者。许慎在担任太尉府祭酒时，师从经学大师贾逵。他历经21年完成《说文解字》，另著有《五经异义》《淮南鸿烈解诂》等书，但现在都已失传。

许慎的老师贾逵是东汉著名的经学大师，不论是古文的经还是今文的经他都很精通。许慎就跟他学经，后来撰写《说文解字》一书也和跟从贾逵学习古文经有很大的关系。

《说文解字》是我国古代第一部分析字形、解析字义、分辨字音的字典。许慎分析小篆的字体结构，创立了540个部首，将搜集到的9353个字分别归入这540部，开创了部首检字法的字典体例。原书分为目录一篇和正文14篇。原书现已失落，但其中大量内容被汉朝以后的其他书籍引用，并有北宋徐铉于雍熙三年（986）校订完成的版本（称为“大徐本”）流传至今。宋以后的说文研究著作多以此为蓝本，例如清朝的段玉裁注释本。

《说文解字》对后世产生了不可估量的影响。现代学者在讨论汉字的时候，首先就要以《说文解字》作为基础参考书。《说文解字》的内容十分丰富，包罗万象，它的价值不仅限于解说汉字、研究汉字本身，可以说它是东汉末以前的百科全书。书里包含了大量的文字学、古代社会、人文生活等各个方面的资料，为后世各个领域的研究都留下了宝贵的资源。《说文解字》汉字的研究开创了字形、字音、字义综合研究的先河，不仅提供按部首排字的方法，同时又阐释了“六书”的定义，并把“六书”的内容具体化，因而保存了研究汉字发展历史和规律的资料。直到今天，字典仍然沿用着许慎开创的部首检字方法。段玉裁称这部书“此前古未有之书，许君之所独创”。

第二章　先秦原典

概　述

先秦是中国文化发生和初创的时期，是中国文学上古期的第一段。这时所确立的文化精神对后世具有极其深远的影响。先秦文学尚未从当时混沌一体的文化形态中分离出来。

一、先秦文学的特点

首先，中国文学的各种体裁几乎都孕育于先秦时期。散文可以追溯到甲骨卜辞；诗歌可以追溯到《诗经》《楚辞》；辞赋可以追溯到《楚辞》。骈文中对偶的修辞手法，在这个时期也已出现；小说可以追溯到神话传说，《左传》等历史散文，以及诸子散文中的寓言故事；就连戏曲的因素在《九歌》中也有了萌芽。

其次，中国文学的思想基础也是孕育于先秦时期。特别是儒道两家的思想影响着此后几千年作家的世界观、人生观和价值观。

再次，中国的文学思潮以儒道两家为主，这在先秦时期已经形成了。影响着整个中国文学的一些观念，如“诗言志”“法自然”“思无邪”“温柔敦厚”等，都是在这个时期提出来的。

先秦文学的形态，一方面是文史哲不分，另一方面是诗乐舞结合，这种混沌的状态成为先秦的一大景观。

所谓文史哲不分，是就散文这个领域而言，在讲先秦散文时，我们无法排除《尚书》《左传》《国语》《战国策》等历史著作，也无法排除《周易》《老子》《论语》《孟子》《庄子》等哲学著作，那时，还没有纯文学的散文。

至于诗歌，最初是和音乐、舞蹈结合在一起的。《诗经》《楚辞》中的许多诗歌和乐舞有很大关系。风、雅、颂的重要区别就是音乐的不同，据《史记·孔子世家》，《诗》三百零五篇都可以和乐歌唱。《楚辞》中的《九歌》是用于祭祀的与乐舞配合的歌曲。

二、先秦文学的发展轨迹

先秦文学伴随着历史的发展，在不同的阶段表现出不同的特点，大致上可分为夏商、西周春秋、战国三个时期。

（一）夏商文化以巫文化最有代表性，而夏商文学是与此时的原始宗教紧密联系的

夏商时代已有较为完整的歌谣出现。商代的诗歌如《诗经·商颂》五篇，是自商流传至周的。这些诗歌颂咏祖先，歌舞娱神，都是用于祭祀的。商代韵文还包括《周易》中某些卦爻辞，这些卦爻多采用谣谚的形式，可以看作是简短古朴的诗歌。诗歌运用象征、比兴、白描、叠咏等手法，内容或抒发爱情、歌咏劳动，或怨上刺世、申诉痛苦，用韵参差错落，显示了我国古代诗歌萌芽状态的特点。

巫史文化的昌盛，同时也促进了散文的发展。《尚书》所录《甘誓》和《禹贡》两篇，据说是夏代的遗文。

（二）自西周开始，中国进入了以礼乐为标志的理性文明阶段

自周公“制礼作乐”到孔子“克己复礼”，礼乐文化成了主流，逐渐取代了旧的巫术宗教文化。“礼乐”的精神实质是对社会秩序自觉地认同，而这些“礼乐”概念或制度又是从前代原始巫祭文化，尤其是巫祭仪式中发展出来的，比如丧祭之礼、乡饮酒之礼等，这些礼仪的目的在于维护等级制度，它的核心是“德”“仁”等一些政治伦理观念。

周代敬礼重德的理性精神，使人类社会和人本身的地位得到了肯定。周代文学更加关注历史、社会、人生。周代的历史意识空前发展起来，史官的宗教职责迅速淡化，“史官文化”走向成熟。春秋时期各国都有史书，而以鲁国之《春秋》为代表。

春秋诸子将目光直接投向现实社会和人生，构建出种种不同的社会理想。说理散文因此得到长足的发展，出现了《论语》《墨子》和《老子》。《论语》是孔子弟子及再传弟子对孔子言行的记录，是先秦礼乐德治思想最集中的体现，表达了孔子对现实热切的关怀，它所昭示的儒家思想成为中国传统文化的基石。《论语》文约旨博，言简意赅。《墨子》站在小生产者的立场，倡导一种平等、简朴、和平的社会生活方式。《墨子》发展了文章的逻辑性，文风朴实无华。《老子》一书有见于社会的混乱和罪恶，提出了“无为而治”的社会政治理想，表达对现实的反省和批判。《老子》韵散相间，自然变化。

周代文学的各种文体在精神和风格上都体现出一种和谐、典雅的特质，一种婉而多讽的特征。

（三）战国时期社会发生重大变革，中国出现了“百家争鸣”的局面

随着周天子的衰弱，西周、春秋时代的礼乐制度崩溃，各个学派的代表人物，出于对社会的责任感和对人生的关怀，著书立说，批评时弊，阐述政见，互相论辩，形成了“百家争鸣”的局面。西汉初，司马谈曾把“诸子百家”总括为阴阳、儒、墨、名、法、道德六家；西汉末，刘歆于六家之外，又增加了农、纵横、杂、小说四家。这些学派各自从不同的出发点，分别探讨了自然、社会、人生、政治、学理等问题。就其各方面的影响而言，以道家的

庄周、儒家的孟轲与荀卿、法家的韩非以及纵横家最为重要，他们虽主张各异，但都秉有战国时代特有的文化气质。

首先，他们立足于现实，着眼于现实。庄子的玄虚思想建立在对现实清醒认识的基础上，法家和纵横家看重的是政治形势和政治手段。孟子谈论的更多的是现实问题，为社会设计一幅理想的蓝图。正因为诸子具有更加清醒的现实意识，诸子散文所表现出来的对社会现实深刻的认识与尖锐的批判，都是前所未有的。

其次，由于士人成为文化甚至政治的中心，他们的自觉创作精神大为增强。他们都突破了春秋时温文尔雅的风尚，时常表现出强烈的个性和激情。其中最有代表性的是孟子和庄子。孟子自称“我善养吾浩然之气”，以仁义蔑视君王的富贵，行文极有气势，锋芒毕露，富有激情。《庄子》文章如行云流水，嬉笑怒骂，极尽渲染夸张之能事，无论是讽刺还是批判无不入木三分。

就文学风格而言，此时是百花齐放。诸子有着不同的生活经历、文化教养、政治观点、文学观念，文章也表现出不同的风貌。如庄子为了表达对社会现实的嘲讽，表达玄妙精微的思想，创造性地运用了“寓言”“重言”“卮言”等文学手法，使其文章充满了奇思妙想。孟子深切地关怀社会现实，救世心切，道义感和使命感使他具有强大的人格力量，为人为文都极具气势。《荀子》文风与《孟子》相近，有辩才，而述理更密，善于譬喻，长于铺排，郭沫若以“浑厚”概括其总体风格。纵横家是战国时代最活跃的政治力量，他们充分运用了夸张、排比、寓言、用韵等各种文学手法，务使其语言具有煽动性。楚国屈原别开一朵奇葩，照灼古今，大放异彩。屈原处在宗国颠覆的前夕，又身遭贬谪，报国无门，满腔愤懑，无可告诉，发为诗赋。屈赋以参差错落的句式、奇伟瑰丽的辞藻、丰富奔放的想象，表现了屈原美好的政治理想和高尚的人格情操。

《诗经》四首

采薇[①]

选自《诗经·小雅》

采薇采薇，薇亦作[②]止[③]。曰[④]归曰归，岁亦莫[⑤]止。靡室靡家[⑥]，猃狁[⑦]之故。不遑[⑧]启居[⑨]，猃狁之故。

采薇采薇，薇亦柔[⑩]止。曰归曰归，心亦忧止。忧心烈烈[⑪]，载饥载渴[⑫]。我戍[⑬]未定，靡使归聘[⑭]。

采薇采薇，薇亦刚[⑮]止。曰归曰归，岁亦阳[⑯]止。王事靡盬[⑰]，不遑启处[⑱]。忧心孔[⑲]疚[⑳]，我行不来[㉑]。

彼尔维何？维常[㉒]之华。彼路[㉓]斯何[㉔]？君子[㉕]之车。戎车[㉖]既驾，四牡[㉗]业业[㉘]。岂敢定居[㉙]？一月三捷[㉚]。

驾彼四牡，四牡骙骙[㉛]。君子所依，小人[㉜]所腓[㉝]。四牡翼翼[㉞]，象弭鱼服[㉟]。岂不日戒[36]，猃狁孔棘[37]。

昔[38]我往[39]矣，杨柳依依[40]。今我来思[41]，雨雪霏霏[42]。行道迟迟[43]，载渴载饥。我心伤悲，莫知我哀！

【注释】

① 本篇描写戍卒在出征归途中对同猃狁战争的回顾及其哀怨，表现了诗人忧时之情。薇：野豌豆苗，可食。

② 作：指薇菜冒出地面。

③ 止：句末助词，无实义。

④ 曰：言，说。一说为句首助词，无实义。

⑤ 莫：同“暮”，也读作“暮”。本文指年末。

⑥ 靡（mǐ）室靡家：没有正常的家庭生活。靡，无。室，与“家”义同。

⑦ 猃（xiǎn）狁（yǔn）：中国古代北方少数民族名。也作猃狁。

⑧ 不遑（huáng）：不暇。遑，闲暇。

⑨ 启居：跪、坐，指休息、休整。启，跪、跪坐。居，安坐、安居。古人席地而坐，两膝着席，危坐时腰部伸直，臀部与足离开，安坐时臀部贴在足跟上。

⑩ 柔：柔嫩。“柔”比“作”更进一步生长。指刚长出来的薇菜柔嫩的样子。

⑪ 烈烈：炽烈，形容忧心如焚。

⑫ 载（zài）饥载渴：则饥则渴，又饥又渴。载……载……，即“又……又……”。

⑬ 戍（shù）：防守，这里指防守的地点。

⑭ 聘（pìn）：探问。

⑮ 刚：坚硬。

⑯ 阳：农历十月，小阳春季节。今犹言“十月小阳春”。

⑰ 盬（gǔ）：止息，了结。

⑱ 启处：休整，休息。

⑲ 孔：甚，很。

⑳ 疚：病，苦痛。

㉑ 我行不来：我不能回家。来，回家。

㉒ 常：常棣（棠棣），一说为郁李，植物名。

㉓ 路：高大的战车。

㉔ 斯何：犹言“维何”。斯，语气助词，无实义。

㉕ 君子：指将帅。

㉖ 戎（róng）车：兵车。

㉗ 牡（mǔ）：雄马。

㉘ 业业：高大的样子。

㉙ 定居：犹言“安居”。

㉚ 一月三捷：一月多次行军。捷，胜利，谓接战、交战。

㉛ 骙（kuí）：雄强，威武。这里的“骙骙”是指马强壮的样子。

㉜ 小人：指士兵。

㉝ 腓（féi）：庇护，掩护。

㉞ 翼翼：整齐的样子。谓马训练有素。

㉟ 象弭：以象牙装饰弓端的弭。弭（mǐ），弓的一种，其两端（一说弓两头的弯曲处）饰以骨角。鱼服：鲨鱼鱼皮制的箭袋。

㊱ 日戒：日日警惕戒备。

㊲ 孔棘（jí）：很紧急。棘，急。

㊳ 昔：从前，指出征时。

㊴ 往：当初去从军。

㊵ 依依：形容柳丝轻轻随风摇曳的样子。

㊶ 思：用在句末，没有实在意义。

㊷ 雨（yù）：下（雪）。霏（fēi）霏：雪下得很大的样子。

㊸ 迟迟：迟缓的样子。

无衣[①]

选自《诗经·秦风》

岂曰无衣？与子同袍[②]。王[③]于[④]兴师[⑤]，修我戈矛，与子同仇[⑥]。

岂曰无衣？与子同泽[⑦]。王于兴师，修我矛戟，与子偕作[⑧]。

岂曰无衣？与子同裳[⑨]。王于兴师，修我甲兵[⑩]，与子偕行[⑪]。

【注释】

① 这篇诗产生于秦地，既表现了慷慨赴敌、同仇敌忾的豪情，也表现了战士之间深厚的情谊。

② 袍：长袍，类似于斗篷。

③ 王：指周天子。

④ 于：语助词。

⑤ 兴师：起兵。

⑥ 同仇：共同对付敌人。

⑦ 泽：同“襗”，贴身穿的衣服。

⑧ 作：起。

⑨ 裳：下衣，此指战裙。

⑩ 甲兵：铠甲与兵器。

⑪ 偕行：指一块儿上战场。行，往。

蒹葭[①]

选自《诗经·秦风》

蒹葭苍苍[②]，白露为[③]霜。所谓[④]伊人[⑤]，在水一方[⑥]。溯洄[⑦]从[⑧]之，道阻[⑨]且长。溯游从之，宛[⑩]在水中央。

蒹葭萋萋，白露未晞[11]。所谓伊人，在水之湄[12]。溯洄从之，道阻且跻[13]。溯游从之，宛在水中坻[14]。

蒹葭采采[15]，白露未已。所谓伊人，在水之涘[16]。溯洄从之，道阻且右[17]。溯游从之，宛在水中沚[18]。

【注释】

① 这是一首怀人之诗。诗中写追寻所怀念的人，但终于是可望而不可即。蒹（jiān）：没长穗的芦苇。葭（jiā）：初生的芦苇。

② 苍苍：茂盛的样子。下文“萋萋”义同。

③ 为：凝结成。

④ 所谓：所说的，此指所怀念的。

⑤ 伊人：那人，指所爱的人。

⑥ 一方：那一边。

⑦ 溯洄：逆流而上。洄，逆流。下文“溯游”指顺流而下。

⑧ 从：跟随，追寻。

⑨ 阻：艰险。

⑩ 宛：宛然，好像。

⑪ 晞（xī）：干。

⑫ 湄：水和草相接的地方，也就是岸边。

⑬ 跻（jī）：（道路）又高又陡。

⑭ 坻（chí）：水中的沙滩。

⑮ 采采：茂盛鲜明的样子。

⑯ 涘（sì）：水边。

⑰ 右：向右迂曲。

⑱ 沚（zhǐ）：水中的小块陆地。

桃夭[1]

选自《诗经·周南》

桃之夭夭[2]，灼灼其华[3]。之子于归[4]，宜其室家[5]。
桃之夭夭，有蕡[6]其实。之子于归，宜其家室。
桃之夭夭，其叶蓁蓁[7]。之子于归，宜其家人。

【注释】

① 这是祝贺女子出嫁的诗。原编《周南》第六。

② 夭（yāo）夭：美盛貌。

③ 灼（zhuó）灼：鲜明耀眼。华：同“花”。

④ 之子：此女。于归：出嫁。

⑤ 宜：和顺。室家：指女子所适人家。下文“家室”“家人”义同。

⑥ 蕡（fén）：果实硕大。

⑦ 蓁（zhēn）蓁：树叶茂密。

【作品简介】

一、《诗经》的编定和体制

《诗经》是我国第一部诗歌总集，也是儒家“六艺”之一。原名《诗》或《诗三百》，共有 305 篇，另有 6 篇笙诗，有目无词。全书主要收集了西周初年至春秋中叶五百多年间的作品。它们从各个方面表现了当时的社会生活，对于周朝的建立经过、周初的经济制度和生产情况、某些重大的政治历史事件，都有直接或间接的反映；对于人民所遭受的痛苦、西周后期以迄春秋的政治混乱局面、统治者的残暴和丑恶行为，尤有深刻的揭露。到汉代，汉武帝实行“独尊儒术”的思想统治，《诗》作为儒家经典的权威地位被确定下来，成为《诗经》。

《诗经》分为风、雅、颂三类，《诗》最初都是乐歌，只是由于古乐失传，后人已无法了解风、雅、颂各自在音乐上的特色了。

“风”即音乐曲调，“国风”即各地区的曲调。“国”是地区、方域之意。十五国风共 160 篇，包括周南、召南、邶风、鄘风、卫风、王风、郑风、齐风、魏风、唐风、秦风、陈风、桧风、曹风、豳风。周南、召南、豳都是地名，王是指东周王畿洛阳，其余是诸侯国名，十五国风即这些地区的地方土乐。

“雅”即正，指朝廷正乐，西周王畿的乐调。“雅”分为大雅和小雅，共 105 篇。大雅共 31 篇，是西周的作品，作者主要是上层贵族。小雅共 74 篇，作者既有上层贵族，也有下层贵族和地位低微者。

“颂”是宗庙祭祀之乐，许多都是舞曲。“颂”有周颂、鲁颂、商颂，共 40 篇。周颂共 31 篇，是西周初期的诗。鲁颂共 4 篇，产生于春秋中叶鲁僖公时，都是颂美鲁僖公之作。商颂共 5 篇，大约是殷商中后期的作品。

《诗经》中的作品，最初主要用于典礼、讽谏和娱乐，是周代礼乐文化的重要组成部分，是实行教化的重要工具。编辑成书后，广泛流行于诸侯各国，运用于祭祀、朝聘、宴饮等各种场合，在当时的政治、外交活动中，发挥了重要作用。秦王朝焚书坑儒以后，《诗经》以其口耳相传、易于记诵的特点，得以保存。在汉代流传甚广，出现了今文的鲁、齐、韩三家诗。鲁诗出自鲁人申培，齐诗出自齐人辕固，韩诗出自燕人韩婴，三家诗兴盛一时。鲁人毛亨和赵人毛苌的古文“毛诗”晚出，在民间广泛传授，并最终压倒了三家诗，盛行于世。后来三家诗先后亡佚，今本《诗经》，就是“毛诗”。

二、《诗经》的艺术特点

《诗经》关注现实，抒发现实生活触发的真情实感，这种创作态度，使其具有强烈深厚的艺术魅力。无论是在形式体裁、语言技巧，还是在艺术形象和表现手法上，都显示出我国最早的诗歌作品在艺术上的巨大成就。

赋、比、兴的运用，既是《诗经》艺术特征的重要标志，也开启了我国古代诗歌创作的基本手法。“赋”就是铺陈直叙，即诗人把思想感情及其有关的事物平铺直叙地表达出来。“比”就是比方，以彼物比此物，诗人有本事或情感，借一个事物来作比喻。“兴”则是触物兴词，客观事物触发了诗人的感情，引起诗人歌唱，所以大多在诗歌的发端。赋、比、兴三种手法，在诗歌创作中，往往交相使用，共同创造了诗歌的艺术形象，抒发了诗人的情感。

《诗经》的句式，以四言为主，四句独立成章，其间杂有二言至八言不等。二节拍的四言句带有很强的节奏感，是构成《诗经》整齐韵律的基本单位。四字句节奏鲜明而略显短促，重章叠句和双声叠韵读来又显得回环往复，节奏舒卷徐缓。《诗经》重章叠句的复沓结构，不仅便于围绕同一旋律反复咏唱，而且在意义表达和修辞上，也具有很好的效果。《诗经》中的叠字，又称为重言。“昔我往矣，杨柳依依。今我来思，雨雪霏霏”（《小雅·采薇》），以“依依”“霏霏”，状柳、雪之态。

【思考与练习】

1. 怎样理解《诗经》六艺“风”“雅”“颂”“赋”“比”“兴”？
2. 《采薇》前三章描写采薇用了什么手法？有何作用？
3. 《无衣》开头运用了何种修辞手法？有何作用？
4. 《蒹葭》表达了主人公怎样的情怀？
5. 《桃夭》以“桃之夭夭，灼灼其华”起兴，有何作用？

《楚辞》二首

国殇①

选自屈原《九歌》

操吴戈兮被犀甲②，车错毂兮短兵接③。
旌蔽日兮敌若云④，矢交坠兮士争先⑤。
凌余阵兮躐余行⑥，左骖殪兮右刃伤⑦。
霾两轮兮絷四马⑧，援玉枹兮击鸣鼓⑨。
天时怼兮威灵怒⑩，严杀尽兮弃原野⑪。
出不入兮往不反⑫，平原忽兮路超远⑬。
带长剑兮挟秦弓⑭，首身离兮心不惩⑮。
诚既勇兮又以武⑯，终⑰刚强兮不可凌。
身既死兮神以灵⑱，魂魄毅兮为鬼雄⑲。

【注释】

①《国殇》是屈原《九歌》中的一篇，是追悼为国牺牲的战士的祭歌。国殇（shāng）：指为国牺牲死于战场的战士。殇，在外而死或未成年的人夭折。

② 操：拿着。吴戈：战国时吴国所产的一种戈，以锋利著名。被：同“披”。犀甲：犀牛皮制作的铠甲。

③ 车错毂（gǔ）：指两国双方激烈交战，兵车来往交错。毂，车轮中心插轴的地方。短兵：指刀剑一类的短兵器。

④ 旌蔽日兮敌若云：旌旗遮蔽了太阳，敌兵像云一样聚集在一起。旌，用羽毛装饰的旗子。

⑤ 矢交坠兮士争先：双方激战，流箭交错，纷纷坠落，战士却奋勇争先杀敌。矢，箭。

⑥ 凌：侵犯。躐（liè）：践踏。行：行列。

⑦ 左骖（cān）：古代战车用四匹马拉，中间的两匹马叫“服”，左右的两匹马叫“骖”。殪（yì）：倒地而死。右刃伤：右骖为兵刃所伤。

⑧ 霾（mái）两轮兮絷（zhí）四马：把（战车）两轮埋在土中，马头上的缰绳也不解开，要同敌人血战到底。霾，同“埋”。絷，绊住。

⑨ 援玉枹（fú）兮击鸣鼓：主帅鸣击战鼓以振作士气。援，拿着。枹，同“桴”，鼓槌。

⑩ 天时：天意。怼，怨怒。威灵怒：神灵震怒。

⑪ 严杀：酣战痛杀。弃原野：指骸骨弃在战场上。

⑫ 出不入兮往不反：战士抱着义无反顾的必死决心。

⑬ 忽：指原野宽广无际。超远：遥远。

⑭ 挟（xié）：携，拿。秦弓：战国秦地所造的弓，因射程较远而著名。

⑮ 首身离：头和身子分离，指战死。惩：恐惧，悔恨。

⑯ 诚：果然是，诚然。武：战斗的能力。

⑰ 终：始终。

⑱ 神以灵：指精神永存。

⑲ 鬼雄：鬼中雄杰。

天问（节选）

屈原

曰：遂古之初，谁传道之[①]？
上下未形，何由考之？
冥昭瞢暗，谁能极之[②]？
冯翼惟像，何以识之[③]？
明明暗暗，惟时何为[④]？
阴阳三合，何本何化[⑤]？
圜则九重，孰营度之[⑥]？
惟兹何功，孰初作之[⑦]？
斡维焉系？天极焉加[⑧]？
八柱何当？东南何亏[⑨]？
九天之际，安放安属[⑩]？
隅隈多有[⑪]，谁知其数？
天何所沓？十二焉分[⑫]？

日月安属？列星安陈[13]？
出自汤谷，次于蒙汜[14]。
自明及晦，所行几里？
夜光何德，死则又育[15]？
厥利维何，而顾菟在腹[16]？
女岐无合[17]，夫焉取九子？
伯强何处？惠气安在[18]？
何阖而晦？何开而明[19]？
角宿未旦，曜灵安藏[20]？
不任汩鸿，师何以尚之[21]？
佥曰“何忧”，何不课而行之[22]？
鸱龟曳衔，鲧何听焉[23]？
顺欲成功，帝何刑焉[24]？
永遏在羽山，夫何三年不施[25]？
伯禹愎鲧，夫何以变化[26]？
纂就前绪[27]，遂成考功。
何续初继业，而厥谋不同[28]？
洪泉极深，何以填之[29]？
地方九则[30]，何以坟之？
河海应龙，何画何历[31]？
鲧何所营，禹何所成？
康回冯怒，墬何故以东南倾[32]？
九州安错？川谷何洿[33]？
东流不溢[34]，孰知其故？
东西南北，其修孰多[35]？
南北顺椭，其衍几何[36]？
昆仑县圃，其尻安在[37]？
增城九重[38]，其高几里？
四方之门，其谁从焉[39]？
西北辟启，何气通焉[40]？
日安不到，烛龙何照[41]？
羲和之未扬，若华何光[42]？
何所冬暖？何所夏寒？
焉有石林？何兽能言[43]？
焉有虬龙[44]，负熊以游？
雄虺九首，倏忽焉在[45]？
何所不死？长人何守[46]？
靡蓱九衢，枲华安居[47]？
一蛇吞象[48]，厥大何如？

黑水玄趾[49]，三危安在？
延年不死，寿何所止？
鲮鱼何所，鬿堆焉处[50]？
羿焉彃日，乌焉解羽[51]？

【注释】

①遂古：远古。遂，同“邃”。传道：传说。

②冥：幽暗。昭：当是“昒”（hū）的错字。瞢（méng）、暗：也都是暗昧的意思。这四个字是并列词，都是形容混沌未开时的景象。极：穷究。

③冯（píng）翼：大气弥漫的样子。惟像：惟应是“未”字之误，即无形。这两句是说天地未形成的时候，大气弥漫而无形，怎么认识它的呢？

④明：指白天。暗：指黑夜。惟：彼。时：是。这两句是说日夜交替，循环不已，那是为什么？

⑤阴阳：阴气和阳气。三合：三，读作“参”，古代“三”“参”通用，即参错相合。本：根源。化：变化。这两句是说阴阳二气参错相合，它的根源是什么？为什么能够变化？

⑥圜：同“圆”，指天，古人错误地认为天是圆的。九重：即九层。营：同“环”。

⑦兹：此。功：同“工”。这两句是说如此工程，是谁开始创建的？

⑧斡（guǎn）：就是北斗七星之柄。古代认为天体像车轮一样旋转，斗好比是轮，柄好比是轴，柄所以制斗，犹如轴所以制轮。北斗之柄，即天体运转的枢纽。维：也是星名。这两句是说斗柄和维星是怎样相系的？天的顶盖架在哪里？

⑨八柱：撑持天的八座山。古代传说有八座山为擎天柱。何当：何在。亏：缺损，指东南方地势低洼。这两句是说天受八柱所撑持，自然应该平整，而东南却缺陷，八柱撑在什么地方？东南为什么亏损？

⑩九天：指天的中央和八方。际：边界。属：连属。

⑪隅：角落。隈：弯曲。

⑫沓：相合。古代传说天是盖在地上的，所以与地有相合的地方。十二：指十二辰。黄道，即日月五星所运行的路线，把黄道周天划为十二个等份，某些星宿属于某个等份，而分别以子、丑、寅、卯、辰、巳、午、未、申、酉、戌、亥代表它们。这两句是说天在什么地方和地相合？十二辰根据什么来划分？

⑬属：附属。陈：陈列。这两句是说日和月系属在什么上面？众星陈列在什么上面？

⑭汤谷：古代神话中太阳升起的地方。次：住宿。蒙：水名。汜（sì）：水边。古代神话，太阳止息在蒙水边上。

⑮夜光：月的别名。德：同“得”。这两句是说月亮得到了什么，居然能死而又生？

⑯厥：同“其”，指夜光。顾菟：月中的兔名。菟，即兔。这两句是说顾兔在月亮肚内，这对月亮有什么好处？

⑰女歧：本来是尾星名。合：匹配。

⑱伯强：王夫之认为即“禺强”，是北方神名。惠气：即惠风。

⑲阖：关门。这两句是说为什么天门关上天就黑？为什么天门开了天就亮？

⑳角宿（xiù）：星座名，二十八宿之一，有星两颗。古代传说，角宿两星之间是天门，日月五星都经过这里。旦：明。曜：太阳。这两句是说天门没开，天还没亮的时候，太阳藏

在哪里？

㉑ 汩（gǔ）：治理。鸿：“洪”的假借字，即洪水。师：众人。尚：举，这里讲鲧治水的神话传说。鲧是禹的父亲，尧时四岳推举他治理洪水，后来失败，被舜所杀。这两句是说鲧本来不能担任治水的任务，众人为什么推举他呢？

㉒ 佥：皆。课：考察。

㉓ 鸱龟：可能是形状像鸱鸟的龟。鸱（chī），猫头鹰之类的鸟。这两句是说鸱龟曳尾衔物来引导，鲧为什么听从它呢？

㉔ 顺欲：符合要求，指众人之欲。这两句是说鲧顺着众人的愿望想制服洪水，帝为什么加刑于他呢？

㉕ 遏：禁闭。羽山：神话传说中的山名。施：应读作“弛”，释放。可能是帝尧把鲧幽禁在羽山三年，然后才把他杀死。

㉖ 伯禹：即禹，禹称帝前曾封为夏伯，所以称伯禹。愎（bì）：一本作“腹”，“愎”字当为“後”字之形讹。变化：指改变治水的方法。

㉗ 纂：继续。就：跟从。绪：事业。考：对已死父亲的称呼。这两句是说禹继续他父亲的事业，遂完成他父亲未竟的功绩。

㉘ 厥谋不同：传说禹和鲧治水的方法不同，鲧筑堤以挡水，禹是疏通河道以导水。厥，其，代指禹。

㉙ 洪泉：指洪水。填：相传禹用息壤（自己能生长，永远不耗减的土）填塞洪水。

㉚ 九则：即九品、九等。

㉛ 应龙：有翼的龙。历：经过。这两句是说应龙画了哪些地方？形成的江河流经哪些地区？

㉜ 康回：即共工。冯（píng）：大。墜：“地”的古字。古代神话，共工与颛顼争为帝，怒而触不周山，天柱折，地维绝，因此天倾西北，地不满东南。

㉝ 错：置。川谷：水注海叫川，注溪叫谷。洿（wū）：深。

㉞ 溢：满。

㉟ 修：长。这两句问地面的东西和南北哪个长？

㊱ 隳（tuǒ）：狭长。衍：余、余数，这里指差距。

㊲ 县圃：在昆仑山之巅，是神话传说中的地名。尻（kāo）：尾。这两句是说昆仑县圃之高大，它的麓尾在哪里呢？

㊳ 增城：神话传说在昆仑山县圃之上，城有九层，层相离万里。

㊴ 门：指昆仑的门。这两句是说昆仑山四面八方有九道门，谁从里面进出？

㊵ 辟：同“辟”，开的意思。气：即上文所谓“惠气”之气，也就是风。这里的气应指不周风。

㊶ 烛龙：神话传说中的神龙。这两句是说日光何处照不到，怎么还需要烛龙照耀？

㊷ 羲和：神话传说中为太阳驾车的神。扬：指扬鞭。若华：若木的花。若木，神话传说中的树，生在昆仑山之西，它的花放红光，能下照大地。这两句是说羲和还未扬鞭把太阳的车子开动，若木花为什么就能放光？

㊸ 石林：古代传说，西南有石树成林。兽能言：古代传说，有会说话的野兽。

㊹ 虬：传说中没有角的龙。

㊺ 雄虺（huǐ）：凶恶的毒蛇。倏（shū）忽：往来飘忽。

㊻ 不死：指人的长生不死。长人：指防风氏。守：守卫。古代传说夏禹时诸侯防风氏身长三丈，守封、嵎二山。

㊼ 靡萍（píng）：一种奇异的萍草。九衢：指靡萍分九个叉。衢，叉。枲（xǐ）：麻的别名。华：古“花”字。这两句是说靡萍九叉这种奇怪的植物，在什么地方呢？

㊽ 一蛇吞象：洪兴祖《楚辞补注》引《山海经》云：“南海内有巴蛇，身长百寻，其色青黄赤黑，食象，三岁而出其骨。”

㊾ 黑水：水名。玄趾：王逸注为山名，不知何据。玄，疑为“交”字之讹，“玄”“交”小篆字形相近。

㊿ 鲮鱼：一种怪鱼。鬿（qí）：同“魁”。堆：当读作“隹”。“隹”与“雀”同义，“魁隹”即“鬿雀”。

51 羿：尧时人名，善射。彃（bì）：与“射”同义。解羽：羽毛脱落。

【作者与作品简介】

屈原，名平，字原。根据《离骚》推定，屈原出生于楚威王元年（前339）。据《史记·屈原贾生列传》，屈原曾任楚怀王左徒，他“博闻强志，明于治乱，娴于辞令”，对内主张举贤任能，对外主张联齐抗秦，深得楚怀王的信任。上官大夫靳尚出于妒忌，在怀王面前诬陷屈原，怀王于是“怒而疏屈平”。此后，楚国一再见欺于秦，屈原曾谏请楚怀王杀张仪，又劝谏楚怀王不要前往秦国和秦王相会，但都未被采纳。楚怀王死于秦后，楚顷襄王即位，屈原再次受到令尹子兰和上官大夫靳尚的谗害，被顷襄王放逐，秦灭楚后，屈原投汨罗江而死。

在长期的流放生活中，屈原集聚了深厚的悲痛和思念之情，并通过诗歌表达出来。可以说，他的大部分诗篇都与漂泊生涯有关。

屈原对自己的理想和行为充满了信心和希望，而对自己遭到的不公平待遇充满了哀怨、愤激之情，不得已而借诗歌倾泻出来。屈原的一生是坚贞不屈的悲剧性的一生，他的《离骚》《九歌》《天问》《九章》等，都印记着他一生的心迹。

“楚辞”之名，始见于西汉武帝之时。宋黄伯思《翼骚序》云：“屈宋诸骚，皆书楚语，作楚声，纪楚地，名楚物，故可谓之‘楚辞’。”即“楚辞”是指以具有楚国地方特色的乐调、语言、名物而创作的诗歌体裁，在形式上与北方诗歌有较明显的区别。南方祭歌那神奇迷离的浪漫精神，深深地影响甚至决定了楚辞的表现手法及风格特征。

《离骚》是屈原的代表作，是带有自传性质的一首长篇抒情诗。全诗共三百七十多句，近二千五百字。《离骚》反映了屈原对楚国黑暗腐朽政治的愤慨，和他热爱宗国，愿为之效力而不可得的悲痛心情，也抒发了自己遭到不公平待遇的哀怨。

《九歌》是一组祭祀时使用的歌曲，包括《东皇太一》《云中君》《湘君》《湘夫人》《大司命》、《少司命》《东君》《河伯》《山鬼》《国殇》《礼魂》，共11篇。《东皇太一》当是《九歌》主祭之神，《礼魂》为送神曲，其他9篇符合上古“索祭”（“索祭”是在祭祀主神之后对其他散处的神灵加以祭祀）之礼。其中，《国殇》是《九歌》中唯一一首祭祀人鬼的诗歌。

【思考与练习】

1. 怎样评价屈原其人？
2. 怎样理解“楚辞”这一文体？
3. 怎样理解《国殇》这一题目？
4. 怎样阐释《国殇》的思想主旨？

《老子》二章

老子

天下皆知美之为美，斯恶已

天下皆知美之为美，斯[①]恶已[②]；皆知善之为善，斯不善已。故有无相[③]生，难易相成，长短相形[④]，高下相倾，音声[⑤]相和，前后相随。是以圣人处无为之事[⑥]，行不言之教。万物作[⑦]焉而不辞，生而不有，为而不恃，功成而弗[⑧]居。夫惟弗居，是以不去。

【注释】

① 斯：这。

② 恶已：恶，丑。已，同“矣”。

③ 相：互相。

④ 形：在比较、对照中显现出来。

⑤ 音声：汉代郑玄为《礼记·乐记》作注时说，合奏出的乐音叫作“音”，单一发出的音响叫作“声”。

⑥ 圣人处无为之事：圣人，古时人所推崇的最高层次的典范人物。处，担当、担任。无为，顺应自然，不加干涉、不必管束，任凭人们去干事。

⑦ 作：兴起，发生，创造。

⑧ 弗：不。

天之道，其犹张弓乎

天之道[①]，其犹张弓乎？高者抑之，下者举之，有余者损之，不足者与之。天之道，损有余而补不足；人之道则不然，损不足以奉有余。孰能有余以奉天下，唯有道者。是以圣人为而不恃，功成而不处，其不欲见贤[②]！

【注释】

①天之道：指人类社会的一般法则、律例。

②是以圣人为而不恃，功成而不处，其不欲见贤：陈鼓应先生认为这三句与上文不连贯，疑为错简复出。此处仍予保留。

【作者与作品简介】

关于老子，历来说法不一。相传他姓李名耳，字聃（dān），一字伯阳，春秋时楚国人，生卒年不详。一般认为，他和孔子同时而年长于孔子，史书记载孔子曾问道于老子，并说他“著书上下篇，言道德之意”。老子是中国古代思想家、哲学家、文学家和史学家，道家学派创始人，与庄子并称“老庄”。春秋末年，天下大乱，老子欲弃官归隐。到函谷关时，受关令尹喜之请著《道德经》。

《老子》，又名《道德经》。此书共计五千字左右，分为八十一章，编为上、下两篇，上篇道经三十七章，下篇德经四十四章。全书的思想结构是：道是德的“体”，德是道的“用”。

《老子》韵散结合的形式，是先秦说理文的另一种形态。该书集中反映了老子的哲学思想。老子哲学的理论基础是“道”，在探索宇宙原始、追寻万物本源时，并未忘怀现实人生。《老子》一书涉及宇宙、自然、社会、人生等各个方面。书中采用大量的韵语、排比、对偶句式，常以比喻来表现深刻的哲理。

【思考与练习】

1. 翻译：“天下皆知美之为美，斯恶已；皆知善之为善，斯不善已。故有无相生，难易相成，长短相形，高下相倾，音声相和，前后相随。”

2.“天下皆知美之为美，斯恶已”篇体现了怎样的哲学思想？

3.“天之道，其犹张弓乎”篇体现了怎样的哲学思想？

子路、曾皙、冉有、公西华侍坐[1]

《论语》

子路、曾皙、冉有、公西华侍坐。

子曰：“以吾一日长乎尔[2]，毋吾以也[3]。居则曰[4]：‘不吾知也！’如或[5]知尔，则[6]何以[7]哉？”

子路率尔[8]而对曰：“千乘之国[9]，摄乎大国之间[10]，加之以师旅[11]，因之以饥馑[12]；由也为之，比及[13]三年，可使有勇，且[14]知方[15]也。”

夫子哂[16]之。

“求！尔何如？”

对曰：“方[17]六七十，如[18]五六十，求也为之，比及三年，可使足[19]民。如[20]其[21]礼乐，以[22]俟[23]君子。”

“赤！尔何如？”

对曰：“非曰能[24]之，愿学焉[25]。宗庙之事，如会[26]同[27]，端[28]章甫[29]，愿[30]为小相[31]焉。”

“点！尔何如？”

鼓[32]瑟[33]希[34]，铿尔，舍[35]瑟而作[36]，对曰：“异乎三子者之撰[37]。”

子曰：“何伤[38]乎？亦各言其志也。”

曰：“莫春者，春服既成[39]，冠者五六人，童子六七人[40]，浴乎沂[41]，风乎舞雩[42]，咏而归。”

夫子喟然[43]叹曰：“吾与[44]点也！”

三子者出，曾皙后[45]。曾皙曰：“夫三子者之言何如？”

子曰：“亦各言其志也已矣。”

曰：“夫子何哂由也？”

曰：“为国以礼，其言不让[46]，是故哂之。”

“唯求则非邦也与[47]？”

“安见方六七十如五六十而非邦也者？”

“唯赤则非邦也与？”

“宗庙会同，非诸侯而何？赤也为之小，孰能为之大？”

【注释】

① 本章选自《论语·先进》，记述孔子弟子子路等四人申述个人的人生理想以及孔子对他们的评价。子路，仲氏，名由，字子路。曾皙（xī），名点，字子皙，曾参的父亲。冉有，名求，字子有。公西华，公西氏，名赤，字子华。四人均孔子弟子。侍坐，在尊长近旁陪坐。

② 以吾一日长乎尔：以，因为。长，年长。

③ 毋吾以也：吾，作“以”的宾语，在否定句中代词宾语前置。“以”同“已”，意为“止”。

④ 居则曰：居，平日、平时。则，就。

⑤ 如或：如果有人。如，假如。或，无定代词，有人。

⑥ 则：连词，那么、就。

⑦ 何以：用什么（去实现自己的抱负）。以，动词，用。

⑧ 率尔：急遽而不加考虑的样子。

⑨ 千乘（shèng）之国：有一千辆兵车的诸侯国。在春秋后期，千乘之国是中等国家。乘，古时一车四马为一乘。春秋时，一辆兵车，配甲士 3 人，步卒 72 人。

⑩ 摄乎大国之间：摄，夹处。乎，于、在。

⑪ 加之以师旅：有（别国）军队来攻打它。加，加在上面。师旅，军队。

⑫ 因之以饥馑：接下来（国内）又有饥荒。因，动词，接续。饥馑，饥荒。

⑬ 比（bì）及：等到。

⑭ 且：连词，并且。

⑮ 方：合乎礼义的行事准则。

⑯ 哂（shěn）：微笑。

⑰ 方：见方，纵横。

⑱ 如：连词，表选择，或者。

⑲ 足：富足。

⑳ 如：连词，表提起另一话题，作“至于”讲。

㉑ 其：那。

㉒ 以：表示仅限，可译为“只，仅”。

㉓ 俟：等待。

㉔能：动词，胜任、能做到。

㉕焉：这里作指示代词兼语气词，指代下文“小相”这种工作。

㉖会：诸侯在非规定时间朝见天子。

㉗同：诸侯共同朝见天子。

㉘端：古代的一种礼服。这里用作动词，意思是“穿着礼服”。

㉙章甫：古代的一种礼帽。这里用作动词，意思是“戴着礼帽”。

㉚愿：愿意。

㉛相：诸侯祭祀、会盟或朝见天子时，主持赞礼的司仪官。

㉜鼓：弹。

㉝瑟：古乐器。

㉞希：同“稀”，稀疏，这里指鼓瑟的声音已接近尾声。

㉟舍：放下。

㊱作：起身、站起来。

㊲撰：才能。这里指为政的才能。一说，讲述、解说。

㊳伤：妨害。

㊴莫（mù）春者，春服既成：莫春，即暮春，农历三月。莫，同“暮”。既：副词，已经。

㊵冠者五六人，童子六七人：几个成人，几个少年。五六、六七，都是虚数。冠，古时男子二十岁为成年，束发加冠。

㊶浴乎沂（yí）：到沂河里去洗洗澡。乎，介词，用法同“于”。“乎沂”作“浴”的状语，后置。沂，水名，在今山东曲阜南。此水因有温泉流入，故暮春时即可入浴。

㊷风乎舞雩（yú）：到舞雩台上吹吹风。风，吹风，名词活用作动词。舞雩，鲁国祭天求雨的地方，设有坛，在今山东曲阜南。“雩”是古代为求雨而举行的祭祀仪式。古人行雩时要伴以音乐和舞蹈，故称“舞雩”。

㊸喟然：叹息的样子。

㊹与：赞成。

㊺后：动词，后出。

㊻为国以礼，其言不让：治国要用礼，可是他（仲由）的话毫不谦逊。以：介词，靠、用。让：礼让，谦逊。

㊼唯求则非邦也与：唯，用于句首，表示语气。邦：国家，这是指国家大事。也与，疑问语气词。

【作者与作品简介】

孔子（前551—前479），名丘，字仲尼，鲁国陬邑（今山东曲阜东南）人。春秋末期思想家、政治家、教育家，儒家学派创始人。鲁定公时，曾为司寇。后去鲁，周游列国，宣传自己的政治主张。相传他编定了《诗》《书》等重要古代文献，并根据鲁史修《春秋》，有弟子三千人，其中名字可考者七十余人。孔子开创私人讲学之风，倡导仁、义、礼、智、信。

《论语》是孔子弟子及其再传弟子集成的，书中辑录了孔子的言行和孔子弟子的言行。《论语》编辑成书在战国初年。汉初所传的《论语》，有古论、齐论、鲁论之分。古论出自孔子壁中，用古文字写成，孔安国曾为之作训解，但已失传。齐论为齐人所学，鲁论为鲁人所传。魏时何晏集汉儒以来各家之说，成《论语集解》，这就是我们今天所看到的最早的《论语》注本。

唐文宗时，《论语》被列入经书。宋朱熹又把它与《大学》《中庸》《孟子》合为《四书》，并为《论语》《孟子》作了集注，成为官定的读本。

《论语》共二十篇，内容包括政治主张、教育原则、伦理观念、品德修养等方面。书中有很多总结社会生活经验的言论，后来逐步发展为格言和成语，对后代文学语言有很大的影响。

《论语》是语录体散文的典范，记录了孔子与弟子及时人的对话，都比较短小简约，没有构成形式完整的篇章。《论语》用深刻平实、含蓄隽永的语言塑造生动、鲜明的孔子及其弟子的形象，表达深刻的道理。《先进》篇中“子路、曾皙、冉有、公西华侍坐”部分，详细记载孔门师生间的一场谈话，叙述清楚，有一定描写，表现了人物的不同个性，作为叙事记言文字，比较成功。

【思考与练习】

1. 宋人朱熹将哪四部书合为《四书》？
2. 简述《论语》一书。
3. 子路、曾皙、冉有、公西华的志向都是什么？
4. 在“子路、曾皙、冉有、公西华侍坐”篇中，孔子表达了怎样的思想？

生于忧患，死于安乐[①]（节选）

孟子

孟子曰：“舜发于畎亩之中[②]，傅说举于版筑之间[③]，胶鬲举于鱼盐之中[④]，管夷吾举于士[⑤]，孙叔敖举于海[⑥]，百里奚举于市[⑦]。故天将降大任于是人也[⑧]，必先苦其心志，劳其筋骨，饿其体肤，空乏其身[⑨]，行拂乱其所为[⑩]，所以动心忍性，曾益其所不能[⑪]。

人恒[⑫]过，然后能改；困于心，衡于虑，而后作[⑬]；征于色，发于声，而后喻[⑭]。入则无法家拂士[⑮]，出[⑯]则无敌国外患者，国恒亡。然后知生于忧患而死于安乐[⑰]也。”

【注释】

① 本文选自《孟子·告子下》。

② 发：兴起，指被起用。畎（quǎn）亩：田亩，此处意为耕田。畎，田间的水沟。据说舜耕于历山，三十岁才被尧举用。

③ 傅说（fù yuè）：殷代高宗武丁的相。举，选拔、任用。版，筑土墙用的夹板。筑，捣土用的杵。古人筑墙时先把土倒在夹板中，再用杵夯实。据说傅说在傅岩（地名）为人筑墙，后来武丁就命他以傅为姓。

④ 胶鬲（gé）：商纣王大臣，与微子、箕子、王子比干同称贤人。胶鬲最初贩卖鱼盐，被周文王举荐于纣。

⑤ 管夷吾：管仲，颍上（今属安徽）人，家贫困。辅佐齐国公子纠，公子纠未能即位，公子小白即位，是为齐桓公。齐桓公知其贤，释其囚，用以为相，尊称之为仲父。士，狱官。举于士，指从狱官手里释放出来，进而得到举用。

⑥ 孙叔敖（áo）：姓孙，名叔敖，春秋时楚人，隐居海滨，后被楚庄王举为相。

⑦ 百里奚（xī）：春秋时虞国大夫。曾被楚人捉去放牛，秦穆公知其名，把他赎买到秦，举以为相。举于市，等于从奴隶市场中被举拔。

⑧ 任：责任，担子。

⑨ 空乏：资财缺乏，使动用法。空乏其身，就是使他身处贫困之中。

⑩ 行：行为。拂：违背。乱：扰。所为：指想要做的。

⑪ 所以动心忍性，曾益其所不能：（通过这些）来让他内心受到震撼，使他的性格坚忍起来，以不断增长他的才干。忍，坚忍。曾，同“增”。益，与“增”同义。

⑫ 恒：常常，总是。

⑬ 困于心：心中有困苦。衡于虑：思虑堵塞。衡，同“横”，梗塞、不顺。作：奋起，这里指有所作为。

⑭ 征于色：表现在脸色上。征，征验、征兆。色，颜面、面色。而后喻：才能被人们了解。喻，了解、明白。这几句是说一般人没有预见性，要等到犯了错误然后能改；要等到困难来了才着急，才能奋发有为；显出脸色来，然后才被人们所了解。

⑮ 入：指在国内。法家：守法度的大臣。拂（bì）士：辅佐君王的贤士。拂，同“弼”，辅佐。

⑯ 出：指在国外。

⑰ 生于忧患而死于安乐：常处忧愁祸患之中可以使人生存，常处安逸快乐之中可以使人死亡。

【作者与作品简介】

孟子（前372—前289），名轲，字子舆，战国时邹（今山东邹县）人。他受业于孔子的孙子子思的弟子，继承了孔子的政治思想体系，是继孔子之后儒家学派的又一位大师。

孟子处于战国诸侯混战最激烈的时代，他提出了“民贵君轻”的主张，反对掠夺性的战争。他以“平治天下”为己任，反对“霸道”，提倡“仁政”“王道”的思想。他的思想主要反映在其著作《孟子》中。

《孟子》七篇（各篇分上下），主要记录了孟子的谈话，一般认为是孟子及其弟子共同编著的。该书反映了孟子对儒家学说的继承和发展，表现了孟子的思想、情感和精神。孟子在宣传行王道、施仁政、以民为本等政治主张的过程中，表现出鲜明的个性特征。

孟子长于辩论，善用譬喻。他善于运用类比推理，迂回曲折地把对方引入自己预设的结论中。他在论辩中常用比喻，把抽象的道理用具体生动的形象表现出来。

孟子曾说：“我善养吾浩然之气。”（《公孙丑上》）具有“浩然之气”的人，在精神上首先压倒对方，藐视权贵，气概非凡，无私无畏。写的文章自然就气势磅礴，词锋犀利，感情奔放，在先秦诸子散文中极为突出，对后世散文有很大的影响。

【思考与练习】

1.《孟子》散文的特点是什么？

2.《生于忧患，死于安乐》篇中连举了几位古代名人的例子，你认为他们有什么共同的特点？

3. 翻译：“故天将降大任于是人也，必先苦其心志，劳其筋骨，饿其体肤，空乏其身，行拂乱其所为，所以动心忍性，曾益其所不能。”

逍遥游[1]（节选）

庄子

北冥[2]有鱼，其名为鲲[3]。鲲之大，不知其几千里也；化而为鸟，其名为鹏[4]。鹏之背，不知其几千里也；怒[5]而飞，其翼若垂天之云[6]。是鸟也，海运[7]则将徙于南冥，——南冥者，天池[8]也。《齐谐》[9]者，志[10]怪者也。《谐》之言曰：“鹏之徙于南冥也，水击[11]三千里，抟扶摇而上者九万里[12]，去[13]以六月息[14]者也。”野马[15]也，尘埃[16]也，生物[17]之以息[18]相吹也。天之苍苍，其正色邪？其远而无所至极[19]邪？其视下也，亦若是则已矣。且夫水之积也不厚，则其负大舟也无力。覆[20]杯水于坳堂之上，则芥[21]为之舟，置杯焉则胶，水浅而舟大也。风之积也不厚，则其负大翼也无力。故九万里，则风斯[22]在下矣，而后乃今[23]培风[24]；背负青天，而莫[25]之夭阏[26]者，而后乃今将图南。蜩[27]与学鸠[28]笑之曰：“我决[29]起而飞，抢[30]榆枋[31]而止，时则不至，而控[32]于地而已矣，奚以[33]之[34]九万里而南为[35]？”适[36]莽苍[37]者，三餐[38]而反[39]，腹犹[40]果然[41]；适百里者，宿[42]舂粮；适千里者，三月聚粮。之[43]二虫[44]又何知！

小知不及大知[45]，小年不及大年。奚以知其然也？朝[46]菌不知晦朔[47]，蟪蛄[48]不知春秋，此小年也。楚之南有冥灵[49]者，以五百岁为春，五百岁为秋；上古有大椿[50]者，以八千岁为春，八千岁为秋，此大年也。而彭祖[51]乃今[52]以[53]久特[54]闻[55]，众人匹[56]之，不亦悲乎！汤[57]之问棘[58]也是已[59]。穷发[60]之北，有冥海者，天池也。有鱼焉，其广数千里，未有知其修[61]者，其名为鲲。有鸟焉，其名为鹏，背若泰山，翼若垂天之云，抟扶摇羊角[62]而上者九万里，绝[63]云气，负青天，然后图南，且适南冥也。斥鴳[64]笑之曰：“彼且奚适也？我腾跃而上，不过数仞[65]而下，翱翔蓬蒿[66]之间，此亦飞之至[67]也。而彼且奚适也？”此小大之辩[68]也。

故夫知效[69]一官[70]，行[71]比[72]一乡，德合一君，而[73]征[74]一国者，其自视也，亦若此矣。而宋荣子[75]犹然[76]笑之。且举[77]世而誉之而不加劝[78]，举世非[79]之而不加沮[80]，定乎内外[81]之分，辩乎荣辱之境[82]，斯已矣。彼其于世，未数数然[83]也。虽然，犹有未树也。夫列子[84]御[85]风而行，泠然[86]善也，旬[87]有[88]五日而后反，彼于致[89]福者，未数数然也。此虽免乎行，犹有所待[90]者也。若夫乘[91]天地之正[92]，而御[93]六气[94]之辩[95]，以游无穷者，彼且恶[96]乎待哉？故曰：至人[97]无己[98]，神人[99]无功[100]，圣人[101]无名[102]。

【注释】

①《逍遥游》是《庄子·内篇》中的第一篇，这里只节录了前半篇。庄子在这段文章里阐述了他的无所待的思想。他认为万物如有所待才能运行，就不能真正达到逍遥游的境界，只有无所待，才能逍遥自得。他所说的无所待，实际是要人们一切任其自然，与万物混为一体，超脱现实，与世无争，取消人在社会中的一切作用。

②冥：同“溟”，海。“北冥”，就是北方的大海。传说北海无边无际，水深而黑。
③鲲（kūn）：大鱼名。
④鹏：大鸟名。
⑤怒：振奋，这里指用力鼓动翅膀。
⑥垂天之云：悬挂在天空的云。
⑦海运：海水运动。古代有“六月海动”之说，海动必有大风，大鹏可借风力南飞。
⑧天池：天然的大池。
⑨《齐谐》：书名，齐国俳谐之书。
⑩志：记载。
⑪击：拍打，这里指鹏鸟奋飞而起双翼拍打水面。
⑫抟（tuán）：环绕而上。扶摇：旋风。此句意为：乘着旋风环旋飞上几万里的高空。
⑬去：离开，这里指离开北海。
⑭息：气息，这里指风。
⑮野马：雾气浮动状如奔马，故名“野马”。
⑯尘埃：扬在空中的土叫“尘”，细碎的尘粒叫“埃”。
⑰生物：概指各种有生命的东西。
⑱息：这里指有生命的东西呼吸所产生的气息。
⑲极：尽。
⑳覆：倾，倒。
㉑芥：小草。
㉒斯：则，就。
㉓而后乃今：然后才开始。
㉔培：凭借。
㉕莫：没有什么。
㉖夭阏（è）：阻塞。
㉗蜩（tiáo）：蝉。
㉘学鸠：斑鸠。
㉙决（xuè）：迅疾的样子。
㉚抢（qiāng）：触，碰。
㉛榆枋：两种树名，即榆树和檀树。
㉜控：投，落下。
㉝奚以：何以。
㉞之：到。
㉟为：句末疑问语气词。
㊱适：往，去到。
㊲莽苍：郊野景象。指近郊。
㊳三餐：一日的意思。
㊴反：后作“返”，返回。
㊵犹：还。
㊶果然：很饱的样子。

㊷ 宿：这里指一夜。
㊸ 之：此。
㊹ 二虫：指蜩与学鸠。
㊺ 知（zhì）：同“智”，智慧。
㊻ 朝：清晨。
㊼ 晦朔：晦，农历每月的最后一天。朔，农历每月的第一天。
㊽ 蟪蛄（huì gū）：寒蝉，春生夏死或夏生秋死。
㊾ 冥灵：树名。
㊿ 大椿（chūn）：传说中的古树名。
51 彭祖：古代传说中年寿最长的人。
52 乃今：而今。
53 以：凭。
54 特：独。
55 闻：为人所知。
56 匹：配，比。
57 汤：商汤。
58 棘：汤时的贤大夫。
59 已：句末语气词，表肯定。
60 穷发：不长草木的地方。
61 修：长。
62 羊角：旋风。旋风盘旋而上如羊角。
63 绝：直上穿过。
64 斥鴳（yàn）：一种小鸟。鴳，也写作“鷃”。
65 仞：古代长度单位，周制为八尺，汉制为七尺。这里应从周制。
66 蓬蒿：两种草名。蓬，飞蓬；蒿，蒿子。
67 至：极点。
68 辩：同“辨”区别。
69 效：功效，这里含有“胜任”的意思。
70 官：官职。
71 行（xíng）：品行。
72 比：合。
73 而：同“能”，才能。
74 征：取信。
75 宋荣子：一名宋钘，宋国人，战国时期的思想家。
76 犹然：讥笑的样子。
77 举：全。
78 劝：劝勉，努力。
79 非：责难，批评。
80 沮（jǔ）：沮丧。
81 内外：这里分别指自身和身外之物。在庄子看来，自主的精神是内在的，荣誉和非难都是外在的，而只有自主的精神才是重要的、可贵的。

(82) 境：界限。

(83) 数（shuò）数然：拼命追求的样子。

(84) 列子：郑国人，名叫列御寇，战国时代思想家。

(85) 御：驾驭。

(86) 泠（líng）然：轻快的样子。

(87) 旬：十天。

(88) 有：同“又”。

(89) 致：罗致，这里有“寻求”的意思。

(90) 待：凭借。

(91) 乘：遵循，顺应。

(92) 正：本，这里指自然的本性。

(93) 御：含有“因循、顺着”的意思。

(94) 六气：指阴、阳、风、雨、晦、明。

(95) 辩：同“变”，变化。

(96) 恶（wū）：何，什么。

(97) 至人：这里指道德修养最高尚的人。

(98) 无己：无我，即物我不分。

(99) 神人：这里指精神世界完全能超脱于物外的人。

(100) 无功：无所为，故无功利。

(101) 圣人：这里指思想修养臻于完美的人。

(102) 无名：不追求名誉地位。

【作者与作品简介】

庄子（约前369—前286），名周，战国时蒙（今河南商丘东北）人。庄子曾做过漆园吏，一生过着穷苦的生活，却鄙弃荣华富贵、权势名利，力图在乱世保持独立的人格，追求逍遥无待的精神自由。

《庄子》包括内篇七篇、外篇十五篇、杂篇十一篇，共三十三篇，是先秦说理文中，最有文学价值的。《逍遥游》是《庄子》内篇中的第一篇。

《庄子》从“道”的立场来看待万物，认识到了时间、空间、宇宙的无限，万物等齐一体，互相转化。他突破个人的立场，站在宇宙的高度看待世界万物。因而，《庄子》的想象虚构，往往超越时空的局限和物我的分别，恢诡谲怪，奇幻异常，变化万千。

同时，《庄子》一书反映了他对现实社会的认识，充满批判精神。庄子无情地揭露了当时那个“窃钩者诛，窃国者侯”的不合理社会，他拒绝和统治者合作，鄙视富贵利禄，辛辣地嘲笑那些追求名利的人。

《庄子》自称其创作方法是“以卮言为曼衍，以重言为真，以寓言为广”（《天下》）。“寓言”“重言”“卮言”合称“三言”。“寓言”即虚拟的寄寓于他人他物的言语。“重言”即为使自己的道理为他人接受，托己说于长者、尊者、名人之言以自重。“卮言”即出于无心、自然流露之语言，这种言语层出不穷，散漫流衍地把道理传播开来。

《庄子》的语言如行云流水，汪洋恣肆，跌宕跳跃，音调和谐，具有诗歌语言的特点。

庄子的文章，想象力很强，文笔变化多端，具有浓厚的浪漫主义色彩，对后世文学语言影响很大。

【思考与练习】

1. 简述《庄子》的“三言”。
2. 翻译：“故曰：至人无己，神人无功，圣人无名。”
3. 怎样理解鹏与蜩、学鸠之辩？
4. 《逍遥游（节选）》篇的主旨是什么？

第三章　秦汉灿烂

概　　述

自公元前221年秦始皇以武力统一中国，至公元220年东汉灭亡，为秦汉时期。秦汉文学是指从公元前221年秦始皇统一中国，秦王朝建立，到东汉末年汉献帝建安元年（196）这一历史时期的文学。

文学与社会历史之间有着紧密的联系，社会历史的变迁影响着文学的发展。在中国文学史上，秦汉时期的文学是上古期的第二段，但由于秦代历时很短，秦始皇在统一货币、文字、度量衡、法令的同时，还实行了极端的文化专制政策，致使秦代流传下来的文学作品极为稀少，文学创作空前冷落，较有成就的仅有《吕氏春秋》和李斯的《谏逐客书》，造成了“秦世不文”的局面。而两汉时期历时四百余年，是中华民族的一个重要发展时期。汉朝以辽阔的疆土、强盛的国力立于世界的东方，这不仅为文学的发展提供了坚实的物质基础，还为文学的创作提供了富足的精神土壤，无论是辞赋、散文还是诗歌的创作都得到了一定程度的发展。因此，“秦汉文学”主要指的是两汉时期的文学。但从整体上看，秦汉文学在政论散文、辞赋、史传文学、乐府诗歌和文人五言诗等几方面都取得了较高的成就，对中国文学的发展产生了较为深远的影响。

一、秦代文学发展概况

秦灭六国，结束了封建诸侯割据称雄的局面，形成了统一的多民族的中央集权的封建国家。秦统一后，废分封，置郡县；统一律法，制定秦律；“书同文，车同轨”，将文字统一为秦小篆和隶书；统一货币和度量衡。这些措施为秦王朝巩固政治统一都起到了积极的作用，但秦王朝在政治上实行“严刑峻法，刻薄少恩”的法家制度，在思想文化上实行严酷的专制统治，政治与思想的双重压制最终将秦王朝推向了倾覆的末路，中国古代文化在这一时期也经历了严重的浩劫。据《史记·秦始皇本纪》记载："史官非秦记皆烧之；非博士官所职，天下敢有藏《诗》《书》、百家语者，悉诣守尉杂烧之，有敢偶语《诗》《书》者，弃市；以古非今者，族。"除"焚书"外，秦始皇曾一举坑杀六百四十余名儒生，思想文化的专制使得秦代的文学创作空前冷落，较有成就的仅有《吕氏春秋》和李斯的政论散文。

《吕氏春秋》是由秦相吕不韦与其门客共同撰写的杂家著作。它取材广泛，包含了春秋战国以来的各派思想，组成自己完整的体系，具有一定的思想价值和认识价值，并借助寓言故事说明事理，生动明晰，富于文学意味。李斯是秦代唯一有作品流传下来的文人，他的政论散文继承了荀子散文的风格，说理充分、论证严明、逻辑性强，其中最具代表性的是《谏逐客书》。除李斯的政论散文之外，现在可看到的秦代散文多是秦始皇巡行各地时，李斯等人写的歌功颂德的碑铭文字，由于它们刻在各地的山石之上，后世称为秦刻石，如《泰山刻石》《琅琊刻石》《会稽刻石》等。它们在形式上模仿雅颂，基本都是四言，多以三句为韵，对后世碑铭文的创作具有一定影响。

二、汉代文学发展概况

两汉王朝总共四百余年，是中国历史上的昌盛时期。统治者吸取秦朝覆亡的教训，推行"无为而治"的政策，使民众休养生息，恢复和发展经济，并以礼教治国，不再施行严刑峻法。经"文景之治"后，汉代的政治实力已经非常雄厚。在文化政策上，汉代统治者采取了一系列有利于文学发展的措施。国力增强，社会进步，汉代文学迎来了蓬勃发展的新格局。无论是作家的文学素养，还是作品的类型、数量、思想深度、艺术水平等都得到了提升。汉代文学在价值取向、审美风尚、文体样式等诸多方面为后世的文学创作打下了坚实的基础。

从发展进程上看，汉代文学的发展呈现出批判—赞颂—批判的态势。汉初，秦王朝因暴政覆灭，文人们从历史中总结秦朝覆灭的教训，对历史进行高屋建瓴的反思，所以这一时期的作品大都贯穿着对历史的批判，其中具有代表性的作品有贾谊的政论、司马相如的《哀二世赋》、司马迁的《史记》等。西汉时期，自汉武帝起，文人们的创作从对历史的反思转向对本朝理论体系的建构，即这一时期的文学创作实现了从历史批判向关注现实的转变，汉大赋这一文学体式承担了歌功颂德、润色鸿业的主要使命。从东汉开始，文学界的批判潮流再度兴起。无论是王充、王符的政论，还是郦炎、赵壹、蔡邕等人的诗赋，其中都充满着强烈的批判精神，所批判的对象也不再局限于历史的批判，而是包括了神学目的论、谶纬宿命论、社会的黑暗腐朽，以及传统的价值观、人生观等方面，这一时期对现实的批判较前期的历史批评在思想上更为深刻，内容呈现也更为立体。

从文学风格上看，汉代文学普遍带有着强烈的民族自豪感和历史责任感。伴随着汉朝经济、政治、文化的繁荣发展，文人创作的热情愈发高涨，其作品也带有着一定的盛世情怀，文风疏阔豪迈、气度恢宏，具有兼容并包的特质，呈现出一种巨丽之美。文人们在肯定大一统帝国辉煌业绩的同时，作品的表现对象、领域和范围都达到了前所未有的广度，出现了大一统局面下的文学盛举。

从创作群体上看，汉代文学的创作呈现出民间创作和文人创作共同繁荣的景象，二者相互促进，相互渗透，共同推动了汉代文学的发展。这种渗透与融合主要体现在汉代的诗歌创作之中。比如两汉时期存在采诗制度，通过采集民间歌谣用以充实乐府的乐章，有时也用来考察政治上的得失及民风民俗，五言歌谣大量采入乐府，成为乐府歌辞。这种新的诗歌样式对文人的创作产生了很大的影响，他们也会在自己的创作中有意地加以模仿，因而形成了文人的五言诗。

从文学体式上看，汉代是文学体裁发生重大变革的时代，许多重要的文学样式都在这个阶段孕育产生，共同构成了汉代丰富多彩的文学景观。

首先，赋是汉代文学最具有代表性的样式，它介于诗歌和散文之间，韵散兼行，可以说是诗的散文化、散文的诗化。汉赋兼收并蓄，借鉴楚辞、战国纵横之文、先秦史传的文风、形式、叙事手法，并将诗歌融入其中，形成新的体式。其中具有代表性的有枚乘的《七发》、司马相如的《上林赋》《子虚赋》、扬雄的《河东赋》《甘泉赋》、班固的《两都赋》、张衡的《二京赋》《归田赋》等，汉代政论文承先秦诸子散文的余绪，在形式上没有大的突破。以主客问答形式构制的设辞类作品，在风格上和赋相近，后人往往把它归入赋类。

其次，楚辞类作品逐渐与新体赋合流，总称为辞赋，楚辞类作品称为骚体赋。楚辞体作品的创作在汉代没有新的发展，许多作品在内容和形式上有意摹拟屈原的《离骚》《九章》，有些则只是袭取楚辞体的形式。西汉刘向曾编集屈原、宋玉的作品和汉人摹拟之作，署名《楚辞》。新体赋主要用于正面的赞颂讽喻，而楚辞类作品重在咏物抒情，而且抒发的多是抑郁之情，格调和《离骚》相近，其中具有代表性的是贾谊的《吊屈原赋》。

最后，汉代产生了新的诗歌样式——五言诗。这种诗体西汉时期多见于歌谣和乐府诗，班固、张衡、秦嘉、蔡邕等人对五言诗的发展起了积极的推动作用。东汉的五言诗已经成熟，叙事诗有《孔雀东南飞》这样的长篇巨制，抒情诗则有《古诗十九首》这样的典范，乐府诗也有许多五言名篇。西汉时期，七言句子大量出现在镜铭、识字课本等载体中，有的已是标准的七言诗句。

除此之外，两汉叙事散文、史传作品、碑文、游记都在文体上取得了较大的发展，比如司马迁的《史记》以人物为中心来反映历史，创立了纪传体史书的新样式；《汉书》继承《史记》的体例，并且使之更加完善；《吴越春秋》则进一步强化史传作品的文学性，是历史演义小说的滥觞；东汉时期大量出现的碑文，是品核人物风气推动下走向成熟的新文体；马第伯的《封禅仪记》，可视为现存最早的较为完整的游记。

秦汉文学为中国文学史增添了浓墨重彩的一笔，其文学创作的形式与内容都对后世的创作产生了深远的影响。

谏逐客书[1]

李斯[2]

臣闻吏议逐客，窃以为过矣。昔缪公[3]求士，西取由余于戎[4]，东得百里奚于宛[5]，迎蹇叔于宋[6]，来丕豹、公孙支于晋[7]。此五子者，不产于秦，而缪公用之，并国二十[8]，遂霸西戎。孝公用商鞅之法[9]，移风易俗，民以殷盛，国以富强，百姓乐用，诸侯亲服，获楚、魏之师，举地千里，至今治强。惠王用张仪之计[10]，拔三川之地[11]，西并巴、蜀[12]，北收上郡[13]，南取汉中[14]，包九夷[15]，制鄢、郢[16]，东据成皋之险[17]，割膏腴之壤，遂散六国之从[18]，使之西面事秦，功施[19]到今。昭王得范雎，废穰侯，逐华阳[20]，强公室，杜私门[21]，蚕食诸侯，使秦成帝业。此四君者，皆以客之功。由此观之，客何负于秦哉！向使四君却客而不内[22]，疏士而不用，是使国无富利之实而秦无强大之名也。

今陛下致昆山之玉[23]，有随、和之宝[24]，垂明月之珠，服太阿之剑[25]，乘纤离[26]之马，建翠凤之旗[27]，树灵鼍之鼓[28]。此数宝者，秦不生一焉，而陛下说之，何也？必秦国之所生然后可，则是夜光之璧不饰朝廷[29]，犀象之器不为玩好[30]，郑、卫之女[31]不充后宫，而骏马駃騠不实外厩[32]，江南金锡不为用，西蜀丹青不为采[33]。所以饰后宫、充下陈[34]、娱心意、悦耳目者，必出于秦然后可，则是宛珠之簪[35]、傅玑之珥[36]、阿缟[37]之衣、锦绣之饰不进于前，而随俗雅化[38]佳冶窈窕赵女不立于侧也。夫击瓮叩缶[39]，弹筝搏髀[40]，而歌呼呜呜快耳者，真秦之声也；《郑》《卫》《桑间》[41]，《昭》《虞》《武》《象》者[42]，异国之乐也。今弃击瓮叩缶而就《郑》《卫》，退弹筝而取《昭》《虞》，若是者何也？快意当前，适观而已矣。今取人则不然，不问可否，不论曲直，非秦者去，为客者逐。然则是所重者在乎色、乐、珠玉，而所轻者在乎人民也。此非所以跨海内、制诸侯之术也。

臣闻地广者粟多，国大者人众，兵强则士勇。是以太山不让[43]土壤，故能成其大；河海不择细流，故能就其深；王者不却众庶，故能明其德。是以地无四方，民无异国，四时充美[44]，鬼神降福，此五帝三王[45]之所以无敌也。今乃弃黔首[46]以资敌国，却宾客以业诸侯[47]，使天下之士退而不敢西向，裹足不入秦，此所谓“藉寇兵而赍盗粮”者也[48]。

夫物不产于秦，可宝者多；士不产于秦，而愿忠者众。今逐客以资敌国，损民以益仇[49]，内自虚而外树怨于诸侯，求国无危，不可得也。

【注释】

① 本文选自《史记・李斯列传》。书，又称“上书”，是用来陈述自己的政治见解或主张的一种陈述性的文书。《文心雕龙・章表》说：“降及七国，未变古式，言事于王，皆称上书。”《颜氏家训・省事》中说：“上书陈事，起自战国，逮于两汉，风流弥广，原其体度：攻人主之长短，谏诤之徒也；讦群臣之得失，讼诉之类也；陈国家之利害，对策之伍也；带私情之与夺，游说之俦也。”可见，“书”这种文体是上行文书，写作对象是国君，内容则是针对时政陈述己见。客：客卿，是指六国来秦担任秦国公职之人。

② 李斯：曾同韩非一道师从著名思想家荀况学“帝王之术”，于公元前247年由楚入秦，受到秦王器重，拜为客卿，为秦始皇统一中国发挥了重要作用。秦统一后，官至丞相，秦始皇采纳他的主张定郡县之制，以小篆为标准统一文字，统一度量衡，焚书坑儒，下禁书令。秦二世时，被郎中令赵高以“谋反”罪诬陷入狱，后被腰斩于咸阳市。

③ 缪公：秦穆公，春秋时秦国君主，公元前659年至公元前621年在位，为春秋五霸之一。

④ 由余：春秋时晋国人，流亡入戎，奉戎王命出使秦国。秦穆公用计离间由余与戎王，并收他为谋臣。后由余帮助秦消灭十二戎国，拓地千里。戎：古代对西部少数民族的泛称。

⑤ 百里奚：春秋时楚国人，曾任虞国大夫。晋灭虞后，作为晋献公女儿陪嫁的奴仆入秦。后逃到楚国，被俘。秦穆公听说他贤能，用五张公羊皮将其赎回，并任用为相，后人又称之为五羖（gǔ）大夫。宛：楚邑名，在今河南南阳。

⑥ 蹇（jiǎn）叔：春秋时秦国岐（今陕西岐山东北）人，寓居宋国，为百里奚的好友。经百里奚推荐，秦穆公以厚礼聘蹇叔入秦，任为上大夫。

⑦ 丕豹：春秋时晋国大夫丕郑的儿子。丕郑被晋惠公所杀后，丕豹逃到秦国。穆公任他为大夫，攻晋，打下八城，并生俘晋惠公。公孙支：春秋时秦国岐人，字子桑，寓居于晋。秦穆公聘其为谋士，任大夫。

⑧ 并：吞并，兼并。二十：泛指我国西部的诸多小国。

⑨ 孝公：秦孝公，战国时秦国君主，公元前361年至公元前338年在位。商鞅：战国时期卫国人，名鞅，因功封于商，号商君，故称商鞅。任秦相十年，两次变法，奠定了秦统一六国的基础。

⑩ 惠王：秦惠文王，战国时秦国君主，公元前337年至公元前311年在位。张仪：战国时魏国人，惠文王任之为秦相，他用连横之计破坏六国的合纵，以便秦国对六国各个击破。

⑪ 拔：攻取。三川之地：指黄河、洛水、伊水相交之地。秦惠王时，张仪请出兵三川，未能实现。至秦武王时攻取。

⑫ 巴、蜀：当时的两个小国。巴在今四川东部和重庆一带，蜀在今四川中部偏西一带。

⑬ 上郡：原为魏郡，在今陕西北部。公元前328年，惠文王派公子华与张仪攻魏，魏国以上郡十五县献秦求和。

⑭ 汉中：原为楚地，在今陕西南部和湖北西北部。公元前313年，张仪诱骗楚国与齐国断交，次年大破楚军于丹阳，斩首八万，接着攻占楚汉中六百里土地，置汉中郡。

⑮ 包：吞并，囊括。九夷：这里指当时楚国境内各少数民族所居之地。九，虚指数量之多。

⑯ 制：控制。鄢（yān）：曾为楚都，在今湖北宜城东南。郢（yǐng）：楚国国都，在今湖北荆州市荆州区西北。

⑰ 成皋（gāo）：又名虎牢关，在今河南荥阳，为古代军事重地。

⑱ 六国：韩、魏、燕、赵、齐、楚。从：同“纵”，东方六国结成联合战线抵抗秦国的一种策略。

⑲ 施（yì）：延续。

⑳“昭王”三句：昭王，指秦昭襄王，战国时秦国君主。范雎（jū），字叔游，战国时魏国人。穰（rǎng）侯、华阳君，都是昭王之母宣太后的弟弟，在朝专权。范雎以利害说动昭王，于是昭王废宣太后，将穰侯、华阳君等贵戚放逐到关外。范雎提出“远交近攻”的策略，屡破韩、赵、魏之兵，秦国日益强大。

㉑ 杜：堵塞，封闭。私门：相对于公室而言，此指穰侯、华阳君等贵族豪门。

㉒ 向使：假使。内（nà）：“纳”的古字，容纳。

㉓ 致：使至。昆山：昆仑山，古代以出产美玉而闻名。

㉔ 随、和之宝：指随侯珠、和氏璧。

㉕ 服：佩带。太阿（ē）：宝剑名，相传为春秋时吴国名匠欧冶子与干将所铸。

㉖ 纤离：古骏马名。

㉗ 建：树立。翠凤之旗：用翠鸟羽毛做成凤鸟形状装饰起来的旗子。

㉘ 树：设置。灵鼍（tuó）：扬子鳄，古人认为有灵性，皮可蒙鼓，声音洪亮。

㉙ 璧：一种中间有孔的圆形玉器。楚王曾在张仪的游说下，遣使献夜光璧于秦王。

㉚ 犀象之器：用犀牛角和象牙制成的器物。玩好（hào）：供玩赏的奇异珍宝。

㉛ 郑、卫之女：当时人们认为郑国、卫国多美女，此处泛指各国的美女。

㉜ 駃騠（jué tí）：骏马名。外厩（jiù）：宫外的养马棚。

㉝ 丹青：作画的颜料。不为采：不被采用。

㉞ 下陈：古代殿堂下陈列礼品、站列婢妾的地方。

㉟ 宛珠之簪（zān）：用宛地出产的珍珠装饰的发簪。

㊱ 傅玑之珥：镶嵌有珍珠的耳饰。傅，附着、加上。玑，不圆的珠子，这里泛指珠子。珥，耳饰。

㊲ 阿（ē）缟：齐国东阿所产的缟。缟，白色绢。

㊳ 随俗雅化：娴雅变化而能随俗。

㊴ 瓮：陶器，小口大腹，用于汲水或盛酒、水。缶（fǒu）：一种瓦制的打击乐器。

㊵ 筝：拨弦乐器，形似瑟。搏髀（bì）：拍击大腿。

㊶《郑》《卫》《桑间》：指郑国、卫国一带的乐曲。桑间，当时卫国青年男女欢聚歌唱的地方，后来用作当地民间音乐的代称。

㊷《昭》《虞》：舜时的乐名。《昭》，即《韶》。《武》《象》：周时的乐名。另一说，《昭》《虞》，舜时的舞曲；《武》《象》，周武王时的舞乐。

㊸ 让：辞让，拒绝。

㊹ 四时：四季。充美：指生活富庶美好。

㊺ 五帝：传说中的上古帝王，一般指黄帝、颛顼（zhuānxū）、帝喾（kù）、唐尧、虞舜。三王：夏、商、周三代开国君主，即夏禹、商汤、周武王。

㊻ 黔首：秦统治者对百姓的称呼。黔，黑。古时平民百姓以黑巾裹头，故称。

㊼ 业诸侯：使诸侯成就功业。

㊽ 藉：同“借”。寇：敌人，入侵者。兵：武器。赍（jī）：送给，付与。

㊾ 损：减损。益：增多。

【创作背景】

《谏逐客书》作于秦王嬴政十年（前 237），当时韩国为阻滞秦国的进攻，谋求耗蚀秦国的国力，故而派遣水工郑国入秦修灌渠。后被察觉，秦王嬴政遂在宗室大臣的怂恿下，颁布了逐客令。李斯为客卿，也在被逐之列，于是作此文，意欲谏止逐客。

【作者简介】

李斯（？—前 208），字通古，楚国上蔡（今属河南）人。秦朝著名政治家、文学家和书法家。参与制定法律，统一车轨、文字、度量衡制度。李斯政治主张的实施，对中国乃至世界产生了深远的影响，奠定了中国两千多年封建专制的基本格局。李斯的散文，包括《谏逐客书》《行督责书》《言赵高书》《狱中上书》等。

【思考与练习】

1. 翻译：“夫物不产于秦，可宝者多；士不产于秦，而愿忠者众。今逐客以资敌国，损民以益仇，内自虚而外树怨于诸侯，求国无危，不可得也。”

2.《谏逐客书》的主题思想是什么？

鹏鸟赋（有序）

贾谊

谊为长沙王傅三年，有鹏鸟飞入谊舍，止于坐隅[①]。鹏似鸮，不祥鸟也。谊既以谪居长沙，长沙卑湿，谊自伤悼，以为寿不得长，乃为赋以自广其辞曰：

单阏之岁兮[②]，四月孟夏，庚子日斜兮[③]，鹏集余舍[④]。止于坐隅兮，貌甚闲暇[⑤]。异物来萃兮[⑥]，私怪其故[⑦]。发书占之兮[⑧]，谶言其度[⑨]，曰："野鸟入室兮，主人将去。"请问于鹏："余去何之[⑩]？吉乎告我，凶言其灾[⑪]。淹速[⑫]之度兮，语余其期[⑬]。"鹏乃叹息，举首奋翼；口不能言，请对以臆[⑭]曰：

"万物变化兮，固无休息。斡流[⑮]而迁兮，或推而还[⑯]。形气转续兮[⑰]，变化而嬗[⑱]。沕穆无穷兮[⑲]，胡可胜言[⑳]！祸兮福所倚[㉑]，福兮祸所伏[㉒]；忧喜聚门[㉓]兮，吉凶同域[㉔]。彼吴强大兮，夫差以败；越栖会稽兮，句践霸世[㉕]。斯游遂成兮，卒被五刑[㉖]；傅说胥靡兮，乃相武丁[㉗]。夫祸之与福兮，何异纠纆[㉘]；命不可说兮，孰知其极！水激则旱兮，矢激则远；万物回薄兮，振荡相转。云蒸雨降兮[㉙]，纠错相纷；大钧播物兮，坱圠无垠[㉚]。天不可预虑兮，道不可预谋；迟速有命兮，焉识其时。

且夫天地为炉兮，造化为工[㉛]；阴阳为炭兮，万物为铜。合散消息兮[㉜]，安有常则[㉝]？千变万化兮，未始有极[㉞]，忽然[㉟]为人兮，何足控抟[㊱]；化为异物[㊲]兮，又何足患！小智自私兮，贱彼贵我；达人大观兮[㊳]，物无不可。贪夫徇[㊴]财兮，烈士徇名。夸者死权兮[㊵]，品庶每生。怵迫[㊶]之徒兮，或趋西东；大人不曲兮，意变齐同。愚士系俗兮，窘若囚拘；至人[㊷]遗物兮，独与道俱。众人惑惑兮，好恶积亿；真人[㊸]恬漠兮，独与道息[㊹]。释智遗形兮[㊺]，超然自丧；寥廓忽荒兮，与道翱翔。乘流则逝兮，得坻则止[㊻]；纵躯委命兮，不私与己。其生兮若浮，其死兮若休；澹乎若深渊之静，泛乎若不系之舟。不以生故自宝兮，养空而浮；德人无累兮，知命不忧。细故蒂芥兮，何足以疑！"

【注释】

① 坐隅：座位的一角。

② 单（chán）阏（è）：太岁在卯曰单阏。这年是汉文帝六年，丁卯年。

③ 庚子：四月里的一天。日斜：太阳西斜时。

④ 集：止。余舍：我的屋子。

⑤ 闲暇：从容不惊貌。

⑥ 异物：怪物，指鹏鸟。萃：止。

⑦ 私怪其故：暗自疑怪它飞来有什么缘故。

⑧ 发：打开。书：此处指占卜所用的书。

⑨ 谶（chèn）：预示吉凶的话。度：数，即吉凶的定数。

⑩ 之：往。

⑪"吉乎"二句：大意是说，如有吉事，你就告诉我；即使有凶事，也请把什么灾祸说明。

⑫ 淹速：指生死的迟速。淹，迟。

⑬ 语（yù）：告诉。期：指死生的期限。

⑭ 口不能言，请对以臆：鹏鸟不会说话，而请用胸中所想的来对答。作者以此为依托，开展下文。臆，胸。

⑮ 斡（wò）流：运转。斡，转。

⑯ 推：推移。还：回。以上四句大意是说，万物变化运转，反复无定。

⑰ 形气："形"与"气"相对而言。形，指有形的；气，指无形的。转：互相转化。续：继续。

⑱ 而：如。蟺（chán）：蜕化。这两句是说，形气的移转连续，变迁蜕化。

⑲ 沕（wù）穆：精微深远貌。

⑳ 胜：尽。以上两句意思是说，上述万物变化之理，深微无穷，不能尽言。

㉑ 倚：因。

㉒ 伏：藏。以上两句见老子《道德经》，意思是说，祸福彼此相因相随，往往因祸生福，福中藏祸。

㉓ 聚门：聚集在一门之内。

㉔ 同域：同在一个地域。

㉕"彼吴"四句：用春秋时吴、越相争事来说明成反为败、失反为得之理。初吴王夫差战胜越国，后越王勾践兴复越国，又灭吴称霸。山居曰栖。勾践被吴围困时，曾居于会稽山中。句践，即勾践。

㉖"斯游"二句：大意是说，李斯游于秦国，身登相位，二世时，被赵高所谗，终于受五刑而死。遂成，达到成功。

㉗"傅说（yuè）"二句：传说傅说初在傅岩操服劳役，殷高宗武丁以为他是贤人，用他为相。胥，相。胥靡，古代一种刑罚，把罪人相系在一起，使服劳役。

㉘ 纠纆（mò）：二、三股捻成的绳子。这里比喻祸福纠缠在一起。

㉙ 蒸：因热而上升。降：因冷而下降。

㉚ 坱圠（yǎng yà）：无边际貌。垠（yín）：边际，界限。以上两句是说，自然界造化推动万物，使之运行变化是无边无际的。

㉛ 工：冶金工匠。

㉜ 合：聚。消：灭。息：生。

㉝ 常则：一定的法则。

㉞ 未始：未尝。极：终极。

㉟ 忽然：偶然。

㊱ 控抟（tuán）：引持，有"贪恋珍惜"的意思。控，引；抟，持。

㊲ 化为异物：变成其他东西，指死。

㊳ 达人：通达的人。大观：心胸开朗，所见远大。

㊴ 徇：同"殉"，以身从物。

㊵ 夸者：贪求虚名的人。权：权势。

㊶ 怵（chù）迫：怵，指为利益所诱。迫，指为贫贱所迫。

㊷ 至人：指至德之人。

㊸ 真人：指得道之人。

㊹ 与道息：和大道同处。息，止。

㊺ 释智：放弃智虑。遗形：遗弃形体。

㊻ 坻（chí）：水中小洲。以上两句是说，人生如木之浮水，行止随流。

【创作背景】

《鵩鸟赋》作于贾谊任长沙王太傅三年时。赋前小序说明写作的缘由，一天有鵩鸟（俗称猫头鹰）飞到贾谊的屋子里，他认为猫头鹰是不祥之鸟，本来就因被贬心情不好，又不适应长沙潮热的气候，觉得自己命不久矣，于是写下这篇《鵩鸟赋》，借以阐明自己的人生态度，自我宽慰，自我排遣。

【作者简介】

贾谊（前200—前168），洛阳（今属河南）人，西汉初年著名政论家、文学家，世称贾生、贾长沙、贾太傅。汉文帝初年，官至太中大夫。力主改革政制，因被权贵中伤，出为长沙王太傅，三年后，复被召为梁怀王太傅。怀王坠马死，贾谊自伤为傅无状，郁郁而死。贾谊的政论文有《陈政事疏》《论积贮疏》《过秦论》等，分析形势，陈述利害，内容充实，具有说服力。辞赋以《鵩鸟赋》《吊屈原赋》最有名。后人辑其文为《贾长沙集》。

【思考与练习】

1. 赋的文体特点是什么？

2. 鵩鸟是什么动物？

3.《鵩鸟赋》的主题思想是什么？

鸿门宴①

司马迁

沛公②军霸上③，未得与项羽相见。沛公左司马曹无伤使人言于项羽曰："沛公欲王④关中⑤，使子婴⑥为相，珍宝尽有之。"项羽大怒，曰："旦日⑦飨⑧士卒，为击破沛公军！"当是时，项羽兵四十万，在新丰鸿门；沛公兵十万，在霸上。范增⑨说项羽曰："沛公居山东时，贪于财货，好美姬。今入关，财物无所取，妇女无所幸⑩，此其志不在小。吾令人望其气⑪，皆为龙虎，成五采，此天子气也。急击勿失！"

楚左尹⑫项伯者，项羽季父⑬也，素善留侯张良⑭。张良是时从沛公，项伯乃夜驰之沛公军⑮，私见张良，具告以事⑯，欲呼张良与俱去，曰："毋从俱死也。"张良曰："臣为韩王送沛公⑰，沛公今事有急，亡去不义，不可不语。"良乃入，具告沛公。沛公大惊，曰："为之奈何⑱？"张良曰："谁为大王为此计⑲者？"曰："鲰生⑳说我曰：'距关㉑，毋内㉒诸侯，秦地可尽王也。'故听之。"良曰："料大王士卒足以当项王乎？"沛公默然，曰："固不如也。且为之奈何？"张良曰："请往谓项伯，言沛公不敢背项王也。"沛公曰："君安与项伯有故㉓？"张良曰："秦时与臣游，项伯杀人，臣活之。今事有急，故幸来告良。"沛公曰："孰与君少长㉔？"良曰："长于臣。"沛公曰："君为我呼入，吾得兄事之㉕。"张良出，要㉖项伯。项伯即入见沛公。沛公奉卮㉗酒为寿㉘，约为婚姻，曰："吾入关，秋毫不敢有所近，籍㉙吏民，封府库，而待将军。所以遣将守关者，备他盗之出入与非常㉚也。日夜望将军至，岂敢反乎！

愿伯具言臣之不敢倍德[31]也。”项伯许诺，谓沛公曰：“旦日不可不蚤[32]自来谢项王。”沛公曰：“诺。”于是项伯复夜去，至军中，具以沛公言报项王。因言曰：“沛公不先破关中，公岂敢入乎？今人有大功而击之，不义也。不如因善遇之。”项王许诺。

沛公旦日从百余骑[33]来见项王，至鸿门，谢曰：“臣与将军戮力[34]而攻秦，将军战河北，臣战河南，然不自意[35]能先入关破秦，得复见将军于此。今者有小人之言，令将军与臣有郤[36]。”项王曰：“此沛公左司马曹无伤言之。不然，籍何以至此？”项王即日因留沛公与饮。项王、项伯东向坐；亚父[37]南向坐，——亚父者，范增也；沛公北向坐；张良西向侍[38]。范增数目项王[39]，举所佩玉玦[40]以示之者三，项王默然不应。范增起，出，召项庄[41]，谓曰：“君王为人不忍。若入前为寿，寿毕，请以剑舞，因击沛公于坐[42]，杀之。不者[43]，若属[44]皆且为所虏！”庄则入为寿。寿毕，曰：“君王与沛公饮，军中无以为乐，请以剑舞。”项王曰：“诺。”项庄拔剑起舞。项伯亦拔剑起舞，常以身翼蔽[45]沛公，庄不得击。

于是张良至军门见樊哙[46]。樊哙曰：“今日之事何如？”良曰：“甚急！今者项庄拔剑舞，其意常在沛公也。”哙曰：“此迫矣！臣请入，与之同命[47]。”哙即带剑拥盾入军门。交戟[48]之卫士欲止不内。樊哙侧其盾以撞，卫士仆地。哙遂入，披帷[49]西向立，瞋目[50]视项王，头发上指，目眦[51]尽裂。项王按剑而跽[52]曰：“客何为者？”张良曰：“沛公之参乘[53]樊哙者也。”项王曰：“壮士！赐之卮酒。”则与斗卮酒[54]。哙拜谢，起，立而饮之。项王曰：“赐之彘肩[55]。”则与一生彘肩。樊哙覆其盾于地，加彘肩上，拔剑切而啖之。项王曰：“壮士！能复饮乎？”樊哙曰：“臣死且不避，卮酒安足辞！夫秦王有虎狼之心，杀人如不能举，刑人如恐不胜[56]，天下皆叛之。怀王[57]与诸将约曰：‘先破秦入咸阳者王之[58]。’今沛公先破秦入咸阳，毫毛不敢有所近，封闭宫室，还军霸上，以待大王来。故遣将守关者，备他盗出入与非常也。劳苦而功高如此，未有封侯之赏，而听细说[59]，欲诛有功之人，此亡秦之续[60]耳。窃为大王不取也[61]！”项王未有以应，曰：“坐。”樊哙从良坐。坐须臾，沛公起如厕，因招樊哙出。

沛公已出，项王使都尉陈平[62]召沛公。沛公曰：“今者出，未辞也，为之奈何？”樊哙曰：“大行不顾细谨，大礼不辞小让[63]。如今人方为刀俎[64]，我为鱼肉，何辞为[65]？”于是遂去。乃令张良留谢。良问曰：“大王来何操[66]？”曰：“我持白璧一双，欲献项王，玉斗一双，欲与亚父。会[67]其怒，不敢献。公为我献之。”张良曰：“谨诺。”当是时，项王军在鸿门下，沛公军在霸上，相去四十里。沛公则置[68]车骑，脱身独骑，与樊哙、夏侯婴[69]、靳强[70]、纪信[71]等四人持剑盾步走，从郦山[72]下，道芷阳间行[73]。沛公谓张良曰：“从此道至吾军，不过二十里耳。度[74]我至军中，公乃入。”

沛公已去，间至军中[75]。张良入谢，曰：“沛公不胜杯杓[76]，不能辞。谨使臣良奉白璧一双，再拜[77]献大王足下，玉斗一双，再拜奉大将军[78]足下。”项王曰：“沛公安在？”良曰：“闻大王有意督过[79]之，脱身独去，已至军矣。”项王则受璧，置之坐上。亚父受玉斗，置之地，拔剑撞而破之，曰：“唉！竖子[80]不足与谋！夺项王天下者必沛公也。吾属今为之虏矣！”

沛公至军，立诛杀曹无伤。

【注释】

① 节选自《史记·项羽本纪》(中华书局 2014 年版)，标题为编者所加。项羽（前 232—前 202)，名籍，字羽，秦末下相（今江苏宿迁）人，起兵反秦，善战，后与刘邦争天下，交战 5 年，兵败垓下，自刎而死。节选部分主要叙述项羽进入函谷关后与刘邦的一场斗争。鸿门，地名，在新丰（今陕西临潼东北)。

②沛公：汉高祖刘邦（前256—前195），在沛（今属江苏）起兵反秦，称沛公。

③军霸上：驻军于霸上（今陕西西安东）。

④王（wàng）：称王。

⑤关中：指函谷关（在今河南灵宝东北）以西，泛指战国末期秦之故地。

⑥子婴：秦始皇孙，秦二世侄。二世死后，被立为秦王，投降刘邦，后为项羽所杀。

⑦旦日：明天。

⑧飨（xiǎng）：用酒食款待宾客。这里是"犒劳"的意思。

⑨范增：项羽的主要谋士。

⑩幸：封建君主对妻妾的宠爱叫"幸"。下文中"故幸来告良"的"幸"是"幸亏、幸而"的意思。

⑪望其气：观察他头上的云气。望气是古代方术之一，通过观察云气占卜吉凶祸福。

⑫左尹：楚国之官名，为令尹之辅佐。

⑬季父：叔父。

⑭素善留侯张良：一向与张良交好。善，交好、友善。张良，字子房，刘邦谋臣，后封留侯。

⑮之沛公军：到刘邦驻军地。之，到。

⑯具告以事：把项羽想袭击沛公的事情详细地告诉张良。

⑰臣为韩王送沛公：张良原为韩王的属下，后奉韩王之命随刘邦西入武关，所以张良在这里说"臣为韩王送沛公"，意在向项伯表示他和沛公的关系。韩王，韩公子成。

⑱为之奈何：怎样对付这件事？奈何，怎样、如何。

⑲此计：指下文所说的"距关，毋内诸侯"之计。

⑳鲰生：浅陋无知的小人。

㉑距关：据守函谷关。距，同"拒"，据守。

㉒内：同"纳"，接纳。

㉓故：老交情。

㉔孰与君少长：就是"与君孰少孰长"。

㉕兄事之：用侍奉兄长的礼节对待他。

㉖要（yāo）：同"邀"，邀请。

㉗卮（zhī）：古代盛酒器皿。

㉘为寿：敬酒于尊长前，祝其长寿。

㉙籍：登记。

㉚非常：指意外的变故。

㉛倍德：背弃恩德。倍，同"背"。

㉜蚤：同"早"。

㉝从百余骑：使一百多人马跟从他。从，使……跟从，率领。骑，一人一马。

㉞戮（lù）力：并力，合力。戮，同"勠"。

㉟不自意：自己不曾想到。意，料想。

㊱郤（xì）：同"隙"，嫌隙、隔阂。

㊲亚父：项羽对范增的尊称。意思是仅次于父亲。

㊳侍：陪坐。

㊴数（shuò）目项王：屡次向项王使眼色。数，屡次。目，以目示意。

㊵ 玦（jué）：一种玉器，环状而有缺口。“玦”与“决”同音。范增用所佩玉玦暗示项王下决心杀刘邦。

㊶ 项庄：项羽的堂弟。

㊷ 坐：同“座”。

㊸ 不者：否则。

㊹ 若属：你们这些人。

㊺ 翼蔽：像鸟张开翅膀一样掩护。

㊻ 樊哙（kuài）：刘邦的部下。参加刘邦反秦起义，屡立战功。

㊼ 与之同命：与他（刘邦）共生死。

㊽ 交戟：持戟（一种长兵器）交叉，禁止出入。

㊾ 披帷：揭开帷幕。

㊿ 瞋（chēn）目：睁大眼睛，怒目而视。

(51) 眦：眼眶。

(52) 跽（jì）：古人席地而坐，以两膝着地，两股贴在两脚跟上。直身，股不着脚为跪；跪而挺身耸腰为跽。这里指准备起身刺击。

(53) 参乘（shèng）：坐在车右陪乘或担任警卫的人。参，同“骖”。乘，四匹马拉的车。

(54) 斗卮酒：一大杯酒。

(55) 彘肩：猪的前腿根部。

(56) 杀人如不能举，刑人如恐不胜：杀人像是怕不能杀尽，给人用刑像是怕不能用尽。举、胜，都有“尽”的意思。刑，用刀割、刺。

(57) 怀王：名心，楚怀王之孙。项梁起兵后立其为王，也称楚怀王。破秦后，项羽尊其为义帝，后又将其诛杀。

(58) 王之：以之为关中王。之，指“先破秦入咸阳者”。

(59) 细说：指小人离间之言。

(60) 亡秦之续：已灭亡的秦的后继者。意为重蹈秦灭亡的覆辙。

(61) 窃为大王不取也：私意认为大王不宜采取（这样的做法）。窃，表示个人意见的谦辞。

(62) 陈平：项羽属下，后为刘邦谋臣。

(63) 大行不顾细谨，大礼不辞小让：做大事不必顾及细枝末节，行大礼不用回避小的责备。

(64) 俎（zǔ）：切肉的砧板。

(65) 何辞为（wéi）：何必告辞呢？为，句末语气助词，表示反问。

(66) 操：拿。

(67) 会：适逢。

(68) 置：放弃，丢下。

(69) 夏侯婴：跟从刘邦起义，后封汝阴侯。

(70) 靳强：刘邦部下，后封汾阳侯。

(71) 纪信：刘邦部下，后战死。

(72) 郦山：骊山，在今陕西临潼东南。

(73) 道芷阳间（jiàn）行：取道芷阳，秘密地走。芷阳，秦代县名，在今陕西西安东。间行，秘密地走。

(74) 度（duó）：估计，猜测。

(75) 间至军中：秘密地回到军中。

⑯ 杯杓（sháo）：盛酒器皿，这里借指饮酒。

⑰ 再拜：连拜两次，古代一种较重的礼节。

⑱ 大将军：指范增。

⑲ 督过：责备，责罚。

⑳ 竖子：骂人的话，相当于“小子”。

【创作背景】

鸿门宴发生于公元前206年，是刘邦、项羽在推翻秦王朝后，为争夺天下而首次展开的一场惊心动魄的政治斗争，也是长达五年之久的楚、汉之争的序幕。作者司马迁以高超、娴熟的艺术技巧，生动地再现了这场斗争中两大政治集团较量的全过程，描绘了许多令人难以忘怀的戏剧性场面，刻画了众多性格各异的人物形象，情节波澜起伏，扣人心弦。

【作者简介】

司马迁（约前145—？），字子长，夏阳（今陕西韩城）人。父司马谈，精熟天文、史事，通晓诸子学术，武帝建元、元封年间，任为太史令。司马迁少而好学，二十岁以后，游踪几遍全国。公元前108年司马迁继任太史令，有机会博览政府所藏的大量书籍。公元前104年开始着手编写《史记》，公元前99年因李陵事件触怒汉武帝，被下狱并处腐刑。公元前96年被赦，出任中书令。出狱后，司马迁忍辱含垢，发愤著书，公元前92年左右，基本完成《史记》这部巨著。

【思考与练习】

1. 翻译：“沛公军霸上，未得与项羽相见。沛公左司马曹无伤使人言于项羽曰：‘沛公欲王关中，使子婴为相，珍宝尽有之。’项羽大怒，曰：‘旦日飨士卒，为击破沛公军！’”

2. 课文虽然是节选，但故事情节完整，发展脉络清晰。请概括主要情节内容。

3. 文中项羽和刘邦的性格特点分别是怎样的？

大学[①]（节选）

《礼记》

大学之道[②]，在明明德[③]，在亲民[④]，在止于至善[⑤]。

知止[⑥]而后有定，定而后能静，静而后能安，安而后能虑，虑而后能得[⑦]。物有本末[⑧]，事有终始，知所先后[⑨]，则近道矣。

古之欲明明德于天下者，先治其国[⑩]；欲治其国者，先齐[⑪]其家；欲齐其家者，先脩[⑫]其身；欲脩其身者，先正其心[⑬]；欲正其心者，先诚其意[⑭]；欲诚其意者，先致其知[⑮]；致知在格物[⑯]。

物格而后知至，知至而后意诚，意诚而后心正，心正而后身脩，身脩而后家齐，家齐而后国治，国治而后天下平。

自天子以至于庶人[⑰]，壹是[⑱]皆以脩身为本。其本乱而末治者否矣；其所厚者薄[⑲]而其所薄者厚，未之有也。

【注释】

① 本文选自戴圣所编《礼记》中的《大学》篇。

② 大学之道：即大学的教育方针，是囊括了世界观、人生观、价值观以及政治主张的思想体系。朱熹注："大学者，大人之学也。"与"小学"相对。古人幼时学习"小学"，"详训诂，明句读"，有了一定基础知识以后开始学习做人、治国以及平天下的"大学"。

③ 明明德：指彰显光明正直的德行前一个明作动词，使动用法，有"使……彰显"之意。后一个明是形容词，即光明的、美好的。

④ 亲民：即新民，指人弃旧图新，去恶从善。根据朱熹所注《四书章句》中记载，"亲，当作新"，即革新、弃旧图新。

⑤ 止于至善：达到最完美的境界。止，达到。至善，最大的善。"明明德""亲民""止于至善"是"大学"的三纲领。

⑥ 知止：能够知道目标所在，指上文所说"止于至善"。

⑦ 得：收获，指达到"至善"的境界。

⑧ 本末：原意指植物的根部和末梢，引申为事物的根本和枝节。

⑨ 知所先后：意为能够知道和掌握道德修养的先后次序。

⑩ 国：这里指古代诸侯的封地。

⑪ 齐：整顿、治理。

⑫ 脩：同"修"，修养。

⑬ 正其心：即为端正自己的内心。正，端正。朱熹注："心者，身之所主也。"

⑭ 诚其意：用善把心都填实，一点自欺欺人的念头都容不下。诚，实也。意，心之所发也。朱熹注："欲其一于善而无自欺也。"

⑮ 致其知：把自己本有的知识、智慧完全开发出来。致，推极。知，识也。

⑯ 格物：就是即物穷理，凡事都要一探究竟。格，至。物，事。朱熹注："穷至事物之理，欲其极处无不到也。"

⑰ 庶人：是指平民百姓。

⑱ 壹是：一切。

⑲ 厚者薄：应该重视的没有重视。厚，重视。薄，轻视。朱熹注："所厚，谓家也。"

【作品简介】

《礼记》又名《小戴礼记》，为西汉时期戴圣所编，原有四十六篇，相传为孔子的七十二弟子及学生所记，但因《曲礼》《檀弓》《杂记》三篇内容过长，所以大多版本将其分为上下篇，故有四十九篇之说。《大学》出自《小戴礼记》第四十二篇，相传为春秋战国时期曾参所作，是一篇论述儒家修身、齐家、治国、平天下思想的散文。《礼记》是儒家"三礼"之一、"五经"之一，"十三经"之一。自东汉郑玄作"注"后，《礼记》地位日渐提升，至唐代时被尊为"经"。北宋时期，程颢、程颐两位学者对《大学》推崇备至。到了南宋，朱熹又作《大学章句》，对《大学》进行注释。最终，《大学》和《中庸》《论语》《孟子》并称为"四书"。宋、元以后，《大学》成为学校官定的教科书和科举考试的必读书，对中国古代教育产生了极大的影响。

【思考与练习】

1.《大学》中体现出的儒家思想对中国文化产生了怎样的影响?

2. 结合实际，具体谈谈什么是“大学之道”?

3. 结合实际，具体谈谈《大学》中“明明德、亲民、止于至善”的现代意义。

4. 结合实际，具体谈谈如何做到修身、齐家、治国、平天下?

乐府民歌二首

战城南①

战城南，死郭北②，野死不葬乌可食③。为我谓乌，且为客豪④！野死谅不葬，腐肉安能去子逃⑤？

水深激激⑥，蒲苇冥冥⑦。枭骑⑧战斗死，驽马徘徊鸣⑨。

梁筑室⑩，何以南，何以北⑪？禾黍⑫不获君何食！愿为忠臣⑬安可得！

思子良臣⑭，良臣诚⑮可思。朝行出攻⑯，暮不夜归⑰。

【注释】

① 这是一首悼念阵亡士卒的歌。作品充满了悲壮的气氛，表现出作者对死难者哀悼的心情。有人认为这是诅咒战争和劳役的诗。本篇大约产生于西汉时代。

② 郭：外城。古代城墙分内外两道，内称“城”，外称“郭”。“郭北”与“城南”互文见义，指全城都有战争和战死的人。

③ 野死：战死在荒野。乌：乌鸦。

④ 客：指战死者，死者多为外乡人，故称之为“客”。豪：同“嚎”，号哭。

⑤“野死”二句：反正他们已死在荒野，尸体想必无人收葬，这些腐烂的尸肉还能逃得开你们（乌鸦）的口吗？谅，想必。揣度之词。去，离开。子，你、你们。

⑥ 激激：水清澈貌。

⑦ 冥冥：水草葱郁暗绿貌。

⑧ 枭（xiāo）骑：骁勇的骑兵。枭，同“骁”。

⑨ 驽（nú）马：劣马。此二句以马喻人，谓英勇者战死，懦怯者偷生。

⑩ 梁：桥梁。一说，为表声的字。余冠英《汉魏六朝诗选》：“古乐录著录歌曲，用大字写歌辞的正文，用小字写其中的泛声。流传久了，声和辞往往混杂起来。”筑室：构筑宫室、兵营。

⑪“何以”二句：意谓战后一片混乱，桥上搭着房子，阻碍了交通。诗人不由得发出感叹：这样做，人们怎能南来北往呢？

⑫ 禾黍：泛指庄稼。

⑬ 忠臣：指为国捐躯死于荒野的战士。

⑭ 子：你，你们。良臣：对战死士兵的美称。
⑮ 诚：确实。
⑯ 出攻：出发战斗。
⑰ 暮不夜归：意指战死荒野。

十五从军征[①]

十五从军征，八十始得归。
道逢乡里人："家中有阿谁[②]？"
"遥看是君家，松柏冢累累[③]。"
兔从狗窦[④]入，雉[⑤]从梁上飞。
中庭生旅谷[⑥]，井上生旅葵[⑦]。
舂谷持作饭[⑧]，采葵持作羹[⑨]。
羹饭一时[⑩]熟，不知饴阿谁[⑪]。
出门东向看，泪落沾我衣。

【注释】

① 本篇描写一个老战士回乡无家可归的悲惨情景，揭露了封建兵役制度给劳动人民造成的苦难。它原是汉代古诗，后世曾采以入乐。

② 有阿谁：还有什么人。阿，前缀，用在某些称谓或疑问代词等前面。

③ 冢（zhǒng）：坟墓。累累：众多的样子。

④ 狗窦：狗洞。古代房屋门边有专为狗进出留的洞穴，野兔出入其中，暗示"君家"早已荒废。

⑤ 雉（zhì）：野鸡。

⑥ 中庭：院中。旅谷：野生的谷子。《后汉书·光武帝纪》李贤注："旅，寄也。不因播种而生，故曰旅。"

⑦ 井：井台。葵：亦称"冬葵菜"，嫩叶可食。

⑧ 舂（chōng）谷：用杵臼捣去谷物的壳。持作：用作。

⑨ 羹：这里指用蔬菜煮的羹。

⑩ 一时：一会儿。

⑪ 饴（yí）：同"贻"。这二句是说：不一会儿，野米饭和葵菜汤都烧熟了，但不知道去送给谁同食。

【作品简介】

乐府，本是由汉武帝设立的汉代音乐机构的名称。乐府的职能，主要是掌管、制作、保存朝廷用于朝会、郊祀、宴飨时用的音乐，还要兼采民间歌谣和乐曲，加以修改、润色，制订乐谱，配上乐曲，使之合乐歌唱。魏晋以后，人们便将由汉代乐府机构收集、演唱的诗歌统称为"汉乐府"。这样，乐府便由一个音乐机构的名称，变成一种可以入乐的诗体的名称。

从内容上看，收集面的广泛决定了汉乐府题材的广泛。从小河边青年男女的谈情说爱，到农村上门催租官吏的吆喝；从孤儿、病妇、走投无路铤而走险的汉子，到从军归家的老人，以及被抛弃的妇人，组成了汉代丰富多彩的世俗长卷。其中家庭的悲剧、战争的罪恶、暴敛的酷烈、行役的痛苦，无不在汉乐府民歌中得到暴露和歌吟。由此，形成中国乐府诗反映广阔社会生活的优秀传统。

从风格和创作特点上看，由于乐府诗采自民间，形成“感于哀乐，缘事而发”的特点。这一特点，使汉乐府的题材、思想、艺术、形式都有一股活跃旺盛的生命力。

汉乐府民歌清新、真率、质朴、刚健，语言朗朗上口，音乐性很强。汉乐府的构思，常常有奇趣，如《战城南》等，想象、夸张、浪漫，超越生死之界，而能精神漫游。在诗歌句式上，汉乐府有五言、七言和杂言，其中的五言，直接影响了汉末的五言诗，并在建安以后逐渐成为我国诗学的正宗。

【思考与练习】

1. 怎样理解“汉乐府”这一文学体裁？
2. 《战城南》描写了怎样的场景？反映了什么主题？
3. 《十五从军征》叙写了怎样的情境？反映了什么主题？

《古诗十九首》二首

行行重行行[①]

行行重行行，与君生别离[②]。
相去万余里，各在天一涯[③]。
道路阻且长[④]，会面安[⑤]可知！
胡马依北风，越鸟巢南枝[⑥]
相去日已远，衣带日已缓[⑦]。
浮云蔽白日[⑧]，游子不顾返[⑨]。
思君令人老[⑩]，岁月忽已晚[⑪]。
弃捐[⑫]勿复道，努力加餐饭[⑬]！

【注释】

① 本篇表现女子思念远行异乡的情人。首追叙初别，次说路远会难，再叙及相思之苦，最后以勉强宽慰之词作结。行行重行行：行行，即今“走啊走啊”。重行行，张玉谷《古诗赏析》曰：“言行之不止也。”重，再、又。

② 生别离：生离死别。《楚辞·九歌·少司命》：“乐莫乐兮新相知，悲莫悲兮生别离。”

③ 天一涯：天一方。

④“道路”句：语出《诗经·秦风·蒹葭》“溯洄从之，道阻且长”。阻，艰险。长，遥远。

⑤ 安：岂，怎。

⑥“胡马”二句：喻游子眷恋故土。胡马，生在北方的马。胡，古代指北方的“狄”，汉代指匈奴，这里指代北方。越鸟，生在南方的鸟。越，汉代指百越，即今广东、广西、福建一带，这里指代南方。巢，筑巢，用作动词。

⑦“相去”二句：用汉乐府《古歌》“离家日趋远，衣带日趋缓”句意。此以衣带松弛暗示久行怀思，人体消瘦。缓，松缓、松弛。

⑧“浮云”句：语出《古杨柳行》中“谗邪害公正，浮云蔽白日”。

⑨不顾返：不回返，不回家。以上二句有二解：一解“浮云”为他乡女子意，谓游子为她所迷惑，故不回还。二解“浮云”为恶势力。陆贾《新语》：“邪臣之蔽贤，犹浮云之鄣日月。”

⑩ 老：“憔悴”之意。《诗经・小雅・小弁》中有“维忧用老”句。

⑪“岁月”句：语本《诗经・小雅・采薇》“曰归曰归，岁亦莫止”。

⑫ 弃捐：“弃”“捐”同义，谓舍弃、抛弃。即自暴自弃。

⑬ 加餐饭：当时安慰对方的习用语。汉乐府《饮马长城窟行》：“长跪读素书，书中意何如？上言加餐饭，下言长相忆。”

明月何皎皎①

明月何②皎皎，照我罗床帏③。
忧愁不能寐④，揽衣⑤起徘徊。
客行虽云乐，不如早旋归⑥。
出户独彷徨⑦，愁思当告谁？
引领还入房⑧，泪下沾裳衣。

【注释】

① 这是一首写女子闺中望夫之诗。开头写月夜难眠，次写徘徊思念，最后写因忧愁无告而泪下沾衣。

② 何：多么。

③ 罗床帏：罗帐。《梦雨诗话》：“月照罗帐，思妇典型环境所见典型景物；月光皎洁与罗帐透明，一石二鸟写法，后世多用之。”

④ 寐：入睡。

⑤ 揽衣：披衣。

⑥ 旋归：回转归来。余冠英《汉魏六朝诗选》：“以上二句是望夫之词，可行乐不乐，闺中的人本不得而知，不过出门的人既然久久不归，猜想他或许有可乐之道。”但即使可乐也不会比在家好，假如并不可乐，那就更应该回家了。这两句诗是盼他回家，劝他回家，也可能有揣测他为何不回家的意思。

⑦ 彷徨，马茂元《古诗十九首初探》：“上文的‘徘徊’，指室内；这里的‘彷徨’指‘出户’。用同义词，是为了避免字面上的重复。”

⑧ 引领：伸着脖颈。这里指抬头远望。还入房：《梦雨诗话》中有“期盼中不见人见月，乃是虚中有实”句。

【作品简介】

梁代昭明太子萧统（501—531）编《文选》，从许多无名而近于散佚的“古诗”中，选择了十九首编在一起。从此，原来处于散漫状态的“古诗”，就有十九篇被合在一起，并有了一个《古诗十九首》的专名。很快，这十九首古诗又从萧统《文选》所编的诗歌中脱颖而出，成为中国诗歌史上一个独立的单元，名称越叫越响，地位越来越高。

汉代五言诗在大赋、乐府和四言诗的压迫下只是很小的一块，是一股无声无息的潜流。它一方面要脱去四言和骚体的旧外衣，同时又要摆脱先秦、战国以来儒家经典的纠缠。五言诗最终成熟起来、重要起来，还要再等300年。因此，处于旁流，才秀人微，只能随写随弃。等300年过去，诗虽然还在，但时代、作者、具体的篇名，却大都湮没不彰了。

在内容上，《古诗十九首》多游子和思妇题材。作者在这些题材的作品中，呼喊直白而热烈的相思，反映剧烈动荡的社会，倾诉下层知识分子的失意、彷徨、痛苦、伤感，以及对人的生死、生存价值作了一系列的思考和质疑。

在艺术上，《古诗十九首》以文温以丽、意悲而远的风格，被誉为“一字千金”和“无言冠冕”。加上运用的是当时新兴的五言诗形式，使《古诗十九首》成为自《诗经》《楚辞》以来的一种新经典。

这种新范式和新内容，比较重要的是：抒发了当时人的生命意识，写出人对生命的深层思考，反映了世态炎凉和下层知识分子不遇的种种悲慨。社会动乱、战争频仍、国事衰微、文士游宦天涯，由此带来夫妻生离、兄弟死别、友朋契阔，从而使相思乱离成了歌唱的基调。《古诗十九首》中人的觉醒、诗的觉醒，是整个建安时期“人的自觉”“文的自觉”的前奏。

表现了人的典型感情，且以浅语道出。在表达方法和效果上，“情真、景真、事真、意真，澄至清，发至情”，是《古诗十九首》的风格特征。

从此，“指事造形，穷情写物，最为详切”的五言诗，逐步取代四言诗，成为中国诗歌的主流形式。

【思考与练习】

1. 在内容上，《古诗十九首》主要表现了哪些题材？

2.《行行重行行》表现了怎样的艺术特色？

3.《明月何皎皎》描写了怎样的情境？表达了怎样的情感？

第四章　魏晋风度

概　　述

一、魏晋南北朝时期文学的总体特征

魏晋南北朝时期，在中国历史上是一个颇为特别的时期，从东汉覆灭后的三国时期开始，一直到隋朝建立，绵延近四百年。在中国历史上，这是分裂时间最长的时代。除了西晋曾有过几十年的短暂统一之外，国家长期处于封建割据和绵延不断的战争之中。从历史上看，与此前的汉代和此后的唐代相比，魏晋南北朝时期只是人们眼中的“乱世”；从文学上看，与声势浩大的汉唐文学相比较，这一时期的文学作品在总量上确实稍逊一筹。然而，这是一个承上启下的时代，也是文学自觉悄然发生的时代。在文学本体上，诗、赋、小说等文学体裁在这一时期都出现了新的特点，并奠定了不同文学体裁此后的发展方向。特别是新体诗得以形成，并为近体诗的出现做好了各方面的准备，唐诗就是在此基础上达到了高峰。在思想上，由于封建割据，国家政权更替频繁，打破了大一统的思想束缚，取而代之的是思想上的自由、开放。在文化上，魏晋时期的整个文学思潮方向，都在向着脱离儒家所强调的政治教化的需要，寻找文学自身独立存在意义的方向发展。重意象、重风骨、重气韵的审美思想，标志着一个新的文学时代的到来。

二、魏晋南北朝时期文学发展历程

魏晋南北朝时期的文学有近四百年的历史，其文学的发展大致经历了三个阶段，分别是建安、正始文学，两晋文学以及南北朝文学。

（一）建安、正始文学

1. 建安文学

按照中国文学史划分，魏晋南北朝文学开始于东汉末年，汉献帝建安年间。“建安”虽然是汉献帝的年号，但这时实际掌握政权的人是曹操，东汉已经名存实亡了。正是在这二十几年间，文学领域发生了重要的变化，出现了许多影响后世的新趋势和新因素。因此，以“建安”作为这个时期文学的开始是恰当的。建安文学实际上包括了建安年间和魏朝前期的文学。这一时期，文坛以曹氏父子为中心，在他们周围集中了王粲、刘桢等一批文学家。在动乱时代成长起来的一代新人，既有政治理想和政治抱负，又有务实的精神、通脱的态度、应变的能力。他们个性鲜明地创作，反映出动乱时代的特色，即政治理想的高扬、人生短暂的哀叹、强烈的个性、浓郁的悲剧色彩，这些特色构成了“建安文学”独有的时代风格。建安作家用自己的笔直抒胸襟，抒发渴望建功立业的雄心壮志，掀起了我国诗歌史上文人创作的第一个高潮。故后世称为建安文学，也称建安风骨。

2. 正始文学

正始是曹魏第三任皇帝曹芳的年号（240—249），但习惯上所说的“正始文学”，还包括正始以后直到西晋建立（265）这一段时期的文学创作。

这一历史阶段，正是政权交替、社会动荡不安的时期。司马氏家族大量杀戮异己，造成极为恐怖的政治气氛，许多文人名士都死在了权力的争斗中。在这样的政治背景下，文学的思想内容也发生了重大变化，表现为对个体生命能否实现其应有的价值的怀疑。正始文人面对严酷的现实，开始抒发个人在外部力量强大压迫下的悲哀。这时，在建安文学中占主导地位的高扬奋发、积极进取的精神，已经基本消失了。

正始时期，玄学开始盛行。玄学中包含着一种穷究事理的精神，导致了对于社会现象的富有理性的清醒态度，破除了拘执、迷信的思想方法。因为处于黑暗恐怖的政治统治中，又加上玄风正盛，这一时期文学作品中多表现否定现实、韬晦遗世的消极反抗思想，散文多旁敲侧击，诗歌多用比兴象征。正始诗风曲折含浑，但基本倾向是对黑暗现实的批判和反抗。由于政治环境危机四伏，动辄得咎，正始文人很少直接针对政治现状发表意见，而是避开现实，以哲学的眼光，从广延的时间和空间范围来观察事物，讨论问题。也可以说，他们把从现实生活中所得到的感受，推广为对整个人类社会生活和历史的思考。这就使正始文学呈现出浓厚的哲理色彩。深刻的理性思考和尖锐的人生悲哀，构成了正始文学最基本的特点。

正始时期代表人物有“正始名士”和“竹林名士”。“正始名士”包括何晏、王弼、夏侯玄。他们的主要成就在哲学方面。“竹林七贤”包括阮籍、嵇康、阮咸、山涛、向秀、王戎、刘伶七人。其中阮籍、嵇康的文学成就最高，刘勰在《文心雕龙》中评价他二人“唯嵇志清峻，阮旨遥深，故能标焉”。

（二）两晋文学

两晋文学包括西晋文学和东晋文学。

西晋时期，社会繁荣豪奢，文学走向雕琢美化。此时期的作品大都清丽流畅、繁简适中。西晋王朝虽然不大重视文学，但这一时期仍人才辈出。其中最为著名的有“三张”“二陆”“两潘”“一左”。“三张”指的是张载、张协、张亢，此三人都以文学著称。“二陆”指的是陆机和陆云。陆机不仅著有《文赋》，而且在书法上亦造诣极高。其弟陆云主张“文章当贵经绮”，开六朝文学的先声。“两潘”指的是潘岳、潘尼，“一左”指的是左思。这八个人中有人擅长诗歌，有人还兼长辞赋，他们代表了太康文学的最高成就。这一时期，文学展现出了一种“为艺术而艺术”的文学精神，文学已经走向了自觉。

西晋末年直至东晋，在士族清谈玄理的风气下，产生了玄言诗，东晋玄佛合流，更助长了它的发展，以致玄言诗占据东晋诗坛达百年之久。这些玄言诗赋，是那个时代清谈务虚风气的产物。这一时期最有成就的诗人是陶渊明。陶渊明为贫而仕，由仕而隐，在官场里出入了几回，看透了官场的虚伪欺骗、污秽险恶，决心辞官，回到田园，过躬耕自资的生活，在艰苦清贫中砥砺自己的品格。他的诗写的就是自己从仕宦到归田的生活体会。他在日常生活中发掘出诗意，并开创了田园诗这个新的诗歌园地。他将汉魏古朴的诗风带入更纯熟的境地，并将“自然”提升为美的至境。他是整个魏晋南北朝时期成就最高的文学家，也是对后来的文学发展产生了巨大影响的人物。

（三）南北朝文学

南北朝文学是六朝文学的重要组成部分，特别是对文人诗的发展有着巨大的作用。

南朝和汉代一样设有乐府机关，负责采集民歌配乐演唱。受地理环境、经济发展、社会思想观念以及贵族喜好的影响，南朝乐府歌辞绝大部分都是情歌。从发展脉络来看，它继承了《诗经》中的“郑、卫之音”以及汉乐府中的爱情诗，其中《西洲曲》标志着南朝乐府在艺术发展上的最高成就。与前代乐府相比较，南朝乐府少有反映社会矛盾的作品，更多的内容是表现男女之间的相思爱恋之情。风格上清新明快，以生动的口语打破晋诗的典雅板滞和玄言诗的枯燥乏味风格，对南北朝诗歌语言风格的变革产生了关键作用，为南北朝诗歌乃至唐诗的发展指明了道路。

与南朝文学相对应的是北朝文学，从地域上看，包括整个北方地区。这一地区不仅有汉族人民生活，还有许多少数民族存在，多民族的碰撞融合，形成了北朝文学有别于南朝的风格。从内容上看，北朝文学有反映战争和北方人民的尚武精神的作品《木兰诗》，有描写北方特有的风光景色的作品《敕勒歌》，还有许多反映民生疾苦和婚姻爱情生活的作品。北朝文学内容丰富，语言质朴，风格豪放。在形式上以五言四句为主，也有七言四句的七绝体和七言古体及七言体，这对唐诗的发展产生了重大影响。北朝民歌主要收录在《乐府诗集》中，今存 60 多首。

三、魏晋南北朝时期文学对后世文学的影响

魏晋南北朝时期是中国文学的过渡时期，一方面，它以开放包容的态度，打破了大一统思想对文学的束缚，在继承前代文学的基础上，力求创造出新的艺术形式。这一时期，文学以新变见长。另一方面，魏晋南北朝文学为后世文学的发展积蓄了力量，特别是在文学自觉和引导近体诗发展方面发挥了重要作用。魏晋南北朝时期的文学对后世文学的发展影响十分

深远。

【思考与练习】

1. 从东汉末年到南北朝时期，文学发生了哪些变化？
2. 魏晋南北朝时期的文化特点是什么？
3. 魏晋南北朝时期文学对后世文学的影响是什么？
4. 南朝和北朝文学在形式和内容上有什么区别？造成这种区别的原因是什么？

建安诗歌三首

蒿里行①

曹操

关东有义士②，兴兵讨群凶③。
初期会盟津④，乃心在咸阳⑤。
军合力不齐⑥，踌躇而雁行⑦。
势利使人争，嗣还自相戕⑧。
淮南弟称号⑨，刻玺于北方⑩。
铠甲生虮虱⑪，万姓以死亡⑫。
白骨露于野，千里无鸡鸣。
生民百遗一⑬，念之断人肠。

【注释】

① 蒿里行：汉乐府旧题，属《相和歌·相和曲》，本为当时人们送葬所唱的挽歌，曹操借以写时事。蒿里，指死人所处之地。

② 关东：函谷关（今河南灵宝西南）以东。义士：指起兵讨伐董卓的诸州郡将领。

③ 讨群凶：指讨伐董卓及其党羽。

④ 初期：本来期望。盟津：古孟津（今河南孟县南）。相传周武王伐纣时曾在此大会八百诸侯，此处借指本来期望关东诸将也能像武王伐纣会合的八百诸侯那样同心协力。

⑤ 乃心：其心，指上文“义士”之心。咸阳：秦时的都城，此借指长安，当时献帝被挟持到长安。

⑥ 力不齐：指讨伐董卓的诸州郡将领各有打算，力量不集中。

⑦ 踌躇：犹豫不前。雁行（háng）：飞雁的行列，形容诸军列阵后观望不前的样子。此句倒装，正常语序当为“雁行而踌躇”。

⑧ 嗣：后来。还：同“旋”，不久。自相戕（qiāng）：自相残杀。当时盟军中的袁绍、公孙瓒等发生了内部的攻杀。

⑨“淮南”句：指袁绍的异母弟袁术于建安二年（197）在淮南寿春（今安徽寿县）自立

为帝。

⑩“刻玺”句：指初平二年（191）袁绍谋废献帝，欲立幽州牧刘虞为帝，并刻制印玺。玺，印，秦以后专指皇帝用的印章。

⑪“铠甲”句：由于长年战争，战士们不脱战服，铠甲上都生了虱子。铠甲，古代的护身战服，金属制成的叫“铠”，皮革制成的叫“甲”。虮，虱卵。此句以下描写战乱给百姓带来的深重灾难，给社会造成的巨大破坏。

⑫ 万姓：百姓。以：因此。

⑬ 生民：百姓。遗：剩下。

【作者简介】

曹操（155—220）是建安文学的开创者及核心人物。曹操的诗歌，受乐府诗的影响极深，现存的诗歌全是乐府歌辞。这些诗歌虽然使用乐府旧题，但在内容及风格上自辟新蹊，不受乐府诗的约束，却又继承了“感于哀乐，缘事而发”的精神。曹操的乐府诗歌，富有创新精神，开启了建安文学的新风。

燕歌行（其一）[①]

曹丕

秋风萧瑟天气凉，
草木摇落[②]露为霜，
群燕辞归雁南翔。
念君客游思断肠，
慊慊思归恋故乡，
君何淹留寄他方[③]？
贱妾茕茕[④]守空房，
忧来思君不敢忘，
不觉泪下沾衣裳。
援[⑤]琴鸣弦发清商[⑥]，
短歌微吟不能长。
明月皎皎照我床，
星汉西流夜未央[⑦]。
牵牛织女遥相望，
尔[⑧]独何辜限河梁[⑨]？

【注释】

① 本篇属《相和歌辞·平调曲》。燕是北方边地，征戍不绝，所以《燕歌行》多半写离别。

② 摇落：凋残。

③ 慊慊（qiàn qiàn）：空虚之感。淹留：久留。“慊慊”句是设想对方必然思归；“君何”

句是因其不归而生疑问，此句一作“何为淹留寄他方”。

④ 茕茕（qióng qióng）：孤独无依的样子。出自《楚辞·九章·思美人》：“独茕茕而南行兮，思彭咸之故也。”

⑤ 援：引，持。

⑥ 清商：乐名。音节短促细微，所以下句说“短歌微吟不能长”。

⑦ 夜未央：夜已深而未尽的时候。古人用观察星象的方法测定时间，这诗所描写的景色是初秋的夜间，牛郎星、织女星在银河两旁，初秋傍晚时正见于天顶，这时银河应该西南指，现在说“星汉西流”，就是银河转向西，表示夜已很深了。

⑧ 尔：指牵牛、织女。

⑨ 河梁：河上的桥。传说牵牛和织女隔着天河，只能在每年七月七日相见，乌鹊为他们搭桥。

【作者简介】

魏文帝曹丕（187—226），三国时期曹魏开国皇帝，曹操之子。曹丕文武双全，博览经传，通晓诸子百家学说，于诗、赋、文学皆有成就，擅长五言诗与七言诗。曹丕多次随其父于金戈铁马间南征北战，目睹了战争给人民带来的惨状，他的《燕歌行》就从“思妇”的角度，反映了东汉末年战乱流离的现状，表达出被迫分离的男女内心的怨愤和惆怅。

白马篇[①]

曹植

白马饰金羁[②]，连翩[③]西北驰。
借问谁家子？幽并[④]游侠儿。
少小去乡邑[⑤]，扬声沙漠垂[⑥]。
宿昔秉良弓[⑦]，楛矢何参差[⑧]！
控弦破左的[⑨]，右发摧月支[⑩]。
仰手接飞猱[⑪]，俯身散马蹄[⑫]。
狡捷[⑬]过猴猿，勇剽若豹螭[⑭]。
边城多警急，虏骑数迁移[⑮]。
羽檄[⑯]从北来，厉马[⑰]登高堤。
长驱蹈匈奴[⑱]，左顾凌鲜卑[⑲]。
弃身[⑳]锋刃端，性命安可怀[㉑]？
父母且不顾，何言子与妻？
名编壮士籍[㉒]，不得中顾私[㉓]。
捐躯赴国难[㉔]，视死忽如归。

【注释】

① 白马篇：又名“游侠篇”，是曹植创作的乐府新题，属《杂曲歌·齐瑟行》，以开头二

字名篇。

② 金羁（jī）：金饰的马笼头。

③ 连翩（piān）：连续不断，原指鸟飞的样子，这里用来形容白马奔驰的俊逸形象。

④ 幽并：幽州和并州。在今河北、山西、陕西一带。

⑤ 去乡邑：离开家乡。

⑥ 扬声：扬名。垂：同“陲”，边境。

⑦ 宿昔：早晚。秉：执，持。

⑧ 楛（hù）矢：用木作杆的箭。何：多么。参差（cēn cī）：长短不齐的样子，这里形容多。

⑨ 控弦：开弓。的：箭靶。

⑩ 摧：毁坏。月支：箭靶的名称。

⑪ 接：接射。飞猱（náo）：飞奔的猿猴。猱，猿的一种，行动轻捷，攀缘树木，上下如飞。

⑫ 散：射碎。马蹄：箭靶的名称。

⑬ 狡捷：灵活敏捷。

⑭ 勇剽（piāo）：勇敢剽悍。螭（chī）：传说中形状如龙的黄色猛兽。

⑮ 虏骑（jì）：指匈奴、鲜卑的骑兵。数（shuò）迁移：指经常进兵入侵。数，经常。

⑯ 羽檄（xí）：军事文书，插鸟羽以示紧急，必须迅速传递。

⑰ 厉马：扬鞭策马。

⑱ 长驱：向前奔驰不止。蹈：践踏。

⑲ 顾：看。凌：压倒，这里有“踩”或“踏”的意思。一作“陵”。鲜卑：中国东北方的少数民族，东汉末成为北方强族。

⑳ 弃身：舍身。

㉑ 怀：爱惜。

㉒ 编：一作“在”。籍：名册。

㉓ 中顾私：心里想着个人的私事。中，内心。

㉔ 捐躯：献身。赴：奔赴。

【作者简介】

曹植（192—232）是建安文学的代表人物之一与集大成者，他在两晋时期，被推尊到文章典范的地位。曹植的创作分前后两期。前期诗歌主要是歌唱他的理想和抱负，洋溢着乐观、浪漫的情调，对前途充满信心；后期的诗歌则主要表达由理想和现实的矛盾所激起的悲愤。南朝宋文学家谢灵运有“天下才有一石，曹子建独占八斗”的评价。文学批评家钟嵘亦赞曹植“骨气奇高，词彩华茂，情兼雅怨，体被文质，粲溢今古，卓尔不群”，并在《诗品》中把他列为品第最高的诗人。

【思考与练习】

1. 建安文学有哪些主要成就？
2. 《蒿里行》中所描写的内容是什么？
3. 在《燕歌行》中，曹丕所表达的思想感情是什么？
4. 在《白马篇》中，曹植塑造了一个什么样的人物？

正始诗歌二首

咏怀（其一）

阮籍

夜中不能寐，起坐弹鸣琴。
薄帷鉴[①]明月，清风[②]吹我襟。
孤鸿[③]号外野[④]，翔鸟鸣北林[⑤]。
徘徊将何见？忧思独伤心。

【注释】

① 鉴：照。

② 清风：凉风。

③ 孤鸿：失去伴侣的大雁。

④ 外野：野外。

⑤ 北林：指北边的树林。

【作者简介】

阮籍（210—263）早年崇尚儒家思想，志在用世，后来受魏晋禅代的政治动乱影响，对现实感到失望，深感生命无常，因此采取了蔑弃礼法名教的愤激态度，转到以隐世为旨趣的道家思想轨道上来。阮籍作为“正始之音”的代表人物，在文学创作领域有着非常重要的地位。

幽愤诗

嵇康

嗟余薄祜[①]，少遭不造[②]。哀茕靡识，越在襁褓。母兄鞠育[③]，有慈无威。恃爱肆姐[④]，不训不师。爰及冠带，冯[⑤]宠自放。抗心希古，任其所尚。托好老庄，贱物贵身。志在守朴，养素全真。曰余不敏，好善暗人。子玉之败，屡增惟尘。大人含弘，藏垢怀耻。民之多僻[⑥]，政不由己。惟此褊心，显明臧否。感悟思愆，怛若创痏[⑦]。欲寡其过，谤议沸腾。性不伤物，频致怨憎。昔惭柳惠[⑧]，今愧孙登。内负宿心，外恧良朋。仰慕严郑，乐道闲居。与世无营，神气晏如。咨予不淑，婴累多虞。匪降自天，实由顽疏。理弊患结，卒致囹圄。对答鄙讯，絷此幽阻。实耻讼免，时不我与。虽曰义直，神辱志沮。澡身沧浪，岂云能补。

嗈嗈鸣雁，奋翼北游。顺时而动，得意忘忧。嗟我愤叹，曾莫能俦[⑨]。事与愿违，遘兹淹留。穷达有命，亦又何求。古人有言，善莫近名。奉时恭默，咎悔不生。万石[⑩]周慎，安亲保荣。世务纷纭，祇[⑪]搅予情。安乐必诫，乃终利贞。煌煌灵芝，一年三秀。予独何为，有志不就。惩难思复，心焉内疚。庶勖[⑫]将来，无馨无臭。采薇山阿，散发岩岫。永啸长吟，颐性养寿。

【注释】

①祜：福。
②不造：不成。言家道未成。
③鞠育：养育。
④姐：娇。
⑤冯：同“凭”。
⑥僻：邪。
⑦创痏：创伤。
⑧柳惠：柳下惠，春秋时人。
⑨俦：比。
⑩万石：指汉代石奋。
⑪祇：适。
⑫勖：勉励。

【作者简介】

嵇康（224—263，另作 223—262）工诗善文，其作品风格清峻，反映出时代思想，并且给后世思想界、文学界带来许多启发。嵇康的诗，以表现其追求自然、高蹈独立、厌弃功名富贵的人生观为主要内容。其中《幽愤诗》自述平生的遭遇和理想抱负，对自己无辜受冤表示极大愤慨。

【思考与练习】

1. 正始诗歌产生的背景是什么？
2. 正始诗歌有哪些内容？
3. 简述阮籍五言诗的艺术特色。
4. 简述嵇康诗歌的艺术风格。

陶渊明诗歌三首

归园田居（其一）

少无适俗韵[①]，性本爱丘山。
误落尘网[②]中，一去三十年[③]。
羁鸟恋旧林[④]，池鱼思故渊[⑤]。
开荒南野际[⑥]，守拙[⑦]归园田。
方宅[⑧]十余亩，草屋八九间。

榆柳荫[9]后檐，桃李罗[10]堂前。
暧暧[11]远人村，依依墟里烟[12]。
狗吠深巷中，鸡鸣桑树颠。
户庭无尘杂[13]，虚室有余闲[14]。
久在樊笼[15]里，复得返自然[16]。

【注释】

① 少：指少年时代。适俗：适应世俗。韵：气质，情致。

② 尘网：指世俗的种种束缚。

③ 三十年：陶渊明大约二十五岁离开少时居所，直到五十五岁辞去彭泽令方归，所以说“一去三十年”。或疑当作“十三年”。自开始做官至辞去彭泽令，前后为十三年。

④ 羁（jī）鸟：笼中之鸟。恋：一作“眷”。

⑤ 池鱼：池塘之鱼。以鸟恋旧林、鱼思故渊，借喻自己怀恋旧居。

⑥ 野：一作“亩”。际：间。

⑦ 守拙（zhuō）：持守愚拙的本性，即不学巧伪，不争名利。

⑧ 方宅：宅地方圆。方，四周围绕。

⑨ 荫（yìn）：荫蔽。

⑩ 罗：罗列。

⑪ 暧（ài）暧：迷蒙隐约的样子。

⑫ 依依：隐约的样子。一说“轻柔”的样子。墟里：村落。

⑬ 户庭：门庭。尘杂：世俗的繁杂琐事。

⑭ 虚室：静室。余闲：闲暇。

⑮ 樊（fán）笼：关鸟兽的笼子。这里指束缚本性的俗世。樊，藩篱、栅栏。

⑯ 返自然：指归耕园田。

饮酒（其五）

结庐[①]在人境，而无车马喧[②]。
问君何能尔[③]？心远地自偏。
采菊东篱下，悠然见南山[④]。
山气日夕[⑤]佳，飞鸟相与还[⑥]。
此中有真意，欲辨已忘言。

【注释】

① 结庐：建造住宅，这里指“居住”的意思。

② 车马喧：指世俗交往的喧扰。

③ 君：指作者自己。何能尔：为什么能这样。尔，如此、这样。

④ 悠然：闲适淡泊的样子。见：看见。南山：泛指山峰，一说指庐山。

⑤ 日夕：傍晚。

⑥ 相与还：结伴而归。相与，相交、结伴。

杂诗（其一）

人生无根蒂，飘如陌上尘①。
分散逐风转，此已非常身②。
落地为兄弟，何必骨肉亲③。
得欢当作乐，斗酒聚比邻④。
盛年⑤不重来，一日难再晨。
及时当勉励，岁月不待人⑥！

【注释】

① 蒂：瓜果或花与枝茎相连的部分。陌：东西的路，这里泛指路。这两句是说人生在世没有根蒂，漂泊如路上的尘土。

② 此：指此身。非常身：不是经久不变的身体，即不再是盛年壮年之身。这两句是说生命随风飘转，此身历尽了艰难，已经不是原来的样子了。

③ 落地：刚生下来。这两句是说，何必亲生的同胞弟兄才能相亲呢？意思是世人都应当视同兄弟。

④ 斗：酒器。比邻：近邻。这两句是说遇到高兴的事就应当作乐，有酒就要邀请近邻共饮。

⑤ 盛年：壮年。

⑥ 及时：趁盛年之时。勉励：激励。这两句是说应当趁年富力强之时勉励自己，光阴流逝，并不等待人。

【作者简介】

陶渊明（365—427）是田园诗的开创者，他的诗表现了淳朴的农村生活情趣，描写了恬静优美的农村风光，既表现出诗人对田园生活的热爱，又表现出坚决与污浊政治决裂的情操，还表现了诗人对理想世界的追求和向往。陶渊明的田园诗以纯朴自然的语言、高远拔俗的意境，为中国诗坛开辟了新天地，并直接影响到唐代田园诗派，例如《归园田居》。

陶渊明是中国文学史上第一个大量写饮酒诗的诗人。他的《饮酒》二十首以“醉人”的语态，或指责是非颠倒、毁誉雷同的上流社会，或揭露世俗的腐朽黑暗，或反映仕途的险恶，或表现诗人退出官场后怡然陶醉的心情，或表现诗人在困顿中的牢骚不平。

陶渊明的咏怀诗以《杂诗十二首》为代表。这是一组咏怀诗，多叹息旅途行役之苦，咏家贫年衰及力图自勉之意，表现了作者归隐后有志难酬的政治苦闷，抒发了自己不与世俗同流合污的高洁人格。全诗语言质朴，文体省净，而内涵丰富，包蕴深远，体现了陶诗的基本特色。

【思考与练习】

1. 请简述魏晋隐逸之风形成的原因。
2. 陶渊明诗歌创作的类型有哪些？
3.《归田园居》描写了哪些自然景色？
4.《饮酒》诗中表现了陶渊明怎样的情感？

西洲曲①

佚名

忆梅下西洲②，折梅寄江北③。
单衫杏子红，双鬓鸦雏色④。
西洲在何处？两桨桥头渡。
日暮伯劳⑤飞，风吹乌臼⑥树。
树下即门前，门中露翠钿⑦。
开门郎不至，出门采红莲。
采莲南塘秋，莲花过人头。
低头弄莲子⑧，莲子青如水⑨。
置莲怀袖中，莲心⑩彻底红。
忆郎郎不至，仰头望飞鸿⑪。
鸿飞满西洲，望郎上青楼⑫。
楼高望不见，尽日⑬栏干⑭头。
栏干十二曲，垂手明如玉。
卷帘天自高，海水⑮摇空绿。
海水梦悠悠，君愁我亦愁。
南风知我意，吹梦到西洲。

【注释】

① 郭茂倩将《西洲曲》编入《乐府诗集》的“杂曲歌辞”类，其作者不详。因首句有“忆梅下西洲”，故名《西洲曲》。其内容书写少女对久别情人的怀念，是南朝乐府民歌中的名篇。

② 下：往。西洲：当是在女子住处附近，从温庭筠的“西洲风色好，遥见武昌楼”可推测西洲应在武昌附近。

③ 江北：当指男子所在的地方。

④ 鸦雏色：像小乌鸦一样的颜色。形容女子的头发乌黑发亮。

⑤ 伯劳：鸟名，仲夏始鸣，喜欢单栖。这里一方面用来表示季节，另一方面暗喻女子孤单的处境。

⑥ 乌臼：现在写作“乌桕”。

⑦ 翠钿：用翠玉做成或镶嵌的首饰。

⑧ 莲子：和“怜子”谐音双关。

⑨ 青如水：青同“清”，隐喻爱情的纯洁。

⑩ 莲心：和“怜心”谐音，即爱情之心。

⑪ 望飞鸿：这里暗含有盼望来信的意思。因为古代有鸿雁传书的传说。

⑫ 青楼：油漆成青色的楼。唐朝以前的诗中一般用来指女子的住处。

⑬ 尽日：整天。

⑭ 栏干：同“栏杆”。

⑮ 海水：这里指浩荡的江水。

【作者简介】

《西洲曲》是南北朝时期，南朝乐府民歌的代表作之一，郭茂倩将《西洲曲》编入《乐府诗集》的“杂曲歌辞”类，其作者不详。徐陵所编的《玉台新咏》中记载该诗为江淹所作；明清时期编写的古诗选本《古诗源》中认为，该诗为梁武帝萧衍所作；还有一种流传较广的说法认为，该诗产生于梁代民歌，收入当时的乐府诗集。从其格调及诗句的工巧来看，《西洲曲》应是经历文人加工润色的南朝后期民歌，可能产生于梁代。根据温庭筠所作《西洲曲》中“西洲风色好，遥见武昌楼”可推出，西洲应在武昌附近。《西洲曲》作为南朝乐府民歌中最长的抒情诗篇，具体产生于何时，又出自何人之手，千百年来没有足够的史料能够证明，扑朔迷离中一直难以形成定论。

【思考与练习】

1. 谈谈本诗中“莲”的意蕴。

2. 举例说明本诗如何做到以情写景，达到情景交融的艺术效果的。

3. 根据《西洲曲》总结南朝乐府民歌的特点。

4 简述《西洲曲》的内容及艺术特色。

第五章　盛唐诗音

概　述

唐诗，是我国诗歌发展的最高成就，同时也对世界上许多国家的文化发展产生了很大影响。唐诗的发展分为初唐时期、盛唐时期、中唐时期和晚唐时期。

一、初唐时期

初唐的诗歌，一开始多述志或咏史之作，刚健质朴。这一时期的代表作家是“初唐四杰”“吴中四士”，另外还有陈子昂、沈佺期、宋之问等。初唐是一个朝气蓬勃的时代，是一个士子满心报国的时代。王勃的《送杜少府之任蜀川》写出了好男儿志在四方的英雄气概。杨炯的《从军行》写出了那个时代的有志青年报效国家的愿望和积极态度。这种激扬文字的书生意气，是构成其诗歌“骨气”的重要因素。

二、盛唐时期

唐朝开元、天宝年间，经济繁荣，国力强盛，唐诗发展至顶峰时期。这一时期诗歌题材广阔，流派众多，出现“边塞诗派”与“田园诗派”等。伟大的浪漫主义诗人李白和伟大的现实主义诗人杜甫，都是这一时期最杰出的代表。

1. 山水田园诗

这类诗歌最有名的作者首推王维和孟浩然。王维所作山水诗，既有雄浑壮观的自然景象，更多见清逸雅致的山水画面。由于王维参禅悟理，因此其诗中更多是那些带有几分禅思玄意的清逸雅致的画面。孟浩然的诗更多地抒发了个人怀抱，给开元诗坛带来了新鲜气息。孟浩然在诗中，将山水形象的描写与自己的思想感情及性情气质的展现合而为一，使其山水诗中的形象提升为艺术形象的一种高级形态，亦即“意象”。

2. 边塞战争诗

边塞诗是唐代诗歌的重要题材，诗歌内容包括边塞风光、边疆战士的艰苦生活、杀敌报国和建功立业的抱负、边疆将士思乡的情思等。著名诗人岑参的《走马川行奉送出师西征》具有代表性。李颀的《古从军行》也很有名。作为盛唐边塞诗人的杰出代表，高适的诗歌在反映现实的深度方面超过同时的许多诗人，应时而生的追求不朽功名的高昂意气，与冷峻直面现实的悲慨相结合，使他的诗有一种慷慨悲壮的美。

3. 浪漫主义诗派

浪漫主义诗派以抒发个人情怀为中心，咏唱对自由人生个人价值的渴望与追求。诗词自由、奔放、顺畅、想象丰富、气势宏大。语言主张自然，反对雕琢。这些诗色彩绚丽，既有奇幻的想象，又有奔放的笔调，融合继承了楚辞、乐府诗的浪漫传统，开创了奇险创新的艺术风格。他们崇尚自我，注重情感流泻，发挥想象灵感。李白是这一时期浪漫主义诗派的代表人物。

4. 现实主义诗派

现实主义诗派是指提倡客观地观察现实生活，精确细腻地描写现实。诗歌艺术风格沉郁顿挫，多表现忧时伤世、悲天悯人的情怀。现实主义诗派最早可以追溯到《诗经》中那些现实主义诗篇的无名作者。之后，就是创作汉、魏乐府中现实主义作品的无名作者。而南北朝的陶渊明、盛唐时期的杜甫等，则可视为不同历史时期的领袖人物。

三、中唐时期

经历安史之乱的唐朝元气大伤，原来潜伏着的社会矛盾日益尖锐。诗歌的现实主义精神完全取代了那种昂扬乐观的情调，在中唐时期成为主流。中唐时代成就最高的诗人是白居易，其诗歌反映了中唐时期各个阶层、各个阶级的社会生活，揭露了那个时期人民生活的艰苦、政治的腐败和黑暗，以及统治阶级的骄奢淫逸。诗人抱着深切的同情心，描述了人民的悲惨命运，揭露了唐王朝政治的黑暗和腐朽，抨击了统治阶级的骄奢淫逸和残暴跋扈。

四、晚唐时期

进入晚唐时期，封建统治岌岌可危，阶级矛盾空前尖锐。国势日渐衰微，诗歌的风貌也随之变化。晚唐五代诗风渐趋纤巧，缺少盛唐、中唐的阔大气魄与浑融境界。晚唐诗人较著名的有温庭筠、李商隐、杜牧、韦庄等，他们在诗歌艺术上有独特的贡献。杜牧在文学创作上主张“以意为主”，反对单纯追求“文采辞句”，现实性较强。李商隐擅长律绝诗，常以歌咏历史题材来讽喻现实，咏史诗在其诗中所占比重较大。

【思考与练习】

1. 唐诗的发展分为几个时期？
2. 盛唐时期山水田园诗派的代表作家是哪两位诗人？
3. 边塞诗的主要内容是什么？
4. 白居易诗歌创作的主题是什么？

送杜少府之任蜀州[①]

王勃

城阙辅三秦[②]，风烟望五津[③]。
与君[④]离别意，同是宦游人[⑤]。
海内[⑥]存知己，天涯若比邻[⑦]。
无为在歧路[⑧]，儿女共沾巾[⑨]。

【注释】

① 少府：县尉的别称。之：到，往。蜀州：今四川崇州。一作“蜀川”。

② 城阙（què）：城楼，指唐代京师长安城。阙，皇宫前面的望楼。辅三秦：一作“俯西秦”。辅，辅佐，可以理解为护卫。三秦，泛指长安城附近的关中之地，即今陕西潼关以西一带。秦朝末年，项羽破秦，把关中分为三区，分别封给三个秦国的降将，所以称三秦。这句是倒装句，意思是京师长安以三秦作保护。

③ 风烟：在风烟迷茫之中。五津：指岷江上的五个渡口（白华津、万里津、江首津、涉头津、江南津）。这里代指蜀州。

④ 君：对人的尊称，相当于“您”。

⑤ 同：一作“俱”。宦（huàn）游：出外做官。

⑥ 海内：四海之内，即全国各地。古代人认为中国疆土四周环海，所以称天下为四海之内。

⑦ 天涯：天边，这里比喻极远的地方。比邻：并邻，近邻。

⑧ 无为：无须，不必。歧（qí）路：岔路。古人送行常在大路分岔处告别。

⑨ 沾巾：泪沾手巾，形容落泪之多。

【作者简介】

王勃（生卒年不详）与杨炯、卢照邻、骆宾王共称“初唐四杰”。王勃擅长五律和五绝，反对绮靡文风，提倡表现浓郁的情感与壮大的气势。诗以《送杜少府之任蜀州》最为著名，文以《滕王阁序》最著名，原集已佚，有辑本《王子安集》。王勃的诗风在扭转齐梁余风、开创唐诗上的功劳很大。王勃的诗歌创作风格，以他被革除官职、赶出沛王府为转折点，分为前后两个时期，前期诗歌的风格是雄放刚健，后期诗歌的风格是苍凉沉郁。

【思考与练习】

1.《送杜少府之任蜀州》这首诗的题材是什么？

2.《送杜少府之任蜀州》这首诗的体裁是什么？

3.《送杜少府之任蜀州》这首诗写了什么内容？

4. 简析“海内存知己，天涯若比邻”表现了诗人怎样的情怀。

春江花月夜

张若虚

春江潮水连海平，海上明月共潮生。
滟滟[①]随波千万里，何处春江无月明。
江流宛转绕芳甸[②]，月照花林皆似霰[③]。
空里流霜[④]不觉飞，汀[⑤]上白沙看不见。
江天一色无纤尘[⑥]，皎皎空中孤月轮[⑦]。
江畔何人初见月？江月何年初照人？
人生代代无穷已[⑧]，江月年年望[⑨]相似。
不知江月待何人，但见[⑩]长江送流水。
白云一片去悠悠[⑪]，青枫浦[⑫]上不胜愁。
谁家今夜扁舟子[⑬]？何处相思明月楼[⑭]？
可怜楼上月裴回[⑮]，应照离人妆镜台[⑯]。
玉户[⑰]帘中卷不去，捣衣砧上拂还来[⑱]。
此时相望不相闻[⑲]，愿逐月华流照君[⑳]。
鸿雁长飞光不度，鱼龙潜跃水成文[㉑]。
昨夜闲潭[㉒]梦落花，可怜春半不还家。
江水流春去欲尽，江潭落月复西斜。
斜月沉沉藏海雾，碣石潇湘无限路[㉓]。
不知乘月[㉔]几人归，落月摇情[㉕]满江树。

【注释】

① 滟（yàn）滟：波光荡漾的样子。

② 芳甸（diàn）：开满花草的郊野。甸，郊外之地。

③ 霰（xiàn）：天空中降落的白色不透明的小冰粒。此处形容月光下春花晶莹洁白。

④ 流霜：飞霜。古人以为霜和雪一样，是从空中落下来的，所以叫流霜。此处比喻从空中洒落的月光。

⑤ 汀（tīng）：水边平地，小洲。

⑥ 纤尘：微细的灰尘。

⑦ 月轮：指月亮，因为月圆时像车轮，所以称为月轮。

⑧ 穷已：穷尽。

⑨ 望：一作“只”。

⑩ 但见：只见，仅见。

⑪ 悠悠：渺茫，深远。

⑫ 青枫浦：地名，在今湖南浏阳南。这里泛指游子所在的地方。暗用《楚辞·招魂》“湛湛江水兮上有枫，目极千里兮伤春心”句意，隐含离别之意。

⑬ 扁舟子：漂荡江湖的游子。扁舟，小舟。

⑭ 明月楼：月夜下的闺楼。这里指闺中思妇。

⑮ 月裴回：指月光偏照闺楼，徘徊不去，令人不胜其相思之苦。裴回，同“徘徊”。

⑯ 离人：此处指思妇。妆镜台：梳妆台。

⑰ 玉户：形容楼阁华丽，以玉石镶嵌。

⑱ 捣衣砧（zhēn）：捣衣石，捶布石。

⑲ 相闻：互通音信。

⑳ 逐：追随。月华：月光。

㉑ 文：同“纹”。

㉒ 闲潭：幽静的水潭。

㉓ 碣（jié）石潇湘：碣石，山名，在渤海边上。潇湘，潇水与湘江，在今湖南。这里两个地名一北一南，暗指路途遥远，相聚无望。无限路：极言离人相距之远。

㉔ 乘月：趁着月光。

㉕ 摇情：激荡情思，犹言牵情。

【作者简介】

张若虚（约660—约720），扬州（今属江苏）人，与贺知章、张旭、包融并称“吴中四士”。《春江花月夜》为其代表作，被誉为唐诗开山之作。其诗描写细腻，音节和谐，清丽开宕，富有情韵，在初唐诗风的转变中有重要地位。但受六朝柔靡诗风影响，常露人生无常之感。诗作大部散佚，《全唐诗》仅存2首，一首是《代答闺梦还》，另一首是《春江花月夜》。《春江花月夜》乃千古绝唱，是一篇脍炙人口的名作，它沿用乐府旧题，抒写真挚动人的离情别绪及富有哲理意味的人生感慨。语言清新优美，韵律婉转悠扬，洗去了宫体诗的浓脂艳粉，给人以澄澈空明、清丽自然的感觉，有“以孤篇压倒全唐”之誉。

【思考与练习】

1.《春江花月夜》这首诗中描写了哪三种美？

2.《春江花月夜》这首诗中哪种意象贯穿全诗？

3.《春江花月夜》这首诗中描写了哪些景物？

4. 本诗抒发了作者怎样的情感？

过故人庄[①]

孟浩然

故人具鸡黍[②]，邀我至田家[③]。
绿树村边合[④]，青山郭外斜[⑤]。
开轩面场圃[⑥]，把酒话桑麻[⑦]。
待到重阳日[⑧]，还来就菊花[⑨]。

【注释】

① 过：拜访。故人庄：老朋友的田庄。庄，田庄。

② 具：准备，置办。鸡黍（shǔ）：指农家待客的丰盛饭食（字面指鸡肉和黄米饭）。黍，黄米，古代认为是上等的粮食。

③ 邀：邀请。至：到。

④ 合：环绕。

⑤ 郭：古代城墙有内外两重，内为城，外为郭。这里指村庄的外墙。斜：倾斜。

⑥ 开：打开，开启。轩：窗户。面：面对。场圃：农村收打作物、种植果菜的地方。场，打谷场。圃，菜园。

⑦ 把酒：端着酒具，指饮酒。把，拿起、端起。话桑麻：闲谈农事。桑麻，桑树和麻，这里泛指农事。

⑧ 重阳日：指农历的九月初九。古人在这一天有登高、饮菊花酒的习俗。

⑨ 还（huán）：返，来。就菊花：观赏菊花。就，接近、靠近。

【作者简介】

孟浩然（689—740），字浩然，号孟山人，襄阳（今属湖北）人，盛唐山水田园诗人，与王维并称“王孟”。孟浩然的一生经历比较简单，他诗歌创作的题材也比较单一。他的诗绝大部分为五言短篇，多写山水田园和隐居的逸兴以及羁旅行役的心情。其中虽有愤世嫉俗之词，但是更多的属于诗人的自我表现。孟浩然的诗不事雕饰，他善于发掘自然和生活之美，即景会心，写出一时真切的感受，自然浑成，而意境清迥，韵致流溢。如《秋登万山寄张五》《春晓》等篇，有《孟浩然集》三卷传世。

【思考与练习】

1.《过故人庄》这首诗的题材是什么？

2.《过故人庄》这首诗描写了一个怎样的故事？

3.《过故人庄》这首诗尾联体现了诗人怎样的感情？

4. 孟浩然的诗歌创作有哪些艺术特色？

白雪歌送武判官[①]归京

岑参

北风卷地白草[②]折，胡天[③]八月即飞雪。
忽如一夜春风来，千树万树梨花[④]开。
散入珠帘湿罗幕[⑤]，狐裘不暖锦衾薄[⑥]。
将军角弓不得控[⑦]，都护铁衣[⑧]冷难着。
瀚海阑干百丈冰[⑨]，愁云惨淡[⑩]万里凝。
中军置酒饮归客[⑪]，胡琴琵琶与羌笛[⑫]。
纷纷暮雪下辕门[⑬]，风掣红旗冻不翻[⑭]。
轮台[⑮]东门送君去，去时雪满天山路[⑯]。
山回路转[⑰]不见君，雪上空[⑱]留马行处。

【注释】

① 武判官：当是封常清幕府中的判官。判官，官职名。唐代节度使等朝廷派出的持节大

使，可委任幕僚协助判处公事，称判官，是节度使、观察使一类官吏的僚属。

② 白草：西北的一种牧草，晒干后变白。

③ 胡天：胡人地域的天空。泛指胡人居住的地方。胡，古代汉民族对北方各民族的通称。

④ 梨花：春天开放，花作白色。这里比喻雪花积在树枝上，像梨花开了一样。

⑤ 珠帘：用珍珠缀成的帘子。形容帘子的华美。罗幕：用丝绸制作的帐幕。形容帐幕的华美。这句说雪花飞进珠帘，沾湿罗幕。“珠帘”“罗幕”都属于美化的说法。

⑥ 狐裘：狐皮袍子。锦衾（qīn）薄：丝锦被（因为寒冷）都显得单薄了，形容天气很冷。衾，被子。

⑦ 角弓：两端用兽角装饰的硬弓，一作“雕弓”。不得控：（天太冷而冻得）拉不开（弓弦）。控，拉开。

⑧ 都护：镇守边疆的长官，此为泛指，与上文的“将军”是互文。铁衣：铠甲。

⑨ 瀚海：沙漠，这里当指轮台附近的准噶尔盆地沙漠。阑干：纵横交错的样子。百丈：一作“百尺”，一作“千尺”。这句说大沙漠里到处都结着很厚的冰。

⑩ 惨淡：暗淡。

⑪ 中军：称主将或指挥部。古时分兵为中、左、右三军，中军为主帅的营帐。饮（yìn）归客：宴饮归京的人，指武判官。饮，动词，宴请。

⑫ 胡琴：泛指西域之琴，不是现在的胡琴。羌笛：羌族的管乐器。这句是说在饮酒时奏起了乐曲。

⑬ 辕门：领兵将帅的营门。古代军队扎营，用车环围，出入处以两车车辕相向竖立，状如门。这里指帅衙署的外门。

⑭“风掣”句：红旗因雪而冻结，风都吹不动了。一言旗被风往一个方向吹，给人以冻住之感。掣，拉、扯。

⑮ 轮台：唐轮台在今新疆维吾尔自治区原米泉市境内，与汉轮台不是同一地方。

⑯ 满：铺满。形容词活用为动词。天山：一名祁连山，横亘新疆东西，长六千余里。

⑰ 山回路转：山势回环，道路盘旋曲折。

⑱ 空：只。

【作者简介】

岑参（约 715—770），江陵（今属湖北）人，唐代边塞战争诗人，与高适并称“高岑”。岑参诗歌的题材涉及述志、赠答、山水、行旅各方面，而以边塞诗写得最出色，“雄奇瑰丽”是其突出特点，生动夸张、慷慨激昂、奇峻壮阔、气势磅礴、想象丰富、语言变化自如。岑参曾两度出塞，写了七十多首边塞诗，在盛唐时代，他写的边塞诗数量最多，成就最突出。

【思考与练习】

1.《白雪歌送武判官归京》这首诗描写了哪些景色？

2.《白雪歌送武判官归京》这首诗是在什么情况下创作的？

3. 请描述“山回路转不见君，雪上空留马行处”在你脑海中呈现的画面。

4. 本诗抒发了作者怎样的感情？

蜀道难[1]

李白

噫吁嚱[2]，危乎高哉！蜀道之难，难于上青天！
蚕丛及鱼凫[3]，开国何茫然[4]！
尔来四万八千岁[5]，不与秦塞通人烟[6]。
西当太白有鸟道[7]，可以横绝峨眉巅[8]。
地崩山摧壮士死[9]，然后天梯石栈相钩连[10]。
上有六龙回日之高标[11]，下有冲波逆折之回川[12]。
黄鹤之飞尚不得过[13]，猿猱欲度愁攀援[14]。
青泥何盘盘[15]，百步九折萦岩峦[16]。
扪参历井仰胁息[17]，以手抚膺坐长叹[18]。
问君西游何时还[19]？畏途巉岩不可攀[20]。
但见悲鸟号古木[21]，雄飞雌从[22]绕林间。
又闻子规[23]啼夜月，愁空山。
蜀道之难，难于上青天，使人听此凋朱颜[24]！
连峰去天不盈尺[25]，枯松倒挂倚绝壁。
飞湍瀑流争喧豗[26]，砯崖转石万壑雷[27]。
其险也如此[28]，嗟尔远道之人胡为乎来哉[29]！
剑阁峥嵘而崔嵬[30]，一夫当关，万夫莫开[31]。
所守或匪亲[32]，化为狼与豺。
朝[33]避猛虎，夕避长蛇，
磨牙吮血[34]，杀人如麻。
锦城[35]虽云乐，不如早还家。
蜀道之难，难于上青天，侧身西望长咨嗟[36]！

【注释】

① 蜀道难：南朝乐府旧题，属《相和歌·瑟调曲》。

② 噫（yī）吁（xū）嚱（xī）：惊叹声，蜀地方言，表示惊讶的声音。宋庠《宋景文笔记》卷上："蜀人见物惊异，辄曰'噫吁嚱'。"

③ 蚕丛、鱼凫（fú）：传说中古蜀国两位国王的名字。

④ 何茫然：指古史传说悠远难详。何，多么。茫然，模糊难知的样子。据西汉扬雄《蜀王本纪》记载："蜀王之先，名蚕丛、柏灌、鱼凫，蒲泽、开明。……从开明上至蚕丛，积三万四千岁。"

⑤ 尔来：从那时以来。四万八千岁：极言时间之漫长，夸张而大约言之。

⑥ 秦塞（sài）：秦地的关塞，指秦地。秦地四周有山川险阻，故称"四塞之地"。通人烟：人员往来。

⑦ 西当：西对。当，正对着。太白：秦岭峰名，又名太乙山，在长安西（今陕西眉县、太白县一带）。鸟道：指连绵高山间的低缺处，只有鸟能飞过，人兽皆不能至。

⑧ 横绝：横越，飞越。峨眉：山名，在今四川省峨眉山市西南。巅，顶峰，一作"颠"。

⑨“地崩”句：相传秦惠王想征服蜀国，知道蜀王好色，答应送给他五个美女。蜀王派五位壮士去接人。返回时路经梓潼（今四川剑阁南），看见一条大蛇钻入穴中，一位壮士抓住了它的尾巴，其余四人也来相助，用力往外拽。不多时，山崩地裂，壮士和美女都被压死，山分为五岭，入蜀之路遂通。这便是有名的“五丁开山”的故事。摧：毁坏，这里指崩塌。

⑩天梯：高险的山路。一说指木制的栈道。石栈（zhàn）：栈道，即在山崖上凿石架木建成的通道。相：一作“方”。

⑪六龙回日之高标：迫使太阳神的车驾回转的高峻的山峰。六龙回日，《淮南子》注云“日乘车，驾以六龙。羲和御之。日至此而薄于虞渊，羲和至此而回六螭也”。意思就是传说中的羲和驾驶着六龙之车（即太阳）到此处便迫近虞渊（传说中的日落处）。高标，指蜀山中可作一方之标识的最高峰。标，标尺、标志。

⑫冲波：水流冲击腾起的波浪，这里指激流。逆折：水流回旋。回川：有漩涡的河流。

⑬黄鹤：即黄鹄（hú），善高飞的大鸟。尚：尚且。得：能。

⑭猿猱（náo）：蜀山中最善攀援的猴类。援：一作“缘”。

⑮青泥：青泥岭，在今甘肃徽县境内，是由秦入蜀的要道。《元和郡县志·卷二十二》：“青泥岭，在县西北五十三里，接溪山东，即今通路也。悬崖万仞，山多云雨，行者屡逢泥淖，故号为青泥岭。”盘盘：盘旋曲折的样子。

⑯百步九折：百步之内拐九道弯。萦（yíng）：盘绕。岩峦：山峰。

⑰扪（mén）：摸。历：穿越。参（shēn）、井：都是古代天文学上的星宿名。古人把地域与星宿分别对应，叫作“分野”，以便通过观察天象来占卜吉凶。参星为蜀之分野，井星为秦之分野。胁息：屏气不敢呼吸。

⑱膺（yīng）：胸。坐：徒然，空。一说坐下来。

⑲君：入蜀的友人。西游：入蜀。

⑳畏途：可怕的路途。巉（chán）岩：高而险的山岩。

㉑但见：只听见。号（háo）古木：在古树木中大声啼鸣。古，一作“枯”。

㉒从：跟随。

㉓子规：杜鹃鸟，蜀地最多，鸣声悲哀，若云“不如归去”。《蜀记》曰：“昔有人姓杜名宇，王蜀，号曰望帝。宇死，俗说云宇化为子规。子规，鸟名也。蜀人闻子规鸣，皆曰望帝也。”

㉔凋朱颜：使容颜大变。凋，使动用法，使……凋谢，这里指脸色由红润变成铁青。

㉕去：距离。盈：满。

㉖飞湍（tuān）：飞奔而下的急流。喧豗（huī）：喧闹声，这里指急流和瀑布发出的巨大响声。

㉗砯（pīng）崖：水撞石之声。砯，水冲击石壁发出的响声，这里作动词，“冲击”的意思。转：使滚动。壑（hè）：山谷。

㉘如此：一作“若此”。

㉙嗟（jiē）：感叹声。尔：你。胡为：为什么。来：指入蜀。

㉚剑阁：指今四川剑阁北的大剑山和小剑山，群峰如剑插天，两山如门，极为险要。山间有栈道，即剑阁道，为诸葛亮所开辟，是秦、蜀两地间要道。峥嵘、崔嵬（wéi）：都是形容山势高大雄峻的样子。

㉛“一夫”两句：《文选·卷四》左思《蜀都赋》：“一人守隘，万夫莫向。”《文选·卷五十六》张载《剑阁铭》：“一人荷戟，万夫趑趄。形胜之地，匪亲勿居。”一夫，一人。当关，守关。万夫，一作“万人”。莫开，不能打开。

㉜所守：指把守关口的人。或匪亲：倘若不是（自己的）亲信。或，倘若。匪，同“非”。亲，亲信。

㉝朝（zhāo）：早上。

㉞吮（shǔn）血（xuè）：吸血。

㉟锦城：锦官城，即今四川成都。成都古代以产锦闻名，朝廷曾经设官于此，专收锦织品，故称锦城或锦官城。《元和郡县志·卷三十二》剑南道成都府成都县：“锦城在县南十里，故锦官城也。”

㊱咨（zī）嗟：叹息。

【作者简介】

李白（701—762），字太白，号青莲居士，又号“谪仙人”。盛唐最杰出的诗人，素有“诗仙”之称。他的性格爽朗大方，喜交友。他经历坎坷，思想复杂，既是一个天才的诗人，又兼有游侠、刺客、隐士、道人、策士等人的气质。儒家、道家和游侠三种思想，在他身上都有体现。李白留给后世人九百多首诗篇，这些诗作，表现了他一生的心路历程，是盛唐社会现实和精神生活面貌的艺术写照。李白一生都怀有远大的抱负，他毫不掩饰地表达对功名事业的向往。李白有《李太白集》传世，诗作中多以醉时写的，代表作有《行路难》《蜀道难》《将进酒》等多首。李白所作词赋，宋人已有传记，就其开创意义及艺术成就而言，“李白词”享有极为崇高的地位。

【思考与练习】

1.《蜀道难》这首诗中使用的四个典故分别是什么？

2.《蜀道难》这首诗的诗歌创作艺术特色有哪些？

3.《蜀道难》这首诗中描写星宿的诗句是什么？

4.《蜀道难》这首诗中“一夫当关万夫莫开”的“关”指的是哪里？

石壕吏[①]

杜甫

暮投[②]石壕村，有吏夜[③]捉人。
老翁逾墙走[④]，老妇出门看。
吏呼一何怒[⑤]！妇啼一何苦[⑥]！
听妇前致词[⑦]：三男邺城戍[⑧]。
一男附书至[⑨]，二男新战死[⑩]。
存者且偷生[⑪]，死者长已矣[⑫]！
室中更无人[⑬]，惟有乳下孙[⑭]。

有孙母未去[15]，出入无完裙[16]。
老妪力虽衰[17]，请从吏夜归[18]，
急应河阳役[19]，犹得备晨炊[20]。
夜久语声绝[21]，如闻泣幽咽[22]。
天明登前途[23]，独与老翁别[24]。

【注释】

① 石壕：村名，在今河南三门峡东南。吏：小官，这里指抓壮丁的差役。

② 暮：傍晚。投：投宿。

③ 夜：时间名词作状语，在夜里。

④ 逾（yú）：越过，翻过。走：跑，这里指逃跑。

⑤ 呼：诉说，叫喊。一何：何其，多么。怒：恼怒，凶猛，粗暴，这里指凶狠。

⑥ 啼：哭啼。苦：凄苦。

⑦ 前致词：指（老妇）走上前去（对差役）说话。前，上前、向前。致，对……说。

⑧ 邺城：相州，在今河南安阳。戍（shù）：防守。

⑨ 附书至：捎信回来。书，书信。至，回来。

⑩ 新：最近。

⑪ 存：活着，生存着。且偷生：姑且活一天算一天。且，姑且、暂且。偷生，苟且活着。

⑫ 长已矣：永远地结束了。已，停止，这里指生命结束。

⑬ 室中：家中。更无人：再没有别的（男）人了。更，再。

⑭ 惟：只，仅。乳下孙：正在吃奶的孙子。

⑮ 未：还没有。去：离开，这里指改嫁。

⑯ 完裙：完整的衣服。

⑰ 老妪（yù）：老妇人。衰：弱。

⑱ 请从吏夜归：请让我和您晚上一起回去。请，请求。从，跟从、跟随。

⑲ 急应河阳役：赶快到河阳去服役。应，响应。河阳，今河南孟州，当时唐王朝官兵与叛军在此对峙。

⑳ 犹得：还能够。得，能够。备：准备。晨炊：早饭。

㉑ 夜久：夜深了。绝：断绝，停止。

㉒ 如：好像，仿佛。闻：听。泣幽咽：低微、断续的哭声。有泪无声为“泣”，哭声哽塞低沉为“咽”。

㉓ 明：天亮之后。登前途：踏上前行的路。登，踏上。前途，前行的道路。

㉔ 独：唯独，只有。

【作者简介】

杜甫（712—770），是唐代伟大的现实主义诗人。杜甫诗风老成稳健，倾向现实主义。他的全部诗作，反映了知识分子一生的遭际，同时也是唐帝国由盛转衰的真实写照。杜甫的思想核心是仁政思想，他有“致君尧舜上，再使风俗淳”的宏伟抱负。杜甫虽然在世时名声并不显赫，但后来声名远播，对中国文学和日本文学都产生了深远的影响。杜甫共有约1500首诗歌被保留了下来，大多集于《杜工部集》。

【思考与练习】

1.《石壕吏》这首诗描写了一个怎样的故事？

2.《石壕吏》这首诗的写作背景是什么？

3.《石壕吏》这首诗中老妇的苦包括哪些方面？

4. 杜甫诗歌创作有哪些特点？

观刈麦[①]

白居易

田家少闲月，五月人倍忙。
夜来南风起，小麦覆陇黄[②]。
妇姑荷箪食[③]，童稚携壶浆[④]。
相随饷田[⑤]去，丁壮在南冈[⑥]。
足蒸暑土气，背灼炎天光[⑦]。
力尽不知热，但惜[⑧]夏日长。
复有贫妇人，抱子在其[⑨]旁。
右手秉遗穗[⑩]，左臂悬敝筐[⑪]。
听其相顾言[⑫]，闻者为悲伤[⑬]。
家田输税[⑭]尽，拾此充饥肠。
今我[⑮]何功德，曾不事农桑[⑯]。
吏禄三百石[⑰]，岁晏[⑱]有余粮。
念此[⑲]私自愧，尽日[⑳]不能忘。

【注释】

① 题下自注“时任盩厔县尉”。刈（yì）：割。

② 覆（fù）陇（lǒng）黄：小麦黄熟时遮盖住了田埂。覆，盖。陇，同“垄”，这里指农田中种植作物的土埂。

③ 妇姑：媳妇和婆婆，这里泛指妇女。荷（hè）箪（dān）食（shí）：担着用竹篮盛的饭。荷，背负、肩担。箪食，装在竹篮里的饭食。《左传·宣公二年》：“而为之箪食与肉，置诸橐以与之。”

④ 童稚（zhì）携壶浆（jiāng）：小孩子提着用壶装的汤与水。浆，古代一种略带酸味的饮品，有时也可以指米酒或汤。

⑤ 饷（xiǎng）田：给在田里劳动的人送饭。前蜀韦庄《纪村事》诗：“数声牛上笛，何处饷田归？”

⑥ 丁壮：青壮年男子。《史记·循吏列传》：“（子产）治郑二十六年而死，丁壮号哭，老人儿啼，曰：‘子产去我死乎！民将安归？’”南冈（gāng）：地名。

⑦ 足蒸暑土气，背灼炎天光：双脚受地面的热气熏蒸，脊背受炎热的阳光烘烤。

⑧ 但：只。惜：盼望。

⑨ 其：指代正在劳动的农民。

⑩ 秉（bǐng）遗穗：拿着从田里拾取的麦穗。秉，拿着。遗穗，指收获农作物后遗落在田的谷穗。

⑪ 悬：挎着。敝（bì）筐：破篮子。

⑫ 相顾言：互相看着诉说。顾，视、看。

⑬ 闻者：白居易自指。为（wèi）悲伤：为（之）悲伤。

⑭ 输税（shuì）：缴纳租税。输，送达，引申为缴纳、献纳。《梁书·张充传》："半顷之田，足以输税，五亩之宅，树以桑麻。"

⑮ 我：指作者自己。

⑯ 曾（céng）不事农桑：一直不从事农业生产。曾，一直、从来。事，从事。农桑，农耕和蚕桑。

⑰ 吏（lì）禄（lù）三百石（dàn）：当时白居易任周至县尉，一年的薪俸大约是三百石米。吏禄，官吏的俸禄。《史记·平准书》："量吏禄，度官用，以赋于民。"石，古代容量单位，十斗为一石。

⑱ 岁晏（yàn）：年底。晏，晚。

⑲ 念此：想到这些。

⑳ 尽日：整天，终日。

【作者简介】

白居易（772—846），字乐天，晚号香山居士，祖籍太原（今属山西），生于新郑（今属河南）。白居易是唐代伟大的现实主义诗人，唐代三大诗人之一。白居易与元稹共同倡导新乐府运动，世称"元白"，与刘禹锡并称"刘白"。有《白氏长庆集》传世，代表诗作有《长恨歌》《卖炭翁》《琵琶行》等。

【思考与练习】

1.《观刈麦》这首诗中，"夜来南风起，小麦覆陇黄"描绘了一幅怎样的画面？

2.《观刈麦》这首诗中，侧面描写天气炎热的句子是哪几句？

3.《观刈麦》这首诗中有一句："听其相顾言，闻者为悲伤。"用诗中的句子说说听者为什么觉得"悲"。

4. 白居易的诗歌创作有哪些特征？

贾生①

李商隐

宣室②求贤访逐臣③，贾生才调④更无伦。
可怜⑤夜半虚⑥前席⑦，不问苍生⑧问鬼神⑨。

【注释】

① 贾生：指贾谊（前 200—前 168），洛阳（今属河南）人，西汉著名的政论家、文学家，力主改革弊政，提出了许多重要政治主张，但却遭谗被贬，一生抑郁不得志。

② 宣室：汉代长安城中未央宫前殿的正室。

③ 逐臣：被放逐之臣，指曾被贬到长沙的贾谊。

④ 才调：才华，这里指贾谊的政治才能。

⑤ 可怜：可惜。

⑥ 虚：徒然。

⑦ 前席：在座席上移膝靠近对方。

⑧ 苍生：百姓。

⑨ 问鬼神：事见《史记·屈原贾生列传》。汉文帝接见贾谊，“问鬼神之本。贾生因具道所以然之状。至夜半，文帝前席。”

【作者简介】

李商隐（813—858），晚唐著名诗人，和杜牧合称“小李杜”，有《李义山诗集》。李商隐生活的年代为晚唐前期，当时李唐王朝江河日下，朝廷动荡不安。尽管李商隐生活在这样动荡不安的社会大环境中，本人又遭逢种种不幸，但他从未向命运低头，一直在拼命抗争。他的精美绝伦的诗文便是抗争与控诉的记录。他是一个至情至性、重情重义、很有骨气的正人君子。

【思考与练习】

1.《贾生》这首诗的主题是什么？

2.《贾生》这首诗在行文结构上采用的写作手法是什么？

3.《贾生》这首诗中，作者借古讽今，表现自己怀才不遇的诗句是哪句？

4.《贾生》这首诗中，“可怜”的意思是什么？表达了诗人怎样的情感？

泊秦淮[①]

杜牧

烟[②]笼寒水月笼沙，夜泊[③]秦淮近酒家。
商女[④]不知亡国恨，隔江犹唱后庭花[⑤]。

【注释】

① 秦淮：秦淮河，发源于江苏句容大茅山与溧水东庐山两山间，经南京流入长江。相传为秦始皇南巡会稽时开凿的，用来疏通淮水，故称秦淮河。历代均为繁华的游赏之地。

② 烟：烟雾。

③ 泊：停泊。

④ 商女：以卖唱为生的歌女。

⑤ 后庭花：歌曲《玉树后庭花》的简称。南朝陈皇帝陈叔宝（即陈后主）溺于声色，作此曲与后宫美女寻欢作乐，终致亡国，所以后世把此曲作为亡国之音的代表。

【作者简介】

杜牧（803—852），京兆万年（今陕西西安）人，字牧之，号樊川居士，与李商隐并称

“小李杜”。他是中唐名相杜佑的孙子，性刚直，不拘小节，不屑逢迎。自负经略之才，诗、文均有盛名。文以《阿房宫赋》为最著，诗作明丽隽永，尤以七言绝句著称。诗歌内容以咏史抒怀为主，代表作《泊秦淮》《江南春》《赤壁》《题乌江亭》等脍炙人口。因晚年居长安南樊川别墅，故后世称“杜樊川”，著有《樊川文集》。

【思考与练习】

1.《泊秦淮》这首诗描写了哪些景物?

2.《泊秦淮》这首诗表现了诗人怎样的感情?

3.《泊秦淮》这首诗中，真正不知道“亡国恨”的人是谁?

4.《泊秦淮》这首诗中，“后庭花”指的是什么?

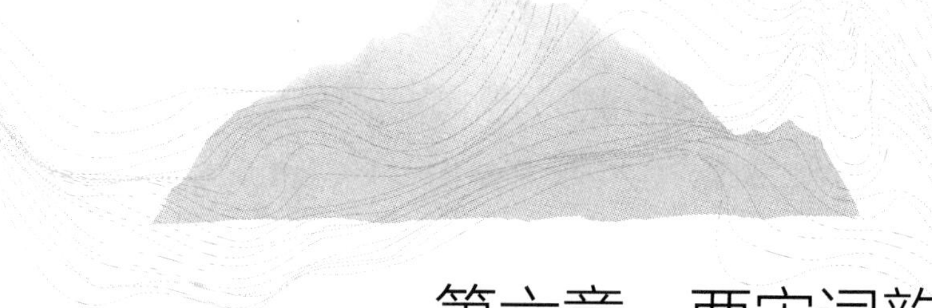

第六章　两宋词韵

概　　述

“词之为体，要眇宜修，能言诗之所不能言。”“词之雅郑，在神不在貌。”

——王国维《人间词话》

在我国古代文苑中，宋词是一颗璀璨的明珠。词，又称曲子词、长短句，是配合乐曲而填写的诗歌。词作为一种文体，萌芽于隋，发展于唐，成长于五代十国时期，至两宋达到鼎盛，被称为宋代的时代文学。词最初流行于民间，所配音乐是燕乐，又称宴乐。大约到中唐时期，诗人张志和、韦应物、白居易、刘禹锡等人开始写词。晚唐词人温庭筠，和南唐词人李煜、冯延巳的创作，都为词体的成熟和风格的建立做出了重要贡献。进入宋代以后，城市的繁荣和文化娱乐业的兴起和发展，促进了词的兴盛。

词在宋代的发展分为北宋和南宋两个阶段，有“词至北宋而始大，至南宋而遂深”的评价。

北宋前期的词，代表作家有晏殊、欧阳修、张先、晏几道、柳永、苏轼等，而以柳永、苏轼成就最为突出。

晏殊词内容多写歌乐宴饮，抒发留恋光景、歌咏闲适、感叹光阴之感。在艺术风格上承袭“花间词人”冯延巳“俊”的特点，并更显含蓄典雅、语言工巧、圆融温润。欧阳修的词多写离愁别恨、男女恋情、自然风光，晚年之后也有感慨生平、即景抒情之作。其风格深婉清丽、真挚自然，《踏莎行》最能代表这种风格。张先长于慢词，内容多写士大夫的饮酒赋诗生活、男女之情和都市生活，对词的形式发展有过一定的推动作用。

柳永词的出现，标志着北宋词发展的转折。他写作大量的慢词长调，使词从小令为主过渡到慢词占优势地位，从根本上改变了五代以来词坛上小令一统天下的格局，为词容纳更多的内容提供了相应的载体。柳永采纳市井新声，运用通俗化的语言表现生活，使词产生雅俗相兼的特色。“凡有井水饮处，即能歌柳词”，其词在市民阶层受欢迎程度，可见一斑。

苏轼继柳永之后，对词体的内容和风格方面进行全面改革。内容上打破晚唐五代以来专写男女恋情、离愁别绪的藩篱，抒情、咏物，以及乡村生活和农民形象都可以纳入词的范畴，扩大了词的题材，提高了词的意境。风格上将充沛激昂、悲壮苍凉的感情融入词中，开创豪放之风。整体上为宋词开辟了一条健康而广阔的道路，从根本上改变了词的发展方向。

北宋后期词坛，在意境、声律方面有所开拓。代表作家有秦观、周邦彦和贺铸。

秦观词多写男女恋情、离别、伤时之感，以及借相思或羁旅行役表现漂泊失意。其词感情真挚，缠绵凄婉，明丽流畅，极富感染力。周邦彦的词多写景咏物，抒发闲情逸致。他新创词调、规范音律，对宋词的发展做出了重要的贡献，堪称婉约词之集大成者。贺铸词内容与辞藻并重，风格多样。其作品多写男女情爱、离情别绪，少数写人世沧桑与个人闲愁的作品较为出色。

靖康之难和北宋覆亡激起了南宋词人抵抗侵略、收复失地的爱国主义精神。南宋前期的词作家较著名的有李清照、张元幹、岳飞、陆游、张孝祥、辛弃疾、陈亮、刘过等。

李清照的词以南渡为界，分为前后二期。前期多写闺阁生活，表达的是对爱情生活的向往和对大自然的喜爱；南渡之后，接连遭受国破家亡、丈夫去世等苦难，心境发生重大转变，词的风格也发生重大变化。内容在感伤追忆往昔美好生活的同时，多写亡国的悲愤、对故国的思念，产生更深远的社会意义和思想价值。

张元幹、岳飞、张孝祥等一批爱国词人，打破北宋末年平庸浮靡的作风，上承苏轼的思想艺术传统，下启辛弃疾爱国词派的先河，以词作武器，抒发爱国思想和悲愤之感。陆游是南宋著名的爱国诗人，亦长于词。其词内容多抒发强烈的爱国思想、杀敌报国的雄心及对腐朽朝廷的不满。

辛弃疾是南宋前期最杰出的爱国词人。他的词里充满了洗雪国耻的豪情，写出了壮志难酬、国势衰落的悲愤。辛词题材广泛，内容丰富，以雄浑豪放、悲壮沉郁为主调，但也有一些格调清新、风格婉约的佳作。辛词以其内容上的爱国思想、艺术上的革新精神，构成了其独特的艺术风格。

陈亮、刘过以及刘克庄、刘辰翁等人，词风上都明显受辛弃疾影响，形成了南宋中叶以后声势最大的爱国词派。他们用词记交游、发感慨，具有共同的爱国思想倾向，同时进一步把词推向散文化、议论化的道路。

南宋后期，因宋金南北对峙局面的相对稳定，统治集团更习于苟安和享乐。文学上爱国主义的呼声渐趋微弱，雕章琢句的作品日益增多，在此背景下，兴起了以姜夔、史达祖、吴文英为代表的格律词派。

姜夔是南宋婉约词派的重要作家，其词以感时抒怀、咏物、恋情为主，抒发自己江湖飘零，但仍不忘国事的感情，情调低沉伤感、隐约含蓄。

史达祖词多写闲情逸致，雕词琢句，追求形式上的艳丽工巧，缺少意境和气骨。吴文英的词音律协调，注重炼字琢句，但过于重视形式。其词内容贫乏，多抒发颓废感伤的情绪。

在南宋灭亡之际，出现了以文天祥、蒋捷等为代表的爱国词人，他们以亡国之痛和宁死不屈的爱国情怀为主题的创作，为宋词的落幕画上了光辉的句号。

浣溪沙[①]

晏殊

一曲新词酒一杯[②]，去年天气旧亭台[③]。夕阳西下几时回？
无可奈何[④]花落去，似曾相识[⑤]燕归来[⑥]。小园香径独[⑦]徘徊。

【注释】

① 浣溪沙：唐教坊曲名，后用为词调。沙，一作“纱”。

② 一曲新词酒一杯：此句化用白居易《长安道》诗意：“花枝缺处青楼开，艳歌一曲酒一杯。”一曲，一首。因为词是配合音乐唱的，故称“曲”。新词，刚填好的词，意指新歌。

③ 去年天气旧亭台：天气、亭台都和去年一样。此句化用五代郑谷《和知己秋日伤怀》诗：“流水歌声共不回，去年天气旧亭台。”去年天气，跟去年此日相同的天气。旧亭台，曾经到过的或熟悉的亭台楼阁。旧，旧时。

④ 无可奈何：不得已，没有办法。

⑤ 似曾相识：好像曾经认识。形容见过的事物再度出现。后用作成语，即出自晏殊此句。

⑥ 燕归来：燕子从南方飞回来。燕归来，春中常景，在有意无意之间。

⑦ 独：副词，用于谓语前，表示“独自”的意思。

【作者简介】

晏殊（991—1055），字同叔，抚州临川（今属江西）人。北宋前期著名词人，词风承袭五代，受南唐冯延巳影响颇深。多抒写男女之相思爱恋与离愁别恨，论者多称其“写艳情而不纤佻”“写富贵而不鄙俗”，使其词别具一种闲雅雍容、温润秀洁的风格。有词集《珠玉词》传世。

【思考与练习】

1. 这首词表达了词人怎样的思想感情？
2. “无可奈何花落去，似曾相识燕归来”是千古传诵的名句，谈谈你对这两句的理解。
3. 试举例说明词中所用的对比手法，并分析这样写的好处？
4. 你从这首词中得到哪些启示？

踏莎行

欧阳修

候馆[①]梅残，溪桥柳细，草薰风暖摇征辔[②]。离愁渐远渐无穷，迢迢[③]不断如春水。
寸寸柔肠[④]，盈盈粉泪[⑤]，楼高莫近危阑[⑥]倚。平芜[⑦]尽处是春山，行人更在春山外。

【注释】

① 候馆：迎宾候客的馆舍。

② 草薰：小草散发的清香。薰，香气侵袭。征辔（pèi）：行人坐骑的缰绳。辔，马缰绳。

③ 迢迢：形容遥远的样子。

④ 寸寸柔肠：柔肠寸断，形容愁苦到极点。

⑤ 盈盈：泪水充溢眼眶之状。粉泪：泪水流到脸上，与粉妆和在一起。

⑥ 危阑：也作“危栏”，高楼上的栏杆。

⑦ 平芜：平坦地向前延伸的草地。芜，草地。

【作者简介】

欧阳修（1007—1072），字永叔，号醉翁，晚号六一居士，吉州永丰（今属江西）人，北宋政治家、文学家。欧阳修是北宋诗文革新运动的领袖，与韩愈、柳宗元、苏轼、苏洵、苏辙、王安石、曾巩合称“唐宋八大家”。有《欧阳文忠公集》传世。

【思考与练习】

1. 这首词表现了什么人的什么情感？

2. 分析“梅残”“柳细”“草薰风暖”之春景与“离愁”的关系。

3. 试析“离愁渐远渐无穷，迢迢不断如春水”两句运用了什么修辞手法，具有怎样的表达效果？

4. 试析“平芜尽处是春山，行人更在春山外”两句在抒情上的特点。

八声甘州

柳永

对潇潇[①]暮雨洒江天，一番洗清秋。渐霜风凄紧[②]，关河冷落，残照当楼。是处红衰翠减[③]，苒苒物华休[④]。惟有长江水，无语东流。

不忍登高临远，望故乡渺邈[⑤]，归思难收。叹年来踪迹，何事苦淹留[⑥]？想佳人妆楼颙望[⑦]，误几回、天际识归舟[⑧]。争[⑨]知我，倚阑干处，正恁凝愁[⑩]！

【注释】

① 潇潇：形容雨声急骤。

② 凄紧：一作“凄惨”。

③ 是处：到处，处处。红衰翠减：红花绿叶，凋残零落。李商隐《赠荷花》中有“翠减红衰愁杀人”句。翠，一作“绿”。

④ 苒（rǎn）苒：茂盛的样子。一说，同“冉冉”，犹言“渐渐”。物华：美好的景物。

⑤ 渺邈：遥远。

⑥ 淹留：久留。

⑦ 颙（yóng）望：凝望。一作“长望”。

⑧ 天际识归舟：语出谢朓《之宣城郡出林浦向板桥》“天际识归舟，云中辨江树”。

⑨ 争：怎。

⑩ 恁：如此，这般。凝愁：凝结不解的深愁。

【作者简介】

柳永(约987—约1053)，崇安(今属福建)人。北宋词人，字耆卿，原名三变。排行第七，又称柳七。宋仁宗朝进士，官至屯田员外郎，故世称柳屯田。柳词在宋元时期流传最广，相传当时“凡有井水饮处，即能歌柳词”。有词集《乐章集》传世。

【思考与练习】

1.“惟有长江水，无语东流”句，能否将“无语”改为“无声”？试说明理由。

2. 词作描绘了一幅怎样的图景？抒发了作者怎样的思想感情？

3. 下片描写了哪三个画面？主要采用的表现手法是什么？

4. 简析“误几回、天际识归舟”的意境。

定风波①

苏轼

三月七日，沙湖道中遇雨，雨具先去，同行皆狼狈②，余独不觉。已而遂晴，故作此词。

莫听穿林打叶声③，何妨吟啸④且徐行。竹杖芒鞋⑤轻胜马，谁怕？一蓑烟雨⑥任平生。

料峭⑦春风吹酒醒，微冷，山头斜照却相迎。回首向来萧瑟处⑧，归去，也无风雨也无晴⑨。

【注释】

① 宋神宗元丰五年（1082）三月七日，苏轼欲往沙湖相田（苏轼《东坡志林》：“黄州东南三十里为沙湖，亦曰螺师店。予买田其间，因往相田。”），道中遇雨，作此词。当时是苏轼因“乌台诗案”被限住在黄州（今湖北黄冈）的第三年。

② 狼狈：形容处境困窘、难堪。

③ 穿林打叶声：谓雨声。

④ 吟啸：高声吟咏。意态闲适，即词题“余独不觉”之写照。

⑤ 芒鞋：草鞋。

⑥“一蓑烟雨”句：就眼前遇雨一事引申，谓披蓑衣、冒风雨，平生对这种境遇处之泰然。

⑦ 料峭：形容微寒。

⑧“回首向来”句：谓重返先前遇雨的地方。萧瑟：风雨吹打树木的声音。

⑨ 也无风雨也无晴：谓风雨不足以忧，晴亦不足以喜。“无风雨”即不惧风雨。“无晴”亦即不惧晴。苏轼《独觉》一诗中亦用“回首向来萧瑟处，也无风雨也无晴”二句，而绝无“遇雨”“遂晴”之事，可知此“风雨”和“晴”皆用以喻指生活中的挫折与顺利等不同的境遇。

【作者简介】

苏轼（1037—1101），字子瞻，又字和仲，号“东坡居士”，世人称其为“苏东坡”。眉山（今属四川）人。唐宋八大家之一，豪放派词人代表。其诗、词、赋、散文，均成就极高，且善书法和绘画，是中国文学艺术史上罕见的全才，也是中国数千年历史上被公认文学艺术造诣最杰出的大家之一。其散文与欧阳修并称欧苏，诗与黄庭坚并称苏黄，词与辛弃疾并称苏辛，书法名列“苏、黄、米、蔡”北宋四大书法家之首，画则开创了湖州画派。

苏轼词题材广阔，意境丰富，打破了诗庄词媚的界限，对词的革新和发展做出了重大贡献。作品今存《东坡全集》一百十五卷，词有《东坡乐府》等。

【思考与练习】

1. 试析“料峭春风吹酒醒，微冷，山头斜照却相迎。”三句给我们什么样的人生启示?

2. 谈谈你对“也无风雨也无晴”这一句的理解。

3. 词中表达了作者怎样的人生态度?

4. 当人生遭遇挫折和困境，我们应该如何面对?学过苏轼这首《定风波》，你获得什么启发?

鹊桥仙

秦观

纤云弄巧①，飞星传恨②，银汉迢迢暗度③。金风玉露一相逢④，便胜却人间无数。

柔情似水，佳期如梦，忍顾鹊桥归路⑤！两情若是久长时，又岂在朝朝暮暮⑥。

【注释】

① 纤云弄巧：纤细的云编织出各种巧妙的图案样式，比喻织女制作云锦的手艺高超。传说织女精于纺织，能将天上的云织成锦缎。

② 飞星传恨：流星传递分别的愁苦。

③ 银汉：天河，银河。迢迢：遥远。

④ 金风：秋风。秋天在五行中属金。玉露：指白露。李商隐《辛未七夕》：“由来碧落银河畔，可要金风玉露时。”

⑤ 忍顾：怎么忍心回望。鹊桥：传说每年七月七日，织女渡过天河时，一大群喜鹊搭成桥，架在天河上，让她走过，去与牛郎相会。“忍顾鹊桥归路”是指彼此会见后又要分别，不忍从鹊桥回去。

⑥ 朝朝暮暮：日日夜夜。这里指朝夕相守。语出宋玉《高唐赋》。

【作者简介】

秦观（1049—1100），字少游，又字太虚，号淮海居士，高邮（今属江苏）人，北宋词人。他与黄庭坚、晁补之、张耒号称为“苏门四学士”，颇得苏轼赏识。秦观以词闻名，是婉约派的代表作家之一。代表作品有《鹊桥仙》《淮海集》《淮海居士长短句》。

【思考与练习】

1. 试析词作表达了一种怎样的爱情观。

2. 试析词作利用传说故事的表现手法。

3. 简析“忍顾鹊桥归路”的“忍”字的表达效果。

4. 结合词作，谈谈作者的词风特点。

苏幕遮[①]

周邦彦

燎[②]沈香[③]，消溽暑[④]。鸟雀呼晴[⑤]，侵晓[⑥]窥檐语。叶上初阳干宿雨[⑦]，水面清圆[⑧]，一一风荷举[⑨]。

故乡遥，何日去？家住吴门[⑩]，久作长安[⑪]旅[⑫]。五月渔郎相忆否？小楫[⑬]轻舟，梦入芙蓉浦[⑭]。

【注释】

① 这首词作于宋神宗元丰六年（1083）至宋哲宗元祐元年（1086）之间，当时周邦彦一直客居京师。周邦彦本以太学生入都，以献《汴都赋》为神宗所赏识，进为太学正，但仍无所作为，不免有乡关之思。

② 燎（liáo）：烧。

③ 沈香：沉香。一种名贵香料，置水中则下沉，故又名沉水香，其香味可辟恶气。

④ 溽（rù）暑：潮湿的暑气。溽，湿润、潮湿。

⑤ 呼晴：唤晴。旧有鸟鸣可占晴雨之说。

⑥ 侵晓：快天亮的时候。侵，渐近。

⑦ 宿雨：昨夜下的雨。

⑧ 清圆：清润圆正。

⑨ 风荷举：意谓荷叶迎着晨风，每一片荷叶都挺出水面。举，擎起。

⑩ 吴门：古吴县城亦称吴门，即今之江苏苏州，此处以吴门泛指江南一带。作者乃江南钱塘人。

⑪ 长安：原指今西安，唐以前此地久作都城，故后世每借指京都。词中借指汴京，今河南开封。

⑫ 旅：客居。

⑬ 楫（jí）：划船用具，短桨。

⑭ 芙蓉浦：有荷花的水边。有溪涧可通的荷花塘。词中指杭州西湖。浦，水湾、河流。芙蓉，又叫“芙蕖”，荷花的别称。

【作者简介】

周邦彦（1056—1121），字美成，号清真居士，钱塘（今浙江杭州）人，北宋末期词人。他精通音律，曾创作不少新词调。作品多写闺情、羁旅，也有咏物之作。词风格律谨严，典丽精工，形象丰满，长调尤善铺叙。旧时词论称他为“词家之冠”。有《清真集》传世。

【思考与练习】

1. 这首词语言自然明丽，淡雅素洁，词境清新而爽朗。尤其“叶上初阳干宿雨，水面清圆，一一风荷举”几句更见风致，王国维《人间词话》赞其语“真能得荷花之神理者”。你能用生动的语言描绘这几句所展现的画面吗？

2. 辛弃疾在《破阵子》中有“梦回吹角连营”之叹，周邦彦则有“小楫轻舟，梦入芙蓉浦”之慨。同样是“梦”，这两位词人所表达的情感有何不同?

3. 结合词的下片，谈谈作者抒发情感的方式有什么特别之处。

4. 请结合全文简要分析词中情景之间的关系。

永遇乐

李清照

落日熔金[①]，暮云合璧[②]，人在何处？染柳烟浓，吹梅笛怨[③]，春意知几许！元宵佳节，融和天气，次第[④]岂无风雨？来相召，香车宝马，谢他酒朋诗侣。

中州[⑤]盛日，闺门多暇，记得偏重三五[⑥]。铺翠冠儿[⑦]，撚金雪柳[⑧]，簇带争济楚[⑨]。如今憔悴，风鬟霜鬓[⑩]，怕见夜间出去。不如向、帘儿底下，听人笑语。

【注释】

① 熔金：熔化的金子。

② 合璧：像璧玉一样，且连成一片。

③ 吹梅笛怨：笛曲有《梅花落》，曲调哀怨。

④ 次第：转眼间。

⑤ 中州：本指今河南一带，此专指北宋都城汴京。

⑥ 三五：农历十五日，此指正月十五元宵节。

⑦ 铺翠冠儿：饰有翠羽的女式帽子。

⑧ 撚（niǎn）金雪柳：用金线捻成、素绢（或白纸）包扎的柳枝。

⑨ 簇带：宋时口语，“打扮、插戴满头”之意。济楚：宋时口语，“整洁”之意。

⑩ 风鬟霜鬓：头发蓬乱貌。在饱经战乱流离之苦后，词人已容颜憔悴，且再无心思梳妆打扮。

【作者简介】

李清照（1084—1155），号易安居士，章丘（今属山东）人，宋代女词人。李清照出身于书香门第，父亲李格非是“苏门后四学士”之一。丈夫赵明诚，曾任莱州、淄州、建康等地知府。靖康二年（1127），她经历了整个民族以及个人一生中巨大的灾难性转折，为逃避金兵入侵，她从北方家乡流亡到南方。建炎三年（1129），赵明诚病逝，李清照辗转浙东、浙西各地，度过了凄凉的后半生。

李清照词作有很高的艺术成就，其词以南渡为界，分前后两期。前期多写离别相思之情，后期于身世悲慨中寄寓亡国之恸。有《易安居士文集》《易安词》，已散佚。后人有《漱玉词》辑本。今有《李清照集校注》。

【思考与练习】

1. 请结合“元宵佳节，融和天气，次第岂无风雨”，分析本词表达的感情。

2. 词人意在抒发国破家亡之感，为何着墨铺写中州盛日元宵景象?

3. 试结合全文，分析“不如向，帘儿底下、听人笑语”所展现的心理活动。

4. 试析词作的写作手法。

满江红

岳飞

怒发冲冠[①]，凭栏处、潇潇[②]雨歇。抬望眼，仰天长啸[③]，壮怀激烈。三十功名尘与土[④]，八千里路云和月[⑤]。莫等闲[⑥]、白了少年头，空悲切。

靖康耻[⑦]，犹未雪。臣子恨，何时灭！驾长车，踏破贺兰山[⑧]缺。壮志饥餐胡虏肉，笑谈渴饮匈奴血。待从头收拾旧山河，朝天阙[⑨]。

【注释】

① 怒发冲冠：头发竖了起来，以至于将帽子顶起。形容愤怒至极。

② 潇潇：形容雨势急骤。

③ 长啸：感情激动时撮口发出清而长的声音，为古人的一种抒情举动。

④ 三十功名尘与土：年已三十，建立了一些功名，不过如同尘土般微不足道。

⑤ 八千里路云和月：形容要完成收复大业，道路尚遥远而艰辛，还需披星戴月付出更大努力和代价。

⑥ 等闲：轻易，随便。

⑦ 靖康耻：宋钦宗靖康二年（1127），金兵攻陷汴京，虏走徽、钦二帝。

⑧ 贺兰山：贺兰山脉，位于今宁夏回族自治区与内蒙古自治区交界处。

⑨ 朝天阙：朝见皇帝。天阙，本指宫殿前的楼观，此指皇帝生活的地方。

【作者简介】

岳飞（1103—1142），字鹏举，宋相州汤阴县（今河南安阳汤阴县）人，中国历史上著名的军事家、战略家、民族英雄。1142 年 1 月，岳飞因“莫须有”的“谋反”罪名被杀害。宋孝宗时岳飞冤狱被平反，追谥武穆。岳飞治军，赏罚分明，纪律严整，又能体恤部属，以身作则，他率领的“岳家军”号称“冻杀不拆屋，饿杀不打掳”；金人流传有“撼山易，撼岳家军难”的哀叹。

岳飞的不朽词作《满江红 · 怒发冲冠》，是千古传诵的爱国名篇，收入《岳忠武王文集》。

【思考与练习】

1. 请结合“靖康耻”，谈谈这首词的创作背景。

2. “莫等闲、白了少年头，空悲切。”堪称千古名句，意味隽永，你从中悟到了什么道理？

3. 这首词表达了作者怎样的思想感情？

4. 结句“待从头收拾旧山河，朝天阙。”有什么深层含义？

水龙吟
登建康赏心亭[①]

辛弃疾

楚天千里清秋[②]，水随天去秋无际。遥岑远目，献愁供恨，玉簪螺髻[③]。落日楼头，断鸿[④]声里，江南游子[⑤]。把吴钩[⑥]看了，栏干拍遍，无人会、登临意。

休说鲈鱼堪脍，尽西风、季鹰归未[⑦]？求田问舍，怕应羞见，刘郎才气[⑧]。可惜流年，忧愁风雨，树犹如此[⑨]！倩何人唤取，红巾翠袖，揾英雄泪[⑩]！

【注释】

① 建康：今江苏南京。赏心亭：在建康下水门城上，下临秦淮河。

② 清秋：明净爽朗的秋天。

③“遥岑”三句：遥望远山，像美人头上的碧玉簪、青螺发髻一样，似都在发愁，像有无限怨恨。

④ 断鸿：失群的孤雁。

⑤ 江南游子：作者自称。宋时建康属江南西路，故云。

⑥ 吴钩：吴地制作的弯形宝刀，此指剑。看刀抚剑，是希望用它来为国立功。

⑦“休说”三句：表示自己不愿学张翰忘怀时事，放弃大业，只图个人安逸。张翰，字季鹰，《晋书·张翰传》：“翰因见秋风起，乃思吴中菰菜、莼羹、鲈鱼脍。曰：“人生贵得适意，何能羁宦数千里以要名爵乎？”遂命驾而归。”脍，把鱼肉切细。

⑧“求田”三句：表示自己羞于做富家翁，置田买屋安居乐业。求田问舍，购买田地、家产。刘郎，刘备。《三国志·魏书·陈登传》：“陈登者，字元龙，在广陵有威名。……年三十九卒。后许汜与刘备并在荆州牧刘表坐，表与备共论天下人，汜曰：‘陈元龙湖海之士，豪气不除。’备谓表曰：‘许君论是非？’表曰：‘欲言非，此君为善士，不宜虚言；欲言是，元龙名重天下。’备问汜：‘君言豪，宁有事邪？’汜曰：‘昔遭乱过下邳，见元龙。元龙无客主之意，久不相与语，自上大床卧，使客卧下床。’备曰：‘君有国士之名，今天下大乱，帝主失所，望君忧国忘家，有救世之意，而君求田问舍，言无可采，是元龙所讳也。何缘当与君语？如小人，欲卧百尺楼上，卧君于地，何但上下床之间邪？’”

⑨“可惜流年”三句：自惜年华在无所作为中逝去，为国运感到忧愁，人比树老得还快。《世说新语·言语》：“桓公（桓温）北征，经金城，见前为琅邪时种柳，皆已十围，慨然曰：“木犹如此，人何以堪！”攀枝执条，泫然流泪。”庾信《枯树赋》引桓温语作“树犹如此，人何以堪！”

⑩“倩何人”二句：自伤英雄抱负不能实现，心头郁结，得不到慰藉。红巾翠袖：指歌女，宋时宴会上多用歌伎劝酒，故云。揾（wèn）：擦拭。

【作者简介】

辛弃疾（1140—1207），字幼安，号“稼轩”，历城（今山东济南）人，南宋爱国词人。辛弃疾一生坚决主张抗击金兵，收复失地。曾多次进谏，分析敌我形势，提出强兵复国的具体规划，都未得到采纳和施行。在各地任上认真革除积弊，积极整军备战，又累遭投降派掣肘，甚至受到革职处分，曾长期在江西上饶一带闲居。

光复故国的伟大志向得不到施展，一腔忠愤发而为词，强烈的爱国主义思想和战斗精神是辛词的基本内容。其独特的词作风格被称为“稼轩体”，造就了南宋词坛一代大家。辛弃疾在文学上与苏轼齐名，号称“苏辛”，与李清照并称“济南二安”。今存其词作六百余首，词集有《稼轩长短句》和《稼轩词》两种刊本。

【思考与练习】

1. 开头“楚天千里清秋，水随天去秋无际”两句描绘了一幅怎样的图景？
2. 试析“遥岑远目，献愁供恨，玉簪螺髻”三句运用了什么修辞手法，有什么表达效果？
3. “游子”是古诗中常见的意象，简析文中“江南游子”有怎样的内涵？
4. 试分析本词的艺术特点。

扬州慢①

姜夔

淳熙丙申至日，予过维扬②。夜雪初霁，荠麦弥望③。入其城则四顾萧条，寒水自碧。暮色渐起，戍角悲吟④。予怀怆然，感慨今昔，因自度此曲⑤。千岩老人以为有黍离之悲也⑥。

淮左名都，竹西佳处，解鞍少驻初程⑦。过春风十里⑧，尽荠麦青青。自胡马窥江去后，废池乔木，犹厌言兵⑨。渐黄昏，清角吹寒，都在空城⑩。

杜郎俊赏⑪，算而今，重到须惊。纵豆蔻词工，青楼梦好，难赋深情⑫。二十四桥⑬仍在，波心荡，冷月无声。念桥边红药⑭，年年知为谁生？

【注释】

① 扬州慢：词牌名，又名《郎州慢》，上下片，九十八字，平韵。此调为姜夔自度曲，后人多用之以抒发怀古之思。

② 淳熙丙申：宋孝宗淳熙三年（1176）。至日：冬至。维扬：旧时扬州（今属江苏）的别称。

③ 霁：天气转晴。荠麦：野生麦子，一年生草本植物，叶狭长，羽状分裂，花白色，茎叶嫩时可食。一说，荠菜与麦子。弥望：满眼。

④ 四顾：四面环望。戍角悲吟：军营中发出悲鸣的号角声。

⑤ 怆然：悲伤不能自已状。自度此曲：精通音律的词人，既能依前人曲律填词，又能自己谱创新的曲调，自谱曲调称为自度曲。

⑥ 千岩老人：南宋诗人萧德藻，字东夫，晚年居住湖州，因喜当地弁山千岩竞秀，故自号千岩老人。姜夔曾跟其学诗，是他的侄女婿。黍离之悲：故国残破的悲思。《诗经·王风》有《黍离》诗篇。写周平王东迁后，周大夫经过西周故都，看见旧城荒废，宫殿遗址尽为禾黍，彷徨不忍离去，故作此诗。后以“黍离”表示故国之思。本词小序的末句是后来增补的。

⑦ 淮左名都：指扬州。宋朝时扬州是淮南东路的首府，故称淮左名都。竹西：扬州名胜

竹西亭。杜牧《题扬州禅智寺》有“谁知竹西路，歌吹是扬州”句。少驻：稍作停留。初程：初段行程。

⑧ 过春风十里：杜牧《赠别》（其一）诗有“春风十里扬州路，卷上珠帘总不如”句，这里用以借指扬州。

⑨ 胡马窥江：指金兵进犯长江北岸。高宗建炎三年（1129），金人初犯扬州；高宗绍兴三十一年（1161）、孝宗隆兴二年（1164），金兵背弃盟约先后两次南侵扬州。废池乔木：废毁的池台，残存的古树。

⑩ 渐：向，到。清角：清越的号角。

⑪ 杜郎：即唐代诗人杜牧。唐文宗大和七年（833）到九年（835），杜牧于扬州任淮南节度使掌书记。其间创作不少描述扬州的诗篇。俊赏：俊逸清赏。钟嵘《诗品序》：“近彭城刘士章，俊赏之士。”

⑫ 豆蔻词工：杜牧《赠别》（其一）有“娉娉袅袅十三余，豆蔻梢头二月初”句。豆蔻，这里形容妙龄少女美艳动人。青楼梦好：杜牧《遣怀》诗有“十年一觉扬州梦，赢得青楼薄幸名”句。此处用以描写游冶声色场所的风流浪漫生活。

⑬ 二十四桥：扬州城内古桥，即吴家砖桥，也叫红药桥。杜牧《寄扬州韩绰判官》诗有“二十四桥明月夜，玉人何处教吹箫”句。

⑭ 红药：芍药花。

【作者简介】

姜夔（1154—1221），字尧章，号白石道人，饶州鄱阳（今属江西）人。姜夔屡试不第，终生未仕，一生转徙江湖。姜夔在音律、诗词和书法方面造诣颇深。尤以词著，能自度曲，其词格律严密。词作题材广泛，境界清空，音韵谐婉。今存词八十余首，有《白石道人诗集》《白石诗说》等传世。

【思考与练习】

1. 试析“废池乔木，犹厌言兵。”运用了什么艺术手法？有什么表达效果？

2. 简析词作如何体现“黍离之悲”。

3. 试析尾句“念桥边红药，年年知为谁生？”的内涵。

4. 本词情感真切，贯穿对国家衰亡的哀痛，请结合全词分析作者是如何表达这种情感的。

第七章　元曲芬芳

概　　述

一、元曲的定义

元曲，又被称为元杂剧，作为一种戏曲艺术，盛行于元代，主要包括散曲和杂剧。它有广义和狭义之分，广义的曲指自秦汉以来的能够入乐的各种乐曲，如汉大曲、唐宋大曲及民间小曲等。狭义的曲多指宋朝以来的南曲和北曲。曲可分为戏曲与散曲两类，其中戏曲又被称为剧曲，它包括杂剧、传奇等。元明以后广为流传，所以后世称为元曲。而曲同词的体式十分相似，但一般在字数定格外可加衬字，尤为自由，并多采用口语。音乐部分存在宫调之分，元曲中最常用的宫调就是五宫四调。

元曲虽始于宋代，但元代是元曲的鼎盛时期。元杂剧和散曲合称为元曲，两者的相同之处是都采用北曲为演唱形式。元代文学的主体是散曲，而元杂剧的成就和影响却远远超过散曲，所以有人这样定义元曲，单指杂剧，元曲也可称为“元代戏曲”。

二、元曲的分类

（一）元杂剧

元杂剧又被称为北杂剧、北曲、元曲。元曲主要包括元杂剧和元散曲两个部分。在金院本和诸宫调的直接影响下，元杂剧融合了各种表演艺术，逐步形成了一种完整的戏剧形式。并在唐宋以来话本、词曲、讲唱文学的基础上进行加工，创造出了成熟的文学剧本。元杂剧在内容上不仅丰富了在民间传唱已久的故事，而且深刻地反映了当时的社会现实，成为了当时广大人民群众最喜闻乐见的文艺形式之一。

（二）元散曲

1. 散曲释名

（1）元代人称为乐府或今乐府。

（2）在明代朱有墩《诚斋乐府》中就有散曲之名，其中所说的散曲专指小令，不包括套数。

（3）到明代中叶以后，散曲的范围不断扩大，此时散曲包括小令和套数。

（4）进入 20 世纪，众多学者把小令、套数都看作散曲。至此散曲作为文体概念被最终确定。

2. 散曲的产生

（1）根据研究，散曲产生于金元时期，并从民歌俚谣中衍生而来。金时期的词已经出现曲的特点，主要倾向浅显俚俗、诙谐率直、文言浅白。金词吸收了大量的北方俚歌俗调，实际上许多词牌已经是亦词亦曲，很多词在文学风格上已十分接近后世的曲。

（2）金末元初之时，文人由于没有科举取仕之路可走，并且受避世的社会思潮影响，他们常常游走于秦楼楚馆，一些名伎将民间的歌曲大量修改、传唱。文人们与她们诗酒相乐、丝竹相和，长此以往，致使民歌时调就与文人创作相结合。从此散曲输入文坛成为了散曲文学的主要途径。

（3）宋金之际，随着人口的流动和民族的融合，很多北方少数民族相继入主中原，他们带来的番乐胡曲与汉族地区原有的音乐相结合，不断变化、不断衍生，就孕育出一种新的乐曲，散曲便应时而生。

3. 散曲的体制

（1）小令　又称“叶儿”，是散曲体制的基本单位。其名称源于唐代的酒令。

（2）套数　又称套曲、散套、大令，是从宋大曲、宋曲诸宫调发展而来的。

体制特点有：

① 由同一宫调的若干首曲牌连缀而成。

② 各曲同押一韵。

③ 通常在结尾部分还有［尾声］。

（3）带过曲　由同一宫调的不同曲牌组成。

三、元曲的发展

元曲的兴起与发展，有着错综复杂的原因。首先，元朝疆域辽阔，城市经济颇为繁荣，剧场宏大壮观、书会频繁活跃、观众日夜不绝，这些都为元曲的兴起奠定了坚实的基础；其次，元代各民族文化不断交流和相互融合，促使了元曲的形成；最后，元曲是传统文学继承、发展的必然结果，也是诗歌自身发展的内在规律的体现。

元曲的发展，可以分为三个时期。

（一）初期

元朝从立国到灭南宋。这一时期元曲刚从民间的通俗俚语进入诗坛，有鲜明的通俗化、口语化的特点，风格上犷放爽朗、质朴自然。作者多为北方人，其中关汉卿、马致远、王实甫、白朴等人的成就最高。

（二）中期

从元世祖至元年间到元顺帝后至元年间。这一时期元曲的创作逐步向文化人、专业化全面过渡，诗坛的主要体裁是散曲。出现了郑光祖、睢景臣、乔吉、张可久等重要作家。

（三）末期

元顺帝至正年间到元末。这一时期的散曲作家讲究格律词藻，艺术上追求刻意求工，崇尚婉约细腻、典雅秀丽，主要以弄曲为专业，代表作家有张养浩、徐再思等。

元曲作为“一代之文学”，在题材的选择上丰富多样，在内容创作上视野宽广，鲜明生动地反映社会生活，人物形象栩栩如生、丰满感人，语言通俗易懂，是我国古代文化宝库中举足轻重的宝贵遗产。

四、元曲代表人物

（一）关汉卿

关汉卿是在元代剧坛上最杰出的代表之一。贾仲明在《录鬼簿》称他为“驱梨园领袖，总编修师首，捻杂剧班头”。关汉卿生性开朗豁达，曾将自己的《南吕一枝花》赠给女演员朱帘秀，可见他与女演员关系密切。并在《南吕一枝花·不伏老》中自称:“我是个普天下郎君领袖，盖世界浪子班头。”在结尾一段，更狂傲倔强地表示:“我是个蒸不烂、煮不熟、捶不匾、炒不爆、响珰珰一粒铜豌豆。”他经常流连市井，善于描写弱小人物的悲欢离合，他的作品受到了生生不息、杂然并陈的民间文化的滋养。代表作有《窦娥冤》《救风尘》《望江亭》《拜月亭》《鲁斋郎》《单刀会》《调风月》等。

（二）马致远

马致远是我国元代时期著名的戏剧家、散曲家。马致远以字“千里”，晚年号“东篱”，以示效陶渊明之志。与关汉卿、郑光祖、白朴并称“元曲四大家”，代表作《汉宫秋》。他早年曾热心于功名，然仕途多舛，在漂泊、孤寂中“半世蹉跎”。中年时期曾一度出任江浙行省务官（一作江浙省务提举），只是为人驱使的小吏。后来受过不少挫折，渐渐悟透，高唱“归去来”而“恬退”了。晚年过着闲散的“红尘不向门前惹”的隐居田园生活。他的思想大概受到过全真道教的影响，这从其曲作中约略可以见出。

（三）郑光祖

郑光祖（1264—？），字德辉，汉族，平阳襄陵（今山西襄汾县）人。他是元代著名的杂剧家和散曲家，所作杂剧在当时“名闻天下，声振闺阁”。“元曲四大家”之一。所作杂剧现存的有《周公摄政》《王粲登楼》《翰林风月》《倩女离魂》《无塩破连环》《伊尹扶汤》《老君堂》《三战吕布》八种，其中最为著名的是《倩女离魂》。郑光祖除了写杂剧外，还常写散曲，并且他的小令六首、套数二套广为流传。

（四）白朴

白朴，元代著名的杂剧作家，“元曲四大家”之一。他终身没有出仕。代表作《墙头马上》。白朴年幼丧母，心灵饱受创伤，成年后曾游历祖国大江南北，他见到的多数是社会的凋残、乱世流离的情况，面对这残酷的现实，他“放浪形骸，期于适意”，从而放弃入仕，钟情于绿水青山之间，或是迷恋于风月之所。南宋灭亡之后，他就长期居于南方，经常和一些士绅乡佬谈天论地，题咏前朝名物，在他的作品中多充满着苍凉孤寂和迷茫彷徨。

窦娥冤（节选）

关汉卿

【故事梗概】

《窦娥冤》是关汉卿杂剧的代表作，也是我国古典悲剧的典范性作品。剧写山阳（今江苏淮安）书生窦天章因无力偿还高利贷，不得已将七岁女儿窦娥（小字端云）送到蔡婆家做童养媳抵债（楔子）。窦娥长大后与蔡婆儿子成婚，婚后三年蔡子病死，窦娥与蔡婆相依为命。一日蔡婆去向赛卢医索债，赛赖债并欲将蔡婆骗到郊外勒死，恰值流氓张驴儿父子经过，赛遂遁去。张驴儿父子借机要挟，强迫蔡婆与窦娥招他父子入赘，蔡婆意欲委曲求全，窦娥却坚决不从。张驴儿为了达到霸占窦娥的目的，企图用毒药毒死蔡婆，不料投了毒的羊肚儿汤竟被张老儿所喝，张驴儿便恶人先告状，反诬窦娥“药死公公”。昏庸的州官受了贿赂，将窦娥屈打成招，判处斩刑。刑场上，窦娥悲愤地控诉了官场的黑暗、吏治的腐败，她至死不屈，立下三桩无头誓愿，精诚所至，感天动地，三桩誓愿奇迹般地实现。窦天章考取进士，官至肃政廉访使，他到山阳考察吏治。窦娥的鬼魂向父亲诉说冤情，终于使冤案得以昭雪。

窦娥冤（第三折）

（外[①]扮监斩官上，云）下官监斩官是也。今日处决犯人，着做公的[②]把住巷口，休放往来人闲走。（净扮公人，鼓三通、锣三下科。刽子磨旗[③]、提刀，押正旦[④]带枷上。刽子云）行动些，行动些，监斩官去法场上多时了。（正旦唱）

【正宫】【端正好】没来由[⑤]犯王法，不提防遭刑宪[⑥]，叫声屈动地惊天。顷刻间游魂先赴森罗殿[⑦]，怎不将天地也生埋怨。

【滚绣球】有日月朝暮悬，有鬼神掌着生死权[⑧]。天地也！只合[⑨]把清浊分辨，可怎生糊突了盗跖、颜渊[⑩]？为善的受贫穷更命短，造恶的享富贵又寿延。天地也！做得个[⑪]怕硬欺软，却原来也这般顺水推船！地也，你不分好歹何为地？天也，你错勘贤愚枉做天！哎，只落得两泪涟涟。

（刽子云）快行动些，误了时辰也。（正旦唱）

【倘秀才】则被这枷纽的我左侧右偏[⑫]，人拥的我前合后偃[⑬]。我窦娥向哥哥行[⑭]有句言。（刽子云）你有甚么话说？（正旦唱）前街里去心怀恨，后街里去死无冤，休推辞路远。

（刽子云）你如今到法场上面，有甚么亲眷要见的，可教他过来，见你一面也好。（正旦唱）

【叨叨令】可怜我孤身只影无亲眷，则落的吞声忍气空嗟怨。（刽子云）难道你爷娘家也没的？（正旦云）止有个爹爹，十三年前上朝取应去了，至今杳无音信。（唱）早已是十年多不睹爹爹面。（刽子云）你适才[15]要我往后街里去，是甚么主意？（正旦唱）怕则怕前街里被我婆婆见。（刽子云）你的性命也顾不得，怕他见怎的？（正旦云）俺婆婆若见我披枷带锁赴法场餐刀[16]去呵，（唱）枉将他气杀也么哥[17]，枉将他气杀也么哥。告哥哥，临危好与人行方便。

（卜儿哭上科，云）天那，兀的不是我媳妇儿！（刽子云）婆子靠后。（正旦云）既是俺婆婆来了，叫他来，待我嘱咐他几句话咱。（刽子云）那婆子近前来，你媳妇要嘱咐你话哩。（卜儿云）孩儿，痛杀我也！（正旦云）婆婆，那张驴儿把毒药放在羊肚儿汤里，实指望药死了你，要霸占我为妻。不想婆婆让与他老子吃，倒把他老子药死了。我怕连累婆婆，屈招了药死公公，今日赴法场典刑。婆婆，此后遇着冬时年节，月一十五，有瀽[18]不了的浆水饭，瀽半碗儿与我吃；烧不了的纸钱，与窦娥烧一陌[19]儿。则是看你死的孩儿面上！（唱）

【快活三】念窦娥葫芦提当罪愆[20]，念窦娥身首不完全，念窦娥从前已往干家缘[21]；婆婆也，你只看窦娥少爷无娘面。

【鲍老儿】念窦娥伏侍婆婆这几年，遇时节[22]将碗凉浆奠；你去那受刑法尸骸上烈[23]些纸钱，只当把你亡化的孩儿荐[24]。（卜儿哭科，云）孩儿放心，这个老身都记得。天那，兀的不痛杀我也！（正旦唱）婆婆也，再也不要啼啼哭哭，烦烦恼恼，怨气冲天。这都是我做窦娥的没时没运，不明不暗，负屈衔冤。

（刽子做喝科，云）兀那婆子靠后，时辰到了也。（正旦跪科）（刽子开枷科）（正旦云）窦娥告监斩大人，有一事肯依窦娥，便死而无怨。（监斩官云）你有甚么事？你说。（正旦云）要一领净席，等我窦娥站立；又要丈二白练[25]，挂在旗枪[26]上。若是我窦娥委实冤枉，刀过处头落，一腔热血休半点儿沾在地下，都飞在白练上者。（监斩官云）这个就依你，打甚么不紧[27]。（刽子做取席站科，又取白练挂旗上科）（正旦唱）

【耍孩儿】不是我窦娥罚下这等无头愿[28]，委实的冤情不浅；若没些儿灵圣与世人传，也不见得湛湛青天。我不要半星热血红尘洒，都只在八尺旗枪素练悬。等他四下里皆瞧见，这就是咱苌弘化碧[29]，望帝啼鹃[30]。

（刽子云）你还有甚的说话？此时不对监斩大人说，几时说那？（正旦再跪科，云）大人，如今是三伏天道[31]，若窦娥委实冤枉，身死之后，天降三尺瑞雪，遮掩了窦娥尸首。（监斩官云）这等三伏天道，你便有冲天的怨气，也召不得一片雪来，可不胡说！（正旦唱）

【二煞】你道是暑气暄[32]，不是那下雪天；岂不闻飞霜六月因邹衍[33]？若果有一腔怨气喷如火，定要感的六出冰花[34]滚似绵，免着我尸骸现；要甚么素车白马[35]，断送出古陌荒阡[36]？

（正旦再跪科，云）大人，我窦娥死的委实冤枉，从今以后，着这楚州亢旱[37]三年！（监斩官云）打嘴！那有这等说话！（正旦唱）

【一煞】你道是天公不可期[38]，人心不可怜，不知皇天也肯从人愿。做甚么三年不见甘霖[39]降？也只为东海曾经孝妇冤[40]。如今轮到你山阳县[41]。这都是官吏每无心正法，使百姓有口难言。

（刽子做磨旗科，云）怎么这一会儿天色阴了也？（内做风科，刽子云）好冷风也！（正旦唱）

【煞尾】浮云为我阴，悲风为我旋，三桩儿誓愿明题遍[42]。（做哭科，云）婆婆也，直等待雪飞六月，亢旱三年呵，（唱）那其间才把你个屈死的冤魂这窦娥显。

（刽子做开刀，正旦倒科）（监斩官惊云）呀，真个下雪了，有这等异事！（刽子云）我也道平日杀人，满地都是鲜血，这个窦娥的血都飞在那丈二白练上，并无半点落地，委实奇怪。（监斩官云）这死罪必有冤枉。早两桩儿应验了，不知亢旱三年的说话准也不准，且看后来如何。左右，也不必等待雪晴，便与我抬他尸首，还了那蔡婆婆去罢。（众应科，抬尸下）

【注释】

① 外：元杂剧角色行当“外末”的省称，指正角以外次要的男角色，即末外又一末之意。明清戏曲（传奇）中逐渐演变为扮演老年男子的角色名称。

② 做公的：公人，官府里的公差。

③ 磨（mò）旗：挥动旗子开路。《东京梦华录》卷七《驾登宝津楼诸军呈百戏》：“次一人磨旗出马，谓之‘开道旗’。”

④ 正旦：元杂剧角色行当名，一般指扮演女主人公的角色。此剧以正旦扮窦娥主唱，谓之“旦本”。

⑤ 没来由：无缘无故，这里含“冤枉”之意。

⑥ 不提防：与“没来由”对举，犹言意想不到。一作“不堤防”或“葫芦提”。遭刑宪：触犯刑法。《裴度还带》杂剧第四折：“因傅彬贪财好贿，犯刑宪负累忠臣。”

⑦ 森罗殿：俗称阎王殿、阎罗殿，亦称森罗宝殿、阎罗宝殿。民间迷信传说中有人死后魂魄均归阴间的说法，阴间俗称阴曹地府，最高统治者就是阎罗王，他审案断事之处谓之森罗殿。

⑧“日月”和“鬼神”均有隐喻，王季思主编的《中国十大古典悲剧集》此曲眉批云：“日月喻君临天下的皇帝，鬼神喻掌握百姓生杀大权的官吏，窦娥呼天抢地的哭号，对等级社会提出了最有力的控诉。”

⑨ 只合：本该。合，合该。

⑩ 糊突：同“糊涂”，混淆。盗跖、颜渊：都是春秋时代人，盗跖为奴隶起义的首领，颜渊为孔子弟子中著名的贤人，古时常以这两个人作为坏人和好人的典型。“糊突”，留《古名家杂剧》本作“错看”。

⑪ 做得个：元杂剧中常用以说明某种出人意料的结局，犹言“落得个”。

⑫ 枷：枷索。纽：同“扭”。左侧右偏：形容带枷走路时身体摇摆的样子。

⑬ 前合后偃（yǎn）：意即前倾后仰。偃，《说文解字注·八篇·人部》：“凡仰仆曰偃，引申为凡仰之称。”

⑭ 哥哥行（háng）：哥哥那边。行，宋代以后文学作品中多用来表处所，一般用在称呼后面。犹言“这边”“那边”或“这里”“那里”。

⑮ 适才：方才，刚刚。一作“适间”“适来”。

⑯ 餐刀：挨刀，即被砍头之意。

⑰ 也么哥：元明戏曲中常用的衬词，无义。

⑱ 瀽（jiǎn）：泼，倒。此指祭祀死者。

⑲ 陌：量词，用于祭奠时所烧的纸钱，相当于“叠”。

⑳ 葫芦提：犹言“糊里糊涂，不明不白”。为宋元市井间口语。罪愆（qiān）：罪过。

㉑ 干家缘：操持家务。

㉒ 遇时节：指逢年过节。

㉓ 烈：烧。《孟子·滕文公上》："益烈山泽而焚之。"朱熹注："烈，炽也。"

㉔ 荐：祭奠。

㉕ 白练：白色熟绢。

㉖ 旗枪：古代旗杆顶端往往有枪或戟形的金属饰物，故称。

㉗ 打甚么不紧：即"有什么要紧、有什么关系"之意。亦作"打甚不紧""打什么紧""不打紧"等，义并同。

㉘ 罚下：发下。罚，这里指"发"的意思。无头愿：砍头之前的誓愿。

㉙ 苌（cháng）弘化碧：苌弘，又称苌叔，为春秋时周敬王大臣刘文公所属大夫。刘氏与晋国范氏世代盟婚，遂在晋卿内讧中暗助范氏。晋卿赵鞅为此声讨刘文公和苌弘，苌弘因被周人杀死。事见《国语·周语下》。《庄子·外物》："苌弘死于蜀，藏其血，三年而化为碧。"此处借以喻含恨而死。

㉚ 望帝啼鹃：传说古代蜀王杜宇，号望帝。相传他因水灾将帝位让给了他的臣子，自己隐居深山之中。他死后化为鸟，日夜啼叫，蜀人感怀之，呼为杜鹃、杜宇或子规。事见《华阳国志·蜀志》。这里以"望帝啼鹃"与"苌弘化碧"对举，互文同义。

㉛ 三伏天道：三伏，夏季最炎热的时节，包括初伏、中伏、末伏，从农历夏至第三个庚日开始每十天为一伏。天道，天气。

㉜ 暑气暄：热气蒸腾，极言夏季酷暑炎热。

㉝ 飞霜六月因邹衍：邹衍是战国时燕国的臣子。相传他遭谗言被囚禁，入狱时仰天大哭，当时正当夏天，竟然下起霜来。后来常用"六月飞霜"来表示冤狱。

㉞ 六出冰花：指雪花，因雪花结晶体为六瓣而得名。《太平御览》卷十二引《韩诗外传》云："凡草木花多五出，雪花独六出。"

㉟ 素车白马：东汉时，张劭与范式交好，后张劭病故，范式全身缟素，乘白马白车，远道驰赴吊丧。事见《后汉书》卷八十一《独行传·范式》。

㊱ 断送出古陌荒阡：亦指送葬。断送，犹言"发送往"。古陌荒阡，指荒郊野外。阡陌，田间小路。

㊲ 亢（kàng）旱：指大旱、久旱，极言旱情之重。

㊳ 期：希望，期盼。

㊴ 甘霖：指及时解除旱情的好雨。甘，甜，引申为美好。霖，久雨。《左传·隐公九年》："凡雨，自三日以往为霖。"

㊵ 东海曾经孝妇冤：此剧本是来源于西汉刘向《说苑·贵德》，《汉书·于定国传》所载文字略同。晋干宝《搜神记》卷十一又对故事加以丰富和发展。传说寡妇周青恭谨孝顺婆婆，后婆婆垂老，不愿为寡媳累，乃自经而死。周青的小姑告官，谓母为嫂所杀，太守不察，将周青屈打成招后处死。行刑时，周青鲜血逆流，缘十丈幡竿而上，且冤魂不散，郡中枯旱三年。

㊶ 山阳县：今江苏淮安。晋置山阳县，宋改为淮安。元仍为山阳县，明清皆为淮安府治。

㊷ 三桩儿誓愿明题遍：指窦娥临刑前的三桩无头冤誓——鲜血倒流、六月飞雪、亢旱三年。题遍，犹"说完，喊出"。题，说，提出。

【作者简介】

关汉卿（约 1220—约 1300），大都（今北京）人，号已斋，曾任太医尹。一生从事戏曲创作活动。关汉卿是典型的“书会才人”，他曾与在大都活动的一些杂剧作家白朴、赵子祥等组织过“玉京书会”，致力于杂剧的创作演出活动。他精通各种民间技艺和舞台艺术，有时也“躬践排场，面傅粉墨”，亲自登台串演。关汉卿一生所作杂剧多达60余种，为诸家之冠。今存18种（其中个别作品是否属关作，学术界尚有不同看法）。由于关汉卿入元之后不屑仕进，长期广泛接触社会底层，因而其杂剧创作题材多样，多能深刻反映那个时代的民族矛盾和阶级矛盾，对人民群众的疾苦寄予深切的同情，对下层妇女的社会地位和命运遭遇尤为关注。此外，历史人物、民间传说等，也是关剧常见的题材。他的优秀杂剧作品《窦娥冤》《救风尘》《单刀会》等，也被改编成各种地方戏曲广泛流传。关汉卿杂剧的曲词浑朴自然、凝练生动，被视为元前期本色派的典范；在情节安排和人物塑造方面，也以曲折委婉和鲜明生动见长，适于舞台演出，表现出“当行”的特色。关汉卿除杂剧之外，也兼擅散曲，今存小令40余首、套数10余套，风格以泼辣豪放为主。

【思考与练习】

1. 窦娥为什么要指斥天地鬼神？

2. 剧本在表现窦娥反抗精神的同时，也反映了她性格的另一面。请思考：其性格的另一面是什么？这一面是从哪些地方体现出来的？

3. 从“左侧右偏”“前合后偃”两句可见窦娥在赴刑场途中所受的苦难，可她为什么还要提出坚决走后街，舍近求远呢？

4. 作者设计三桩誓愿，并写两桩誓愿当场应验，运用了什么艺术手法？起到了什么样的艺术效果？

汉宫秋（节选）

马致远

【故事梗概】

《汉宫秋》杂剧是一部优秀的历史剧，同时，又具有浓厚的悲剧色彩。王国维说：“明以后，传奇无非喜剧，而元则有悲剧在其中。就其存者言之：如《汉宫秋》《梧桐雨》《火烧介子推》《张千替杀妻》等，初无所谓先离后合，始困终亨之事也。”（《宋元戏曲考·元剧之文章》）剧写汉元帝令毛延寿在全国搜选宫女，王昭君被选中。她没有像其他宫女那样贿赂毛延寿，导致她的画像就被毛延寿“点破”，也因此被打入了冷宫。幽禁中的王昭君用琵琶来寄托自己的孤独、哀怨之情，元帝循琵琶声发现了美丽的昭君，封其为贵妃，并下令捉拿毛延寿问罪。因此毛延寿外逃到了匈奴呼韩邪单于那里，并且将王昭君的画像献给了呼韩邪单于。呼韩邪索昭君和亲，否则不日南侵，使汉元帝陷于矛盾与痛苦之中。王昭君为了以息刀兵，宁愿和亲，元帝不得已忍痛送昭君出塞。昭君在番汉交界处投水自沉，以表明自己的气节。元帝思念昭君，梦见她从匈奴回到汉宫，忽又惊醒，但闻大殿上空雁鸣悲凄。全剧在浓重的感伤气氛中结束。

汉宫秋[1]（第三折）

（番使拥旦[2]上，奏胡乐科[3]，旦云）妾身王昭君。自从选入宫中，被毛延寿将美人图点破[4]，送入冷宫。甫能得蒙恩幸，又被他献与番王形像[5]。今拥兵来索，待不去，又怕江山有失。没奈何将妾身出塞和番。这一去，胡地风霜，怎生[6]消受也！自古道“红颜胜人多薄命，莫怨春风当自嗟。”[7]（驾引文武内官上[8]，云）今日灞桥[9]饯送明妃，却早来到也。（唱）

【双调】【新水令】[10]锦貂裘生[11]改尽汉宫妆，我则索[12]看昭君图画模样。旧恩金勒[13]短，新恨玉鞭[14]长。本是对金殿鸳鸯，分飞翼怎承望！

（云）您文武百官计议，怎生退了番兵，免明妃和番者？（唱）

【驻马听】宰相每商量，大国使还朝多赐赏。早是俺夫妻悒怏[15]，小家儿出外也摇装[16]。尚兀自[17]渭城衰柳助凄凉，共那灞桥流水添惆怅。偏您不断肠。想娘娘那一天愁都撮在琵琶上。

（做下马科）（与旦打[18]悲科）（驾云）左右慢慢唱者，我与明妃饯一杯酒。（唱）

【步步娇】您将那一曲阳关[19]休轻放，俺咫尺如天样。慢慢的捧玉觞，朕本意待尊[20]前挨些时光。且休问劣了宫商[21]，您则与我半句儿俄延[22]着唱。

（番使云）请娘娘早行，天色晚了也。（驾唱）

【落梅风】可怜俺别离重，你好是归去的忙。寡人心先到他李陵台[23]上。回头儿却才魂梦里想，便休题[24]贵人多忘。

（旦云）妾这一去，再何时得见陛下？把我汉家衣服都留下者。（诗云）正是：今日汉宫人，明朝胡地妾。忍着主衣裳，为人作春色[25]。（留衣服科）（驾唱）

【殿前欢】则[26]甚么留下舞衣裳，被西风吹散旧时香[27]。我委实怕宫车再过青苔巷，猛到椒房[28]，那一会想菱花镜里妆，风流相，兜的[29]又横心上。看今日昭君出塞，几时似苏武还乡[30]？

（番使云）请娘娘行罢，臣等来多时了也。（驾云）罢罢罢，明妃，你这一去，休怨朕躬[31]也。（做别科，驾云）我那里是大汉皇帝！（唱）

【雁儿落】我做了别虞姬楚霸王，全不见守玉关[32]征西将。那里取保亲的李左车，送女客的萧丞相[33]？（尚书[34]云）陛下不必挂念。（驾唱）

【得胜令】他去也不沙架海紫金梁[35]？枉养着那边庭上铁衣郎[36]。您也要左右人扶侍，俺可甚糟糠妻下堂[37]！您但提起刀枪，却早小鹿儿心头撞[38]。今日央及煞娘娘[39]，怎做的男儿当自强！

（尚书云）陛下，咱回朝去罢。（驾唱）

【川拨棹】怕不待放丝缰[40]，咱可甚鞭敲金镫响[41]。你管燮理阴阳[42]，掌握朝纲。治国安邦，展土开疆。假若俺高皇，差你个梅香[43]，背井离乡，卧雪眠霜。若是他不恋恁[44]春风画堂，我便官封你一字王[45]。

（尚书云）陛下，不必苦死留他，着他去了罢。（驾唱）

【七弟兄】说甚么大王、不当、恋王嫱，兀良[46]，怎禁他临去也回头望！那堪这散风雪旌节影悠扬，动关山鼓角声悲壮。

【梅花酒】呀！俺向着这迥野[47]悲凉：草已添黄，兔早迎霜；犬褪得毛苍，人搠起缨枪；马负着行装，车运着糇粮[48]，打猎起围场。他、他、他伤心辞汉主，我、我、我携手上河梁[49]。他部从入穷荒，我銮舆返咸阳。返咸阳，过宫墙；过宫墙，绕回廊；绕回廊，近椒房；

近椒房，月昏黄；月昏黄，夜生凉；夜生凉，泣寒蛩[50]；泣寒蛩，绿纱窗；绿纱窗，不思量。

【收江南】呀！不思量除是铁心肠。铁心肠也愁泪滴千行。美人图今夜挂昭阳，我那里供养，便是我高烧银烛照红妆。

（尚书云）陛下回銮罢，娘娘去远了也。（驾唱）

【鸳鸯煞】我煞大臣行说一个推辞谎，又则怕笔尖儿那火编修讲[51]。不见他花朵儿精神，怎趁那草地里风光？唱道伫立多时，徘徊半晌；猛听的塞雁南翔，呀呀的声嘹亮。却原来满目牛羊，是兀那载离恨的毡车半坡里响。（下）

（番王引部落拥昭君上，云）今日汉朝不弃旧盟，将王昭君与俺番家和亲。我将昭君封为宁胡阏氏，坐我正宫。两国息兵，多少是好。众将士，传下号令，大众起行，望北而去。（做行科）（旦问云）这里甚地面了？（番使云）这是黑龙江，番汉交界去处。南边属汉家，北边属我番国。（旦云）大王，借一杯酒，望南浇奠；辞了汉家，长行去罢。（做奠酒科，云）汉朝皇帝，妾身今生已矣，尚待来生也。（做跳江科）（番王惊救不及，叹科，云）嗨，可惜可惜！昭君不肯入番，投江而死。罢罢罢，就葬在此江边，号为青冢者。我想来，人也死了，枉与汉朝结下这般仇隙，都是毛延寿那厮搬弄出来的。把都儿[52]，将毛延寿拿下，解送汉朝处治。我依旧与汉朝结和，永为甥舅，却不是好！（诗云）则为他丹青画误了昭君，背汉主暗地私奔；将美人图又来哄我，要索取出塞和亲。岂知道投江而死，空落的一见消魂。似这等奸邪逆贼，留着他终是祸根。不如送他去汉朝哈喇[53]，依还的甥舅礼，两国长存。（下）

【注释】

①《汉宫秋》：原名《破幽梦孤雁汉宫秋》，以昭君出塞的历史故事为创作题材。剧情梗概是：汉元帝派毛延寿到民间选取宫女，王昭君中选，却因无力纳贿，被毛延寿陷害，不得亲近皇帝。一个偶然的机会，汉元帝见到王昭君，深为她脱俗的美貌和非凡的音乐才能所打动，于是对王昭君宠爱备至。毛延寿害怕汉元帝追究他陷害王昭君的罪责，投降匈奴，怂恿呼韩邪单于举兵压境，强行索要王昭君。王昭君深恐“江山有失”，委曲求全。行至汉番交界处，王昭君投江而死。汉元帝闻讯，悲痛欲绝。全剧共四折，这里选的是第三折。

② 旦：戏曲行当名，扮演女子的角色。此为剧中主角王昭君。

③ 科：指演员的表情动作。

④ 点破：点上破绽。

⑤ 形像：图像。

⑥ 怎生：怎么，如何。

⑦“红颜”两句：欧阳修《明妃曲》中的诗句。意思是说，美女的容颜给自己带来诸多不幸。

⑧ 驾：元杂剧中皇帝的代称。内官：皇帝身边的臣僚。

⑨ 灞桥：据《三辅黄图 · 桥》记载，灞桥，在长安东，跨水作桥。汉人送客至此桥，折柳相赠。

⑩ 双调新水令：曲牌名，下文的“驻马听”“步步娇”等亦均为曲牌名。

⑪ 生：硬是。

⑫ 则索：只得。则，同“只”。

⑬ 金勒：用金装饰的带嚼子的马笼头。

⑭ 玉鞭：用美玉装饰的马鞭。

⑮ 悒怏：忧郁愁闷。

⑯ 摇装：或作“遥装”。自南北朝相沿成习的一种风俗，远行者先期择吉日出门，亲友饯行后，旋即返回，改日再正式启程。

⑰ 尚兀自：更何况。

⑱ 打：做。

⑲ 阳关：送别曲《阳关三叠》，据王维《送元二使安西》一诗谱曲而成。诗中有“劝君更尽一杯酒，西出阳关无故人”句，故称。

⑳ 尊：同“樽”，酒杯。

㉑ 劣了宫商：使得音调不和谐。劣，使动用法。宫商，即古代五声音阶“宫、商、角、徵、羽”的简称，这里指音调。

㉒ 俄延：拖延。

㉓ 李陵台：在元代的上都（今内蒙古自治区锡林郭勒盟正蓝旗）。李陵，汉代名将，因孤军深入而战败被俘，终投降匈奴。

㉔ 休题：同“休提”，不要说起。

㉕“今日”四句：前两句出自唐代李白《王昭君》一诗；后两句出自宋代陈师道《妾薄命》一诗。

㉖ 则：做。

㉗ 西风吹散旧时香：出自元代元淮《昭君出塞》一诗。

㉘ 椒房：皇后宫室，以椒和泥涂壁，故称。这里指王昭君居处。

㉙ 兜的：陡的。“猛地、突然”的意思。

㉚ 苏武还乡：苏武出使匈奴，被软禁，遭受种种折磨，逼其投降，但他始终不屈，历经十九年，终于归汉。

㉛ 朕躬：皇帝自称。

㉜ 玉关：玉门关。

㉝“那里”二句：意思是说，哪里能够得到李左车、萧丞相那样的名臣！李左车，汉代著名谋士，曾辅佐韩信攻克燕、齐两国。萧丞相，萧何，汉初功臣。此二人都未做过保亲、送女客之类的事，这里语含激愤之意，讥讽朝臣无能。

㉞ 尚书：官名。始置于战国时期，或称掌书，“尚”即执掌之义。

㉟ 不沙：犹“不然”，此指“不是那”。有的版本径作“不是那”。架海紫金梁：比喻为国家所倚重的文臣武将。

㊱ 铁衣郎：指边庭将士。

㊲ 糟糠妻：贫贱时患难与共的妻子。据说汉光武帝刘秀欲将湖阳公主下嫁宋弘。宋弘以“糟糠之妻不下堂”为由，而拒绝休妻再娶。

㊳ 小鹿儿心头撞：心跳加快，好似小鹿儿撞触心房，形容胆怯惧怕。

㊴ 央及：央求。煞：同“索”，索要。

㊵ 放丝缰：放开马缰绳。

㊶ 鞭敲金镫响：元杂剧中常见“鞭敲金镫响，人唱凯歌回”这样的套语，形容凯旋时的气概。

㊷ 燮（xiè）理：协调治理。阴阳：本指万物化生，这里指朝廷政务。

㊸ 梅香：元杂剧中对婢女的通称，这里泛指妻妾。

㊹ 恁（nèn）：这，这样。

㊺ 一字王："王"之前仅冠以一个字的封号，如"燕王""魏王"等，此乃地位最尊贵的封爵。

㊻ 兀良：句首语助词，加强语气。或说是蒙古语的音译，为"天哪"之类的惊叹词。

㊼ 迥野：辽阔的原野。

㊽ 糇（hóu）粮：干粮。

㊾ 携手上河梁：依依惜别之意。语出《文选·李少卿与苏武诗》。

㊿ 螀（jiāng）：寒蝉。

51 "我煞"二句：意思是说，我待要在大臣面前说句推辞的谎话，又怕那些弄笔头的史官议论纷纷。煞，《酹江集》本作"只索"。可解作"只要""待要"。火，同"伙"。编修：掌管编写国史的大臣，帝王言行俱由他们记录。

52 把都儿：蒙古语的音译，意为勇士，这里指随从将士。

53 哈喇：蒙古语的音译，意为杀头。

【作者简介】

马致远（约1251—1321之后），号东篱，大都（今北京）人。他与关汉卿、郑光祖、白朴并称为"元曲四大家"。明人贾仲明又称他为"曲状元"，朱权在《太和正音谱》中更是对他推崇备至，谓其"宜列群英之上"，足见其在元代曲坛上的重要地位。马致远的生平活动和思想有关资料均语焉不详，可以从他的作品中，特别是散曲作品中，粗略勾勒出他的生平事迹和思想倾向。马致远的杂剧，著录的共有十五种，流传下来的有《汉宫秋》《岳阳楼》《荐福碑》《陈抟高卧》《青衫泪》《黄粱梦》《任风子》七种。此外，《桃源洞》仅存残曲。这些作品思想内容相当复杂，特别是他的"神仙道化剧"，研究者的看法不尽一致。马致远也是散曲大家，现存散曲包括小令和套数有一百二十余首，后人辑为《东篱乐府》。

【思考与练习】

1. 马致远《汉宫秋》的思想内容和艺术特色是什么？
2.《汉宫秋》的悲剧特征是什么？
3.《汉宫秋》中王昭君的形象特色是什么？
4. 你认为《汉宫秋》的主题是什么？

西厢记（节选）

王实甫

【故事梗概】

《西厢记》被誉为中国古典文学史上的经典之作，它是元代著名戏曲家王实甫创作的一部长篇杂剧。全剧讲述的是书生张生与相国小姐崔莺莺在普救寺相遇，并且两人一见钟情，叛将孙飞虎恰巧率兵围寺时看上了崔莺莺，并欲强娶莺莺为压寨夫人；张生依靠友人白马将军的帮助，解除了危难。原本崔母已亲口许婚，不料却食言赖婚。张生相思成疾，在红娘的帮助下，几经波折莺莺终于至张生住处私会。后被崔母发现，在红娘的劝说下，勉强答应了婚事。但需张生立即上京应试，考取功名。十里长亭送别之后，张生赴京考中状元；而此时郑恒又借机编造张生已在京另娶的谎言，老夫人一气之下再次赖婚，要莺莺嫁给郑恒。但最终崔、张冲破一切阻碍，有情人终成眷属的故事。该剧主题深刻，情节曲折，人物形象丰满，情感表达细腻，是中国文化宝库中的珍品。“愿天下有情的都成了眷属”，有如青年男女的共同呐喊，鼓舞着后世叛逆者反对封建礼教的斗争。《西厢记》杂剧是共五本二十一折连演的一个完整故事，全剧体制宏伟，是杂剧史上的罕见之作。

西厢记（第三本 第二折）

（旦上云）红娘伏侍老夫人不得空便，偌早晚[①]敢待来也。起得早了些儿，困思上来，我再睡些儿咱。（睡科）（红上云）奉小姐言语去看张生，因伏侍老夫人，未曾回小姐话去。不听得声音，敢以睡哩，我入去看一遭。

【中吕】【粉蝶儿】风静帘闲，透纱窗麝兰香散，启朱扉摇响双环。绛台高，金荷小，银釭犹灿[②]。比及将暖帐轻弹，先揭起这梅红罗[③]软帘偷看。

【醉春风】则见他钗軃玉斜横[④]，髻偏云乱挽。日高犹自不明眸[⑤]，畅好是懒、懒。（旦做起身长叹科）（红唱）半晌抬身，几回搔耳，一声长叹。

我待便将简帖儿与他，恐俺小姐有许多假处哩。我则将这简帖儿放在妆盒儿上，看他见了说甚么。（旦做照镜科，见帖看科[⑥]）（红唱）

【普天乐】晚妆残[⑦]，乌云軃[⑧]，轻匀了粉脸，乱挽起云鬟。将简帖儿拈，把妆盒儿按，开拆封皮孜孜[⑨]看，颠来倒去不害心烦。（旦怒叫）红娘！（红做意云）呀，决撒了也！厌的早扢皱了黛眉[⑩]。（旦云）小贱人，不来怎么！（红唱）忽的波[⑪]低垂了粉颈，氲的[⑫]呵改变了朱颜。

（旦云）小贱人，这东西那里将来的？我是相国的小姐，谁敢将这简帖来戏弄我，我几曾惯看这等东西？告过夫人，打下你个小贱人下截来。（红云）小姐使将我去，他着我将来。我不识字，知他写着甚么？

【快活三】分明是你过犯[⑬]，没来由把我摧残；使别人颠倒恶心烦[⑭]，你不惯，谁曾惯？

姐姐休闹，比及你对夫人说呵，我将这简帖儿去夫人行出首去来。（旦做揪住科）我逗你耍来。（红云）放手，看打下下截来。（旦云）张生近日如何？（红云）我则不说。（旦云）好姐姐，你说与我听咱！（红唱）

【朝天子】张生近间、面颜，瘦得来实难看。不思量茶饭，怕待动弹；晓夜将佳期盼，废寝忘餐。黄昏清旦，望东墙淹泪眼。（旦云）请个好太医看他症候咱。（红云）他证候吃药不济。病患、要安，则除是出几点风流汗。

（旦云）红娘，不看你面时，我将与老夫人看，看他有何面目见夫人？虽然我家亏他，只是兄妹之情，焉有外事。红娘，早是你口稳哩；若别人知呵，甚么模样。（红云）你哄着谁哩，你把这个饿鬼弄得他七死八活，却要怎么？

【四边静】怕人家调犯[15]，“早共晚夫人见些破绽，你我何安。”问甚么他遭危难？撺断得上竿，掇了梯儿看[16]。

（旦云）将描笔儿[17]过来，我写将去回他，着他下次休是这般。（旦做写科）（起身科云）红娘，你将去说：“小姐看望先生，相待兄妹之礼如此，非有他意。再一遭儿是这般呵，必告夫人知道。”和你个小贱人都有话说。（旦掷书下）（红唱）

【脱布衫】小孩儿家口没遮拦，一味的将言语摧残。把似你使性子，休思量秀才[18]，做多少好人家风范。（红做拾书科）

【小梁州】他为你梦里成双觉后单，废寝忘餐。罗衣不奈五更寒[19]，愁无限，寂寞泪阑干[20]。

【么篇】似这等辰勾[21]空把佳期盼，我将这角门儿世不曾牢拴[22]，则愿你做夫妻无危难。我向这筵席头上整扮，做一个缝了口的撮合山[23]。

（红云）我若不去来，道我违拗他，那生又等我回报，我须索走一遭。（下）（末上云）那书倩[24]红娘将去，未见回话。我这封书去，必定成事，这早晚敢待来也。（红上云）须索回张生话去。小姐你性儿忒惯得娇了；有前日的心，那得今日的心来？

【石榴花】当日个晚妆楼上杏花残，犹自怯衣单，那一片听琴心清露月明间[25]。昨日个向晚，不怕春寒，几乎险被先生馔[26]，那其间岂不胡颜[27]。为一个不酸不醋风魔汉，隔墙儿险化做了望夫山。

【斗鹌鹑】你用心儿拨雨撩云[28]，我好意儿传书寄简。不肯搜自己狂为，则待要觅别人破绽。受艾焙[29]权时忍这番。畅好是奸。“张生是兄妹之礼，焉敢如此！”对人前巧语花言；没人处便想张生，背地里愁眉泪眼。

（红见末科）（末云）小娘子来了。擎天柱[30]，大事如何了也？（红云）不济事了，先生休傻。（末云）小生简帖儿是一道会亲的符箓[31]，则是小娘子不用心，故意如此。（红云）我不用心？有天理，你那简帖儿好听！

【上小楼】这的是先生命悭，须不是红娘违慢。那简帖儿倒做了你的招状，他的勾头[32]，我的公案。若不是觑面颜[33]，厮顾盼，担饶轻慢，先生受罪，礼之当然。贱妾何辜？争些儿把你娘拖犯[34]。

【么篇】从今后相会少，见面难。月暗西厢，凤去秦楼，云敛巫山[35]。你也赸[36]，我也赸；请先生休讪[37]，早寻个洒阑人散。

（红云）只此再不必申诉足下肺腑，怕夫人寻，我回去也。（末云）小娘子此一遭去，再着谁与小生分剖；必索做一个道理，方可救小生一命。（末跪下揪住红科）（红云）张先生是读书人，岂不知此意，其事可知矣。

【满庭芳】你休要呆里撒奸[38]；你待要恩情美满，却教我骨肉摧残[39]。老夫人手执着棍儿摩娑看，粗麻线得针关。直待我拄着拐帮闲钻懒，缝合唇送暖偷寒[40]。待去呵，小姐性儿撮盐入火[41]，消息儿踏着泛[42]；待不去呵，（末跪哭云）小生这一个性命，都在小娘子身上。（红唱）禁不得你甜话儿热趱[43]：好着我两下里人难做。

我没来由分说；小姐回与你的书，你自看者。（末接科，开读科）呀，有这场喜事，撮土焚香，三拜礼毕。早知小姐简至，理合远接，接待不及，勿令见罪！小娘子，和你也欢喜。（红云）怎么？（末云）小姐骂我都是假，书中之意，着我今夜花园里来，和他“哩也波哩也罗[44]”哩。（红云）你读书我听。（末云）“待月西厢下，迎风户半开，隔墙花影动，疑是玉人来。”（红云）怎见得他着你来？你解与我听咱。（末云）“待月西厢下”，着我月上来；“迎风户半开”，他开门待我；“隔墙花影动，疑是玉人来”，着我跳过墙来。（红笑云）他着你跳过墙来，你做下来[45]。端的有此说么？（末云）俺是个猜诗谜的社家[46]，风流隋何，浪子陆贾[47]，我那里有差的勾当。（红云）你看我姐姐，在我行也使这般道儿。

【耍孩儿】几曾见寄书的颠倒瞒着鱼雁，小则小心肠儿转关[48]。写着西厢待月等得更阑，着你跳东墙“女”字边“干”[49]。原来那诗句儿里包笼着三更枣，简帖儿里埋伏着九里山[50]。他着紧处将人慢，您会云雨闹中取静，我寄音书忙里偷闲。

【四煞】纸光明玉板[51]，字香喷麝兰，行儿边湮透非春汗？一缄情泪红犹湿，满纸春愁墨未干。从今后休疑难，放心波玉堂学士[52]，稳情取金雀鸦鬟[53]。

【三煞】他人行别样的亲，俺跟前取次看，更做道孟光接了梁鸿案[54]。别人行甜言美语三冬暖，我跟前恶语伤人六月寒[55]。我为头儿看：看你个离魂倩女[56]，怎发付掷果潘安[57]。

（末云）小生读书人，怎跳得那花园过也？（红唱）

【二煞】隔墙花又低，迎风户半拴，偷香手段今番按[58]。怕墙高怎把龙门跳，嫌花密难将仙桂攀[59]。放心去，休辞惮；你若不去呵，望穿他盈盈秋水，蹙损他淡淡春山[60]。

（末云）小生曾到那花园里，已经两遭，不见那好处；这一遭知他又怎么？（红云）如今不比往常。

【煞尾】你虽是去了两遭，我敢道不如这番。你那隔墙酬和都胡侃[61]，证果[62]的是今番这一简。（红下）

（末云）万事自有分定，谁想小姐有此一场好处。小生是猜诗谜的社家，风流隋何，浪子陆贾，到那里扢扎帮[63]便倒地。今日颓[64]天百般的难得晚。天，你有万物于人，何故争此一日？疾下去波！读书继晷[65]怕黄昏，不觉西沉强掩门；欲赴海棠花下约，太阳何苦又生根？（看天云）呀，才晌午也，再等一等。（又看科）今日万般的难得下去也呵。碧天万里无云，空劳倦客身心；恨杀鲁阳贪战[66]，不教红日西沉！呀，却早倒西也，再等一等咱。无端的三足乌[67]，团团光烁烁；安得后羿弓[68]，射此一轮落？谢天地！却早日下去也！呀，却早发擂[69]也！呀，却早撞钟也！拽上书房门，到得那里，手挽着垂杨滴流扑[70]跳过墙去。

【注释】

① 偌早晚：这时候。

②“绛高台”三句：写莺莺闺房灯盏陈设。绛台，烛台。金荷，承烛泪的铜盘，因其形似荷叶，故称。银钉（gāng），银白色的灯盏、烛台，此指烛光。

③ 梅红罗：紫红色的绫罗。

④ 钗亸（duǒ）玉斜横：睡时首饰不整。亸，下垂而倚斜。玉，玉钗。

⑤ 不明眸：不肯睁开眼睛。

⑥“旦做对镜科”二句：这是元杂剧中的所谓“科范”，相当于今之“舞台指示”。

⑦ 晚妆残：李煜词《捣练子令》中有“云鬓乱，晚妆残”句。毛西河曰“不曰晓妆，而曰晚妆，以宿妆未经理也”。

⑧ 乌云亸：指发髻偏倚。

⑨ 孜孜：用心注视的样子。

⑩ 厌的早扢皱了黛眉：状莺莺发现红娘在窥视自己后情绪的变化。厌的，厌烦的样子。

扢（gē）皱，即疙皱、皱缩，指皱眉。

⑪ 忽的波：忽的，“波”为衬字，无义。

⑫ 氲的：渐渐的。

⑬ 过犯：过失。

⑭ 使别人颠倒恶心烦：倒反使别人懊恼、烦躁。别人，红娘自指。

⑮ 调犯：作弄，嘲笑。

⑯ 问甚么他遭危难：承上文，既是你（莺莺）口头上说得那般正经严肃，又何必去问他（张生）病症如何呢？撺（cuān）断得上竿，掇（duō）了梯儿看：当时成语，意谓哄得别人上了高竿，却又撤了梯子在一旁寻开心。撺断，口语，“怂恿”之意。掇，这里是“搬走”的意思。

⑰ 描笔儿：描画刺绣图案所用之笔，与书写用笔略有不同。

⑱ 把似你使性子，休思量秀才：犹言与其现在耍脾气，不如以后压根儿别想张生。“把似……休……”是当时口语中的“取舍复句”，相当于现代汉语中“与其……倒不如……”句式。

⑲ 罗衣不奈五更寒：奈，同“耐”。南唐李煜《浪淘沙》词中有“罗衾不耐五更寒”句。

⑳ 泪阑干：泪水纵横的样子。阑干，纵横散乱貌。

㉑ 辰勾：水星。喻难遇之事。因水星与太阳角距不超过 28°，且离太阳很近，人的肉眼难于观察到，故以其喻世间杳昧难凭之事。这里比喻佳期到来很困难。

㉒ 我将这角门儿世不曾牢拴：这是红娘的表白，意谓自己从来为崔、张提供方便。张生与莺莺隔墙相许，中有一角门，钥匙掌握在红娘手里。世，副词，从来、向来。

㉓ “我向这筵席头上整扮”二句：意思是说，你放心地去与张生成就姻缘，我不会走漏半点风声。筵席，指婚筵。整扮，打扮得齐齐整整。缝了口，即闭口不言。撮合山，媒人。

㉔ 倩（qiàn）：请。

㉕ “当日个晚妆楼上杏花残”三句：是说莺莺娇怯，原本怕春寒，但她听张生弹琴时却不畏寒冷，在夜露中专心听琴。参阅第二本第四折（俗称“听琴”）。

㉖ 几乎险被先生馔：《论语·为政》中有“有酒食，先生馔”句。原指有酒食，供奉年长者先用。此借作调侃。意思是说张生爱莺莺，恨不能将她吞下去。

㉗ 胡颜：指羞愧无颜，即丢脸。

㉘ 拨雨撩云：指男女之间的挑逗，古代诗词或小说中往往称男女欢会为云雨。

㉙ 受艾焙（bèi）：喻吃了苦头。艾焙，针灸术之一种，用艾草烧炙病人的某一部位，以达到治疗目的。

㉚ 擎天柱：此为张生打趣语，意为崔、张情好全赖红娘一人。元杂剧中常以“擎天白玉柱，架海紫金梁”比喻国家栋梁人物。

㉛ 符篆：符咒。

㉜ 勾头：拘捕人的证件。

㉝ 若不是觑面颜：要不是看面子（行事）。

㉞ 争些儿把你娘拖犯：差一点把我也连累进去。争些儿，差不多、几乎。你娘，红娘自指。

㉟ 凤去秦楼：古代传说秦穆公以女儿弄玉嫁善吹箫的萧史，萧史教弄玉吹凤鸣之曲，引

来群凤毕集，二人遂双双乘凤仙去。云敛巫山：用楚襄王梦游高唐与巫山神女欢会事，借指男女幽会。“凤去”“云敛”，都是说欢会无期。

㊱ 赸（shàn）：走开，散去。

㊲ 讪：此处为“埋怨”之意。

㊳ 呆里撒奸：外痴内诈，即佯装憨傻而心中有数。

㊴ 骨肉摧残：指挨打。

㊵“直待我拄着拐帮闲钻懒”二句：是说简直要我被老夫人打得腿跛嘴破，还要为你们的爱情传递消息。

㊶ 撮盐入火：喻性情急躁。

㊷ 消息儿踏着泛：比喻一旦触及莺莺的隐处，她必然翻脸。消息儿，机关之枢纽，即所谓“关窍”，俗亦称“泛子”“泛”。误踏了“泛子”，便会坠入机关或陷阱，便是所谓“泛了”。

㊸ 热趱（zǎn）：极力怂恿催促。

㊹ 哩也波哩也罗：本是民歌结尾有音无义的拖腔，借指不便说出的话，犹言“如此如此，那般那般”。元杂剧中往往借以隐指男女之情事。

㊺ 做下来：干下了。暗指男女欢会。

㊻ 社家：行家。元代许多伎艺都有行会组织，猜谜的行会叫“商谜社”。

㊼ 风流隋何，浪子陆贾：隋何、陆贾二人均为汉初谋士，多才而善辩。这是张生自况自诩的话。

㊽“几曾见寄书的颠倒瞒着鱼雁”二句：从未见通信人双方瞒着传书递简的人，（你们）心眼太多，使巧打埋伏来哄我。鱼雁，这里借指传书递简的人。转关，犹言使巧，打埋伏。

㊾“女”字边“干”：合起来是一个“奸”字。

㊿“原来那诗句儿里包笼着三更枣”二句：是说原来那书信里藏着秘密。三更枣，“三更早”的隐语。据说禅宗五祖弘忍为六祖惠能传法时，曾于事先交给他三颗粳米、一枚枣子，六祖便明白了是叫自己“三更”时“早”些来。九里山，韩信设十面埋伏阵大败项羽之处。这里取的是“埋伏”之意。

(51) 玉板：“玉板笺”，一种光洁而坚韧，质地优良的宣纸。

(52) 玉堂学士：翰林学士，皇帝的文学侍从。

(53) 稳情取金雀鸦鬟：意思是包管能娶莺莺小姐。稳情，一准、保准。取，同“娶”。一说，助词，无义。金雀鸦鬟，指莺莺。金雀，金雀钗。鸦鬟，形容女子头发乌黑而有光泽。

(54) 他人行（háng）：别人那里。行，犹言“这里”“那里”，表示处所，用于称谓后面。孟光接了梁鸿案：“举案齐眉”本是孟光的举动，这里却说孟光反接了梁鸿献上的案，是红娘反语讥诮莺莺主动约张生欢会。

(55) 六月寒：与上文“三冬暖”对举，谓莺莺对张生婉语温言（暖），对红娘则态度粗暴，动不动就使性子（寒）。

(56) 离魂倩女：用唐人陈玄祐《离魂记》故事。张镒将女儿倩娘许给自己的外甥书生王宙，后又悔婚，倩娘的灵魂离家随王宙而去。元人郑光祖曾据此创作了《倩女离魂》杂剧。

(57) 掷果潘安：传说晋潘岳（字安仁，故省称“潘安”）容貌出众，每乘车外出，必遇路旁妇女争相掷果于车，表达对潘之爱慕，后遂以之作美男子代称。

(58) 按：实现，应验。

(59)“怕墙高怎把龙门跳”二句：双关语。旧以鲤鱼跳过龙门和攀蟾折桂喻士子科考及第，故红娘如此说张生。

(60)“望穿他盈盈秋水”二句：是说莺莺对张生一往情深，朝思暮想。“秋水”“春山”在古典诗词中往往分别用来比喻女子明澈的眼睛与姣好的眉毛。

(61) 胡侃：胡乱调弄。侃，调笑。

(62) 证果：佛教语。谓佛教徒修炼功成而悟入妙道。此引申为崔、张好事之成就。

(63) 扢（gē）扎帮：象声词。形容动作快速，犹“突然，立即”。亦作“扢搭帮”“各扎帮”。

(64) 颓：粗野话，犹鸟。

(65) 读书继晷（guǐ）：指用功读书。晷，日影，引申为时光。继晷，犹言夜以继日。

(66) 恨杀鲁阳贪战：传说鲁阳公与韩国人酣战至日暮时分，他一挥手太阳便倒回来九十里。此借以形容张生盼夜暮的急切心情。

(67) 三足乌：指太阳。传说日中有三只腿的金色乌鸦。

(68) 后羿（yì）弓：神话传说中的后羿是远古时代的神射手，那时天上有十个太阳，酷热难当，草木枯焦，后羿便奋力射掉九个太阳。

(69) 发擂：打鼓开始数更。

(70) 滴流扑：象声词，物件跌落的声音，这里表示动作之迅疾。

【作者简介】

王实甫（约 1260—约 1336），名德信，大都 (今北京) 人，元代著名杂剧作家。贾仲明在追悼他的词《凌波仙》中，曾这样提到他：“风月营密匝匝列旌旗，莺花寨明飙飙排剑戟。翠红乡雄纠纠施谋智。作词章，风韵美，士林中等辈伏低。”所谓“风月营”“莺花寨”，是古时艺人官妓聚居的场所。王实甫常常混迹其间，正是由于他熟悉这些官妓的生活，所以他擅长写“儿女情长”“风花雪月”的故事。

王实甫一生创作的杂剧有十四种。现存的除《西厢记》外，还有《破窑记》四折和《贩茶船》《芙蓉亭》曲文各一折。他的多数剧作都已失传。《破窑记》是写刘月娥与吕蒙正悲欢离合的故事；《贩茶船》中写妓女苏小卿怨恨书生双渐的负心，痛责茶商王魁的卑鄙无耻，她是一个敢爱敢恨，而且敢于为自己命运抗争的女性；《芙蓉亭》中的韩彩云，“夜深私出绣房来，实丕丕耽着利害”，她主动追求书生，也是一个敢作敢为、不卑不亢的姑娘。在她们身上，都可以隐隐绰绰地看到《西厢记》中崔莺莺的影子。

【思考与练习】

1.《西厢记》的语言特点有哪些？

2.《西厢记》中红娘的性格是怎样的？

3. 在《西厢记》中，封建礼教对于自由爱情的压抑有何体现？

4.《西厢记》中的人物形象和情节给我们带来了什么启示？

梧桐雨（节选）

白朴

【故事梗概】

《梧桐雨》（全名《唐明皇秋夜梧桐雨》）是中国十大古典悲剧之一，作者是元代文学家白朴。这部杂剧主要叙述的是唐明皇李隆基与杨贵妃的爱情故事。剧情是从安禄山失机要被押送回京师开始，由于唐明皇宠爱杨贵妃，安禄山才免于一死，并且与杨贵妃私通。随着安禄山的崛起，便有了反叛之心，最终造反。唐明皇仓皇地逃出长安前往蜀地，却在马嵬坡发生兵变，唐明皇无奈之下被迫缢死了杨贵妃。后来，李隆基回到长安，日思夜想，常常在梦中与杨贵妃相见，却被梧桐雨声惊醒，追思往事，倍感惆怅和万般思念。这部剧在结构层次的设计上井然有序，内容诗意深厚。揭示了唐王朝由盛转衰的历史教训，并渗透了作者的身世之感和对历史的深切感慨。

梧桐雨（第四折）

（高力士上，云）自家高力士是也。自幼供奉内宫，蒙主上抬举，加为六宫提督太监。往年主上悦杨氏容貌，命某取入宫中，宠爱无比，封为贵妃，赐号太真。后来逆胡称兵，伪诛杨国忠为名，逼的主上幸蜀。行至中途，六军不进。右龙武将军陈玄礼奏过，杀了国忠，祸连贵妃。主上无可奈何，只得从之，缢死马嵬驿中。今日贼平无事，主上还国，太子做了皇帝。主上养老，退居西宫，昼夜只是想贵妃娘娘。今日教某挂起真容，朝夕哭奠。不免收拾停当，在此伺候咱。（正末上，云）寡人自幸蜀还京，太子破了逆贼，即了帝位。寡人退居西宫养老，每日只是思量妃子。教画工画了一轴真容供养着，每日相对，越增烦恼也呵！（做哭科，唱）

【正宫】【端正好】自从幸西川还京兆，甚的是月夜花朝！这半年来白发添多少，怎打叠愁容貌！

【么篇】瘦岩岩不避群臣笑，玉叉儿将画轴高挑。荔枝花果[①]香檀卓，目觑了伤怀抱。

（做看真容科，唱）

【滚绣球】险些把我气冲倒，身谩靠，把太真妃放声高叫。叫不应，雨泪濠咷。这待诏[②]手段高，画的来没半星儿差错。虽然是快染能描，画不出沉香亭畔回鸾舞，花萼楼前上马娇，一段儿妖娆。

【倘秀才】妃子呵，常记得千秋节华清宫宴乐，七夕会长生殿乞巧。誓愿学连理枝比翼鸟，谁想你乘彩凤返丹霄，命夭！

（带云）寡人越看越添伤感，怎生是好！（唱）

【呆骨朵】寡人有心待盖一座杨妃庙，争奈无权柄谢位辞朝。则俺这孤辰限[③]难熬，更打着离恨天[④]最高。在生时同衾枕，不能勾死后也同棺椁。谁承望马嵬坡尘土中，可惜把一朵海棠花零落了。

（带云）一会儿身子困乏，且下这亭子去闲行一会咱。（唱）

【白鹤子】那[5]身离殿宇，信步下亭皋。见杨柳袅翠蓝丝，芙蓉拆胭脂萼。

【么】见芙蓉怀媚脸，遇杨柳忆纤腰。依旧的两般儿点缀上阳宫，他管一灵儿潇洒长安道。

【么】常记得碧梧桐阴下立，红牙箸[6]手中敲。他笑整缕金衣，舞按霓裳乐。

【么】到如今翠盘中荒草满，芳树下暗香消。空对井梧阴，不见倾城貌。

（做叹科，云）寡人也怕闲行，不如回去来。（唱）

【倘秀才】本待闲散心追欢取乐，倒惹的感旧恨天荒地老。快快归来凤帏悄，甚法儿捱今宵？懊恼！（带云）回到这寝殿中，一弄儿助人愁也。（唱）

【芙蓉花】淡氤氲串烟袅[7]，昏惨[8]刺银灯照。玉漏迢迢，才是初更报。暗觑清霄，盼梦里他来到。却不道口是心苗[9]，不住的频频叫。

（带云）不觉一阵昏迷上来，寡人试睡些儿。（唱）

【伴读书】一会家心焦燥，四壁厢秋虫闹。忽见掀帘西风恶，遥观满地阴云罩。俺这里披衣闷把帏屏靠，业眼难交。

【笑和尚】原来是滴溜溜绕闲阶败叶飘，疏剌剌刷落叶被西风扫，忽鲁鲁风闪得银灯爆。厮琅琅鸣殿铎[10]，扑簌簌动朱箔[11]，吉丁当玉马儿向檐间闹。（做睡科，唱）

【倘秀才】闷打颏[12]和衣卧倒，软兀剌[13]方才睡着。（旦上，云）妾身贵妃是也。今日殿中设宴，宫娥，请主上赴席咱。（正末唱）忽见青衣走来报，道太真妃将寡人邀，宴乐。

（正末见旦科，云）妃子，你在那里来？（旦云）今日长生殿排宴，请主上赴席。（正末云）分付梨园子弟齐备着。（旦下）（正末做惊醒科，云）呀！元来是一梦。分明梦见妃子，却又不见了。（唱）

【双鸳鸯】斜亸翠鸾翘[14]，浑一似出浴的旧风标[15]，映着云屏一半儿娇。好梦将成还惊觉，半襟情湿鲛绡。

【蛮姑儿】懊恼，窨约[16]。惊我来的又不是楼头过雁，砌下寒蛩，檐前玉马，架上金鸡；是兀那窗儿外梧桐上雨潇潇。一声声洒残叶，一点点滴寒梢，会把愁人定虐[17]。

【滚绣球】这雨呵，又不是救旱苗，润枯草，洒开花萼，谁望道秋雨如膏。向青翠条，碧玉梢，碎声儿㓨剥，增百十倍，歇和芭蕉。子管[18]里珠连玉散飘千颗，平白地瀽瓮番盆[19]下一宵，惹的人心焦。

【叨叨令】一会价紧呵，似玉盘中万颗珍珠落；一会价响呵，似玳筵前几簇笙歌闹；一会价清呵，似翠岩头一派寒泉瀑；一会价猛呵，似绣旗下数面征鼙操。兀的不恼杀人也么哥！兀的不恼杀人也么哥！则被他诸般儿雨声相聒噪。

【倘秀才】这雨一阵阵打梧桐叶凋，一点点滴人心碎了。枉着金井银床[20]紧围绕，只好把泼枝叶做柴烧，锯倒。

（带云）当初妃子舞翠盘时，在此树下，寡人与妃子盟誓时，亦对此树。今日梦境相寻，又被他惊觉了。（唱）

【滚绣球】长生殿那一宵，转回廊，说誓约，不合对梧桐并肩斜靠，尽言词絮絮叨叨。沉香亭那一朝，按霓裳，舞六么，红牙箸击成腔调，乱宫商闹闹炒炒。是兀那当时欢会栽排下，今日凄凉厮辏着，暗地量度。

（高力士云）主上，这诸样草木，皆有雨声，岂独梧桐？（正末云）你那里知道，我说与你听者。（唱）

【三煞】润蒙蒙杨柳雨，凄凄院宇侵帘幕。细丝丝梅子雨，装点江干满楼阁。杏花雨红湿阑干，梨花雨玉容寂寞。荷花雨翠盖翩翩，豆花雨绿叶潇条。都不似你惊魂破梦，助恨添愁，彻夜连宵。莫不是水仙弄娇，蘸杨柳洒风飘？

【二煞】哝哝似喷泉瑞兽临双沼㉑，刷刷似食叶春蚕散满箔。乱洒琼阶，水传宫漏，飞上雕檐，酒滴新槽。直下的更残漏断，枕冷衾寒，烛灭香消。可知道夏天不觉，把高凤麦来漂㉒。

【黄钟煞】顺西风低把纱窗哨，送寒气频将绣户敲。莫不是天故半人愁闷搅？前度铃声响栈道。似花奴㉓羯鼓调，如伯牙《水仙操》。洗黄花润篱落，渍苍苔倒墙角。渲湖山漱石窍，浸枯荷溢池沼。沾残蝶粉渐消，洒流萤焰不着。绿窗前促织叫，声相近雁影高。催邻砧处处捣，助新凉分外早。斟量来这一宵，雨和人紧厮熬。伴铜壶点点敲，雨更多泪不少。雨湿寒梢，泪染龙袍。不肯相饶。共隔着一树梧桐直滴到晓。

【注释】

① 荔枝花果：《新唐书》载“（杨贵）妃嗜荔支，必欲生致之。乃置骑传送，走数千里，味未变已至京师”。

② 待诏：唐代设翰林院，凡擅长文辞、经术、医卜等人士都收纳在里面，随时等待皇帝招宣，称为待诏。此指宫廷画师。

③ 孤辰限：孤寡不吉的日子。过去星命家用十天干和十二地支计算时辰，每旬多出的地支，称为孤辰。

④ 离恨天：按佛教之说，天有三十三层，其中“离恨天”为最高的天。

⑤ 那：同“挪”。

⑥ 红牙箸：红色象牙箸，为打节拍的乐器。

⑦ 氤（yīn）氲（yūn）：阴云弥漫。串烟：烟气盘旋屈曲。

⑧ 昏惨：昏暗，凄惨。

⑨ 口是心苗：藏在心中的思想情感，必然在语言中流露。

⑩ 殿铎：殿铃。

⑪ 朱箔（bó）：红色的帘子。

⑫ 闷打颏：呆闷的样子。

⑬ 软兀剌：软摊摊的样子。兀剌，语助词，无实在意义。

⑭ 亸（duǒ）：下垂。翠鸾翘：一种首饰。

⑮ 出浴的旧风标：白居易《长恨歌》有“春寒赐浴华清池，温泉水滑洗凝脂。侍儿扶起娇无力，始是新承恩泽时”句，此句即指此。风标，风韵。

⑯ 窨（yìn）约：思量，忖度。

⑰ 定虐：打搅，扰乱。

⑱ 子管：只管，一味。

⑲ 瀽（jiǎn）瓮番盆：倾瓮翻盆。瀽，泼（水）、倒（水）。番，同“翻”。

⑳ 金井银床：金井，诗词中常用以指代宫廷或园林中的井。银床，井上的辘轳架，一说是井边围栏。

㉑ 哝（chuáng）哝：拟声词，形容雨声。喷泉瑞兽：指池塘边的石。

㉒ 高凤：东汉时人，据说因专心读书，所晒之麦为暴雨冲走而不觉。《后汉书·高凤传》

载：“（高凤）少为书生，家以农亩为业，而专精诵读，昼夜不息。妻尝之田，曝麦于庭，令凤护鸡。时天暴雨，而凤持竿诵经，不觉潦水流麦。妻还怪问，凤方悟之。”

㉓ 花奴：唐汝阳王李琎小名，擅长击羯鼓。

【作者简介】

白朴（1226—1306之后），原名恒，字仁甫，后来改名为朴，字太素，号兰谷，汴梁（今河南开封）人。他的父亲白华，曾经是金朝枢密院的判官。白华在蒙古大军围攻金朝首都时，跟随金哀宗逃奔，而把家眷都留在了城里。白朴的母亲则死于次年破城时的浩劫。当时的白朴年仅八岁，幸好被他父亲的好友元好问代为抚养。

白朴擅词曲。他的词集有《天籁集》，“词语遒严，情寄高远”，描写的多是悲怆凄凉的内容。现存散曲40首，用本色的语言抒写闲情逸致。杂剧共16种，现存的仅有《梧桐雨》和《墙头马上》等。

【思考与练习】

1.《梧桐雨》的主要内容是什么？

2.《梧桐雨》的语言特色是什么？

3.《梧桐雨》的艺术特色是什么？

4. 白朴的《梧桐雨》在题材的处理上与白居易的《长恨歌》有何不同？白朴的这种处理客观上产生了什么效果？

第八章　明清余韵

概　　述

继唐诗、宋词、元曲之后，明清小说特别是以《红楼梦》为代表的“四大名著”成了中国传统文化的又一座高峰。

小说并不自明清始，只是在明清两代进入了最繁盛的时期。唐以前就有志怪、志人之作，但只能算作小说成长准备阶段的尚未破土而出的萌芽。鲁迅曾指出，小说至唐代乃“始有意为小说”（《中国小说史略》第八篇）。从唐宋传奇文的成熟，再到宋元话本的盛行，为小说在艺术形式和题材内容等方面积累了丰富的经验。另外，宋元的戏曲文学和民间讲唱文学的盛行对小说的繁荣也有较大影响。

明代文人创作的小说主要有白话短篇小说和长篇小说两大类，“三言”“二拍”代表了明代白话短篇小说的最高成就。“三言”是指明天启年间冯梦龙编撰的《喻世明言》《警世通言》和《醒世恒言》三本拟话本小说集，“二拍”是凌濛初仿“三言”编撰的拟话本小说集《初刻拍案惊奇》和《二刻拍案惊奇》，“三言”“二拍”的故事构思巧妙，情节曲折生动，语言通俗易懂，具有浓郁的生活气息。相比较而言，明代长篇小说创作的数量更多，艺术水平更高。明代的长篇小说按题材和思想内容，大致可分为五类：一是讲史小说，代表作品《三国演义》，还有《春秋列国志传》《两汉通俗演义》等。这类小说用通俗的语言，以兴废争战、朝代更替为叙写重点，以此表明一定的政治思想、道德观念和美学理想。二是神魔小说，代表作品《西游记》《封神传》《三宝太监西洋记》等。这类小说以神魔妖怪、奇异幻想故事为描写对象，以幻想手法曲折地反映社会生活。三是世情小说，其最著名的是《金瓶梅》。它通过社会现实中的家庭生活、人物的悲欢离合来描写世态炎凉。四是英雄传奇小说，代表作品《水浒传》。它所演绎的历史人物形象鲜明，虚多实少。五是公案小说，如《海刚峰先生居官公案传》。这类作品追求情节的离奇曲折，传扬鬼神迷信和封建伦理道德。

清代小说继明代而发展，题材丰富，类型众多，大概可分作四派：一是拟古派，是指拟六朝之志怪，或拟唐朝之传奇而言，以《聊斋志异》和《阅微草堂笔记》最为有名，二者被誉为清代文言短篇小说中的“双璧”。二是讽刺派，代表作品《儒林外史》，它集中地描写和反映了科举制度下的知识分子的种种心态和活动；到了清末又出现了谴责小说，如《官场现形记》《二十年目睹之怪现状》《老残游记》《孽海花》。三是人情派，最著名的是《红楼梦》，其艺术成就最高，对当时和后世的影响极大，是中国古代小说的最高典范，被称为“封建社会生活的百科全书”。四是侠义派，代表作品《三侠五义》，是古典长篇侠义小说的经典之作，它别开生面，很是新奇，所以流行开来也就特别快、特别盛。由于在社会上很受欢迎，所以又有《小五义》《续小五义》等都跟着出现。

温酒斩华雄

罗贯中

且说北平太守公孙瓒，统领精兵一万五千，路经德州平原县。正行之间，遥见桑树丛中一面黄旗，数骑来迎，瓒视之乃刘玄德也。瓒问曰：“贤弟何故在此？”玄德曰：“旧日蒙兄保备为平原县令，今闻大军过此，特来奉候，就请兄长入城歇[①]马。”瓒指关、张而问曰：“此何人也？”玄德曰：“此关羽、张飞，备结义兄弟也。”瓒曰：“乃同破黄巾者乎？”玄德曰：“皆此二人之力。”瓒曰：“今居何职？”玄德答曰：“关羽为马弓手，张飞为步弓手。”瓒叹曰：“如此可谓埋没英雄！今董卓作乱，天下诸侯共往诛[②]之。贤弟可弃此卑官，一同讨贼，力扶汉室，若何？”玄德曰：“愿往。”张飞曰：“当时若容我杀了此贼，免有今日之事。”云长曰：“事已至此，即当收拾前去。”

玄德、关、张引数骑跟公孙瓒来，曹操接着。众诸侯亦陆续皆至，各自安营下寨，连接二百余里。操乃宰牛杀马，大会诸侯，商议进兵之策。太守王匡曰：“今奉大义，必立盟主，众听约束，然后进兵。”操曰：“袁本初四世三公，门多故吏，汉朝名相之裔，可为盟主。”绍再三推辞。众皆曰：“非本初不可。”绍方应允。次日筑台三层，遍列五方旗帜，上建白旄黄钺[③]，兵符将印，请绍登坛。绍整衣佩剑，慨然而上，焚香再拜。其盟曰：

汉室不幸，皇纲[④]失统。贼臣董卓，乘衅[⑤]纵害，祸加至尊，虐流百姓。绍等惧社稷沦丧，纠合义兵，并赴国难。凡我同盟，齐心戮力，以致臣节，必无二志。有渝[⑥]此盟，俾坠其命，无克遗育[⑦]。皇天后土，祖宗明灵，实皆鉴之！

读毕，歃血[⑧]。众因其辞气慷慨[⑨]，皆涕泗[⑩]横流。歃血已罢，下坛。众扶绍升帐而坐，两行依爵位年齿[⑪]分列坐定。操行酒数巡[⑫]，言曰：“今日既立盟主，各听调遣，同扶国家，勿以强弱计较。”袁绍曰：“绍虽不才，既承公等推为盟主，有功必赏，有罪必罚。国有常刑，军有纪律，各宜遵守，勿得违犯。”众皆曰：“惟命是听。”绍曰：“吾弟袁术总督粮草，应付诸营，无使有缺。更须一人为先锋，直抵汜水关挑战。余各据险要，以为接应。”

长沙太守孙坚出曰：“坚愿为前部。”绍曰：“文台勇烈，可当此任。”坚遂引本部人马杀奔汜水关来。守关将士，差流星马往洛阳丞相府告急。董卓自专大权之后，每日饮宴。李儒接得告急文书，径来禀卓。卓大惊，急聚众将商议。温侯吕布挺身出曰：“父亲勿虑。关外诸侯，布视之如草芥[⑬]，愿提虎狼之师，尽斩其首，悬于都门。”卓大喜曰：“吾有奉先，高枕无忧矣！”言未绝，吕布背后一人高声出曰：“‘割鸡焉用牛刀？’不劳温侯亲往。吾斩众诸侯首级，如探囊[14]取物耳！”卓视之，其人身长九尺，虎体狼腰，豹头猿臂，关西人也，姓华名雄。卓闻言大喜，加为骁骑校尉。拨马步军五万，同李肃、胡轸、赵岑星夜赴关迎敌。

众诸侯内有济北相鲍信，寻思孙坚既为前部，怕他夺了头功，暗拨其弟鲍忠，先将马步军三千，径抄小路，直到关下搦战[15]。华雄引铁骑五百飞下关来，大喝：“贼将休走！”鲍忠急待退，被华雄手起刀落，斩于马下，生擒将校极多。华雄遣人赍[16]鲍忠首级来相府报捷，卓加雄为都督。

却说孙坚引四将直至关前。那四将？第一个，右北平土垠人，姓程名普，字德谋，使一条铁脊蛇矛；第二个，姓黄名盖，字公覆，零陵人也，使铁鞭；第三个，姓韩名当，字义公，辽西令支人也，使一口大刀；第四个，姓祖名茂，字大荣，吴郡富春人也，使双刀。孙坚披烂银铠，裹赤帻[17]，横古锭刀，骑花鬃马，指关上而骂曰：“助恶匹夫，何不早降！”华雄副将胡轸引兵五千出关迎战。程普飞马挺矛，直取胡轸。斗不数合，程普刺中胡轸咽喉，死于马下。坚挥军直杀至关前，关上矢石如雨。孙坚引兵回至梁东屯住，使人于袁绍处报捷，就于袁术处催粮。

或[18]说术曰：“孙坚乃江东猛虎。若打破洛阳，杀了董卓，正是除狼而得虎也。今不与粮，彼军必散。”术听之，不发粮草。孙坚军缺食，军中自乱，细作[19]报上关来。李肃为华雄谋曰：“今夜我引一军从小路下关，袭孙坚寨后，将军击其前寨，坚可擒矣。”雄从之，传令军士饱餐，乘夜下关。是夜月白风清，到坚寨时，已是半夜，鼓噪直进。坚慌忙披挂上马，正遇华雄。两马相交，斗不数合，后面李肃军到，竟天价放起火来，坚军乱窜。众将各自混战，止有祖茂跟定孙坚，突围而走。背后华雄追来，坚取箭，连放两箭，皆被华雄躲过。再放第三箭时，因用力太猛，拽折了鹊画弓，只得弃弓纵马而奔。祖茂曰：“主公头上赤帻射目，为贼所认识。可脱帻与某戴之。”坚就脱帻换茂盔，分两路而走。雄军只望赤帻者追赶，坚乃从小路得脱。祖茂被华雄追急，将赤帻挂于人家烧不尽的庭柱上，却入树林潜躲。华雄军于月下遥见赤帻，四面围定，不敢近前。用箭射之，方知是计，遂向前取了赤帻。祖茂于林后杀出，挥双刀欲劈华雄，雄大喝一声，将祖茂一刀砍于马下。杀至天明，雄方引兵上关。

程普、黄盖、韩当都来寻见孙坚，再收拾[20]军马屯住。坚为折了祖茂，伤感不已，星夜遣人报知袁绍。绍大惊曰：“不想孙文台败于华雄之手！”便聚众诸侯商议。众人都到，只有公孙瓒后至，绍请入帐列坐[21]。绍曰：“前日鲍将军之弟不遵调遣，擅自进兵，杀身丧命，折了许多军士，今者孙文台又败于华雄。挫动锐气，为之奈何？”诸侯并皆不语。绍举目遍视，见公孙瓒背后立着三人，容貌异常[22]，都在那里冷笑。绍问曰：“公孙太守背后何人？”瓒呼玄德出曰：“此吾自幼同舍兄弟，平原令刘备是也。”曹操曰：“莫非破黄巾刘玄德乎？”瓒曰：“然。”即令刘玄德拜见。瓒将玄德功劳并其出身，细说一遍。绍曰：“既是汉室宗派，取坐来。”命坐。备逊谢。绍曰：“吾非敬汝名爵，吾敬汝是帝室之胄[23]耳。”玄德乃坐于末位，关、张叉手[24]侍立于后。

忽探子来报：“华雄引铁骑下关，用长竿挑着孙太守赤帻，来寨前大骂搦战。”绍曰：“谁敢去战？”袁术背后转出骁将俞涉曰：“小将愿往。”绍喜，便着俞涉出马。即时报来：“俞涉与华雄战不三合，被华雄斩了。”众大惊。太守韩馥曰：“吾有上将潘凤，可斩华雄。”绍急令出战。潘凤手提大斧上马。去不多时，飞马来报：“潘凤又被华雄斩了。”众皆失色。绍曰：“可惜吾上将颜良、文丑未至！得一人在此，何惧华雄！”言未毕，阶下一人大呼出曰：“小将愿往斩华雄头，献于帐下！”众视之，见其人身长九尺，髯长二尺，丹凤眼，卧蚕眉，面如重枣，声如巨钟，立于帐前。绍问何人。公孙瓒曰：“此刘玄德之弟关羽也。”绍问现居何职，瓒曰：“跟随刘玄德充马弓手。”帐上袁术大喝曰：“汝欺吾众诸侯无大将耶？量一弓手，安敢乱言！与我打出！”曹操急止之曰：“公路息怒。此人既出大言，必有勇略，试教出马，如其不胜，责之未迟。”袁绍曰：“使一弓手出战，必被华雄所笑。”操曰：“此人仪表不俗，华雄安知他是弓手？”关公曰：“如不胜，请斩某头。”操教酾㉕热酒一杯，与关公饮了上马。关公曰：“酒且斟下，某去便来。”出帐提刀，飞身上马。众诸侯听得关外鼓声大振，喊声大举，如天摧地塌，岳撼山崩，众皆失惊。正欲探听，鸾铃响处，马到中军，云长提华雄之头，掷于地上，其酒尚温。后人有诗赞之曰：

威镇乾坤第一功，辕门画鼓响冬冬㉖。云长停盏施英勇，酒尚温时斩华雄。

曹操大喜。只见玄德背后转出张飞，高声大叫：“俺哥哥斩了华雄，不就这里杀入关去，活拿董卓，更待何时！”袁术大怒，喝曰：“俺大臣尚自谦让，量一县令手下小卒，安敢在此耀武扬威！都与赶出帐去！”曹操曰：“得功者赏，何计贵贱乎？”袁术曰：“既然公等只重一县令，我当告退。”操曰：“岂可因一言而误大事耶？”命公孙瓒且带玄德、关、张回寨，众官皆散。曹操暗使人赍牛酒抚慰三人。

【注释】

① 歇：休息。

② 诛：讨伐。

③ 白旄：竿头饰有犛牛尾或羽毛的旗帜。黄钺：涂金的斧子。

④ 皇纲：指封建皇朝的法纪。

⑤ 衅：机会，借口，空子。

⑥ 渝：变更。

⑦ 俾：使。无克遗育：不能留下子孙后代。

⑧ 歃血：古代人盟誓的时候，涂血于口旁（一说口含血），表示遵守盟约的决心。

⑨ 慷慨：形容语调高亢有力，情绪激奋昂扬。

⑩ 涕泗：眼泪和鼻涕。泗，鼻涕。

⑪ 年齿：年纪，年龄。

⑫ 巡：同时对一组的每个人各敬一杯酒。

⑬ 草芥：指轻贱的、微不足道的东西。芥，小草。

⑭ 囊：口袋。

⑮ 搦（nuò）战：挑战。搦，挑、惹。

⑯ 赍（jī）：携带，持。

⑰ 赤：红色，比朱色稍暗。帻：古代的一种头巾。

⑱ 或：有的人。

⑲ 细作：侦探，间谍。

⑳ 收拾：整理，安顿。

㉑ 列坐：以次相坐。

㉒ 异常：不同寻常。

㉓ 胄：帝王或贵族的子孙。

㉔ 叉手：古代的一种礼数，子弟晚辈或随从等人侍立时，两手交拱在胸前，表示恭顺敬谨。

㉕ 酾（shī）：斟酒。

㉖ 辕门：古时军营的门或官署的外门。画鼓：有彩绘的鼓。

【作者简介】

罗贯中（约1330—约1400），生活在元末明初，名本，别号湖海散人，相传为明祁县河湾村人。一说清源人（今清徐县）。元末明初小说家、戏曲家。他根据陈寿的《三国志》和裴松之的注，又搜集民间传说和话本、杂剧故事等创作而成《三国志通俗演义》（简称《三国演义》）。《三国演义》是我国文学史上第一部长篇章回体小说，也是历史演义小说的开山之作。罗贯中还撰有《隋唐志传》《三遂平妖传》《粉妆楼》《残唐五代史演义》等长篇小说和杂剧剧本《风云会》等。

【思考与练习】

1. 小说中为了突出关羽的形象，主要采用了什么写作手法？
2. 结合《三国演义》中关羽的事例，简要概述关羽的性格特点。
3. 以“温酒斩华雄”为例，谈谈《三国演义》在战争描写方面的特色。

智取生辰纲

施耐庵

次日早起五更，在府里把担仗都摆在厅前，老都管和两个虞候[①]又将一小担财帛，共十一担，拣了十一个壮健的厢禁军，都做脚夫打扮。杨志戴上凉笠儿，穿着青纱衫子，系了缠带行履麻鞋，跨口腰刀，提条朴刀。老都管也打扮做个客人模样，两个虞候假装做跟的伴当。各人都拿了条朴刀，又带几根藤条。梁中书付与了札付[②]书呈。一行人都吃得饱了，在厅上拜辞了梁中书。看那军人担仗起程，杨志和谢都管、两个虞候监押着，一行共是十五人，离了梁府，出得北京城门，取大路投东京进发。五里单牌，十里双牌[③]。此时正是五月半天气，虽是晴明得好，只是酷热难行。昔日吴七郡王有八句诗道：

玉屏四下朱阑绕，簇簇游鱼戏萍藻。簟铺八尺白虾须，头枕一枚红玛瑙。六龙惧热不敢行，海水煎沸蓬莱岛。公子犹嫌扇力微，行人正在红尘道。

这八句诗单题着炎天暑月，那公子王孙在凉亭上水阁中，浸着浮瓜沉李，调冰雪藕避暑，尚兀自嫌热。怎知客人为些微名薄利，又无枷锁拘缚，三伏内只得在那途路中行。今日杨志这一行人，要取六月十五日生辰，只得在路途上行。自离了这北京五七日，端的只是起五更趁早凉便行，日中热时便歇。五七日后，人家渐少，行客又稀，一站站都是山路。杨志却要辰牌起身，申时便歇。那十一个厢禁军，担子又重，无有一个稍轻，天气热了，行不得，见着林子便要去歇息。杨志赶着催促要行，如若停住，轻则痛骂，重则藤条便打，逼赶要行。两个虞候虽只背些包裹行李，也气喘了行不上。杨志也嗔道：“你两个好不晓事！这干系须是俺的！你们不替洒家打这夫子，却在背后也慢慢地挨，这路上不是耍处。”那虞候道：“不是我两个要慢走，其实热了行不动，因此落后。前日只是趁早凉走，如今怎地正热里要行？正是好歹不均匀。”杨志道：“你这般说话，却似放屁。前日行的须是好地面，如今正是尴尬去处，若不日里赶过去，谁敢五更半夜走？”两个虞候口里不道，肚中寻思：“这厮不直得便骂人。”

杨志提了朴刀，拿着藤条，自去赶那担子。两个虞候坐在柳阴树下等得老都管来。两个虞候告诉道：“杨家那厮，强杀只是我相公门下一个提辖，直这般做大[④]！”老都管道：“须是我相公当面分付，道休要和他鳖拗[⑤]，因此我不做声。这两日也看他不得，权且奈他。”两个虞候道：“相公也只是人情话儿，都管自做个主便了。”老都管又道：“且奈他一奈。”当日行到申牌时分，寻得一个客店里歇了。那十个厢禁军雨汗通流，都叹气吹嘘，对老都管说道：“我们不幸做了军健，情知道被差出来。这般火似热的天气，又挑着重担，这两日又不拣早凉行，动不动老大藤条打来，都是一般父母皮肉，我们直恁地苦！”老都管道：“你们不要怨怅，巴到东京时，我自赏你。”众军汉道：“若是似都管看待我们时，并不敢怨怅。”又过了一夜。次日天色未明，众人起来，趁早凉起身去。杨志跳起来喝道：“那里去！且睡了，却理会。”众军汉道：“趁早不走，日里热时走不得，却打我们。”杨志大骂道：“你们省得甚么！”拿了藤条要打。众军忍气吞声，只得睡了。当日直到辰牌时分，慢慢地打火，吃了饭走。一路上赶打着，不许投凉处歇。那十一个厢禁军口里喃喃讷讷地怨怅，两个虞候在老都管面前絮絮聒聒地搬口。老都管听了，也不着意，心内自恼他。

话休絮繁。似此行了十四五日，那十四个人，没一个不怨怅杨志。当日客店里，辰牌时分，慢慢地打火，吃了早饭行。正是六月初四日时节，天气未及晌午，一轮红日当天，没半点云彩，其日十分大热。古人有八句诗道：

祝融南来鞭火龙，火旗焰焰烧天红。日轮当午凝不去，万国如在红炉中。五岳翠干云彩灭，阳侯海底愁波竭。何当一夕金风起，为我扫除天下热。

当日行的路，都是山僻崎岖小径，南山北岭。却监着那十一个军汉，约行了二十余里路程。那军人们思量要去柳阴树下歇凉，被杨志拿着藤条打将来，喝道：“快走！教你早歇。”众军人看那天时，四下里无半点云彩。其时那热不可当。但见：

热气蒸人，嚣尘扑面。万里乾坤如甑，一轮火伞当天。四野无云，风穾穾波翻海沸；千山灼焰，㓟剥剥石烈灰飞。空中鸟雀命将休，倒攧入树林深处；水底鱼龙鳞角脱，直钻入泥土窖里。直教石虎喘无休，便是铁人须汗落。

当时杨志催促一行人在山中僻路里行，看看日色当午，那石头上热了，脚疼走不得。众军汉道：“这般天气热，兀的不晒杀人。”杨志喝着军汉道：“快走！赶过前面冈子去，却再理会。”正行之间，前面迎着那土冈子。众人看这冈子时，但见：

顶上万株绿树，根头一派黄沙。嵯峨浑似老龙形，险峻但闻风雨响。山边茅草，乱丝丝攒遍地刀枪；满地石头，碜可可睡两行虎豹。休道西川蜀道险，须知此是太行山。

当时一行十五人奔上冈子来，歇下担仗，那十四人都去松阴树下睡倒了。杨志说道：“苦也！这里是甚么去处，你们却在这里歇凉！起来，快走！”众军汉道：“你便剁做我七八段，其实去不得了。”杨志拿起藤条，劈头劈脑打去。打得这个起来，那个睡倒，杨志无可奈何。只见两个虞候和老都管气喘急急，也巴到冈子上松树下坐了喘气。看这杨志打那军健，老都管见了，说道：“提辖，端的热了走不得，休见他罪过。”杨志道：“都管，你不知，这里正是强人出没的去处，地名叫做黄泥冈。闲常太平时节，白日里兀自出来劫人，休道是这般光景，谁敢在这里停脚！”两个虞候听杨志说了，便道：“我见你说好几遍了，只管把这话来惊吓人。”老都管道：“权且教他们众人歇一歇，略过日中行如何？”杨志道：“你也没分晓了，如何使得！这里下冈子去，兀自有七八里没人家，甚么去处，敢在此歇凉！”老都管道：“我自坐一坐了走，你自去赶他众人先走。”杨志拿着藤条喝道：“一个不走的，吃俺二十棍。”众军汉一齐叫将起来。数内一个分说道：“提辖，我们挑着百十斤担子，须不比你空手走的。你端的不把人当人！便是留守相公自来监押时，也容我们说一句。你好不知疼痒，只顾逞办！”杨志骂道：“这畜生不呕死俺，只是打便了。”拿起藤条，劈脸便打去。老都管喝道：“杨提辖且住，你听我说。我在东京太师府里做奶公时，门下官军见了无千无万，都向着我喏喏连声。不是我口浅，量你是个遭死的军人，相公可怜，抬举你做个提辖，比得草芥子大小的官职，直得恁地逞能。休说我是相公家都管，便是村庄一个老的，也合依我劝一劝，只顾把他们打，是何看待！”杨志道：“都管，你须是城市里人，生长在相府里，那里知道途路上千难万难。”老都管道：“四川、两广也曾去来，不曾见你这般卖弄。”杨志道：“如今须不比太平时节。”都管道：“你说这话该剜口割舌，今日天下怎地不太平？”

杨志却待再要回言，只见对面松林里影着一个人在那里舒头探脑价望。杨志道：“俺说甚么，兀的不是歹人来了！”撇下藤条，拿了朴刀，赶入松林里来，喝一声道：“你这厮好大胆，怎敢看俺的行货！”只见松林里一字儿摆着七辆江州车儿[⑥]，七个人脱得赤条条的在那里乘凉。一个鬓边老大一搭朱砂记，拿着一条朴刀，望杨志跟前来。七个人齐叫一声：“呵也！”都跳起来。杨志喝道：“你等是甚么人？”那七人道：“你是甚么人？”杨志又问道：“你等莫不是歹人？”那七人道：“你颠倒问，我等是小本经纪，那里有钱与你。”杨志道：“你等小本经纪人，偏俺有大本钱。”那七个人问道：“你端的是甚么人？”杨志道：“你等且说那里来的人？”那七人道：“我等弟兄七人，是濠州人，贩枣子上东京去，路途打从这里经过。听得多人说，这里黄泥冈上如常有贼打劫客商。我等一面走，一头自说道：‘我七个只有些枣子，别无甚财赋。’只顾过冈子来。上得冈子，当不过这热，权且在这林子里歇一歇，待晚凉了行。只听得有人上冈子来，我们只怕是歹人，因此使这个兄弟出来看一看。”杨志道：“原来如此，也是一般的客人。却才见你们窥望，惟恐是歹人，因此赶来看一看。”那七个人道：“客官请几个枣子了去。”杨志道：“不必。”提了朴刀，再回担边来。

老都管道：“既是有贼，我们去休。”杨志说道：“俺只道是歹人，原来是几个贩枣子的客人。”老都管道：“似你方才说时，他们都是没命的。”杨志道：“不必相闹，俺只要没事便好。你们且歇了，等凉些走。”众军汉都笑了。杨志也把朴刀插在地上，自去一边树下坐了歇凉。没半碗饭时，只见远远地一个汉子，挑着一副担桶，唱上冈子来。唱道：

“赤日炎炎似火烧，野田禾稻半枯焦。农夫心内如汤煮，楼上王孙把扇摇。”

那汉子口里唱着，走上冈子来，松林里头歇下担桶，坐地乘凉。众军看见了，便问那汉子道：“你桶里是甚么东西？”那汉子应道：“是白酒。”众军道：“挑往那里去？”那汉子道：“挑去村里卖。”众军道：“多少钱一桶？”那汉子道：“五贯足钱。”众军商量道：“我们又热又渴，何不买些吃，也解暑气。”正在那里凑钱，杨志见了，喝道：“你们又做甚么？”众军道：“买碗酒吃。”杨志调过朴刀杆便打，骂道：“你们不得洒家言语，胡乱便要买酒吃，好大胆！”众军道：“没事又来鸟乱。我们自凑钱买酒吃，干你甚事，也来打人。”杨志道：“你这村鸟理会的甚么！到来只顾吃嘴，全不晓得路途上的勾当艰难。多少好汉，被蒙汗药麻翻了。”那挑酒的汉子看着杨志冷笑道：“你这客官好不晓事，早是我不卖与你吃，却说出这般没气力的话来。”

正在松树边闹动争说，只见对面松林里那伙贩枣子的客人，都提着朴刀走出来问道："你们做甚么闹？"那挑酒的汉子道："我自挑这酒过冈子村里卖，热了在此歇凉。他众人要问我买些吃，我又不曾卖与他。这个客官道我酒里有甚么蒙汗药。你道好笑么？说出这般话来！"那七个客人说道："我只道有歹人出来，原来是如此。说一声也不打紧，我们倒着买一碗吃。既是他们疑心，且卖一桶与我们吃。"那挑酒的道："不卖，不卖！"这七个客人道："你这鸟汉子也不晓事，我们须不曾说你。你左右将到村里去卖，一般还你钱，便卖些与我们，打甚么不紧。看你不道得[7]舍施了茶汤，便又救了我们热渴。"那挑酒的汉子便道："卖一桶与你不争，只是被他们说的不好。又没碗瓢舀吃。"那七人道："你这汉子忒认真，便说了一声打甚么不紧。我们自有椰瓢在这里。"只见两个客人去车子前取出两个椰瓢来，一个捧出一大捧枣子来。七个人立在桶边，开了桶盖，轮替换着舀那酒吃，把枣子过口，无一时，一桶酒都吃尽了。七个客人道："正不曾问得你多少价钱？"那汉道："我一了[8]不说价，五贯足钱一桶，十贯一担。"七个客人道："五贯便依你五贯，只饶我们一瓢吃。"那汉道："饶不的，做定的价钱。"一个客人把钱还他，一个客人便去揭开桶盖，兜了一瓢，拿上便吃。那汉去夺时，这客人手拿半瓢酒，望松林里便走。那汉赶将去，只见这边一个客人从松林里走将出来，手里拿一个瓢，便来桶里舀了一瓢酒。那汉看见，抢来劈手夺住，望桶里一倾，便盖了桶盖，将瓢望地下一丢，口里说道："你这客人好不君子相！戴头识脸的，也这般啰唣。"

那对过众军汉见了，心内痒起来，都待要吃。数中一个看着老都管道："老爷爷，与我们说一声。那卖枣子的客人买他一桶吃了，我们胡乱也买他这桶吃，润一润喉也好。其实热渴了，没奈何，这里冈子上又没讨水吃处。老爷方便！"老都管见众军所说，自心里也要吃得些，竟来对杨志说："那贩枣子客人已买了他一桶酒吃，只有这一桶，胡乱教他们买了避暑气。冈子上端的没处讨水吃。"杨志寻思道："俺在远远处望，这厮们都买他的酒吃了，那桶里当面也见吃了半瓢，想是好的。打了他们半日，胡乱容他买碗吃罢。"杨志道："既然老都管说了，教这厮们买吃了便起身。"众军健听了这话，凑了五贯足钱来买酒吃。那卖酒的汉子道："不卖了，不卖了。"便道："这酒里有蒙汗药在里头。"众军陪着笑说道："大哥，直得便还言语。"那汉道："不卖了，休缠！"这贩枣子的客人劝道："你这个鸟汉子，他也说得差了，你也忒认真，连累我们也吃你说了几声。须不关他众人之事，胡乱卖与他众人吃些。"那汉道："没事讨别人疑心做甚么。"这贩枣子客人把那卖酒的汉子推开一边，只顾将这桶酒提与众军去吃。那军汉开了桶盖，无甚舀吃，陪个小心，问客人借这椰瓢用一用。众客人道："就送这几个枣子与你们过酒。"众军谢道："甚么道理。"客人道："休要相谢，都是一般客人，何争在这百十个枣子上。"众军谢了，先兜两瓢，叫老都管吃一瓢，杨提辖吃一瓢。杨志那里肯吃。老都管自先吃了一瓢。两个虞候各吃一瓢。众军汉一发上，那桶酒登时吃尽了。杨志见众人吃了无事，自本不吃，一者天气甚热，二乃口渴难熬，拿起来，只吃了一半，枣子分几个吃了。那卖酒的汉子说道："这桶酒吃那客人饶两瓢吃了，少了你些酒，我今饶了你众人半贯钱罢。"众军汉把钱还他。那汉子收了钱，挑了空桶，依然唱着山歌，自下冈子去了。

只见那七个贩枣子的客人，立在松树傍边，指着这一十五人说道："倒也，倒也！"只见这十五个人，头重脚轻，一个个面面厮觑，都软倒了。那七个客人从松树林里推出这七辆江州车儿，把车子上枣子都丢在地上，将这十一担金珠宝贝，却装在车子内，叫声："聒噪！"

一直望黄泥冈下推了去。杨志口里只是叫苦，软了身体，扎挣不起。十五人眼睁睁地看着那七个人都把这金宝装了去，只是起不来，挣不动，说不的。

我且问你：这七人端的是谁？不是别人，原来正是晁盖、吴用、公孙胜、刘唐、三阮这七个。却才那个挑酒的汉子，便是白日鼠白胜。却怎地用药？原来挑上冈子时，两桶都是好酒。七个人先吃了一桶。刘唐揭起桶盖，又兜了半瓢吃，故意要他们看着，只是教人死心塌地。次后，吴用去松林里取出药来，抖在瓢里，只做赶来饶他酒吃。把瓢去兜时，药已搅在酒里，假意兜半瓢吃，那白胜劈手夺来，倾在桶里。这个便是计策。那计较都是吴用主张。这个唤做“智取生辰纲”。

【注释】

①虞候：古官职名，宋时指官僚雇佣的侍从。

②札付：上级委派下级办事的指示文书。

③单牌、双牌：古代驿路旁记里数之标志，单数里程称为单牌，双数里程称为双牌。

④做大：自大，摆架子。

⑤鳖拗：别扭。

⑥江州车儿：一种手推的独轮车，便于山地运输。相传为诸葛亮在巴郡江州县（今属重庆）创制，故称。

⑦不道得：不思量，岂不是。

⑧一了（liǎo）：从来，一向。

【作者简介】

施耐庵（生卒年不详），元末明初小说家，钱塘（今浙江杭州）人。其生平事迹，旧籍记载绝少，传说亦多参差。他在民间传说话本和戏剧的基础上，进行了创造性的劳动，完成了长篇巨著《水浒传》。

【思考与练习】

1. 杨志是怎样一步步失陷生辰纲的？
2. 失陷生辰纲是杨志走上梁山的转折点，请分析杨志的性格特征。

窦 氏

蒲松龄

南三复，晋阳世家也。有别墅，去①所居十余里，每骑日一诣之。适遇雨，途中有小村，见一农人家，门内宽敞，因投止焉②。近村人固皆威重③南。少顷，主人出邀，跼蹐④甚恭，入其舍，斗如。客既坐，主人始操篲⑤，殷勤汜扫⑥。既而泼蜜为茶。命之坐，始敢坐。问其姓名，自言：“廷章，姓窦。”未几，进酒烹雏，给奉周至。有笄女⑦行炙，时止户外，稍稍露其半体，年十五六，端妙无比，南心动。雨歇既归，系念綦⑧切。

越日，具粟帛往酬，借此阶进。是后常一过窦，时携肴酒，相与留连。女渐稔[9]，不甚避忌，辄奔走其前。睨[10]之，则低鬟微笑。南益惑[11]焉，无三日不往者。一日值窦不在，坐良久，女出应客。南捉臂狎之，女惭急，峻拒曰："奴虽贫，要嫁，何贵倨凌人也！"时南失偶，便揖之曰："倘获怜眷[12]，定不他娶。"女要誓；南指矢天日[13]，以坚永约，女乃允之。自此为始，瞰窦他出，即过缱绻[14]。女促之曰："桑中之约[15]，不可长也。日在帡幪[16]之下，倘肯赐以姻好，父母必以为荣，当无不谐。宜速为计！"南诺之。转念农家岂堪匹偶，姑假其词以因循之。

会[17]媒来议婚于大家，初尚踌躇，既闻貌美财丰，志遂决。女以体孕，催并益急，南遂绝迹不往。无何，女临蓐，产一男。父怒搒[18]女，女以情告，且言："南要我矣。"窦乃释女，使人问南，南立却不承。窦乃弃儿。益扑女。女暗哀邻妇，告南以苦，南亦置之。女夜亡，视弃儿犹活，遂抱以奔南。款关而告阍者[19]曰："但得主人一言，我可不死。彼即不念我，宁不念儿耶？"阍人具以达南，南戒勿入。女倚户悲啼，五更始不复闻。至明视之，女抱儿坐僵矣。窦忿，讼之上官，悉以南不义，欲罪南。南惧，以千金行赂得免。

其大家梦女披发抱子而告曰："必勿许负心郎；若许，我必杀之！"大家贪南富，卒[20]许之。既亲迎，奁妆丰盛，新人亦娟好。然喜悲，终日未尝睹欢容；枕席之间，时复有涕洟[21]。问之，亦不言。过数日，妇翁至，入门便泪，南未遑[22]问故，相将入室。见女而骇曰："适于后园，见吾女缢死桃树上，今房中谁也？"女闻言，色暴变，仆然而死。视之，则窦女。急至后园，新妇果自经死。骇极，往报窦。窦发女冢，棺启尸亡。前忿未蠲[23]，倍益惨怒，复讼于官。官因其情幻，拟罪未决。南又厚饵[24]窦，哀令休结；官亦受其赇[25]嘱，乃罢。而南家自此稍替[26]。又以异迹传播，数年无敢字者。

南不得已，远于百里外聘曹进士女。未及成礼，会民间讹传，朝廷将选良家女充掖庭[27]，以故有女者，悉送归夫家去。一日，有妪导一舆[28]至，自称曹家送女者。扶女入室，谓南曰："选嫔之事已急，仓卒不能如礼，且送小娘子来。"问："何无客？"曰："薄有奁妆，相从在后耳。"妪草草径去。南视亦风致，遂与谐笑。女俯颈引带，神情酷类窦女。心中作恶，第[29]未敢言。女登榻，引被幛首[30]而眠，亦谓新人常态，弗[31]为意。日敛昏，曹人不至，始疑。捋被问女，而女亦奄然冰绝。惊怪莫知其故，驰伻[32]告曹，曹竟无送女之事。相传为异。时有姚孝廉女新葬，隔宿为盗所发，破材失尸。闻其异，诣南所征之[33]，果其女。启衾一视，四体裸然。姚怒，质状于官，官因南屡行无理，恶之，坐发冢见尸，论死。

异史氏曰："始乱之而终成之，非德也，况誓于初而绝于后乎？挞于室，听之；哭于门，仍听之：抑何其忍！而所以报之者，亦比李十郎[34]惨矣！"

【注释】

① 去：到……去。

② 焉：于此。

③ 威重：因有权势而被看重。

④ 跼蹐（jújí）：畏缩不安的样子。

⑤ 篲：扫帚。

⑥ 汜扫：周到而又小心地打扫。汜，同"泛"。

⑦ 笄（jī）女：指到了可以插笄年龄的女子，即成年。

⑧ 綦（qí）：极。

⑨ 渐稔（rěn）：逐渐熟悉。

⑩ 睨（nì）：斜着眼看人。

⑪ 惑：迷恋。

⑫ 怜眷：爱怜照顾。

⑬ 指矢天日：指着天空和太阳发誓。矢，同“誓”。

⑭ 缱绻（qiǎn quǎn）：情意缠绵的样子。

⑮ 桑中之约：指男女私下幽会。

⑯ 帡（píng）幪：帐幕。这里指遮遮掩掩的意思。

⑰ 会：恰好。

⑱ 搒（péng）：拷打。

⑲ 款：敲，叩。阍（hūn）者：守门的人。

⑳ 卒：终于。

㉑ 涕洟（yí）：眼泪，鼻涕。

㉒ 遑（huáng）：闲暇，空闲。

㉓ 蠲（juān）：消除。

㉔ 饵：以钱物为诱饵。

㉕ 赇（qiú）：贿赂。

㉖ 替：衰败。

㉗ 充掖庭：补充到皇宫后院去。掖庭，皇宫中的旁舍，皇帝的嫔妃居住的地方。

㉘ 舆：小轿子。

㉙ 第：但。

㉚ 幛首：遮住头面。

㉛ 弗：没有。

㉜ 伻（bēng）：使者。

㉝ 诣：前往，去，到。征：验证。

㉞ 李十郎：唐传奇《霍小玉传》中的人物。他曾与霍小玉相爱，立誓不负。后来考取进士，便弃霍小玉，而另娶卢氏。霍小玉悲愤而死，化为厉鬼，使李十郎休妻杀妾，终无家庭幸福。作者在这里把南三复比之于李十郎。

【作者简介】

蒲松龄（1640—1715），字留仙，一字剑臣，号柳泉居士，淄川（今属山东淄博）人。清代杰出文学家，用尽一生心血创作出杰出的文言短篇小说集《聊斋志异》。《聊斋志异》以花妖狐魅的幻想故事，反映现实生活，寄托了作者的理想。除《聊斋志异》外，还有文集4卷、诗集6卷、杂著《省身语录》《怀刑录》等多种、戏曲3种、通俗俚曲14种。今人搜集编定为《蒲松龄集》。

【思考与练习】

1. 试分析窦女和南三复这两个人物形象。

2. 小说中的细节描写对刻画人物、深化主题有画龙点睛之妙，试举例说明。

宝玉挨打

曹雪芹

原来宝玉会过雨村[①]回来，听见了，便知金钏儿[②]含羞赌气自尽，心中早又五内摧伤。进来被王夫人[③]数落教训，也无可回说。见宝钗[④]进来，方得便出来，茫然不知何往，背着手，低头一面感叹，一面慢慢的走着。信步来至厅上，刚转过屏门，不想对面来了一人正往里走，可巧儿撞了个满怀。只听那人喝了一声："站住！"宝玉吓了一跳，抬头一看，不是别人，却是他父亲，早不觉倒抽了一口气，只得垂手一旁站了。贾政道："好端端的，你垂头丧气，嗐些什么？方才雨村来了，要见你，叫你那半天你才出来了；既出来，全无一点慷慨挥洒谈吐，仍是葳葳蕤蕤[⑤]。我看你脸上一团思欲愁闷气色。这会子又咳声叹气。你那些还不足，还不自在？无故这样，却是为何？"宝玉素日虽是口角伶俐，只是此时一心总为金钏儿感伤，恨不得此时也身亡命殒，跟了金钏儿去。如今见了他父亲说这些话，究竟不曾听见，只是怔呵呵的站着。贾政见他惶悚，应对不似往日，原本无气的，这一来倒生了三分气。方欲说话，忽有回事人来回："忠顺亲王府里有人来要见老爷。"贾政听了，心下疑惑，暗暗思忖道："素日并不与忠顺府来往，为什么今日打发人来？"一面想，一面命快请。急走出来看时，却是忠顺府长史官[⑥]，忙接进厅上坐了献茶。未及叙谈，那长史官先就说道："下官此来，并非擅造潭府[⑦]，皆因奉王命而来，有一件事相求。看王爷面上，敢烦老大人作主。不但王爷知情，且连下官辈亦感谢不尽。"贾政听了这话，抓不住头脑，忙陪笑起身问道："大人既奉王命而来，不知有何见谕，望大人宣明，学生好遵谕承办。"那长史官便冷笑道："也不必承办，只用大人一句话就完了。我们府里有一个做小旦的琪官[⑧]，一向好好在府里，如今竟三五日不见回去。各处去找，又摸不着他的道路，因此各处访察。这一城内，十停[⑨]人倒有八停人都说他近日和衔玉的那位令郎相与甚厚。下官辈听了，尊府不比别家，可以擅来索取，因此启明王爷。王爷亦云：'若是别的戏子呢，一百个也罢了；只是这琪官随机应答，谨慎老成，甚合我老人家的心，竟断断少不得此人。'故此求老大人转谕令郎，请将琪官放回，一则可慰王爷谆谆奉恳，二则下官辈也可免操劳求觅之苦。"说毕，忙打一躬。贾政听了这话，又惊又气，即命唤宝玉来。宝玉也不知是何原故，忙赶来时，贾政便问："该死的奴才！你在家不读书也罢了，怎么又做出这些无法无天的事来。那琪官现是忠顺王爷驾前承奉的人，你是何等草芥，无故引逗他出来，如今祸及于我。"宝玉听了，吓了一跳，忙回道："实在不知此事。究竟连'琪官'两个字，不知为何物，岂更又加'引逗'二字。"说着便哭了。贾政未及开言，只见那长史官冷笑道："公子也不必掩饰。或隐藏在家，或知其下落，早说了出来，我们也少受些辛苦，岂不念公子之德？"宝玉连说不知，"恐是讹传，也未见得。"那长史官冷笑道："现有据证，何必还赖？必定当着老大人说了出来，公子岂不吃亏。——既云不知此人，那红汗巾子怎么到了公子腰里？"宝玉听了这话，不觉轰去魂魄，目瞪口呆，心下自思："这话他如何得知！他既连这样机密事都知道了，大约别的瞒他不过，不如打发他去了，免的再说出别的事来。"因说道："大人既知他的底细，如何连他置买房舍这样大事倒不晓得了？听得说他如今在东郊离城二十里，有个什么紫檀堡，他在那里置了几亩田地几间房舍。想是在那里，也未可知。"那长史官听了，笑道："这样说，一定是在那里。我且去找一回，若有了便罢，若没有，还要来请教。”说着，便忙忙的走了。贾政此时气的目瞪口歪，一面送那长史官，一面回头命宝玉“不许动！回来有话问你。”一直送那官员去了。才回身，忽见贾环[10]带着几个小厮一阵乱跑。贾政喝命小厮“快打，快打！”贾环见了他父亲，吓的骨软筋酥，忙低头站住。贾政便问道：“你跑什么？带着你的那些人都不管你，不知往那里逛去，由你野马一般！”喝命叫跟上学的人来。贾环见他父亲盛怒，便乘机说道：“方才原不曾跑，只因从那井边一过，那井里淹死了一个丫头，我看见人头这样大，身子这样粗，泡的实在可怕，所以才赶着跑了过来。”贾政听了，惊疑问道：“好端端的，谁去跳井？我家从无这样事情。自祖宗以来，皆是宽柔以待下人。大约我近年于家务疏懒，自然执事人操克夺[11]之权，致使生出这暴殄[12]轻生的祸患。若外人知道，祖宗颜面何在！”喝命快叫贾琏[13]、赖大、来兴来。小厮们答应了一声，方欲去叫。贾环忙上前拉住贾政袍襟，贴膝跪下，道：“父亲不用生气。此事除太太房里的人，别人一点也不知道。我听见我母亲说——”说到这里，便回头四顾一看。贾政知意，将眼一看众小厮，小厮们明白，都往两边后面退去。贾环便悄悄说道：“我母亲告诉我说，宝玉哥哥前日在太太屋里，拉着太太的丫头金钏儿强奸不遂，打了一顿。那金钏儿便赌气投井死了。”话未说完，把个贾政气的面如金纸，大喝“快拿宝玉来！”一面说，一面便往里边书房里去，喝命“今日再有人劝我，我把这冠带[14]家私一应交与他与宝玉过去！我免不得做个罪人，把这几根烦恼鬓毛[15]剃去，寻个干净去处自了，也免得上辱先人、下生逆子之罪。”众门客仆从见贾政这个形景，便知又是为宝玉了，一个个都是啖指咬舌，连忙退出。那贾政喘吁吁直挺挺坐在椅子上，满面泪痕，一叠声“拿宝玉！拿大棍！拿索子捆上！把各门都关上！有人传信往里头去，立刻打死！”众小厮们只得齐声答应，有几个来找宝玉。

那宝玉听见贾政吩咐他不许动，早知多凶少吉，那里承望[16]贾环又添了许多的话。正在厅上干转，怎得个人来往里头去捎信，偏生没个人，连焙茗也不知在那里。正盼望时，只见一个老姆姆[17]出来。宝玉如得了珍宝，便赶上来拉他，说道：“快进去告诉，老爷要打我呢！快去，快去！要紧，要紧！”宝玉一则急了，说话不明白；二则老婆子偏生又聋，竟不曾听见是什么话，把“要紧”二字只听作“跳井”二字，便笑道：“跳井让他跳去，二爷怕什么？”宝玉见是个聋子，便着急道：“你出去叫我的小厮来罢。”那婆子道：“有什么不了的事？老早的完了。太太又赏了衣服，又赏了银子，怎么不了事的！”宝玉急的跺脚，正没抓寻处，只见贾政的小厮走来，逼着他出去了。贾政一见，眼都红紫，也不暇问他在外流荡优伶，表赠私物，在家荒疏学业，淫辱母婢等语，只喝令“堵起嘴来，着实打死！”小厮们不敢违拗，只得将宝玉按在凳上，举起大板打了十来下。贾政犹嫌打轻了，一脚踢开掌板的，自己夺过来，咬着牙，狠命盖了三四十下。众门客见打的不祥[18]了，忙上前夺劝。贾政那里肯听，说道：“你们问问他干的勾当可饶不可饶！素日皆是你们这些人把他酿[19]坏了，到这步田地还来解劝。明日酿到他弑君杀父，你们才不劝不成！”众人听这话不好听，知道气急了，忙又退出，只得觅人进去给信。王夫人不敢先回贾母，只得忙穿衣出来，也不顾有人没人，忙忙赶往书房中来，慌的众门客小厮等避之不及。王夫人一进房来，贾政更如火上浇油一般，那板子越发下去的又狠又快。按宝玉的两个小厮忙松了手走开，宝玉早已动弹不得了。贾政还欲打时，早被王夫人抱住板子。贾政道：“罢了，罢了！今日必定要气死我才罢！”王夫人哭道：“宝玉虽然该打，老爷也要自重。况且炎天暑日的，老太太身上也不大好，打死宝玉事小，倘或老太太一时不自在了，岂不事大！”贾政冷笑道：“倒休提这话。我养了这不肖[20]的孽障，已不孝；教训他一番，又有众人护持；不如趁今日一发勒死了，以绝将来之患！”说着，便要绳索来勒死。王夫人连忙抱住，哭道："老爷虽然应当管教儿子，也要看夫妻分上。我如今已将五十岁的人，只有这个孽障；必定苦苦的以他为法，我也不敢深劝。今日越发要他死，岂不是有意绝我！既要勒死他，快拿绳子来，先勒死我，再勒死他。我们娘儿们不敢含怨，到底在阴司[21]里得个依靠。"说毕，爬在宝玉身上大哭起来。贾政听了此话，不觉长叹一声，向椅上坐了，泪如雨下。王夫人抱着宝玉，只见他面白气弱，底下穿着一条绿纱小衣皆是血渍，禁不住解下汗巾看，由臀至胫，或青或紫，或整或破，竟无一点好处，不觉失声大哭起来："苦命的儿吓！"因哭出"苦命儿"来，忽又想起贾珠[22]来，便叫着贾珠哭道："若有你活着，便死一百个我也不管了。"此时里面的人闻得王夫人出来，那李宫裁[23]、王熙凤与迎春姊妹早已出来了。王夫人哭着贾珠的名字，别人还可，惟有宫裁禁不住也放声哭了。贾政听了，那泪珠更似滚瓜一般滚了下来。正没开交处，忽听丫鬟来说："老太太来了。"一句话未了，只听窗外颤巍巍的声气说道："先打死我，再打死他，岂不干净了！"贾政见他母亲来了，又急又痛，连忙迎接出来，只见贾母扶着丫头，喘吁吁的走来。贾政上前躬身陪笑，说道："大暑热天，母亲有何生气，亲自走来？有话，只该叫了儿子进去吩咐。"贾母听说，便止住步，喘息一回，厉声道："你原来是和我说话！我倒有话吩咐，只是可怜我一生没养个好儿子，却叫我和谁说去？"贾政听这话不像，忙跪下含泪说道："为儿的教训儿子，也为的是光宗耀祖。母亲这话，我做儿的如何禁得起？"贾母听说，便啐了一口，说道："我说了一句话，你就禁不起，你那样下死手的板子，难道宝玉就禁得起了！你说教训儿子是光宗耀祖，当初你父亲怎么教训你来！"说着，不觉就滚下泪来。贾政又陪笑道："母亲也不必伤感，皆是作儿的一时性起，从此以后，再不打他了。"贾母便冷笑道："你也不必和我使性子赌气的。你的儿子，我也不该管你打不打。我猜着你也厌烦我们娘儿们，不如我们赶早儿离了你，大家干净！"说着便命人："看[24]轿马，我和你太太、宝玉立刻回南京去！"家下人只得干答应着。贾母又叫王夫人道："你也不必哭了。如今宝玉年纪小，你疼他，他将来长大成人，为官作宰的，也未必想着你是他母亲了。你如今倒不要疼他，只怕将来还少生一口气呢。"贾政听说，忙叩头哭道："母亲如此说，贾政无立足之地。"贾母冷笑道："你分明使我无立足之地，你反说起你来！只是我们回去了，你心里干净，看有谁来许你打。"一面说，一面只命快打点行李车轿回去。贾政苦苦叩求认罪。贾母一面说话，一面又记挂宝玉，忙进来看时，只见今日这顿打不比往日，又是心疼，又是生气，也抱着哭个不了。王夫人与凤姐等解劝了一会，方渐渐的止住。早有丫鬟媳妇等上来，要搀宝玉，凤姐便骂道："糊涂东西，也不睁开眼瞧瞧！打的这么个样儿，还要搀着走！还不快进去，把那藤屉子春凳抬出来呢。"众人听说连忙进去，果然抬出春凳来，将宝玉抬放凳上，随着贾母王夫人等进去，送至贾母房中。彼时贾政见贾母气未全消，不敢自便，也跟了进去。看看宝玉，果然打重了。再看看王夫人，儿一声，肉一声，"你替珠儿早死了，留着珠儿，免你父亲生气，我也不白操这半世的心了。这会子你倘或有个好歹，丢下我，叫我靠那一个？"数落一场，又哭："不争气的儿！"。贾政听了，也就灰心，自悔不该下毒手，打到如此地步。先劝贾母，贾母含泪说道："你不出去，还在这里做什么？难道于心不足，还要眼看着他死了才去不成？"贾政听说，方退了出来。

此时薛姨妈同宝钗、香菱、袭人、史湘云也都在这里。袭人满心委屈，只不好十分使出来，见众人围着，灌水的灌水，打扇的打扇，自己插不下手去，便越性走出来，到二门前，令小厮们找了焙茗[25]来细问："方才好端端的，为什么打起来？你也不早来透个信儿。"焙茗急的说："偏生我没在跟前，打到半中间，我才听见了。忙打听原故，却是为琪官同金钏姐姐的事。”袭人道：“老爷怎么得知道的？”焙茗道：“那琪官的事，多半是薛大爷[26]素日吃醋，没法儿出气，不知在外头唆挑了谁来，在老爷跟前下的火[27]。那金钏儿的事是三爷说的，我也是听见老爷的人说的。”袭人听了这两件事都对景[28]，心中也就信了八九分。然后回来，只见众人都替宝玉疗治。调停完备，贾母命好生抬到他房内去。众人答应，七手八脚，忙把宝玉送入怡红院[29]内自己床上卧好。又乱了半日，众人渐渐散去，袭人方进前来经心服侍，问他端的。且听下回分解。

【注释】

① 雨村：贾雨村，名化，字时飞，号雨村，得甄士隐资助考中进士，任职知府。

② 金钏儿：王夫人房中丫鬟，姓白，因受委屈而跳井自杀。

③ 王夫人：贾宝玉的母亲。

④ 宝钗：薛宝钗，贾宝玉的姨表姐，后嫁给贾宝玉。

⑤ 葳葳蕤蕤：委顿的样子。

⑥ 长史官：亲王府里总管内务的官。

⑦ 潭府：深宅大院，用作对他人府第的尊称。潭，深，深邃。

⑧ 琪官：本名蒋玉菡，忠顺亲王府中唱小旦的优伶，后娶袭人为妻。

⑨ 停：整体分成若干份，其中一份叫一停。

⑩ 贾环：贾宝玉的弟弟，贾政之妾赵姨娘所生。

⑪ 克夺：定夺。

⑫ 暴殄（tiǎn）：任意残害。殄，灭绝。

⑬ 贾琏：贾赦之子，贾政之侄，捐有同知官衔，住荣国府，和妻子王熙凤帮着料理荣国府家务。

⑭ 冠带：帽子和腰带，是官服的代称，这里代指官爵。

⑮ 烦恼鬓发：须发，成为正式的佛教僧徒必须剃去须发受戒，是现清净僧尼相的标志之一，故称头发为“烦恼丝”。

⑯ 承望：料到。

⑰ 姆姆：老女仆。

⑱ 不祥：指快要被打死了。

⑲ 酿：酿成，纵容。

⑳ 不肖：不好，不良。

㉑ 阴司：阴曹地府。

㉒ 贾珠：贾宝玉的哥哥，王夫人所生，因病早逝。

㉓ 李宫裁：即李纨，贾珠的妻子，宫裁是她的字号。

㉔ 看：料理，备办。

㉕ 焙茗：贾宝玉的书童和小厮。

㉖ 薛大爷：即“呆霸王”薛蟠。

㉗ 下的火：煽风点火、挑唆使坏。

㉘ 对景：对得上号。

㉙ 怡红院：荣国府为迎接元妃省亲而建的大观园中的一处建筑，贾宝玉所住。

【作者简介】

曹雪芹(约1715—约1763)，名霑，字梦阮，号雪芹、芹圃、芹溪，清小说家，也能诗，又善画石，但作品流传绝少。他以十年时间，从事《石头记》(即《红楼梦》)的创作。早期仅有前八十回抄本流传，八十回后部分未完成且原稿佚失。程伟元邀请高鹗协同整理出版百二十回全本，定名《红楼梦》。亦有版本作《金玉缘》。《红楼梦》是一部百科全书式的长篇小说，在思想内容和艺术技巧方面成就卓越，成为“中国小说文学难以征服的顶峰”。

【思考与练习】

1. 宝玉挨打的根本原因是什么?

2. 同是怜惜被打的宝玉，贾母与王夫人的表现方式有什么不同?试分析文中贾母、王夫人的性格特征。

3. 选取《红楼梦》中的某一情节，试写一则分析评论。

俞伯牙摔琴谢知音

冯梦龙

浪说曾分鲍叔金，谁人辨得伯牙琴!

于今交道奸如鬼，湖海空悬一片心。

古来论交情至厚，莫如管鲍。管是管夷吾，鲍是鲍叔牙。他两个同为商贾，得利均分。时管夷吾多取其利，叔牙不以为贪，知其贫也；后来管夷吾被囚，叔牙脱之，荐为齐相。这样朋友，才是个真正相知。这相知有几样名色[①]：恩德相结者，谓之知己；腹心相照者，谓之知心；声气相求者，谓之知音，总来叫做相知。今日听在下说一桩俞伯牙的故事。列位看官们，要听者，洗耳而听；不要听者，各随尊便。正是：

知音说与知音听，不是知音不与谈。

话说春秋战国时，有一名公，姓俞名瑞字伯牙，楚国郢[②]都人氏，即今湖广荆州府之地也。那俞伯牙身虽楚人，官星却落于晋国，仕至上大夫之位。因奉晋主之命，来楚国修聘。伯牙讨这个差使，一来是个大才，不辱君命；二来就便省视乡里，一举两得。当时从陆路至于郢都，朝见了楚王，致了晋主之命。楚王设宴款待，十分相敬。那郢都乃是桑梓之地[③]，少不得去看一看坟墓，会一会亲友。然虽如此，各事其主，君命在身，不敢迟留。公事已毕，拜辞楚王。楚王赠以黄金彩缎，高车驷马。伯牙离楚一十二年，思想故国江山之胜，欲得恣情观览，要打从水路大宽转而回。乃假奏楚王道：“臣不幸有犬马之疾，不胜车马驰骤。乞假臣舟楫，以便医药。”楚王准奏，命水师拨大船二只，一正一副。正船单坐晋国来使，副船安顿仆从行李。都是兰桡画桨，锦帐高帆，甚是齐整。群臣直送至江头而别。

只因览胜探奇，不顾山遥水远。

伯牙是个风流才子，那江山之胜，正投其怀。张一片风帆，凌千层碧浪，看不尽遥山叠翠，远水澄清。不一日，行至汉阳江口。时当八月十五日中秋之夜，偶然风狂浪涌，大雨如注。舟楫不能前进，泊于山崖之下。不多时，风恬浪静，雨止云开，现出一轮明月。那雨后之月，其光倍常。伯牙在船舱中，独坐无聊，命童子焚香炉内，“待我抚琴一操，以遣情怀。”童子焚香罢，捧琴囊置于案间。伯牙开囊取琴，调弦转轸[④]，弹出一曲。曲犹未终，指下“刮喇”的一声响，琴弦断了一根。伯牙大惊，叫童子去问船头：“这住船所在是甚么去处？”船头答道：“偶因风雨，停泊于山脚之下。虽然有些草树，并无人家。”伯牙惊讶，想道：“是荒山了。若是城郭村庄，或有聪明好学之人，盗听吾琴，所以琴声忽变，有弦断之异。这荒山下，那得有听琴之人？哦，我知道了，想是有仇家差来刺客；不然，或是贼盗伺候更深，登舟劫我财物。”叫左右：“与我上崖搜检一番：不在柳阴深处，定在芦苇丛中！”

左右领命，唤齐众人，正欲搭跳上崖。忽听岸上有人答应道：“舟中大人，不必见疑。小子并非奸盗之流，乃樵夫也。因打柴归晚，值骤雨狂风，雨具不能遮蔽，潜身岩畔。闻君雅操，少住听琴。”伯牙大笑道：“山中打柴之人，也敢称‘听琴’二字！此言未知真伪，我也不计较了。左右的，叫他去罢。”那人不去，在崖上高声说道：“大人出言谬矣！岂不闻‘十室之邑，必有忠信。’‘门内有君子，门外君子至。’大人若欺负山野中没有听琴之人，这夜静更深，荒崖下也不该有抚琴之客了。”

伯牙见他出言不俗，或者真是个听琴的，亦未可知。止住左右不要罗唣[⑤]，走近舱门，回嗔作喜的问道：“崖上那位君子，既是听琴，站立多时，可知道我适才所弹何曲？”那人道：“小子若不知，却也不来听琴了。方才大人所弹，乃孔仲尼叹颜回，谱入琴声。其词云：‘可惜颜回命蚤亡，教人思想鬓如霜。只因陋巷箪瓢乐，……’到这一句，就绝了琴弦，不曾抚出第四句来。小子也还记得：‘留得贤名万古扬。’”伯牙闻言，大喜道：“先生果非俗士，隔崖窎远[⑥]，难以问答。”命左右：“掌跳[⑦]，看扶手。请那位先生登舟细讲。”左右掌跳，此人上船，果然是个樵夫：头戴箬笠，身披蓑衣，手持尖担，腰插板斧，脚踏芒鞋。手下人那知言谈好歹，见是樵夫，下眼相看：“咄！那樵夫下舱去，见我老爷叩头，问你甚么言语，小心答应。官尊着哩！”樵夫却是个有意思的，道：“列位不须粗鲁，待我解衣相见。”除了斗笠，头上是青布包巾；脱了蓑衣，身上是蓝布衫儿；搭膊拴腰，露出布裩下截。那时不慌不忙，将蓑衣、斗笠、尖担、板斧，俱安放舱门之外。脱下芒鞋，躧[⑧]去泥水，重复穿上，步入舱来。官舱内公座上灯烛辉煌。樵夫长揖而不跪，道：“大人，施礼了。”俞伯牙是晋国大臣，眼界中那有两接的布衣[⑨]。下来还礼，恐失了官体，既请下船，又不好叱他回去。伯牙没奈何，微微举手道：“贤友免礼罢。”叫童子看坐的。童子取一张杌坐儿[⑩]置于下席。伯牙全无客礼，把嘴向樵夫一努，道：“你且坐了。”你我之称，怠慢可知。那樵夫亦不谦让，俨然坐下。

伯牙见他不告而坐，微有嗔怪之意。因此不问姓名，亦不呼手下人看茶。默坐多时，怪而问之：“适才崖上听琴的，就是你么？”樵夫答言：“不敢。”伯牙道：“我且问你，既来听琴，必知琴之出处。此琴何人所造？抚他有甚好处？”正问之时，船头来禀话：“风色顺了，月明如昼，可以开船。”伯牙分付：“且慢些！”樵夫道：“承大人下问，小子若讲话絮烦，恐担误顺风行舟。”伯牙笑道：“惟恐你不知琴理。若讲得有理，就不做官，亦非大事，何况行路之迟速乎！”

樵夫道：“既如此，小子方敢僭[⑪]谈。此琴乃伏羲氏所琢，见五星之精，飞坠梧桐，凤皇来仪。凤乃百鸟之王，非竹实不食，非梧桐不栖，非醴泉[⑫]不饮。伏羲以知梧桐乃树中之良材，夺造化之精气，堪为雅乐，令人伐之。其树高三丈三尺，按三十三天之数；截为三段，分天、地、人三才。取上一段叩之，其声太清，以其过轻而废之；取下一段叩之，其声太浊，以其过重而废之；取中一段叩之，其声清浊相济，轻重相兼。送长流水中，浸七十二日，按七十二候之数。取起阴干，选良时吉日，用高手匠人刘子奇制成乐器。此乃瑶池之乐，故名瑶琴。长三尺六寸一分，按周天三百六十一度；前阔八寸，按八节；后阔四寸，按四时；厚二寸，按两仪。有金童头，玉女腰，仙人背，龙池，凤沼，玉轸，金徽。那徽有十二，按十二月；又有一中徽，按闰月。先是五条弦在上，外按五行：金、木、水、火、土；内按五音：宫、商、角、徵、羽。尧舜时操五弦琴，歌《南风》诗，天下大治。后因周文王被囚于羑里，吊子伯邑考，添弦一根，清幽哀怨，谓之文弦。后武王伐纣，前歌后舞，添弦一根，激烈发扬，谓之武弦。先是宫、商、角、徵、羽五弦，后加二弦，称为文武七弦琴。此琴有六忌、七不弹、八绝。何为六忌？一忌大寒，二忌大暑，三忌大风，四忌大雨，五忌迅雷，六忌大雪。何为七不弹？闻丧者不弹，奏乐不弹，事冗不弹，不净身不弹，衣冠不整不弹，不焚香不弹，不遇知音者不弹。何为八绝？总之清奇幽雅，悲壮悠长。此琴抚到尽美尽善之处，啸虎闻而不吼，哀猿听而不啼。乃雅乐之好处也。”

伯牙听见他对答如流，犹恐是记问之学，又想道：“就是记问之学，也亏他了。我再试他一试。”此时已不似在先你我之称了。又问道：“足下既知乐理，当时孔仲尼鼓琴于室中，颜回自外入。闻琴中有幽沉之声，疑有贪杀之意，怪而问之。仲尼曰：‘吾适鼓琴，见猫方捕鼠，欲其得之，又恐其失之。此贪杀之意，遂露于丝桐。’始知圣门音乐之理，入于微妙。假如下官抚琴，心中有所思念，足下能闻而知之否？”樵夫道：“《毛诗》云：‘他人有心，予忖度之。’大人试抚弄一过，小子任心猜度。若猜不着时，大人休得见罪。”伯牙将断弦重整，沉思半晌。其意在于高山，抚琴一弄。樵夫赞道：“美哉洋洋乎！大人之意，在高山也。”伯牙不答，又凝神一会，将琴再鼓。其意在于流水。樵夫又赞道：“美哉汤汤乎！志在流水。”只两句，道着了伯牙的心事。伯牙大惊，推琴而起，与子期施宾主之礼，连呼：“失敬！失敬！石中有美玉之藏。若以衣貌取人，岂不误了天下贤士！先生高名雅姓？”樵夫欠身而答：“小子姓钟，名徽，贱字子期。”伯牙拱手道：“是钟子期先生。”子期转问：“大人高姓？荣任何所？”伯牙道：“下官俞瑞，仕于晋朝，因修聘上国而来。”子期道：“原来是伯牙大人。”伯牙推子期坐于客位，自己主席相陪，命童子点茶。茶罢，又命童子取酒共酌。伯牙道：“借此攀话，休嫌简亵[13]。”子期称：“不敢。”

童子取过瑶琴，二人入席饮酒。伯牙开言又问：“先生声口是楚人了，但不知尊居何处？”子期道：“离此不远，地名马安山集贤村，便是荒居。”伯牙点头道：“好个集贤村！”又问：“道艺何为？”子期道：“也就是打柴为生。”伯牙微笑道：“子期先生，下官也不该僭言，似先生这等抱负，何不求取功名，立身于廊庙，垂名于竹帛，却乃赍志[14]林泉，混迹樵牧，与草木同朽？窃为先生不取也。”子期道：“实不相瞒，舍间上有年迈二亲，下无手足相辅。采樵度日，以尽父母之馀年，虽位为三公之尊，不忍易我一日之养也。”伯牙道：“如此大孝，一发难得。”

二人杯酒酬酢了一会。子期宠辱无惊，伯牙愈加爱重。又问子期：“青春多少？”子期道：“虚度二十有七。”伯牙道：“下官年长一旬。子期若不见弃，结为兄弟相称，不负知音契友。”子期笑道：“大人差矣！大人乃上国名公，钟徽乃穷乡贱子，怎敢仰扳？有辱俯就。”伯牙道：“‘相识满天下，知心能几人？’下官碌碌风尘，得与高贤结契，实乃生平之万幸。若以富贵贫贱为嫌，觑俞瑞为何等人乎！”遂命童子重添炉火，再爇[15]名香，就船舱中与子期顶礼八拜。伯牙年长为兄，子期为弟。今后兄弟相称，生死不负。拜罢，复命取暖酒再酌。子期让伯牙上坐，伯牙从其言，换了杯箸，子期下席，兄弟相称，彼此谈心叙话。正是：

合意客来心不厌，知音人听话偏长。

谈论正浓，不觉月淡星稀，东方发白。船上水手都起身收拾篷索，整备开船。子期起身告辞，伯牙捧一杯酒递与子期，把子期之手，叹道："贤弟，我与你相见何太迟，相别何太早！"子期闻言，不觉泪珠滴于杯中。子期一饮而尽，斟酒回敬伯牙。二人各有眷恋不舍之意。伯牙道："愚兄余情不尽，意欲曲延[16]贤弟同行数日，未知可否？"子期道："小弟非不欲相从，怎奈二亲年老，'父母在，不远游。'"伯牙道："既是二位尊人在堂，回去告过二亲，到晋阳来看愚兄一看，这就是'游必有方'了。"子期道："小弟不敢轻诺而寡信，许了贤兄，就当践约。万一禀命于二亲，二亲不允，使仁兄悬望于数千里之外，小弟之罪更大矣。"伯牙道："贤弟真所谓至诚君子。也罢，明年还是我来看贤弟。"子期道："仁兄明岁何时到此？小弟好伺候尊驾。"伯牙屈指道："昨夜是中秋节，今日天明，是八月十六日了。贤弟，我来仍在仲秋中五六日奉访。若过了中旬，迟到季秋月分，就是爽信[17]，不为君子。"叫童子："分付记室，将钟贤弟所居地名及相会的日期，登写在日记簿上。"子期道："既如此，小弟来年仲秋中五六日，准在江边侍立拱候，不敢有误。天色已明，小弟告辞了。"伯牙道："贤弟且住。"命童子取黄金二笏，不用封帖，双手捧定，道："贤弟，些须薄礼，权为二位尊人甘旨之费[18]。斯文骨肉，勿得嫌轻。"子期不敢谦让，即时收下。再拜告别，含泪出舱，取尖担挑了蓑衣、斗笠，插板斧于腰间，掌跳搭扶手上崖。伯牙直送至船头，各各洒泪而别。

不题子期回家之事。再说俞伯牙点鼓开船，一路江山之胜，无心观览，心心念念，只想着知音之人。又行了几日，舍舟登岸。经过之地，知是晋国上大夫，不敢轻慢，安排车马相送。直至晋阳，回复了晋主，不在话下。

光阴迅速，过了秋冬，不觉春去夏来。伯牙心怀子期，无日忘之。想着中秋节近，奏过晋主，给假还乡。晋主依允。伯牙收拾行装，仍打大宽转，从水路而行。下船之后，分付水手，但是湾泊所在，就来通报地名。事有偶然，刚刚八月十五夜，水手禀复，此去马安山不远。伯牙依稀还认得去年泊船相会子期之处。分付水手，将船湾泊，水底抛锚，崖边钉橛。其夜晴明，船舱内一线月光，射进朱帘。伯牙命童子将帘卷起，步出舱门，立于船头之上，仰观斗柄，水底天心，万顷茫然，照如白昼。思想去岁与知己相逢，雨止月明，今夜重来，又值良夜。他约定江边相候，如何全无踪影，莫非爽信？又等了一会，想道："我理会得了。江边来往船只颇多，我今日所驾的，不是去年之船了。吾弟急切如何认得？去岁我原为抚琴惊动知音。今夜仍将瑶琴抚弄一曲。吾弟闻之，必来相见。"命童子取琴桌安放船头，焚香设座。伯牙开囊，调弦转轸，才泛音律，商弦中有哀怨之声。伯牙停琴不操："呀！商弦哀声凄切，吾弟必遭忧在家。去岁曾言父母年高，若非父丧，必是母亡。他为人至孝，事有轻重，宁失信于我，不肯失礼于亲，所以不来也。来日天明，我亲上崖探望。"叫童子收拾琴桌，下舱就寝。

伯牙一夜不睡，真个巴明不明，盼晓不晓。看看月移帘影，日出山头。伯牙起来梳洗整衣，命童子携琴相随，又取黄金十镒[19]带去："傥吾弟居丧，可为赙礼[20]。"踹跳登崖，行于樵径，约莫十数里，出一谷口。伯牙站住。童子禀道："老爷为何不行？"伯牙道："山分南北，路列东西。从山谷出来，两头都是大路，都去得，知道那一路往集贤村去？等个识路之人，问明了他，方才可行。"伯牙就石上少憩。童儿退立于后。不多时，左手官路上有一老叟，髯垂玉线，发挽银丝，箬冠野服，左手举藤杖，右手携竹篮，徐步而来。伯牙起身整衣，向前施礼。那老者不慌不忙，将右手竹篮轻轻放下，双手举藤杖还礼，道："先生有何见教？"伯牙道："请问两头路，那一条路，往集贤村去的？"老者道："那两头路，就是两个集贤村。左手是上集贤村，右手是下集贤村，通衢[21]三十里官道。先生从谷出来，正当其半。

东去十五里，西去也是十五里。不知先生要往那一个集贤村？”

伯牙默默无言，暗想道：“吾弟是个聪明人，怎么说话这等糊涂！相会之日，你知道此间有两个集贤村，或上或下，就该说个明白了。”伯牙却才沉吟。那老者道：“先生这等吟想，一定那说路的，不曾分上下，总说了个集贤村，教先生没处抓寻了。”伯牙道：“便是。”老者道：“两个集贤村中，有一二十家庄户，大抵都是隐遁避世之辈。老夫在这山里，多住了几年，正是‘土居二十载，无有不亲人’。这些庄户，不是舍亲，就是敝友。先生到集贤村必是访友，只说先生所访之友，姓甚名谁，老夫就知他住处了。”伯牙道：“学生要往钟家庄去。”老者闻“钟家庄”三字，一双昏花眼内，扑簌簌掉下泪来，道：“先生别家可去，若说钟家庄，不必去了。”伯牙惊问：“却是为何？”老者道：“先生到钟家庄，要访何人？”伯牙道：“要访子期。”老者闻言，放声大哭道：“子期钟徽，乃吾儿也。去年八月十五采樵归晚，遇晋国上大夫俞伯牙先生。讲论之间，意气相投。临行赠黄金二笏。吾儿买书攻读，老拙无才，不曾禁止。旦则采樵负重，暮则诵读辛勤，心力耗废，染成怯疾，数月之间，已亡故了。”

伯牙闻言，五内崩裂，泪如涌泉，大叫一声，傍山崖跌倒，昏绝于地。钟公用手搀扶，回顾小童道：“此位先生是谁？”小童低低附耳道：“就是俞伯牙老爷。”钟公道：“元来是吾儿好友。”扶起伯牙苏醒。伯牙坐于地下，口吐痰涎，双手捶胸，恸哭不已，道：“贤弟呵！我昨夜泊舟，还说你爽信，岂知已为泉下之鬼！你有才无寿了！”钟公拭泪相劝。伯牙哭罢起来，重与钟公施礼。不敢呼老丈，称为老伯，以见通家兄弟之意。伯牙道：“老伯，令郎还是停柩在家，还是出瘞[22]郊外了？”钟公道：“一言难尽！亡儿临终，老夫与拙荆[23]坐于卧榻之前。亡儿遗语嘱咐道：‘修短由天，儿生前不能尽人子事亲之道，死后乞葬于马安山江边。与晋大夫俞伯牙有约，欲践前言耳。’老夫不负亡儿临终之言。适才先生来的小路之右，一丘新土，即吾儿钟徽之冢。今日是百日之忌，老夫提一陌纸钱，往坟前烧化。何期与先生相遇！”伯牙道：“既如此，奉陪老伯，就坟前一拜。”命小童代太公提了竹篮。

钟公策杖引路，伯牙随后，小童跟定，复进谷口。果见一丘新土，在于路左。伯牙整衣下拜：“贤弟在世为人聪明，死后为神灵应。愚兄此一拜，诚永别矣！”拜罢，放声又哭。惊动山前山后、山左山右黎民百姓，不问行的住的，远的近的，闻得朝中大臣来祭钟子期，回绕坟前，争先观看。伯牙却不曾摆得祭礼，无以为情。命童子把瑶琴取出囊来，放于祭石台上，盘膝坐于坟前，挥泪两行，抚琴一操。那些看者，闻琴韵铿锵，鼓掌大笑而散。伯牙问：“老伯，下官抚琴，吊令郎贤弟，悲不能已，众人为何而笑？”钟公道：“乡野之人，不知音律。闻琴声以为取乐之具，故此长笑。”伯牙道：“原来如此。老伯可知所奏何曲？”钟公道：“老夫幼年也颇习，如今年迈，五官半废，模糊不懂久矣。”伯牙道：“这就是下官随心应手一曲短歌，以吊令郎者，口诵于老伯听之。”钟公道：“老夫愿闻。”伯牙诵云：

忆昔去年春，江边曾会君。今日重来访，不见知音人。但见一抔土，惨然伤我心！伤心伤心复伤心，不忍泪珠纷。来欢去何苦，江畔起愁云。子期子期兮，你我千金义。历尽天涯无足语，此曲终兮不复弹，三尺瑶琴为君死！

伯牙于衣夹间取出解手刀，割断琴弦；双手举琴，向祭石台上用力一摔，摔得玉轸抛残，金徽零乱。钟公大惊，问道：“先生为何摔碎此琴？”伯牙道：

摔碎瑶琴凤尾寒，子期不在对谁弹！

春风满面皆朋友，欲觅知音难上难。

钟公道：“原来如此，可怜可怜！”伯牙道：“老伯高居，端的[24]在上集贤村，还是下集贤村？”钟公道：“荒居在上集贤村第八家就是。先生如今又问他怎的？”伯牙道：“下官伤感在心，不敢随老伯登堂了。随身带得有黄金二镒，一半代令郎甘旨之奉，一半买几亩祭田，为令郎春秋扫墓之费。待下官回本朝时，上表告归林下。那时却到上集贤村，迎接老伯与老伯母，同到寒家，以尽天年。吾即子期，子期即吾也。老伯勿以下官为外人相嫌。”说罢，命小童取出黄金，亲手递与钟公，哭拜于地。钟公答拜，盘桓半晌而别。

这回书，题作《俞伯牙摔琴谢知音》。后人有诗赞云：

势利交怀势利心，斯文谁复念知音！

伯牙不作钟期逝，千古令人说破琴。

【作者简介】

冯梦龙（1574—1646），明代著名文学家，南直隶苏州府长洲县（今江苏省苏州市）人，字犹龙，又字子犹，号龙子犹、墨憨斋主人、顾曲散人、吴下词奴等。《苏州府志》卷八十一《人物》对他的才情、学术水平给予了极高的评价，书中道：“冯梦龙，字犹龙，才情跌宕，诗文丽藻，尤明经学。崇祯时，以贡选寿宁知县。”

【注释】

① 名色：名义。

② 郢（yǐng）：古代楚国的都城。

③ 桑梓之地：古代常于所居的宅旁栽桑树和梓树。后世即以桑梓作为家乡的代称。

④ 轸（zhěn）：弦乐器上的轴转动弦线。

⑤ 罗唣（zào）：吵闹寻事。

⑥ 窎（diào）远：遥远。

⑦ 掌跳：搭上跳板。

⑧ 躧（xǐ）：同屣，鞋。

⑨ 两接的布衣：指平民。两接，即两截，指衫和裤，为老百姓穿的衣服。

⑩ 杌（wù）坐儿：矮凳子。

⑪ 僭（jiàn）：超越本分。

⑫ 醴（lǐ）泉：甜美的泉水。

⑬ 简亵（xiè）：怠慢失礼。

⑭ 赍（jī）志：怀抱志愿。

⑮ 爇（ruò）：点燃。

⑯ 曲延：谦辞，意为邀请你而使你受委屈。

⑰ 爽信：失信，不守信用。

⑱ 甘旨之费：奉养父母的费用。

⑲ 镒（yì）：重量单位，古代二十两为一镒。

⑳ 赙（fù）礼：帮助别人办理丧事的礼金。

㉑ 衢（qú）：大路。

㉒ 瘗（yì）：掩埋。

㉓ 拙荆：对别人谦称自己的妻子。

㉔ 端的：到底。

【思考与练习】

1. 结合全文分析钟子期形象。

2. 你怎样理解伯牙绝弦的?

3. 明代小说中的人物有着传统文人的精神气质和生活情趣，试说出阅读本文后你能联想到的古代文人，并简要说明。

严监生之死

吴敬梓

不觉到了除夕，严监生①拜过了天地祖宗，收拾一席家宴，严监生同赵氏对坐，奶妈带着哥子坐在底下。吃了几杯酒，严监生吊下泪来，指着一张橱里，向赵氏说道:“昨日典铺内送来三百两利钱，是你王氏姐姐的私房。每年腊月二十七八日送来，我就交与他，我也不管他在那里用。今年又送这银子来，可怜就没人接了!”赵氏道:“你也莫要说大娘的银子没用处，我是看见的。想起一年到头，逢时遇节，庵里师姑送盒子，卖花婆换珠翠，弹三弦琵琶的女瞎子不离门，那一个不受他的恩惠?况他又心慈，见那些穷亲戚，自己吃不成，也要把人吃;穿不成的，也要把人穿。这些银子，够做甚么!再有些也完了。倒是两位舅爷从来不沾他分毫。依我的意思，这银子也不费用掉了，到开年替奶奶大大的做几回好事，剩下来的银子，料想也不多，明年是科举年，就是送与两位舅爷做盘程，也是该的。”严监生听着他说。桌子底下一个猫就扒在他腿上，严监生一靴头子踢开了。那猫吓的跑到里房内去，跑上床头，只听得一声大响，床头上掉下一个东西来，把地板上的酒坛子都打碎了。拿烛去看，原来那瘟猫把床顶上的板跳蹋一块，上面吊下一个大篾篓子来;近前看时，只见一地黑枣子拌在酒里，蔑篓横睡着。两个人才扳过来，枣子底下，一封一封，桑皮纸包着;打开看时，共五百两银子。严监生叹道:“我说他的银子那里就肯用完了!像这都是历年聚积的，恐怕我有急事好拿出来用的。而今他往那里去了!”一回哭着，叫人扫了地，把那个干枣子装了一盘，同赵氏放在灵前桌上，伏着灵床子，又哭了一场。因此，新年不出去拜节，在家哽哽咽咽，不时哭泣，精神颠倒，恍惚不宁。过了灯节后，就叫心口疼痛，初时撑着，每晚算帐，直算到三更鼓，后来就渐渐饮食不进，骨瘦如柴，又舍不得银子吃人参。赵氏劝他道:“你心里不自在，这家务事，就丢开了罢!”他说道:“我儿子又小，你叫我托那个?我在一日，少不得料理一日。”不想春气渐深，肝木克了脾土②，每日只吃两碗米汤，卧床不起。及到天气和暖，又勉强进些饮食，挣起来家前屋后走走。挨过长夏，立秋以后病又重了，睡在床上。想着田上要收早稻，打发了管庄的仆人下乡去;又不放心，心里只是急躁。

那一日，早上吃过药，听着萧萧落叶打的窗子响，自觉得心里虚怯，长叹了一口气，把脸朝床里面睡下。赵氏从房外同两位舅爷进来问病，就辞别了到省城里乡试去。严监生叫丫鬟扶起来勉强坐着。王德、王仁道:“好几日不曾看妹丈，原来又瘦了些——喜得精神还好。”严监生请他坐下，说了些恭喜的话，留在房里吃点心，就讲到除夕晚里这一番话，叫赵氏拿出几封银子来;指着赵氏说道:“这倒是他的意思，说姐姐留下来的一点东西，送与二位老舅添着做恭喜的盘费。我这病势沉重，将来二位回府，不知可会的着了?我死之后，二位老舅照顾你外甥长大，教他读读书，挣着进个学，免得像我一生，终日受大房里的气！”二位接了银子，每位怀里带着两封，谢了又谢，又说了许多的安慰的话，作别去了。

自此，严监生的病，一日重似一日，再不回头。诸亲六眷都来问候。五个侄子穿梭的过来陪郎中弄药。到中秋已后，医家都不下药了。把管庄的家人都从乡里叫了上来。病重得一连三天不能说话。晚间挤了一屋的人，桌上点着一盏灯。严监生喉咙里痰响得一进一出，一声不倒一声的，总不得断气，还把手从被单里拿出来，伸着两个指头。大侄子走上前来问道：“二叔，你莫不是还有两个亲人不曾见面？”他就把头摇了两三摇。二侄子走上前来问道：“二叔，莫不是还有两笔银子在那里，不曾吩咐明白？”他把两眼睁的溜圆，把头又狠狠摇了几摇，越发指得紧了。奶妈抱着哥子插口道：“老爷想是因两位舅爷不在跟前，故此记念。”他听了这话，把眼闭着摇头，那手只是指着不动。赵氏慌忙揩揩眼泪，走近上前道：“爷，别人都说的不相干，只有我晓得你的意思！”只因这一句话，有分教：争田夺产，又从骨肉起戈矛；继嗣延宗，齐向官司进词讼。不知赵氏说出甚么话来，且听下回分解。

话说严监生临死之时，伸着两个指头，总不肯断气，几个侄儿和些家人，都来讧乱[③]着问，有说为两个人的，有说为两件事的，有说为两处田地的，纷纷不一；只管摇头不是。赵氏分开众人，走上前道：“爷，只有我能知道你的心事。你是为那灯盏里点的是两茎灯草，不放心，恐费了油。我如今挑掉一茎就是了。”说罢，忙走去挑掉一茎。众人看严监生时，点一点头，把手垂下，登时就没了气。合家大口号哭起来，准备入殓[④]，将灵柩停在第三层中堂内。

【注释】

① 监生：按明清科举制度，凡入国子监就读者统称为监生。后来则多指由捐钱而得到的一种资格，不必入监读书。

② 肝木克了脾土：古代以五行（水、火、木、金、土）依次配五脏（肺、肾、肝、心、脾），所以称肝木、脾土。

③ 讧乱：乱哄哄。

④ 入殓（liàn）：即入棺，人死了尸体移入棺材。

【作者简介】

吴敬梓（1701—1754），清小说家，字敏轩，号粒民，晚号文木老人、秦淮寓客等。一生中创作了大量的诗歌、散文和史学研究著作，著有《文木山房集》《文木山房诗说》等，他的长篇讽刺小说《儒林外史》成就最高。

【思考与练习】

1. 举例阐述《儒林外史》的讽刺艺术。

2. 怎样理解《儒林外史》不只是一部丑史，也是一部痛史？

3. 假如《儒林外史》中的人物来到现代社会，会有怎样的故事发生？请发挥想象，选取书中人物，写一个穿越题材的剧本。

第二部分　中国现代文学

第九章　诗歌

概　述

中国现代诗歌以新诗为主，所谓新诗，是指打破古典诗歌固有的形式与内容，以现代白话表达人们思想感情的一种新式诗歌。

新诗的发展离不开诗歌体制的解放。甲午战争之后，谭嗣同、梁启超、黄遵宪等人提倡“诗界革命”，诗歌的体制逐渐从古典诗歌的旧体制中脱离出来，对僵化的古典诗歌体制起了一定的冲击作用。五四运动时期，白话文的出现使得新诗的语言得到了进一步的发展。1920 年，胡适出版了中国第一本白话诗集《尝试集》，以白话入诗，诗歌的语言得到了创新。1921 年，郭沫若的诗集《女神》则彻底突破了传统诗歌的体制，无论是语言、格律还是形式方面都充分发挥了诗歌的抒情本质，鲜明地体现了“五四”时代狂飙突进的精神，是中国现代新诗的奠基之作。

新诗的发展推动了中国现代诗歌创作理论的发展，创作理论的发展又投射于新诗的创作实践之中。早期的新诗创作者与理论研究者多向西方的现代派诗歌学习，但仍有一部分有识之士开始着手从中国的诗歌传统中寻找与新诗的契合，重点关注诗歌的格律与意象，其中较有代表性的是新月诗派与象征诗派。新月诗派提出“理性节制情感”的美学原则，倡导诗歌形式的格律化，强调诗歌的形式美与艺术美，涌现出了徐志摩、闻一多、朱湘等具有鲜明个人风格、自觉进行新诗实验的诗人。与新月诗派关注诗歌的格律、美学原则不同，象征诗派则更为关注诗歌的意象，并提出了一系列的创作理论，并对后来的诗歌的创作实践产生了一定的影响，代表人物有穆木天、李金发。从理论上看，象征诗派的诗人将象征主义引入国内，明确提出了将东西方诗歌“沟通”的理想，他们还认为诗歌应从抒情表意的“表达（沟通）”功能转向“自我感觉的表现”功能，进而创作“纯粹的诗歌”。

在新月诗派与象征诗派追求个性解放的同时，无产阶级革命者、共产党人对人的理解已经超离五四个性解放的层面，他们看重的是人的阶级性和革命性，人的解放被置换为无产阶级和被压迫者的解放。这种新的人学观催生了早期无产阶级诗歌的诞生。诗人蒋光慈在创作实践上体现了这一要求，其代表作《新梦》是中国现代第一部为十月革命和社会主义新生活放声歌唱的诗集。殷夫的《别了，哥哥》、蒲风的《钢铁的海岸线》、杨骚的《乡曲》等都表现了人民斗争丰富而壮阔的生活内容和昂扬的激情。早期无产阶级的诗歌沿袭了白话诗歌的语言形式以及自由诗的直接抒情的表现方式，精神上以无产阶级解放主题、集体主义主题取代了五四新诗个性解放主题，体现了新诗的另一种发展走向。

30 年代的现代诗派是由后期新月派与 20 年代末的象征诗派演变而来的，他们受法国象征诗纯粹诗歌观念的影响，与初期象征主义诗派强调的创作理论一脉相承，强调诗的辞藻和形式要充分自由地表现诗人的情思。由于现代派诗歌意象丰富、组合巧妙，所以也被称为“意象抒情诗”。在创作实践中，现代派的诗歌在形式上创造了有散文美的自由诗体，凸显了诗歌的美感。代表诗集有徐迟的《二十岁人》、戴望舒的《望舒诗稿》、卞之琳的《鱼目集》等。同时，30 年代还有一批以臧克家、田间为代表的诗人，他们的诗歌根植于乡土人生，既能坚持现实主义的创作原则，又能够有节制地运用诗歌创作的技巧，使个性意识、时代内容、艺术形象与艺术形式能够在他们的诗歌中实现较好的结合，这也使得以农村生活为题材的诗歌在他们的创作实践中得到了更好的发展。

全面抗战爆发后，出现了大量的抗战诗歌、诗集，慷慨激昂的民族情绪和时代精神在诗歌创作中得以抒发。与解放区诗人澎湃激昂的创作不同，国统区的诗人在创作中则体现出希望与痛苦交织、为了光明与黑暗搏斗的情感，其中具有代表性的是七月诗派与九叶诗派。七月诗派坚持现实主义创作原则，强调诗歌创作应充分发掘生活中、斗争中的诗意与美，代表作有邹荻帆的《走向北方》、绿原的《憎恨》、孙钿的《行程》等。九叶诗派在创作上则追求现实主义与现代主义相结合，关注人的精神世界，将诗歌的审美原则建构在内心世界和外在世界的重叠点上，实现了对现实主义和浪漫主义的一种超越。

从整体上看，中国现代诗歌的发展是一个兼收并蓄、敢于创新的过程，不同流派的诗人用笔墨审视现实、抒发情感，共同书写了中国现代诗歌的壮丽篇章。

你是人间的四月天——一句爱的赞颂

林徽因

我说你是人间的四月天；
笑响点亮了四面风；轻灵
在春的光艳中交舞着变。
你是四月早天里的云烟，
黄昏吹着风的软，星子在
无意中闪，细雨点洒在花前。
那轻，那娉婷，你是，鲜妍
百花的冠冕你戴着，你是
天真，庄严，你是夜夜的月圆。
雪化后那片鹅黄，你像；新鲜

初放芽的绿，你是；柔嫩喜悦
水光浮动着你梦期待中白莲。
你是一树一树的花开，是燕
在梁间呢喃，——你是爱，是暖，
是希望，你是人间的四月天！

【作者简介】

林徽因（1904—1955），原名林徽音。中国著名女建筑师、诗人和作家，人民英雄纪念碑和中华人民共和国国徽深化方案的设计者之一。著有散文、诗歌、小说等。《你是人间的四月天》最为大众熟知。

【思考与练习】

1. 结尾句“是希望，你是人间的四月天”，后来，作者将“希望”改作了“诗的一篇”。为什么这么修改呢？试探究原因。

2. 这首诗美在哪里？请简要阐述。

再别康桥[①]

徐志摩

轻轻的我走了，
正如我轻轻的来；
我轻轻的招手，
作别西天的云彩。
那河畔的金柳，
是夕阳中的新娘；
波光里的艳影，
在我的心头荡漾。
软泥上的青荇[②]，
油油的在水底招摇；
在康河的柔波里，
我甘心做一条水草！
那榆荫下的一潭，
不是清泉，是天上虹
揉碎在浮藻[③]间，
沉淀着彩虹似的梦。
寻梦？撑一支长篙，
向青草更青处漫溯，
满载一船星辉，
在星辉斑斓里放歌。

但我不能放歌，
悄悄是别离的笙箫；
夏虫也为我沉默，
沉默是今晚的康桥！
悄悄的我走了，
正如我悄悄的来；
我挥一挥衣袖，
不带走一片云彩。

十一月六日，中国海上

【注释】

① 康桥：即剑桥。
② 青荇：一种根生在水底、叶浮在水面的植物。
③ 浮藻：浮在水面上的藻类植物，是含叶绿素和其他辅助色素的低等自养植物。

【作者简介】

徐志摩（1897—1931），名章垿，现代诗人、散文家，浙江海宁人。徐志摩是新月派代表诗人，新月诗社成员。著有诗集《志摩的诗》《翡冷翠的一夜》《猛虎集》《云游》，散文集《落叶》《巴黎的鳞爪》《自剖》《秋》，小说散文集《轮盘》，戏剧《卞昆冈》（与陆小曼合写），日记《爱眉小札》《志摩日记》，译著《曼殊斐尔小说集》等。

【思考与练习】

1. 诗中出现了哪些意象，分别象征什么？
2. 怎样理解“轻轻的我走了，正如我轻轻的来；我轻轻的招手，作别西天的云彩”？
3. 本诗开头和结尾的呼应，有何审美作用？

一 句 话

闻一多

有一句话说出就是祸，
有一句话能点得着火。
别看五千年没有说破，
你猜得透火山的缄默？
说不定是突然着了魔，
突然青天里一个霹雳
爆一声：
“咱们的中国！”
这话叫我今天怎样说？
你不信铁树开花也可，
那么有一句话你听着：

等火山忍不住了缄默，
不要发抖，伸舌头，顿脚，
等到青天里一个霹雳
爆一声：
“咱们的中国！”

【作者简介】

闻一多（1899—1946），原名闻家骅。新月派代表诗人、学者、民主斗士。1923 年出版第一部诗集《红烛》，1928 年出版第二部诗集《死水》，之后致力于古典文学研究。于 1946 年夏在昆明遇刺身亡，遗著由朱自清编成《闻一多全集》四卷。

【思考与练习】

1. 分析同为“新月派”诗人的徐志摩、闻一多在创作风格上的异同。
2. 分析这首诗的艺术特色。

雨　　巷

戴望舒

撑着油纸伞，独自
彷徨在悠长、悠长
又寂寥的雨巷，
我希望逢着
一个丁香一样的
结着愁怨的姑娘。
她是有
丁香一样的颜色，
丁香一样的芬芳，
丁香一样的忧愁，
在雨中哀怨，
哀怨又彷徨；
她彷徨在这寂寥的雨巷，
撑着油纸伞
像我一样，
像我一样地
默默彳亍[①]着，
冷漠，凄清，又惆怅。
她静默地走近
走近，又投出
太息[②]一般的眼光，

她飘过
像梦一般的，
像梦一般的凄婉迷茫。
像梦中飘过
一枝丁香的，
我身旁飘过这女郎；
她静默地远了，远了，
到了颓圮[③]的篱墙，
走尽这雨巷。
在雨的哀曲里，
消了她的颜色，
散了她的芬芳，
消散了，甚至她的
太息般的眼光，
丁香般的惆怅。
撑着油纸伞，独自
彷徨在悠长、悠长
又寂寥的雨巷，
我希望飘过
一个丁香一样的
结着愁怨的姑娘。

【注释】

① 彳亍（chì chù）：慢步走，走走停停。

② 太息：叹息。

③ 颓圮（pǐ）：倒塌，破败。

【作者简介】

戴望舒（1905—1950），浙江杭州人，20 世纪 30 年代“现代诗派”代表诗人。1928 年 8 月，《雨巷》在《小说月报》上发表，获得“雨巷诗人”称号。诗集有《我的记忆》《望舒草》《望舒诗稿》《灾难的岁月》。

【思考与练习】

1. 概述本诗所表达的思想感情。

2. 简析“姑娘”这一形象。

3. 叶圣陶称此诗“替新诗的音节开了一个新的纪元”，谈谈你对本诗音乐美的感受。

第十章　小说

概　述

小说作为一种文学体裁，在中国有着悠久的发展历史。中国古代小说的发展历史，在第八章进行了介绍。此处，将对中国现代小说的发展历史进行介绍。

一、三四十年代

我们普遍认为的现代小说，从时间上来讲是五四运动后，新民主主义革命时期的小说。

鲁迅是中国现代小说的奠基人，在小说创作方法上取得了很高成就。代表作有短篇小说集《呐喊》《彷徨》。《狂人日记》是中国现代文学史上的第一篇白话小说，《阿Q正传》是最早被介绍到世界上的中国现代小说。

30年代小说题材空间拓展，长篇小说发展成熟，小说流派纷呈，普罗小说、左联青年作家群、社会剖析小说等相继出现。其中，社会剖析小说成为当时重要的小说流派。老舍创作了俗白、凝练、纯净、生动而又风趣幽默的京味儿小说；茅盾的“农村三部曲”——《春蚕》《秋收》《残冬》以及《蚀》也是30年代小说的重要作品；巴金的“激流三部曲”——《家》《春》《秋》以及老舍的《骆驼祥子》、茅盾的《子夜》等，都以各自独特的艺术风格闻名于世，标志着中国现代长篇小说的成熟。

到了40年代，张恨水是中国现代通俗小说界的集大成者；赵树理在解放区小说创作中最具代表性，《小二黑结婚》对中国传统的评书体形式加以改造，创造了一种新的评书体小说形式，推动了中国现代小说的民族化。

二、五六十年代

进入到五六十年代，主要作品有赵树理的《三里湾》、曲波的《林海雪原》、梁斌的《红旗谱》、杨沫的《青春之歌》、姚雪垠的《李自成》等。另外，也出现了“干预现实”的小说，主要有王蒙的《组织部新来的年轻人》、宗璞的《红豆》、丰村的《美丽》等作品。这一时期，武侠小说开始崭露头角。武侠小说中，还珠楼主的《蜀山剑侠传》系列，洋洋五百万言、到最后也未完成，是如今修真奇幻小说的鼻祖。这部小说可谓是中国传统小说技法的集大成者，描写事无巨细，人物繁多，你方唱罢我登场，文笔瑰丽，想象力异常丰富，对后来的武侠小说家影响巨大。这一时期著名的武侠小说家还包括梁羽生、古龙、金庸等，其中最具代表的作家是金庸。金庸以第一部武侠小说《书剑恩仇录》一举成名，此后又写下了不少武侠经典，如《射雕英雄传》《天龙八部》《侠客行》《鹿鼎记》等。

【思考与练习】

1. 简述现代小说发展情况。
2. 中国现代文学史上的第一篇白话小说是谁写的？
3. 中国修真奇幻小说的鼻祖是哪一部作品？
4.《小二黑结婚》在中国现代小说发展史上的重要意义是什么？

阿Q正传（节选）

鲁迅

第二章　优胜记略

阿Q不独是姓名籍贯有些渺茫，连他先前的“行状”也渺茫。因为未庄的人们之于阿Q，只要他帮忙，只拿他玩笑，从来没有留心他的“行状”的。而阿Q自己也不说，独有和别人口角的时候，间或瞪着眼睛道：

“我们先前——比你阔的多啦！你算是什么东西！”

阿Q没有家，住在未庄的土谷祠里；也没有固定的职业，只给人家做短工，割麦便割麦，舂米便舂米，撑船便撑船。工作略长久时，他也或住在临时主人的家里，但一完就走了。所以，人们忙碌的时候，也还记起阿Q来，然而记起的是做工，并不是“行状”；一闲空，连阿Q都早忘却，更不必说“行状”了。只是有一回，有一个老头子颂扬说：“阿Q真能做！”这时阿Q赤着膊，懒洋洋的瘦伶仃的正在他面前，别人也摸不着这话是真心还是讥笑，然而阿Q很喜欢。

阿Q又很自尊，所有未庄的居民，全不在他眼睛里，甚而至于对于两位“文童”也有以为不值一笑的神情。夫文童者，将来恐怕要变秀才者也；赵太爷钱太爷大受居民的尊敬，除有钱之外，就因为都是文童的爹爹，而阿Q在精神上独不表格外的崇奉，他想：我的儿子会阔得多啦！加以进了几回城，阿Q自然更自负，然而他又很鄙薄城里人，譬如用三尺长三寸宽的木板做成的凳子，未庄叫“长凳”，他也叫“长凳”，城里人却叫“条凳”，他想：这是错的，可笑！油煎大头鱼，未庄都加上半寸长的葱叶，城里却加上切细的葱丝，他想：这也是错的，可笑！然而未庄人真是不见世面的可笑的乡下人呵，他们没有见过城里的煎鱼！

阿Q“先前阔”，见识高，而且“真能做”，本来几乎是一个“完人”了，但可惜他体质上还有一些缺点。最恼人的是在他头皮上，颇有几处不知起于何时的癞疮疤。这虽然也在他身上，而看阿Q的意思，倒也似乎以为不足贵的，因为他讳说“癞”以及一切近于“赖”的音，后来推而广之，“光”也讳，“亮”也讳，再后来，连“灯”“烛”都讳了。一犯讳，不问有心与无心，阿Q便全疤通红的发起怒来，估量了对手，口讷的他便骂，气力小的他便打；然而不知怎么一回事，总还是阿Q吃亏的时候多。于是他渐渐的变换了方针，大抵改为怒目而视了。

谁知道阿Q采用怒目主义之后，未庄的闲人们便愈喜欢玩笑他。一见面，他们便假作吃惊的说：“哙，亮起来了。”

阿Q照例的发了怒，他怒目而视了。

“原来有保险灯在这里！”他们并不怕。

阿Q没有法，只得另外想出报复的话来：

“你还不配……”这时候，又仿佛在他头上的是一种高尚的光荣的癞头疮，并非平常的癞头疮了；但上文说过，阿Q是有见识的，他立刻知道和“犯忌”有点抵触，便不再往底下说。

闲人还不完，只撩他，于是终而至于打。阿Q在形式上打败了，被人揪住黄辫子，在壁上碰了四五个响头，闲人这才心满意足的得胜的走了，阿Q站了一刻，心里想，“我总算被儿子打了，现在的世界真不像样……”于是也心满意足的得胜的走了。

阿Q想在心里的，后来每每说出口来，所以凡有和阿Q玩笑的人们，几乎全知道他有这一种精神上的胜利法，此后每逢揪住他黄辫子的时候，人就先一着对他说：

“阿Q，这不是儿子打老子，是人打畜生。自己说：人打畜生！”

阿Q两只手都捏住了自己的辫根，歪着头，说道：

“打虫豸，好不好？我是虫豸——还不放么？”

但虽然是虫豸，闲人也并不放，仍旧在就近什么地方给他碰了五六个响头，这才心满意足的得胜的走了，他以为阿Q这回可遭了瘟。然而不到十秒钟，阿Q也心满意足的得胜的走了，他觉得他是第一个能够自轻自贱的人，除了“自轻自贱”不算外，余下的就是“第一个”。状元不也是“第一个”么？“你算是什么东西”呢！？

阿Q以如是等等妙法克服怨敌之后，便愉快的跑到酒店里喝几碗酒，又和别人调笑一通，口角一通，又得了胜，愉快的回到土谷祠，放倒头睡着了。假使有钱，他便去押牌宝，一堆人蹲在地面上，阿Q即汗流满面的夹在这中间，声音他最响：

“青龙四百！”

“咳～～开～～啦！”桩家揭开盒子盖，也是汗流满面的唱。“天门啦～～角回啦～～！人和穿堂空在那里啦～～！阿Q的铜钱拿过来～～！”

“穿堂一百——一百五十！”

阿Q的钱便在这样的歌吟之下，渐渐的输入别个汗流满面的人物的腰间。他终于只好挤出堆外，站在后面看，替别人着急，一直到散场，然后恋恋的回到土谷祠，第二天，肿着眼睛去工作。

但真所谓“塞翁失马安知非福”罢，阿Q不幸而赢了一回，他倒几乎失败了。

这是未庄赛神的晚上。这晚上照例有一台戏，戏台左近，也照例有许多的赌摊。做戏的锣鼓，在阿Q耳朵里仿佛在十里之外；他只听得桩家的歌唱了。他赢而又赢，铜钱变成角洋，角洋变成大洋，大洋又成了叠。他兴高采烈得非常：

“天门两块！”

他不知道谁和谁为什么打起架来了。骂声打声脚步声，昏头昏脑的一大阵，他才爬起来，赌摊不见了，人们也不见了，身上有几处很似乎有些痛，似乎也挨了几拳几脚似的，几个人诧异的对他看。他如有所失的走进土谷祠，定一定神，知道他的一堆洋钱不见了。赶赛会的赌摊多不是本村人，还到那里去寻根柢呢？

很白很亮的一堆洋钱！而且是他的——现在不见了！说是算被儿子拿去了罢，总还是忽忽不乐；说自己是虫豸罢，也还是忽忽不乐：他这回才有些感到失败的苦痛了。

但他立刻转败为胜了。他擎起右手，用力的在自己脸上连打了两个嘴巴，热剌剌的有些痛；打完之后，便心平气和起来，似乎打的是自己，被打的是别一个自己，不久也就仿佛是自己打了别个一般，——虽然还有些热剌剌，——心满意足的得胜的躺下了。

他睡着了。

【作者简介】

鲁迅（1881—1936)，原名周樟寿，字豫才，周树人是南京求学时的学名，浙江绍兴人。著名文学家、思想家、革命家、教育家、民主战士，新文化运动的重要参与者，中国现代文学的奠基人之一。

鲁迅的主要作品有：

1. 小说集：《呐喊》《彷徨》《故事新编》。

2. 杂文集：《坟》《热风》《华盖集》《华盖集续编》《三闲集》《南腔北调集》《二心集》《花边文学》《伪自由书》《准风月谈》《且介亭杂文》《且介亭杂文二集》《且介亭杂文末编》《集外集》《集外集拾遗》《集外集拾遗补编》。

3. 专著：《中国小说史略》《汉文学史纲要》《中国小说的历史的变迁》。

4. 翻译作品：《壁下译丛》《现代新文学的诸问题》《现代日本小说集》《苦闷的象征》《艺术论》《小约翰》《死魂灵》等。

5. 其他作品：《野草》《朝花夕拾》《古籍序跋集》《译文序跋集》《两地书》《鲁迅书简》《鲁迅日记》。

鲁迅一生在文学创作、文学批评、思想研究、文学史研究、翻译、美术理论引进、基础科学介绍和古籍校勘与研究等多个领域具有重大贡献。他对于五四运动以后的中国社会思想文化发展具有重大影响，蜚声世界文坛，尤其在韩国、日本思想文化领域有极其重要的地位和影响，被誉为“二十世纪东亚文化地图上占最大领土的作家”。毛泽东曾评价：“鲁迅的方向，就是中华民族新文化的方向。”

【思考与练习】

1. 简述鲁迅小说的艺术特色。

2. 举例说明什么是“精神胜利法”。

3.《阿Q正传》运用了哪些写作手法？

4. 分析阿Q的形象。

骆驼祥子（节选）

老舍

一

我们所要介绍的是祥子，不是骆驼，因为“骆驼”只是个外号；那么，我们就先说祥子，随手儿把骆驼与祥子那点关系说过去，也就算了。

北平的洋车夫有许多派：年轻力壮，腿脚灵利的，讲究赁漂亮的车，拉“整天儿”，爱什么时候出车与收车都有自由；拉出车来，在固定的“车口”或宅门一放，专等坐快车的主儿；弄好了，也许一下子弄个一块两块的；碰巧了，也许白耗一天，连“车份儿”也没着落，但也不在乎。这一派哥儿们的希望大概有两个：或是拉包车；或是自己买上辆车，有了自己的车，再去拉包月或散座就没大关系了，反正车是自己的。

比这一派岁数稍大的，或因身体的关系而跑得稍差点劲的，或因家庭的关系而不敢白耗一天的，大概就多数的拉八成新的车；人与车都有相当的漂亮，所以在要价儿的时候也还能保持住相当的尊严。这派的车夫，也许拉“整天”，也许拉“半天”。在后者的情形下，因为还有相当的精气神，所以无论冬天夏天总是“拉晚儿”。夜间，当然比白天需要更多的留神与本事；钱自然也多挣一些。

年纪在四十以上，二十以下的，恐怕就不易在前两派里有个地位了。他们的车破，又不敢“拉晚儿”，所以只能早早地出车，希望能从清晨转到午后三四点钟，拉出“车份儿”和自己的嚼谷。他们的车破，跑得慢，所以得多走路，少要钱。到瓜市，果市，菜市，去拉货物，都是他们：钱少，可是无须快跑呢。

在这里，二十岁以下的——有的从十一二岁就干这行儿——很少能到二十岁以后改变成漂亮的车夫的，因为在幼年受了伤，很难健壮起来。他们也许拉一辈子洋车，而一辈子连拉车也没出过风头。那四十以上的人，有的是已拉了十年八年的车，筋肉的衰损使他们甘居人后，他们渐渐知道早晚是一个跟头会死在马路上。他们的拉车姿势，讲价时的随机应变，走路的抄近绕远，都足以使他们想起过去的光荣，而用鼻翅儿扇着那些后起之辈。可是这点光荣丝毫不能减少将来的黑暗，他们自己也因此在擦着汗的时节常常微叹。不过，以他们比较另一些四十上下岁的车夫，他们还似乎没有苦到了家。这一些是以前绝没想到自己能与洋车发生关系，而到了生和死的界限已经不甚分明，才抄起车把来的。被撤差的巡警或校役，把本钱吃光的小贩，或是失业的工匠，到了卖无可卖，当无可当的时候，咬着牙，含着泪，上了这条到死亡之路。这些人，生命最鲜壮的时期已经卖掉，现在再把窝窝头变成的血汗滴在马路上。没有力气，没有经验，没有朋友，就是在同行的当中也得不到好气儿。他们拉最破的车，皮带不定一天泄多少次气；一边拉着人还得一边儿央求人家原谅，虽然十五个大铜子儿已经算是甜买卖。

此外，因环境与知识的特异，又使一部分车夫另成派别。生于西苑海淀的自然以走西山，燕京，清华，比较方便；同样，在安定门外的走清河，北苑；在永定门外的走南苑……这是跑长趟的，不愿拉零座；因为拉一趟便是一趟，不屑于三五个铜子的穷凑了。可是他们还不如东交民巷的车夫的气儿长，这些专拉洋买卖的讲究一气儿由东交民巷拉到玉泉山，颐和园或西山气长也还算小事，一般车夫万不能争这项生意的原因，大半还是因为这些吃洋饭的有点与众不同的知识，他们会说外国话。英国兵，法国兵，所说的万寿山，雍和宫，“八大胡同”，他们都晓得。他们自己有一套外国话，不传授给别人。他们的跑法也特别，四六步儿不快不慢，低着头，目不旁视的，贴着马路边儿走，带出与世无争，而自有专长的神气。因为拉着洋人，他们可以不穿号坎，而一律的是长袖小白褂，白的或黑的裤子，裤筒特别肥、脚腕上系着细带；脚上是宽双脸千层底青布鞋；干净，利落，神气。一见这样的服装，别的车夫不会再过来争座与赛车，他们似乎是属于另一行业的。

有了这点简单的分析，我们再说祥子的地位，就像说——我们希望——一盘机器上的某种钉子那么准确了。祥子，在与“骆驼”这个外号发生关系以前，是个较比有自由的洋车夫，这就是说，他是属于年轻力壮，而且自己有车的那一类：自己的车，自己的生活，都在自己手里，高等车夫。

这可绝不是件容易的事。一年，二年，至少有三四年；一滴汗，两滴汗，不知道多少万滴汗，才挣出那辆车。从风里雨里的咬牙，从饭里茶里的自苦，才挣出那辆车。那辆车是他的一切挣扎与困苦的总结果与报酬，像身经百战的武士的一颗徽章。在他赁人家的车的时候，他从早到晚，由东到西，由南到北，像被人家抽着转的陀螺；他没有自己。可是在这种旋转之中，他的眼并没有花，心并没有乱，他老想着远远的一辆车，可以使他自由，独立，像自己的手脚的那么一辆车。有了自己的车，他可以不再受拴车的人们的气，也无须敷衍别人；有自己的力气与洋车，睁开眼就可以有饭吃。

他不怕吃苦，也没有一般洋车夫的可以原谅而不便效法的恶习，他的聪明和努力都足以使他的志愿成为事实。假若他的环境好一些，或多受着点教育，他一定不会落在“胶皮团”里，而且无论是干什么，他总不会辜负了他的机会。不幸，他必须拉洋车；好，在这个营生里他也证明出他的能力与聪明。他仿佛就是在地狱里也能作个好鬼似的。生长在乡间，失去了父母与几亩薄田，十八岁的时候便跑到城里来。带着乡间小伙子的足壮与诚实，凡是以卖力气就能吃饭的事他几乎全做过了。可是，不久他就看出来，拉车是件更容易挣钱的事；做别的苦工，收入是有限的；拉车多着一些变化与机会，不知道在什么时候与地点就会遇到一些多于所希望的报酬。自然，他也晓得这样的机遇不完全出于偶然，而必须人与车都得漂亮精神，有货可卖才能遇到识货的人。想了一想，他相信自己有那个资格：他有力气，年纪正轻；所差的是他还没有跑过，不敢一上手就拉漂亮的车。但这不是不能胜过的困难，有他的身体与力气做基础，他只要试验个十天半月的，就一定能跑得有个样子，然后去赁辆新车，说不定很快地就能拉上包车，然后省吃俭用的一年二年，即使是三四年，他必能自己打上一辆车，顶漂亮的车！看着自己的青年的肌肉，他以为这只是时间的问题，这是必能达到的一个志愿与目的，绝不是梦想！

他的身量与筋肉都发展到年岁前边去；二十来岁，他已经很大很高，虽然肢体还没被年月铸成一定的格局，可是已经像个成人了——一个脸上身上都带出天真淘气的样子的大人。看着那高等的车夫，他计划着怎样杀进他的腰去，好更显出他的铁扇面似的胸，与直硬的背；扭头看看自己的肩，多么宽，多么威严！杀好了腰，再穿上肥腿的白裤，裤脚用鸡肠子带儿系住，露出那对“出号”的大脚！是的，他无疑的可以成为最出色的车夫；傻子似的他自己笑了。他没有什么模样，使他可爱的是脸上的精神。头不很大，圆眼，肉鼻子，两条眉很短很粗，头上永远剃得发亮。腮上没有多余的肉，脖子可是几乎与头一边儿粗；脸上永远红扑扑的，特别亮的是颧骨与右耳之间一块不小的疤——小时候在树下睡觉，被驴啃了一口。他不甚注意他的模样，他爱自己的脸正如同他爱自己的身体，都那么结实硬棒；他把脸仿佛算在四肢之内，只要硬棒就好。是的，到城里以后，他还能头朝下，倒着立半天。这样立着，他觉得，他就很像一棵树，上下没有一个地方不挺脱的。

他确乎有点像一棵树，坚壮，沉默，而又有生气。他有自己的打算，有些心眼，但不好向别人讲论。在洋车夫里，个人的委屈与困难是公众的话料，“车口儿”上，小茶馆中，大杂院里，每人报告着形容着或吵嚷着自己的事，而后这些事成为大家的财产，像民歌似的由一处传到一处。祥子是乡下人，口齿没有城里人那么灵便；设若口齿伶俐是出于天才，他天生来的不愿多说话，所以也不愿学着城里人的贫嘴恶舌。他的事他知道，不喜欢和别人讨论。因为嘴常闲着，所以他有工夫去思想，他的眼仿佛是老看着自己的心。只要他的主意打定，他便随着心中所开开的那条路儿走；假若走不通的话，他能一两天不出一声，咬着牙，好似咬着自己的心！他决定去拉车，就拉车去了。赁了辆破车，他先练练腿。第一天没拉着什么钱。第二天的生意不错，可是躺了两天，他的脚脖子肿得像两条瓠子似的，再也抬不起来。他忍受着，不管是怎样的疼痛。他知道这是不可避免的事，这是拉车必须经过的一关。非过了这一关，他不能放胆地去跑。

脚好了之后，他敢跑了。这使他非常的痛快，因为别的没有什么可怕的了：地名他很熟习，即使有时候绕点远也没大关系，好在自己有的是力气。拉车的方法，以他干过的那些推，拉，扛，挑的经验来领会，也不算十分难。况且他有他的主意：多留神，少争胜，大概总不会出了毛病。至于讲价争座，他的嘴慢气盛，弄不过那些老油子们。知道这个短处，他干脆不大到“车口儿”上去；哪里没车，他放在哪里。在这僻静的地点，他可以从容地讲价，而且有时候不肯要价，只说声：“坐上吧，瞧着给！”他的样子是那么诚实，脸上是那么简单可爱，人们好像只好信任他，不敢想这个傻大个子是会敲人的。即使人们疑心，也只能怀疑他是新到城里来的乡下老儿，大概不认识路，所以讲不出价钱来。及至人们问到，“认识呀？”他就又像装傻，又像耍俏的那么一笑，使人们不知怎样才好。

两三个星期的工夫，他把腿溜出来了。他晓得自己的跑法很好看。跑法是车夫的能力与资格的证据。那撇着脚，像一对蒲扇在地上扇乎的，无疑的是刚由乡间上来的新手。那头低得很深，双脚蹭地，跑和走的速度差不多，而颇有跑的表示的，是那些五十岁以上的老者们。那经验十足而没什么力气的却另有一种方法：胸向内含，度数很深；腿抬得很高；一走一探头；这样，他们就带出跑得很用力的样子，而在事实上一点也不比别人快；他们仗着“做派”去维持自己的尊严。祥子当然决不采取这几种姿态。他的腿长步大，腰里非常的稳，跑起来没有多少响声，步步都有些伸缩，车把不动，使座儿觉到安全，舒服。说站住，不论在跑得多么快的时候，大脚在地上轻蹭两蹭，就站住了；他的力气似乎能达到车的各部分。脊背微俯，双手松松拢住车把，他活动，利落，准确；看不出急促而跑得很快，快而没有危险。就是在拉包车的里面，这也得算很名贵的。

他换了新车。从一换车那天，他就打听明白了，像他赁的那辆——弓子软，铜活地道，雨布大帘，双灯，细脖大铜喇叭——值一百出头；若是漆工与铜活含糊一点呢，一百元便可以打住。大概地说吧，他只要有一百块钱，就能弄一辆车。猛然一想，一天要是能剩一角的话，一百元就是一千天，一千天！把一千天堆到一块，他几乎算不过来这该有多么远。但是，他下了决心，一千天，一万天也好，他得买车！第一步他应当，他想好了，去拉包车。遇上交际多，饭局多的主儿，平均一月有上十来个饭局，他就可以白落两三块的车饭钱。加上他每月再省出个块儿八角的，也许是三头五块的，一年就能剩起五六十块！这样，他的希望就近便多多了。他不吃烟，不喝酒，不赌钱，没有任何嗜好，没有家庭的累赘，只要他自己肯咬牙，事儿就没有个不成。他对自己起下了誓，一年半的工夫，他——祥子——非打成自己的车不可！是现打的，不要旧车见过新的。

他真拉上了包月。可是，事实并不完全帮助希望。不错，他确是咬了牙，但是到了一年半他并没还上那个愿。包车确是拉上了，而且谨慎小心地看着事情；不幸，世上的事并不是一面儿的。他自管小心他的，东家并不因此就不辞他；不定是三两个月，还是十天八天，吹了！他得另去找事。自然，他得一边儿找事，还得一边儿拉散座；骑马找马，他不能闲起来。在这种时节，他常常闹错儿。他还强打着精神，不专为混一天的嚼谷，而且要继续着积储买车的钱。可是强打精神永远不是件妥当的事：拉起车来，他不能专心一志地跑，好像老想着些什么，越想便越害怕，越气不平。假若老这么下去，几时才能买上车呢？为什么这样呢？难道自己还算个不要强的？在这么乱想的时候，他忘了素日的谨慎。皮轮子上了碎铜烂磁片，放了炮；只好收车。更严重一些的，有时候碰了行人，甚至有一次因急于挤过去而把车轴盖碰丢了。设若他是拉着包车，这些错儿绝不能发生；一搁下了事，他心中不痛快，便有点愣头磕脑的。碰坏了车，自然要赔钱；这更使他焦躁，火上加了油；为怕惹出更大的祸，他有时候懊睡一整天。及至睁开眼，一天的工夫已白白过去，他又后悔，自恨。还有呢，在这种时期，他越着急便越自苦，吃喝越没规则；他以为自己是铁做的，可是敢情他也会病。病了，他舍不得钱去买药，自己硬挺着；结果，病越来越重，不但得买药，而且得一气儿休息好几天。这些个困难，使他更咬牙努力，可是买车的钱数一点不因此而加快的凑足。整整的三年，他凑足了一百块钱！

他不能再等了。原来的计划是买辆最完全最新式最可心的车，现在只好按着一百块钱说了。不能再等；万一出点什么事再丢失几块呢！恰巧有辆刚打好的车（定作而没钱取货的）跟他所期望的车差不甚多；本来值一百多，可是因为定钱放弃了，车铺愿意少要一点。祥子的脸通红，手哆嗦着，拍出九十六块钱来："我要这辆车！"铺主打算挤到个整数，说了不知多少话，把他的车拉出去又拉进来，支开棚子，又放下，按按喇叭，每一个动作都伴着一大串最好的形容词；最后还在钢轮条上踢了两脚，"听听声儿吧，铃铛似的！拉去吧，你就是把车拉碎了，要是钢条软了一根，你拿回来，把它摔在我脸上！一百块，少一分咱们吹！"祥子把钱又数了一遍："我要这辆车，九十六！"铺主知道是遇见了一个心眼的人，看看钱，看看祥子，叹了口气："交个朋友，车算你的了；保六个月：除非你把大箱碰碎，我都白给修理；保单，拿着！"

祥子的手哆嗦得更厉害了，揣起保单，拉起车，几乎要哭出来。拉到个僻静地方，细细端详自己的车，在漆板上试着照照自己的脸！越看越可爱，就是那不尽合自己的理想的地方也都可以原谅了，因为已经是自己的车了。把车看得似乎暂时可以休息会儿了，他坐在了水簸箕的新脚垫儿上，看着车把上的发亮的黄铜喇叭。他忽然想起来，今年是二十二岁。因为父母死得早，他忘了生日是在哪一天。自从到城里来，他没过一次生日。好吧，今天买上了新车，就算是生日吧，人的也是车的，好记，而且车既是自己的心血，简直没什么不可以把人与车算在一块的地方。

怎样过这个"双寿"呢？祥子有主意：头一个买卖必须拉个穿得体面的人，绝对不能是个女的。最好是拉到前门，其次是东安市场。拉到了，他应当在最好的饭摊上吃顿饭，如热烧饼夹爆羊肉之类的东西。吃完，有好买卖呢就再拉一两个；没有呢，就收车；这是生日！

自从有了这辆车，他的生活过得越来越起劲了。拉包月也好，拉散座也好，他天天用不着为"车份儿"着急，拉多少钱全是自己的。心里舒服，对人就更和气，买卖也就更顺心。

拉了半年，他的希望更大了：照这样下去，干上二年，至多二年，他就又可以买辆车，一辆，两辆……他也可以开车厂子了！

可是，希望多半落空，祥子的也非例外。

【作者简介】

老舍（1899—1966），原名舒庆春，字舍予，另有笔名絜青、鸿来、非我等。中国现代小说家、作家、语言大师，中华人民共和国第一位获得“人民艺术家”称号的作家。代表作有小说《骆驼祥子》《四世同堂》（包含《惶惑》《偷生》《饥荒》三部分）等，剧本《茶馆》《龙须沟》等。

【思考与练习】

1. 小说的题目“骆驼祥子”主要包含哪些含义？
2. 简述祥子“三起三落”的故事情节。
3. 祥子命运变化的原因是什么？
4. 分析祥子性格前后有着怎样的变化？

小二黑结婚（节选）

赵树理

第七章　三仙姑许亲

两个斗争会开过以后，事情包也包不住了，小二黑也知道这事是合理合法的了，索性就跟小芹公开商量起来。

三仙姑却着了急。她跟小芹虽是母女，近几年来却不对劲。三仙姑爱的是青年们，青年们爱的是小芹。小二黑这个孩子，在三仙姑看来好像鲜果，可惜多一个小芹，就没了自己的份儿。她本想早给小芹找个婆家推出门去，可是因为自己名声不正，差不多都不愿意跟她结亲。开罢斗争会以后，风言风语都说小二黑要跟小芹自由结婚，她想要真是那样的话，以后想跟小二黑说句笑话都不能了，那是多么可惜的事，因此托东家求西家要给小芹找婆家。

“插起招军旗，就有吃粮人。”有个吴先生是在阎锡山部下当过旅长的退职军官，家里很富，才死了老婆。他在奶奶庙大会上见过小芹一面，愿意续她，媒人向三仙姑一说，三仙姑当然愿意。不几天过了礼帖，就算定了，三仙姑以为了却一宗心事。

小芹已经和小二黑商量得差不多了，如何肯听她娘的话？过礼那一天，小芹跟她娘闹起来，把吴先生送来的首饰绸缎扔下一地。媒人走后，小芹跟她娘说：“我不管！谁收了人家的东西谁跟人家去！”

三仙姑愁住了，睡了半天，晚饭以后，说是神上了身，打了两个呵欠就唱起来。她起先责备于福管不了家，后来说小芹跟吴先生是前世姻缘，还唱些什么“前世姻缘由天定，不顺天意活不成……”于福跪在地下哀求，神非教他马上打小芹一顿不可。小芹听了这话，知道跟这个装神弄鬼的娘说不出什么道理来，干脆躲了出去，让她娘一个人胡说。

小芹一个人悄悄跑到前庄上去找小二黑，恰在路上碰上小二黑去找她，两个就悄悄拉着手到一个大窑里去商量对付三仙姑的法子。

【作者简介】

赵树理（1906—1970），现代小说家、人民艺术家，“山药蛋派”创始人，被尊为描写农民的“铁笔”和“圣手”。他的小说多以华北农村为背景，把混沌质朴的民俗变成活生生的文学创作题材，具体深刻地反映了20世纪30年代到60年代太行地区的农村生活，反映农村社会的变迁和存在其间的矛盾斗争，塑造农村各式人物的形象。赵树理小说最突出的内容有三个方面：家庭、家族和乡里社会的民俗。

【思考与练习】

1. 简述赵树理小说的艺术特色。
2. 复述《小二黑结婚》的故事内容。
3. 论述《小二黑结婚》中新型农民的形象。
4.《小二黑结婚》在民族化、群众化方面取得了哪些突出的成就。

第十一章　散文

概　　述

清道光二十年（公元 1840 年）鸦片战争后，中国社会进入了一个新的历史时期，文学的发展也进入了一个新的阶段，从 1840 年到 1919 年五四新文化运动前的文学，一般称为近代文学。近代诗文作家以龚自珍、黄遵宪、梁启超最为重要。

梁启超（1873—1929），字卓如，号任公，别号饮冰室主人，广东新会人。康有为的学生，与康有为一起倡导变法维新，为戊戌变法的重要人物。为开通民智，梁启超先后倡导“诗界革命”“文界革命”“小说界革命”。

就文学史上的成就与影响而言，梁启超在散文创作方面最为著名。梁启超写作的“新文体”更是风靡一时，为晚清的文体解放和“五四”白话文运动的发展做出了很大贡献。

梁启超为了宣传改良主义思想，撰写报章文字，文字追求平易畅达，“时杂以俚语、韵语及外国语法，纵笔所至不检束”“条理明晰，笔锋常带感情”“学者竞效之，号新文体”。《少年中国说》是他的代表作。

20 世纪散文的发展有以下几个阶段。

一、20 年代散文的发展

五四时期的散文有杂感小品、叙事抒情的“美文”，还有散文诗和文艺性的通讯。

《新青年》的“随感录”栏目中的一些文艺性的短论和杂文，为现代散文开辟了道路。其中，杂文经鲁迅的发展，在新文学运动中占有重要的地位。

20 年代鲁迅出版的杂文集有：《热风》《华盖集》《华盖集续编》《坟》《而已集》。此外，1932 年出版的《三闲集》是 1927 年至 1929 年杂文的结集。

随后，抒情散文、叙事散文也有了很大的发展。1928 年出版的《朝花夕拾》是鲁迅对青少年时代生活的回忆，对父亲、保姆、塾师、故友的追忆，被绵厚的温情所浸透。语言凝练，回忆中融入杂文手法，是鲁迅散文的特点。

文学研究会的散文作家中，朱自清、冰心以文字优美著称。冰心的《寄小读者》是用通讯形式写作的文艺散文。她以典雅、清丽的文笔和温暖的柔情，诉说对祖国、对母亲、对自然、对儿童的爱，表现了她爱的哲学，时称“冰心体”。

朱自清作为散文家，为中国现代散文的发展作出了巨大贡献，他擅长散文小品的创作，创作了大量极具艺术价值的“美文”。他早期的散文作品收录在《踪迹》和《背影》里，如《匆匆》《桨声灯影里的秦淮河》《生命的价格——七毛钱》《背影》《荷塘月色》《海上杂记》等。他的散文流露出浓郁的诗情画意，其语言更是凝练明净、逼真细腻。

文学研究会的重要作家还有许地山、叶圣陶等。许地山的《空山灵雨》收录散文小品 44 篇。叶圣陶 20 年代的散文，收录在他和俞平伯合著散文集《剑鞘》及 1931 年出版的散文小说合集《脚步集》中。1935 年出版《未厌居习作》，其中的《五月三十一日急雨中》《藕与莼菜》《没有秋虫的地方》都是名作。

这一时期瞿秋白的散文有《心的声音》《饿乡纪程》《赤都心史》《涴漫的狱中日记》《那个城》等；杂文有《小言》（七则）、《寸铁》（三则）等。《饿乡纪程》《赤都心史》是现代文学史上最早的文艺通讯。

郁达夫是散文名家，他 20 年代的散文有以叙事和抒情为主的（如《还乡记》《还乡后记》《立秋之夜》），有书简（如《海上通信》《一封信》《北国的微音》），有游记（如《伤感的旅行》），有日记（如《病闲日记》）等。郁达夫的散文文笔恣肆，因愤激而生的苦闷、无聊、自怜，乃至自暴自弃、自虐自残，都有着个性解放、离经叛道的意味。

1924 年 12 月至 1925 年 1 月，郭沫若以《小品六章》为总题在《晨报副镌》上发表了六篇散文（《路畔的蔷薇》《墓》《白发》《山茶花》《水墨画》《夕暮》）。《小品六章》即景生情，情融于景，伤景即自伤，怜物亦自怜，贯穿于其间的是作者内心的一种深沉的漂流感；作品短小凝练，含蓄淡远。

二、30 年代散文的发展

30 年代的散文创作，传承了五四时期散文创作探索人生、书写心灵和风格多样化的传统，同时在表现社会生活的容量、散文体式等方面有了发展。小品散文蔚然可观，林语堂、郁达夫、丰子恺、夏丏尊等取得较大成就，还涌现出一批新进的青年作家，如何其芳、李广田、丽尼、陆蠡、缪崇群等。杂文因鲁迅而大放异彩，报告文学成为 30 年代散文园地的一个新景观。

丰子恺于 1922 年开始白话散文创作，30 年代结集出版了《缘缘堂随笔》《随笔二十篇》《车厢社会》《缘缘堂再笔》等。他的散文内容丰富，显示出独特的人生观与艺术风貌。在文体上，他多用随笔体，叙述婉曲，描写细腻，运笔如行云流水，自成一种率真自然、清幽淡远的艺术风格。

游记散文根据内容，可分为海外旅游散记、国内山水游记。前者有朱自清的《欧游杂记》《伦敦杂记》，郑振铎的《海燕》《欧行日记》，王统照的《欧游散记》，李健吾的《意大利游简》，刘思慕的《欧游漫记》等。这类游记采风问俗、观察世界，有较强的社会性、民俗性和知识性，文风朴素，具有较高的叙事描写的技巧。后者写景抒怀，发现自然，并在自然中发现人性，以郁达夫的《屐痕处处》《达夫游记》最有代表性。还有老舍这一时期描写山东济南、青岛一带自然风光的作品。

30年代，杂文继五四时期以后再度兴盛。

鲁迅杂文创作可分为三个时期：第一个时期是1918年到1923年，包括《热风》和《坟》中的《我之节烈观》《我们现在怎样做父亲》等三篇长文；第二个时期是1924年到1929年，包括《坟》的后一部分，《华盖集》《华盖集续编》《而已集》和《三闲集》；第三个时期是1930年到1936年，出版有《二心集》《南腔北调集》《伪自由书》《准风月谈》《花边文学》《且介亭杂文》《且介亭杂文二集》《且介亭杂文末编》。另有作者去世后出版的《集外集》《集外集拾遗》及《集外集拾遗补编》中的杂文。鲁迅杂文是对中国议论性散文的创造性发展，为中国文学创造了杂文这一文体范式。

在鲁迅的直接影响下，30年代出现了一批青年杂文作者。其中有《不惊人集》《打杂集》的作者徐懋庸，《推背集》《海天集》的作者唐弢，以及徐诗荃、聂绀弩、周木斋、巴人等。

30年代散文的另一新收获是报告文学。报告文学是从新闻报道和纪实散文发展而来的一种新的散文类型。

30年代出现过几部大型报告文学集。1932年阿英编纂的《上海事变与报告文学》，对发生的“一·二八”事变做了及时反映，是我国第一部以报告文学名义出版的结集。夏衍的《包身工》在中国的报告文学上开创了新的纪录，宋之的的《一九三六年春在太原》逼真地描绘了山西军阀不事抗日、专事“防共”等情景；这两篇作品，达到了新闻性、纪实性与形象性、情感性的统一。

三、40年代散文的发展

报告文学在抗战初期异常发达，甚至一跃而成为当时文学创作的主流。

国统区的报告文学，主要有：七月派作家丘东平的《第七连》《我们在那里打了败仗》、亦门的《闸北打了起来》、曹白的《呼吸》（报告文学、散文集）、骆宾基的《大上海的一日》《东战场别动队》、碧野的《太行山边》《北方的原野》《在北线》。

在解放区，报告文学的创作渐趋繁荣。出现了丁玲的《彭德怀速写》、沙汀的《随军散记》、周立波的《晋察冀边区印象记》等作品。

这一时期，还形成了两个重要的杂文流派：“鲁迅风”和“野草”。“鲁迅风”杂文流派，主要作者有巴人、周木斋、唐弢、柯灵、孔另境等。1939年1月，《鲁迅风》杂志创刊，是这一流派形成的标志。“野草”杂文流派因《野草》而得名，主要作家作品有：夏衍的《旧家的火葬》《论“晚娘”作风》、聂绀弩的《历史的奥秘》《蛇与塔》等。

少年中国说

梁启超

日本人之称我中国也，一则曰老大帝国，再则曰老大帝国。是语也，盖译欧西之言也。呜呼！我中国其果老大矣乎？梁启超曰：恶是何言，是何言，吾心目中有一少年中国在！

欲言国之老少，请先言人之老少。老年人常思既往，少年人常思将来。惟思既往也，故生留恋心；惟思将来也，故生希望心。惟留恋也，故保守；惟希望也，故进取。惟保守也，故永旧；惟进取也，故日新。惟思既往也，事事皆其所已经者，故惟知照例；惟思将来也，事事皆其所未经者，故常敢破格。老年人常多忧虑，少年人常好行乐。惟多忧也，故灰心；惟行乐也，故盛气。惟灰心也，故怯懦；惟盛气也，故豪壮。惟怯懦也，故苟且；惟豪壮也，故冒险。惟苟且也，故能灭世界；惟冒险也，故能造世界。老年人常厌事，少年人常喜事。惟厌事也，故常觉一切事无可为者；惟好事也，故常觉一切事无不可为者。老年人如夕照，少年人如朝阳；老年人如瘠牛，少年人如乳虎；老年人如僧，少年人如侠；老年人如字典，少年人如戏文；老年人如鸦片烟，少年人如泼兰地酒；老年人如别行星之陨石，少年人如大洋海之珊瑚岛；老年人如埃及沙漠之金字塔，少年人如西伯利亚之铁路；老年人如秋后之柳，少年人如春前之草；老年人如死海之潴为泽，少年人如长江之初发源。此老年与少年性格不同之大略也。梁启超曰：人固有之，国亦宜然。

梁启超曰：伤哉老大也。浔阳江头琵琶妇，当明月绕船，枫叶瑟瑟，衾寒于铁，似梦非梦之时，追想洛阳尘中春花秋月之佳趣。西宫南内，白发宫娥，一灯如穗，三五对坐，谈开元、天宝间遗事，谱霓裳羽衣曲。青门种瓜人，左对孺人，顾弄孺子，忆候门似海珠履杂遝之盛事。拿破仑之流于厄蔑，阿剌飞之幽于锡兰，与三两监守吏或过访之好事者，道当年短刀匹马，驰骋中原，席卷欧洲，血战海楼，一声叱咤，万国震恐之丰功伟烈，初而拍案，继而抚髀，终而揽镜。呜呼，面皴齿尽，白头盈把，颓然老矣！若是者，舍幽郁之外无心事，舍悲惨之外无天地，舍颓唐之外无日月，舍叹息之外无音声，舍待死之外无事业。美人豪杰且然，而况于寻常碌碌者耶！生平亲友，皆在墟墓，起居饮食，待命于人，今日且过，遑知他日，今年且过，遑恤明年。普天下灰心短气之事，未有甚于老大者。于此人也，而欲望以拏云之手段，回天之事功，挟山超海之意气，能乎不能？

呜呼，我中国其果老大矣乎？立乎今日，以指畴昔，唐虞三代，若何之郅治；秦皇汉武，若何之雄杰；汉唐来之文学，若何之隆盛；康乾间之武功。若何之烜赫！历史家所铺叙，词章家所讴歌，何一非我国民少年时代良辰美景、赏心乐事之陈迹哉！而今颓然老矣，昨日割五城，明日割十城；处处雀鼠尽，夜夜鸡犬惊；十八省之土地财产，已为人怀中之肉；四百兆之父兄子弟，已为人注籍之奴。岂所谓老大嫁作商人妇者耶？呜呼！凭君莫话当年事，憔悴韶光不忍看。楚囚相对，岌岌顾影；人命危浅，朝不虑夕。国为待死之国，一国之民为待死之民，万事付之奈何，一切凭人作弄，亦何足怪！

梁启超曰：我中国其果老大矣乎？是今日全地球之一大问题也。如其老大也，则是中国为过去之国，即地球上昔本有此国，而今渐渐灭，他日之命运殆将尽也。如其非老大也，则是中国为未来之国，即地球上昔未现此国，而今渐发达，他日之前程且方长也。欲断今日之中国为老大耶，为少年耶？则不可不先明“国”字之意义。夫国也者，何物也？有土地，有人民，以居于其土地之人民，而治其所居之土地之事，自制法律而自守之；有主权，有服从，人人皆主权者，人人皆服从者。夫如是，斯谓之完全成立之国。地球上之有完全成立之国也，自百年以来也。完全成立者，壮年之事也；未能完全成立而渐进于完全成立者，少年之事也。故吾得一言以断之曰：欧洲列邦在今日为壮年国，而我中国在今日为少年国。

夫古昔之中国者，虽有国之名，而未成国之形也，或为家族之国，或为酋长之国，或为诸侯封建之国，或为一王专制之国。虽种类不一，要之，其于国家之体质也，有其一部而缺其一部，正如婴儿自胚胎以迄成童，其身体之一二官支，先行长成，此外则全体虽粗具，然未能得其用也。故唐虞以前为胚胎时代，殷周之际为乳哺时代，由孔子而来至于今为童子时代，逐渐发达，而今乃始将入成童以上少年之界焉。其长成所以若是之迟者，则历代之民贼有窒其生机者也。譬犹童年多病，转类老态，或且疑其死期之将至焉，而不知皆由未完全、未成立也，非过去之谓，而未来之谓也。

且我中国畴昔，岂尝有国家哉？不过有朝廷耳。我黄帝子孙，聚族而居，立于此地球之上者既数千年，而问其国之为何名，则无有也。夫所谓唐、虞、夏、商、周、秦、汉、魏、晋、宋、齐、梁、陈、隋、唐、宋、元、明、清者，则皆朝名耳。朝也者，一家之私产也；国也者，人民之公产也。朝有朝之老少，国有国之老少，朝与国既异物，则不能以朝之老少而指为国之老少明矣。文、武、成、康，周朝之少年时代也。幽、厉、桓、赧，则其老年时代也；高、文、景、武，汉朝之少年时代也，元、平、桓、灵，则其老年时代也。自余历朝，莫不有之。凡此者，谓为一朝廷之老也则可，谓为一国之老也则不可。一朝廷之老且死，犹一人之老且死也，于吾所谓中国者何与焉？然则吾中国者，前此尚未出现于世界，而今乃始萌芽云尔。天地大矣，前途辽矣，美哉，我少年中国乎！

玛志尼者，意大利三杰之魁也，以国事被罪，逃窜异邦，乃创立一会，名曰“少年意大利”。举国志士，云涌雾集以应之，卒乃光复旧物，使意大利为欧洲之一雄邦。夫意大利者，欧洲第一之老大国也，自罗马亡后，土地隶于教皇，政权归于奥国，殆所谓老而濒于死者矣。而得一玛志尼，且能举全国而少年之，况我中国之实为少年时代者耶？堂堂四百余州之国土，凛凛四百余兆之国民，岂遂无一玛志尼其人者！

龚自珍氏之集有诗一章，题曰《能令公少年行》。吾尝爱读之，而有味乎其用意之所存。我国民而自谓其国之老大也，斯果老大矣；我国民而自知其国之少年也，斯乃少年矣。西谚有之曰：有三岁之翁，有百岁之童。然则国之老少，又无定形，而实随国民之心力以为消长者也。吾见乎玛志尼之能令国少年也，吾又见乎我国之官吏士民能令国老大也，吾为此惧。夫以如此壮丽浓郁、翩翩绝世之少年中国，而使欧西、日本人谓我为老大者何也？则以握国权者皆老朽之人也。非哦几十年八股，非写几十年白折，非当几十年差，非捱几十年俸，非递几十年手本，非唱几十年诺，非磕几十年头，非请几十年安，则必不能得一官，进一职。其内任卿贰以上、外任监司以上者，百人之中，其五官不备者，殆九十六七人也，非眼盲，则耳聋，非手颤，则足跛，否则半身不遂也。彼其一身饮食、步履、视听、言语，尚且不能自了，须三四人在左右扶之捉之，乃能度日，于此而乃欲责之以国事，是何异立无数木偶而使之治天下也。且彼辈者，自其少壮之时，既已不知亚细、欧罗为何处地方，汉祖、唐宗是那朝皇帝，犹嫌其顽钝腐败之未臻其极，又必搓磨之、陶冶之，待其脑髓已涸，血管已塞，气息奄奄，与鬼为邻之时，然后将我二万里山河，四万万人命，一举而畀于其手。呜呼！老大帝国，诚哉其老大也！而彼辈者，积其数十年之八股、白折、当差、捱俸、手本、唱诺、磕头、请安，千辛万苦，千苦万辛，乃始得此红顶花翎之服色，中堂大人之名号，乃出其全副精神，竭其毕生力量，以保持之。如彼乞儿，拾金一锭，虽轰雷盘旋其顶上，而两手犹紧抱其荷包，他事非所顾也，非所知也，非所闻也。于此而告之以亡国也，瓜分也，彼乌从而听之？乌从而信之？即使果亡矣，果分矣，而吾今年既七十矣八十矣，但求其一两年内，洋人不来，强盗不起，我已快活过了一世矣。若不得已，则割三头两省之土地奉申贺敬，以换我几个衙门；卖三几百万之人民作仆为奴，以赎我一条老命，有何不可？有何难办？呜呼，今之所谓老后、老臣、老将、老吏者，其修身、齐家、治国、平天下之手段，皆具于是矣。西风一夜催人老，凋尽朱颜白尽头。使走无常当医生，携催命符以祝寿。嗟乎痛哉！以此为国，是安得不老且死，且吾恐其未及岁而殇也。

梁启超曰：造成今日之老大中国者，则中国老朽之冤业也；制出将来之少年中国者，则中国少年之责任也。彼老朽者何足道，彼与此世界作别之日不远矣，而我少年乃新来而与世界为缘。如僦屋者然，彼明日将迁居他方，而我今日始入此室处，将迁居者，不爱护其窗栊，不洁治其庭庑，俗人恒情，亦何足怪。若我少年者前程浩浩，后顾茫茫，中国而为牛、为马、为奴、为隶，则烹脔鞭箠之惨酷，惟我少年当之；中国如称霸宇内、主盟地球，则指挥顾盼之尊荣，惟我少年享之。于彼气息奄奄、与鬼为邻者何与焉？彼而漠然置之，犹可言也；我而漠然置之，不可言也。使举国之少年而果为少年也，则吾中国为未来之国，其进步未可量也；使举国之少年而亦为老大也，则吾中国为过去之国，其澌亡可翘足而待也。故今日之责任，不在他人，而全在我少年。少年智则国智，少年富则国富，少年强则国强，少年独立则国独立，少年自由则国自由，少年进步则国进步，少年胜于欧洲，则国胜于欧洲，少年雄于地球，则国雄于地球。红日初升，其道大光；河出伏流，一泻汪洋；潜龙腾渊，鳞爪飞扬；乳虎啸谷，百兽震惶；鹰隼试翼，风尘吸张；奇花初胎，矞矞皇皇；干将发硎，有作其芒；天戴其苍，地履其黄；纵有千古，横有八荒；前途似海，来日方长。美哉，我少年中国，与天不老！壮哉，我中国少年，与国无疆！

“三十功名尘与土，八千里路云和月。莫等闲白了少年头，空悲切！”此岳武穆《满江红》词句也，作者自六岁时即口受记忆，至今喜诵之不衰。自今以往，弃“哀时客”之名，更自名曰“少年中国之少年”。

【创作背景】

《少年中国说》写于1900年，正是戊戌变法失败，作者梁启超流亡日本之时。那年是庚子年，由于帝国主义的侵略，中国爆发了义和团爱国运动。帝国主义联合起来，组成八国联军，镇压义和团运动，攻陷了天津和北京等地。当时八国联军制造舆论，污蔑中国是“一盘散沙”，是“老大帝国”，不能自立，只能由列强共管或瓜分。而一些无知昏庸的中国人，也跟着叫嚷“任何列强三日内就可以灭亡中国”“中国不亡是无天理”，散布悲观情绪，民族危机空前严重。

戊戌变法失败，迫使梁启超逃亡日本，但他并没有就此放弃变法图强的努力，到日本的当年就创办了《清议报》，通过媒介竭力推动维新运动继续。为了驳斥帝国主义分子的无耻言论，纠正国内一些人崇洋媚外、自暴自弃的心理，唤起人民的爱国热情，激起民族自尊心和自信心，梁启超写了这篇《少年中国说》。此文影响颇大，是一篇篇幅较长的政论文。这篇文章被公认为梁启超著作中思想意义最积极、情感色彩最激越的篇章，作者本人也把它视为自己“开文章之新体，激民气之暗潮”的代表作。

【作者简介】

梁启超（1873—1929），字卓如，号任公，又号饮冰室主人等。广东省广州府新会县（今广东省江门市新会区）人。中国近代思想家、政治家、史学家、文学家、教育家，戊戌变法的领袖之一，是近代文学革命运动的理论倡导者。8岁学为文，9岁能缀千言，17岁中举。后师从康有为，成为资产阶级改良派的宣传家。维新变法前，与康有为一起联合各省举人发动"公车上书"运动。先后领导了北京和上海的强学会，又与黄遵宪一起办《时务报》，任长沙时务学堂的主讲，并著《变法通议》，为变法做宣传。戊戌变法失败后，流亡日本。其著作合编为《饮冰室合集》。

【思考与练习】

1. 文中用哪些事物比喻少年中国？
2. 文中通篇用什么艺术手法来表现中国是"少年中国"，而不是"老大帝国"？
3. 结合《少年中国说》简述梁启超"新文体"的特点。

记念刘和珍君

鲁迅

一

中华民国十五年三月二十五日，就是国立北京女子师范大学为十八日在段祺瑞执政府前遇害的刘和珍杨德群两君开追悼会的那一天，我独在礼堂外徘徊，遇见程君，前来问我道，"先生可曾为刘和珍写了一点什么没有？"我说"没有"。她就正告我，"先生还是写一点罢；刘和珍生前就很爱看先生的文章。"

这是我知道的，凡我所编辑的期刊，大概是因为往往有始无终之故罢，销行一向就甚为寥落，然而在这样的生活艰难中，毅然预定了《莽原》全年的就有她。我也早觉得有写一点东西的必要了，这虽然于死者毫不相干，但在生者，却大抵只能如此而已。倘使我能够相信真有所谓在天之灵，那自然可以得到更大的安慰，——但是，现在，却只能如此而已。

可是我实在无话可说。我只觉得所住的并非人间。四十多个青年的血，洋溢在我的周围，使我艰于呼吸视听，那里还能有什么言语？长歌当哭，是必须在痛定之后的。而此后几个所谓学者文人的阴险的论调，尤使我觉得悲哀。我已经出离愤怒了。我将深味这非人间的浓黑的悲凉；以我的最大哀痛显示于非人间，使它们快意于我的苦痛，就将这作为后死者的菲薄的祭品，奉献于逝者的灵前。

二

真的猛士，敢于直面惨淡的人生，敢于正视淋漓的鲜血。这是怎样的哀痛者和幸福者？然而造化又常常为庸人设计，以时间的流驶，来洗涤旧迹，仅使留下淡红的血色和微漠的悲哀。在这淡红的血色和微漠的悲哀中，又给人暂得偷生，维持着这似人非人的世界。我不知道这样的世界何时是一个尽头！

我们还在这样的世上活着；我也早觉得有写一点东西的必要了。离三月十八日也已有两星期，忘却的救主快要降临了罢，我正有写一点东西的必要了。

三

在四十余被害的青年之中，刘和珍君是我的学生。学生云者，我向来这样想，这样说，现在却觉得有些踌躇了，我应该对她奉献我的悲哀与尊敬。她不是“苟活到现在的我”的学生，是为了中国而死的中国的青年。

她的姓名第一次为我所见，是在去年夏初杨荫榆女士做女子师范大学校长，开除校中六个学生自治会职员的时候。其中的一个就是她；但是我不认识。直到后来，也许已经是刘百昭率领男女武将，强拖出校之后了，才有人指着一个学生告诉我，说：这就是刘和珍。其时我才能将姓名和实体联合起来，心中却暗自诧异。我平素想，能够不为势利所屈，反抗一广有羽翼的校长的学生，无论如何，总该是有些桀骜锋利的，但她却常常微笑着，态度很温和。待到偏安于宗帽胡同，赁屋授课之后，她才始来听我的讲义，于是见面的回数就较多了，也还是始终微笑着，态度很温和。待到学校恢复旧观，往日的教职员以为责任已尽，准备陆续引退的时候，我才见她虑及母校前途，黯然至于泣下。此后似乎就不相见。总之，在我的记忆上，那一次就是永别了。

四

我在十八日早晨，才知道上午有群众向执政府请愿的事；下午便得到噩耗，说卫队居然开枪，死伤至数百人，而刘和珍君即在遇害者之列。但我对于这些传说，竟至于颇为怀疑。我向来是不惮以最坏的恶意，来推测中国人的，然而我还不料，也不信竟会下劣凶残到这地步。况且始终微笑着的和蔼的刘和珍君，更何至于无端在府门前喋血呢？

然而即日证明是事实了，作证的便是她自己的尸骸。还有一具，是杨德群君的。而且又证明着这不但是杀害，简直是虐杀，因为身体上还有棍棒的伤痕。

但段政府就有令，说她们是“暴徒”！

但接着就有流言，说她们是受人利用的。

惨象，已使我目不忍视了；流言，尤使我耳不忍闻。我还有什么话可说呢？我懂得衰亡民族之所以默无声息的缘由了。沉默呵，沉默呵！不在沉默中爆发，就在沉默中灭亡。

五

但是，我还有要说的话。

我没有亲见；听说，她，刘和珍君，那时是欣然前往的。自然，请愿而已，稍有人心者，谁也不会料到有这样的罗网。但竟在执政府前中弹了，从背部入，斜穿心肺，已是致命的创伤，只是没有便死。同去的张静淑君想扶起她，中了四弹，其一是手枪，立仆；同去的杨德群君又想去扶起她，也被击，弹从左肩入，穿胸偏右出，也立仆。但她还能坐起来，一个兵在她头部及胸部猛击两棍，于是死掉了。

始终微笑的和蔼的刘和珍君确是死掉了，这是真的，有她自己的尸骸为证；沉勇而友爱的杨德群君也死掉了，有她自己的尸骸为证；只有一样沉勇而友爱的张静淑君还在医院里呻吟。当三个女子从容地转辗于文明人所发明的枪弹的攒射中的时候，这是怎样的一个惊心动魄的伟大呵！中国军人的屠戮妇婴的伟绩，八国联军的惩创学生的武功，不幸全被这几缕血痕抹杀了。

但是中外的杀人者却居然昂起头来，不知道个个脸上有着血污……。

六

时间永是流驶，街市依旧太平，有限的几个生命，在中国是不算什么的，至多，不过供无恶意的闲人以饭后的谈资，或者给有恶意的闲人作“流言”的种子。至于此外的深的意义，我总觉得很寥寥，因为这实在不过是徒手的请愿。人类的血战前行的历史，正如煤的形成，当时用大量的木材，结果却只是一小块，但请愿是不在其中的，更何况是徒手。

然而既然有了血痕了，当然不觉要扩大。至少，也当浸渍了亲族，师友，爱人的心，纵使时光流驶，洗成绯红，也会在微漠的悲哀中永存微笑的和蔼的旧影。陶潜说过，“亲戚或余悲，他人亦已歌，死去何所道，托体同山阿。”倘能如此，这也就够了。

七

我已经说过：我向来是不惮以最坏的恶意来推测中国人的。但这回却很有几点出于我的意外。一是当局者竟会这样地凶残，一是流言家竟至如此之下劣，一是中国的女性临难竟能如是之从容。

我目睹中国女子的办事，是始于去年的，虽然是少数，但看那干练坚决，百折不回的气概，曾经屡次为之感叹。至于这一回在弹雨中互相救助，虽殒身不恤的事实，则更足为中国女子的勇毅，虽遭阴谋秘计，压抑至数千年，而终于没有消亡的明证了。倘要寻求这一次死伤者对于将来的意义，意义就在此罢。

苟活者在淡红的血色中，会依稀看见微茫的希望；真的猛士，将更奋然而前行。

呜呼，我说不出话，但以此记念刘和珍君！

四月一日。

【创作背景】

《记念刘和珍君》收录于鲁迅的杂文集《华盖集续编》中。原文于1926年4月12日发表在《语丝》周刊第七十四期。刘和珍是北京学生运动的领袖之一，在1926年“三·一八惨案”中遇害，年仅22岁。刘和珍遇害后，鲁迅参加了她的追悼会，并创作了《记念刘和珍君》一文。在文中追忆这位始终微笑着的和蔼的学生，痛悼“为中国而死的中国的青年”，歌颂“虽殒身不恤”的“中国女子的勇毅”。

【作者简介】

鲁迅（1881—1936），原名周樟寿，字豫才，周树人是南京求学时的学名，浙江绍兴人。著名文学家、思想家、革命家、教育家，新文化运动的重要参与者，中国现代文学的奠基人之一。鲁迅一生在文学创作、文学批评、文学史研究、思想研究、翻译等多个领域做出重大贡献，对五四运动以后的中国社会思想文化发展产生重大影响。

鲁迅的主要作品有：小说集《呐喊》《彷徨》《故事新编》等；散文集《朝花夕拾》等；杂文集《坟》《热风》《华盖集》《华盖集续编》《而已集》《三闲集》《南腔北调集》《二心集》

《且介亭杂文》等；学术著作《中国小说史略》《汉文学史纲要》等。

【思考与练习】

1. 文中鲁迅笔触涉及了哪几种人？对他们的态度是怎样的？

2. 文中通过对刘和珍等死难烈士的悼念，表达了怎样的思想感情？

我的母亲

老舍

母亲的娘家是北平德胜门外，土城儿外边，通大钟寺的大路上的一个小村里。村里一共有四五家人家，都姓马。大家都种点不十分肥美的地，但是与我同辈的兄弟们，也有当兵的，作木匠的，作泥水匠的，和当巡察的。他们虽然是农家，却养不起牛马，人手不够的时候，妇女便也须下地作活。

对于姥姥家，我只知道上述的一点。外公外婆是什么样子，我就不知道了，因为他们早已去世。至于更远的族系与家史，就更不晓得了；穷人只能顾眼前的衣食，没有功夫谈论什么过去的光荣；"家谱"这字眼，我在幼年就根本没有听说过。

母亲生在农家，所以勤俭诚实，身体也好。这一点事实却极重要，因为假若我没有这样的一位母亲，我以为我恐怕也就要大大的打个折扣了。

母亲出嫁大概是很早，因为我的大姐现在已是六十多岁的老太婆，而我的大外甥女还长我一岁啊。我有三个哥哥，四个姐姐，但能长大成人的，只有大姐，二姐，三姐，三哥与我。我是"老"儿子。生我的时候，母亲已有四十一岁，大姐二姐已都出了阁。

由大姐与二姐所嫁入的家庭来推断，在我生下之前，我的家里，大概还马马虎虎的过得去。那时候定婚讲究门当户对，而大姐丈是作小官的，二姐丈也开过一间酒馆，他们都是相当体面的人。

可是，我，我给家庭带来了不幸：我生下来，母亲晕过去半夜，才睁眼看见她的老儿子——感谢大姐，把我揣在怀中，致未冻死。

一岁半，我把父亲"克"死了。

兄不到十岁，三姐十二、三岁，我才一岁半，全仗母亲独力抚养了。父亲的寡姐跟我们一块儿住，她吸鸦片，她喜摸纸牌，她的脾气极坏。为我们的衣食，母亲要给人家洗衣服，缝补或裁缝衣裳。在我的记忆中，她的手终年是鲜红微肿的。白天，她洗衣服，洗一两大绿瓦盆。她作事永远丝毫也不敷衍，就是屠户们送来的黑如铁的布袜，她也给洗得雪白。晚间，她与三姐抱着一盏油灯，还要缝补衣服，一直到半夜。她终年没有休息，可是在忙碌中她还把院子屋中收拾得清清爽爽。桌椅都是旧的，柜门的铜活久已残缺不全，可是她的手老使破桌面上没有尘土，残破的铜活发着光。院中，父亲遗留下的几盆石榴与夹竹桃，永远会得到应有的浇灌与爱护，年年夏天开许多花。

哥哥似乎没有同我玩耍过。有时候，他去读书；有时候，他去学徒；有时候，他也去卖花生或樱桃之类的小东西。母亲含着泪把他送走，不到两天，又含着泪接他回来。我不明白这都是什么事，而只觉得与他很生疏。与母亲相依为命的是我与三姐。因此，她们作事，我老在后面跟着。她们浇花，我也张罗着取水；她们扫地，我就撮土……从这里，我学得了爱花，爱清洁，守秩序。这些习惯至今还被我保存着。

有客人来，无论手中怎么窘，母亲也要设法弄一点东西去款待。舅父与表哥们往往是自己掏钱买酒肉食，这使她脸上羞得飞红，可是殷勤的给他们温酒作面，又给她一些喜悦。遇上亲友家中有喜丧事，母亲必把大褂洗得干干净净，亲自去贺吊——份礼也许只是两吊小钱。到如今如我的好客的习性，还未全改，尽管生活是这么清苦，因为自幼儿看惯了的事情是不易改掉的。

姑母常闹脾气。她单在鸡蛋里找骨头。她是我家中的阎王。直到我入了中学，她才死去，我可是没有看见母亲反抗过。“没受过婆婆的气，还不受大姑子的吗？命当如此！”母亲在非解释一下不足以平服别人的时候，才这样说。是的，命当如此。母亲活到老，穷到老，辛苦到老，全是命当如此。她最会吃亏。给亲友邻居帮忙，她总跑在前面：她会给婴儿洗三——穷朋友们可以因此少花一笔“请姥姥”钱——她会刮痧，她会给孩子们剃头，她会给少妇们绞脸……凡是她能作的，都有求必应。但是吵嘴打架，永远没有她。她宁吃亏，不逗气。当姑母死去的时候，母亲似乎把一世的委屈都哭了出来，一直哭到坟地。不知道哪里来的一位侄子，声称有承继权，母亲便一声不响，教他搬走那些破桌子烂板凳，而且把姑母养的一只肥母鸡也送给他。

可是，母亲并不软弱。父亲死在庚子闹“拳”的那一年。联军入城，挨家搜索财物鸡鸭，我们被搜两次。母亲拉着哥哥与三姐坐在墙根，等着“鬼子”进门，街门是开着的。“鬼子”进门，一刺刀先把老黄狗刺死，而后入室搜索。他们走后，母亲把破衣箱搬起，才发现了我。假若箱子不空，我早就被压死了。皇上跑了，丈夫死了，鬼子来了，满城是血光火焰，可是母亲不怕，她要在刺刀下，饥荒中，保护着儿女。北平有多少变乱啊，有时候兵变了，街市整条的烧起，火团落在我们院中。有时候内战了，城门紧闭，铺店关门，昼夜响着枪炮。这惊恐，这紧张，再加上一家饮食的筹划，儿女安全的顾虑，岂是一个软弱的老寡妇所能受得起的？可是，在这种时候，母亲的心横起来，她不慌不哭，要从无办法中想出办法来。她的泪会往心中落！这点软而硬的个性，也传给了我。我对一切人与事，都取和平的态度，把吃亏看作当然的。但是，在作人上，我有一定的宗旨与基本的法则，什么事都可将就，而不能超过自己划好的界限。我怕见生人，怕办杂事，怕出头露面；但是到了非我去不可的时候，我便不得不去，正象我的母亲。从私塾到小学，到中学，我经历过起码有廿位教师吧，其中有给我很大影响的，也有毫无影响的，但是我的真正的教师，把性格传给我的，是我的母亲。母亲并不识字，她给我的是生命的教育。

当我在小学毕了业的时候，亲友一致的愿意我去学手艺，好帮助母亲。我晓得我应当去找饭吃，以减轻母亲的勤劳困苦。可是，我也愿意升学。我偷偷的考入了师范学校——制服，饭食，书籍，宿处，都由学校供给。只有这样，我才敢对母亲提升学的话。入学，要交十元的保证金。这是一笔巨款！母亲作了半个月的难，把这巨款筹到，而后含泪把我送出门去。她不辞劳苦，只要儿子有出息。当我由师范毕业，而被派为小学校校长，母亲与我都一夜不曾合眼。我只说了句：“以后，您可以歇一歇了！”她的回答只有一串串的眼泪。我入学之后，三姐结了婚。母亲对儿女是都一样疼爱的，但是假若她也有点偏爱的话，她应当偏爱三姐，因为自父亲死后，家中一切的事情都是母亲和三姐共同撑持的。三姐是母亲的右手。但是母亲知道这右手必须割去，她不能为自己的便利而耽误了女儿的青春。当花轿来到我们的破门外的时候，母亲的手就和冰一样的凉，脸上没有血色——那是阴历四月，天气很暖。大家都怕她晕过去。可是，她挣扎着，咬着嘴唇，手扶着门框，看花轿徐徐的走去。不久，姑母死了。三姐已出嫁，哥哥不在家，我又住学校，家中只剩母亲自己。她还须自晓至晚的操作，可是终日没人和她说一句话。新年到了，正赶上政府倡用阳历，不许过旧年。除夕，我请了两小时的假。由拥挤不堪的街市回到清炉冷灶的家中。母亲笑了。及至听说我还须回校，她楞住了。半天，她才叹出一口气来。到我该走的时候，她递给我一些花生，“去吧，小子！”街上是那么热闹，我却什么也没看见，泪遮迷了我的眼。今天，泪又遮住了我的眼，又想起当日孤独的过那凄惨的除夕的慈母。可是慈母不会再候盼着我了，她已入了土！

儿女的生命是不依顺着父母所设下的轨道一直前进的，所以老人总免不了伤心。我廿三岁，母亲要我结了婚，我不要。我请来三姐给我说情，老母含泪点了头。我爱母亲，但是我给了她最大的打击。时代使我成为逆子。廿七岁，我上了英国。为了自己，我给六十多岁的老母以第二次打击。在她七十大寿的那一天，我还远在异域。那天，据姐姐们后来告诉我，老太太只喝了两口酒，很早的便睡下。她想念她的幼子，而不便说出来。

七七抗战后，我由济南逃出来。北平又象庚子那年似的被鬼子占据了，可是母亲日夜惦念的幼子却跑西南来。母亲怎样想念我，我可以想象得到，可是我不能回去。每逢接到家信，我总不敢马上拆看，我怕，怕，怕，怕有那不祥的消息。人，即使活到八九十岁，有母亲便可以多少还有点孩子气。失了慈母便像花插在瓶子里，虽然还有色有香，却失去了根。有母亲的人，心里是安定的。我怕，怕，怕家信中带来不好的消息，告诉我已是失了根的花草。

去年一年，我在家信中找不到关于老母的起居情况。我疑虑，害怕。我想象得到，如有不幸，家中念我流亡孤苦，或不忍相告。母亲的生日是在九月，我在八月半写去祝寿的信，算计着会在寿日之前到达。信中嘱咐千万把寿日的详情写来，使我不再疑虑。十二月二十六日，由文化劳军的大会上回来，我接到家信。我不敢拆读。就寝前，我拆开信，母亲已去世一年了！

生命是母亲给我的。我之能长大成人，是母亲的血汗灌养的。我之能成为一个不十分坏的人，是母亲感化的。我的性格，习惯，是母亲传给的。她一世未曾享过一天福，临死还吃的是粗粮。唉！还说什么呢？心痛！心痛！

【创作背景】

老舍自幼丧父，由母亲独自带大，和母亲有着无比深厚的感情。老舍的母亲于 1942 年夏季病逝于北平（今北京）。当时，老舍孤身一人在中国抗战大后方，从事抗战文艺创作和组织工作。他的家人最初没敢把母亲病亡的消息立即告诉他，1942 年 12 月 26 日才在家信里透露噩耗。本文便是老舍为纪念母亲而写。

【作者简介】

老舍（1899—1966），原名舒庆春，字舍予，另有笔名絜青、鸿来、非我等。北京满族正红旗人。其父是一名保卫紫禁城的护兵，八国联军入侵北京时阵亡。中国现代小说家、作家、语言大师，中华人民共和国第一位获得“人民艺术家”称号的作家。代表作有小说《骆驼祥子》《四世同堂》（包含《惶惑》《偷生》《饥荒》三部分）等，话剧剧本《茶馆》《龙须沟》等。

【思考与练习】

1. 文中的母亲有着怎样的性格特点?

2.《我的母亲》一文中，体现了老舍作品怎样的语言特色?

背　　影

朱自清

我与父亲不相见已二年余了，我最不能忘记的是他的背影。那年冬天，祖母死了，父亲的差使也交卸了，正是祸不单行的日子，我从北京到徐州，打算跟着父亲奔丧回家。到徐州见着父亲，看见满院狼藉的东西，又想起祖母，不禁簌簌地流下眼泪。父亲说，“事已如此，不必难过，好在天无绝人之路！”

回家变卖典质，父亲还了亏空；又借钱办了丧事。这些日子，家中光景很是惨淡，一半为了丧事，一半为了父亲赋闲。丧事完毕，父亲要到南京谋事，我也要回北京念书，我们便同行。

到南京时，有朋友约去游逛，勾留了一日；第二日上午便须渡江到浦口，下午上车北去。父亲因为事忙，本已说定不送我，叫旅馆里一个熟识的茶房陪我同去。他再三嘱咐茶房，甚是仔细。但他终于不放心，怕茶房不妥帖；颇踌躇了一会。其实我那年已二十岁，北京已来往过两三次，是没有甚么要紧的了。他踌躇了一会，终于决定还是自己送我去。我两三回劝他不必去；他只说，“不要紧，他们去不好！”

我们过了江，进了车站。我买票，他忙着照看行李。行李太多了，得向脚夫行些小费，才可过去。他便又忙着和他们讲价钱。我那时真是聪明过分，总觉他说话不大漂亮，非自己插嘴不可。但他终于讲定了价钱；就送我上车。他给我拣定了靠车门的一张椅子；我将他给我做的紫毛大衣铺好坐位。他嘱我路上小心，夜里警醒些，不要受凉。又嘱托茶房好好照应我。我心里暗笑他的迂；他们只认得钱，托他们直是白托！而且我这样大年纪的人，难道还不能料理自己么？唉，我现在想想，那时真是太聪明了！

我说道，“爸爸，你走吧。”他望车外看了看，说，“我买几个橘子去。你就在此地，不要走动。”我看那边月台的栅栏外有几个卖东西的等着顾客。走到那边月台，须穿过铁道，须跳下去又爬上去。父亲是一个胖子，走过去自然要费事些。我本来要去的，他不肯，只好让他去。我看见他戴着黑布小帽，穿着黑布大马褂，深青布棉袍，蹒跚地走到铁道边，慢慢探身下去，尚不大难。可是他穿过铁道，要爬上那边月台，就不容易了。他用两手攀着上面，两脚再向上缩；他肥胖的身子向左微倾，显出努力的样子。这时我看见他的背影，我的泪很快地流下来了。我赶紧拭干了泪，怕他看见，也怕别人看见。我再向外看时，他已抱了朱红的橘子望回走了。过铁道时，他先将橘子散放在地上，自己慢慢爬下，再抱起橘子走。到这边时，我赶紧去搀他。他和我走到车上，将橘子一股脑儿放在我的皮大衣上。于是扑扑衣上的泥土，心里很轻松似的，过一会说，“我走了；到那边来信！”我望着他走出去。他走了几步，回过头看见我，说，“进去吧，里边没人。”等他的背影混入来来往往的人里，再找不着了，我便进来坐下，我的眼泪又来了。

近几年来，父亲和我都是东奔西走，家中光景是一日不如一日。他少年出外谋生，独力支持，做了许多大事。那知老境却如此颓唐！他触目伤怀，自然情不能自已。情郁于中，自然要发之于外；家庭琐屑便往往触他之怒。他待我渐渐不同往日。但最近两年的不见，他终于忘却我的不好，只是惦记着我，惦记着我的儿子。我北来后，他写了一信给我，信中说道，“我身体平安，惟膀子疼痛利害，举箸提笔，诸多不便，大约大去之期不远矣。”我读到此处，在晶莹的泪光中，又看见那肥胖的，青布棉袍，黑布马褂的背影。唉！我不知何时再能与他相见！

1925年10月在北京。

【创作背景】

本文创作于1925年10月的北京。这是在朱自清的祖母去世、父亲赋闲在家、家境日益艰难的情况下，朱自清父亲在车站为他送行的“背影”。在读者心中勾画出了一个以血和泪掺和的悲剧性的“背影”形象。深刻揭示了在动荡不安的大时代背景下，小康之家的没落和知识分子的辗转。

【作者简介】

朱自清（1898—1948），原名自华，号实秋，后改名自清，字佩弦，出生于江苏省东海县。他是中国现代诗人、散文家，著名的学者、民主战士，曾任清华大学中文系主任，他是“五四”新文学的拓荒者。朱自清的代表作品有散文《匆匆》《背影》《荷塘月色》《桨声灯影里的秦淮河》《绿》《旅行杂记》等。

【思考与练习】

1. 文中哪些句子，写出了“我”对父亲深深的爱？

2. 文中哪些句子，写出了父亲对“我”的疼爱？

第十二章　戏剧

概　　述

中国现代戏剧是在西方戏剧观念影响下诞生，又与诗界革命、小说界革命相呼应，是中国现代文学发展进程中的重要组成部分。1907 年，由中国留学生组成的春柳社在东京演出了曾孝谷改编的五幕剧《黑奴吁天录》，这是中国戏剧从古典形态转向现代形态所迈出的重要一步。五四时期，新文化运动的倡导者们对中国传统戏曲进行了批判，还在《新青年》上专刊“戏剧改良号”，倡导戏剧革新运动，并就如何借鉴西洋话剧等问题展开激烈争论。1921 年 3 月，沈雁冰、郑振铎、欧阳予倩等在上海创立民众戏剧社，出版《戏剧》月刊，介绍欧美话剧理论和艺术，提倡“爱美的”戏剧，推崇戏剧的社会现实功能。同年 12 月，上海戏剧协社成立，成员有应云卫、谷剑尘、欧阳予倩、洪深等，他们学习西洋演剧艺术，建立严格的导演和演出体系，提高了戏剧的演出水平。

中国现代戏剧创作受时代精神的影响呈现出强烈的写实主义特征。受易卜生《玩偶之家》《国民之敌》《小爱友夫》等的影响，大多剧作是取材于现实生活的社会问题剧，如胡适的《终身大事》、丁西林的《一只马蜂》《压迫》、洪深的《赵阎王》、田汉的《获虎之夜》、欧阳予倩的《泼妇》《回家以后》等，涉及恋爱、婚姻、家庭、妇女解放、道德伦理标准等社会问题。郭沫若是中国现代历史剧的开拓者，其早期代表作《卓文君》《王昭君》《聂嫈》“要借古人的骸骨，另行吹嘘些生命进去”，后结集出版，名为《三个叛逆的女性》。

1927 年，田汉领导的南国社创立。1929 年，欧阳予倩在华南创办了广东戏剧研究所。同年秋，上海艺术剧社成立，这是中国共产党在国统区领导的第一个提出无产阶级戏剧口号的戏剧团体。这一时期戏剧的突出特点是表现尖锐的民族矛盾、阶级矛盾，战斗性、民族性、意识性得到强化。1930 年 8 月，中国左翼剧团联盟成立，后改组为中国左翼戏剧家联盟，标志着戏剧界统一战线组织的形成。

现代戏剧对人道主义思想、反封建个性主义也进行了深入探讨。曹禺的《雷雨》描写了一个现代社会中封建家庭的悲剧，《日出》抨击了金钱社会的罪恶。曹禺的话剧善于组织戏剧冲突，深入刻画人物的内心世界，是这一时期现实主义戏剧创作的最高成就，也标志着我国现代话剧剧本的艺术上的成熟。李健吾的《这不过是春天》《梁允达》也着重描写人物内心的冲突，重在人心中的“善恶并存”。这一时期的代表作还有田汉的《回春之曲》《名优之死》、洪深的《五奎桥》、夏衍的《上海屋檐下》等。

为适应斗争现实的需要，抗战初期的戏剧主题多为抗日宣传、教育，形式多为街头剧、活报剧等小型演出。其中，《放下你的鞭子》影响最大，和《三江好》《最后一计》一起，合称为“好一计鞭子”。在抗战相持阶段和抗战胜利后，现实题材和历史题材的剧作都获得了丰收。夏衍的《心防》《法西斯细菌》等代表了当时现实主义剧作的最高成就。宋之的的《雾重庆》、曹禺的《北京人》《家》、吴祖光的《风雪夜归人》、于伶的《夜上海》、夏衍的《上海屋檐下》、陈白尘的《升官图》等，都是影响广泛的优秀剧作。而郭沫若的《屈原》《虎符》、于伶的《大明英烈传》、阳翰笙的《天国春秋》、欧阳予倩的《忠王李秀成》、阿英的《明末遗恨》等历史剧，借古讽今，影射现实，产生了巨大的政治影响。解放区的戏剧成就表现在新歌剧的探索、旧戏的改革和话剧创作等几个方面。新歌剧《兄妹开荒》《夫妻识字》等表现了翻身农民劳动生产、学习的热情，而贺敬之等人创作的《白毛女》表现了喜儿从一个天真活泼的农村少女成长为坚强勇敢的反抗者的过程，形式上达到了诗、歌、舞的完美统一，为歌剧艺术民族化做出了重大贡献，为新歌剧的发展奠定了坚实的基础。

获虎之夜

田汉

【故事梗概】

猎户魏福生的女儿莲姑和寄居在自己家中的表兄黄大傻两情相悦。而魏福生则因黄大傻家境贫寒不同意二人相爱，并将莲姑许给了富户陈家。黄大傻得知莲姑出嫁十分伤心，又因思念莲姑而黑夜上山遥望莲姑家的灯光以慰相思，却不想被打虎的铳枪误伤。黄大傻因伤被抬到魏家，魏福生不同意莲姑照看黄大傻，父女之间矛盾激化，黄大傻见状心灰意冷，最终用猎刀自杀。本剧以莲姑与黄大傻之间的爱情悲剧，控诉了以地位、财富、权势来衡量婚姻的封建思想，并歌颂了敢于冲破封建束缚，追求自由恋爱的青年男女。

人　物

魏福生——富裕的猎户。
魏黄氏——魏福生妻。
莲姑——魏福生独生女。
祖母——莲姑的祖母。
李东阳——邻人，甲长。
何维贵——李的亲戚，农夫。

黄大傻——莲姑表兄。

屠大、周三、李二——魏家所雇的长工。

时　间　辛亥革命后某年的一个冬夜。

地　点　长沙东乡仙姑岭边一山村。

布　景　魏福生家的“火房”（即乡下人饭后的休息室，客人来时的应接室，冬夜一家人围炉向火处）。

［开幕时魏福生坐炉旁吸水烟。其母老态龙钟坐在草围椅上吸旱烟。福生之妻正泡茶。莲姑，十八九岁，山家装束而不掩其美，将泡好的茶用盘子托着先奉其祖母，次奉其父，然后走出“火房”送给她家的佣工们。魏福生目送其女出去，对其妻低语。

魏福生　莲儿嫁到陈家里去不取第一也要取第二，他家那样多的媳妇，我都看见过，就人物子讲，很少及得我们孩子的。

魏黄氏　（感着一种母亲的夸耀）前几天罗大先生也这样说呢。费去了好多心血总算替她挣了这点点陪奁。要不然，单只模样儿好，陪奁太少也还是要遭妯娌们看不起的。

魏福生　也当感谢仙姑娘娘，难得这几年运道还好，新近又一连打了两只虎。不然，事情哪有这样顺手！

魏黄氏　（因而想起）铳装好了没有？

魏福生　装好了，还没有上线。等再晚一点，把线上好，今晚准不会落空的。

魏黄氏　只要再打到一只，莲儿又可以多添一样嫁妆了。我还想替她到城里去买一幅锦缎被面和一个绣花帐檐子。没有多少日子就要过门了，不赶快办，怕来不及。

魏福生　若是再打到了一只大点儿的，也不必抬到城里去请赏了就把皮剥下来替莲儿做一床褥子，倒也显得我们猎户人家的本色。我打第一只虎的时候，就有这个意思。莲儿，你……莲儿怎么不进来？

魏黄氏　（微笑）八成是听得说她的事，不好意思，回到自己房里去了吧。

魏福生　她这一向还好，从前她真是不听话，几乎把我气死了。

魏黄氏　我也何尝不气，只是听得她晚上那样哭，我又是恨，又是可怜她……到底是我身上的肉啊。（想了想）那颠子还在庙里吗？

魏福生　唔。还在庙里，还住在戏台下面。本想把他驱逐出境，可是地方上见他年纪轻，少爹没娘的，也并不为非作歹，都不肯赶他，我也不好把我的意思说出来。

魏黄氏　真是这些时候也没有见他打我们门口走过了。

魏福生　大约是挨了我那一次打，就不敢再来了。那种颠子单骂他一两句，他是不怕的。

祖　母　可是那孩子也真可怜啊。你骂他一两句，要他以后别来了不就够了，打他做什么呢？

魏福生　你老人家哪里晓得，那孩子看去好像颠颠傻傻的，对莲儿可一点也不傻。起初我让他跟莲儿一块儿玩，不大管他，后来长大了，还天天来找莲儿，莲儿仿佛也离不开他，我才晓得坏了。那时颠子的娘刚死不久，我荐他到田家塅王家看牛。他说他不愿到那么远的地方去，又说他虽是无家可归了，但不愿离开仙姑岭。打那时候起，他就在庙里的戏台底下过日子。可怜也实在可怜，可一想到他害得莲儿不肯出嫁，怎么叫我不恼火！

魏黄氏　好了。现在也不必恨他了，反而叫我们给莲儿选了家好人家。

魏福生 （忽然想起）喂，前天莲儿到哪里去来？

魏黄氏 同下屋张二姑娘到拗背李大机匠家里去来。我要她送几斤虎肉给他，顺便问他那匹布织完了没有。

魏福生 以后要屠大爷送去好哪，姑娘家不要到外面跑。我仿佛看见她打那一边岭上下来的呢。

魏黄氏 你为什么问起这事？

魏福生 莲儿有好久没有出门，我怕她又跑到庙里去。

祖　母 到庙里去敬敬菩萨也不要紧啊。

魏福生 敬敬菩萨自然没有什么，就怕她又去会那颠子。

魏黄氏 有张二姑娘跟着她呢。再说，莲儿自从定了人家，早已把那颠子忘了。

魏福生 但愿那样就好。

［此时外面有人声对语。李东阳带何维贵来访魏福生，屠大迎接他们。

屠　大 （在内）哦！李大公来了。请进。

李东阳 （内）哦，大司务，福生在家吗？

屠　大 （在内）在火房里坐。请进。

李东阳 这是舍亲，姓何，住在塅里。

魏福生 哦，何大哥。几时进坤来的？

何维贵 下午来的。

李东阳 他是今天下午进坤的。他们家几代住在里，难得到里来。他是我侄郎的哥哥。前回我到塅里去"散事"，在他家住了一晚。谈起坤里柴火怎么多，坡土怎么好，怎样晚上可以听得老虎豹子叫，又谈起你们家新近打了两只老虎，于今一只抬到城里请赏去了，还有一只关在笼子里，他们家里人没有见过老虎，都想来看看。这位老哥，尤其动了意马心猿，非同我来不可。我只好带他来。

何维贵 （忽听得什么叫，忙着扯住李东阳手）嗳呀，这、这是不是虎叫？

［魏福生同家人皆笑。

魏福生 这不是虎叫，这是后面猪圈里猪叫。

李东阳 ……第二次打的老虎也抬到城里去了吗？

魏福生 抬去四五天了。

李东阳 怎么你没有去？

魏福生 我没去，要老二去了，顺便办一些货回来。我在家里还有些事情。

李东阳 那么，维贵，你来得不凑巧。你那样要看老虎，好容易到坤里来，老虎又抬走了。

魏黄氏 （一面献茶与客）真是，何大哥，你早五六天来就好了。嗳哟，没有抬走的时候看的人真多啊！抬走之后两三天还有好些人赶来看，都扑个空回去了。周家新屋的三太太从城里回，也来看虎，她靠近笼子站着，听得虎一吼身子往后一仰，两手这样往前一拍，手上一对玉钏子，啪！全砸碎了。

何维贵 嗳呀，好凶！

李东阳 （笑了）你家捉了老虎的事，真传得远，连春华市那一边都知道了。那地方的都总太太都想来看一看呢，可惜你们急着把老虎送到城里去了。

魏福生 不要紧。今晚若是运气好，还可以打一只，就怕捉不到活的。

李东阳 为什么？又装了陷笼啦？

魏福生　不是陷笼，是抬枪，只等人静一点，就要上线呢

李东阳　装在什么地方？

魏福生　装在后面岭上。

李东阳　那里没有人走吗？

魏福生　这么晚谁还跑那边岭上去，再说，谁都知道昨天已经发了山。

李东阳　那么恭喜你今晚上又打一只大老虎，该请我喝一杯喜酒吧。

魏福生　那自然哪。莲儿就是这几天要过门了。今晚上再打一只老虎，我一定把喜酒办得热热闹闹的，请甲长先生多喝几杯。

李东阳　哦，不错，听说莲姑娘就是这几天要出门子了。我还没有预备一点添箱的礼物哩。

魏黄氏　嗳呀，大公不要费心了。前天承大娭毑送来了一个布，两个被面，我们已经不敢当得很哩。

李东阳　哪里的话，正应，正应。陈家几时过礼？

魏黄氏　初一过礼。

李东阳　你们这头亲事真是门当户对，不要说在我们这门前上下就是在全乡里也是少有的。

［屠大登场。

屠　大　大老板，我们可以上线去了吧。

［此时房里久已点灯。炉中柴火熊熊。

魏福生　（起视窗外）可以去了。你们得小心点啊。

屠　大　晓得。

李东阳　你们家这位屠司务真是个好人。

魏福生　哼。他做事靠得住。

魏黄氏　有一句讲一句，屠司务真是个老实人。他在我们家做了五六年长工，从来没和我们闹过半句嘴。哦……我记起来了，你们二姑娘不也要出阁了吗？

李东阳　嗯。明年三月安排把她嫁到金鸡坡侯家去。

魏黄氏　侯家！那真是好人家呀。三十几人吃茶饭，长工都请了七八个。二姑娘嫁到那样的人家真是享福啊。

李东阳　嗨，分得她有什么福享？不过可以不挨饿就是了。他家的儿媳妇是有名的不好当的：要起得早，睡得晚，纺纱绩麻，烹茶煮饭，浆衣洗裳不在讲，还得到坡里栽红薯，田里收稻子，一年到头忙得个要死，若是生了个一男半女就更麻烦了。

魏黄氏　不过这样的人家才是真正的好人家啊。越是一家人勤快，省俭，越是兴旺。

李东阳　是。我也正是取他们家这一点，才把二姑娘看到他家去的。她的娘疼爱女儿，听说侯家里是那样的人家，起初还不肯回红庚呢。

祖　母　福生，你叫胡二爷到柴屋里去弄些硬柴来。今晚若是打了老虎还有好一会耽搁呢。

魏福生　我自己去吧。（起身出门）

李东阳　娭毑，你老人家真健旺得很。

祖　母　咳，讲给大公听，到底上年纪了，不像从前那样结实了啊。

何维贵　你老人家今年高寿是？

李东阳　你猜猜看。

何维贵　我看……跟我的娭毑上下年纪吧？

魏黄氏　你的娭毑有多大年纪了？

何维贵 今年七十五岁。

魏黄氏 那么比她老人家还小一岁。

李东阳 他的娭毑也健旺得很。我早几天在他家里，还见她老人家替孙子绣兜肚呢。

魏黄氏 我的娭毑眼睛不如从前了，可就是脚力好。仙姑殿那样陡的山坡，她老人家还爬得上去。

李东阳 我们后班子真不及老班子啊。

魏黄氏 是啊。

祖　母 我们算什么，没有见你的公公呢。他老人家八十岁那年，还跟后班子赌狠，推起两石谷子上山呢。

何维贵 嗳呀，好健旺！我怕都做不到。

祖　母 你们十八九岁的人，“出山虎子”，正是出劲的时候，有什么做不到。

［魏福生抱柴来，放在火炉弯里。

魏福生 你们讲什么？

李东阳 我们正谈起现在这班年轻人还不及老班子有气力。

魏福生 这是实在的话。就拿我们猎户讲，现在的人哪里及得老一辈，不过器械方法比从前精巧些罢了。

何维贵 魏老板，你府上从前那两只老虎是怎样打的呢？

魏福生 说起来，也有趣得很。我们去年也打过几只，可没有今年这两只来得容易。第一只尤其是意外之财，那时我家刚做好一只陷笼，还没有抬到山上去，就把它放在猪圈后面，把门子打开，只望万一关只把小野物。不料睡到半晚，忽然听得猪圈里乱动起来，接着是几声扯锯子似的吼叫。我们赶忙爬起来，拿了猎枪，虎叉，掌起灯，望猪圈后面一看时：原来笼子里关了一只大老虎。这老虎打我们屋边经过，听得猪叫，想来吃猪，没有别的路，就打笼子里钻进来，使劲爬猪圈，机关一动，啪嗒！后面的门就关下来了。有了这次的好处，后来我们又做了一个笼子，比前一个还要巧，装在那边岭上的乱树里四周都用树枝子盖好，只留一条进路。笼子后面放些猪羊鸡鸭之类，都捆了腿子，让它们在里面乱踢乱叫。冬天里的饿老虎，打岭上经过，听得乱树里有生物叫，还有个不钻进去的？果然第三天晚上，我们又装了一只，这就是五天前抬到城里请赏的那一只。

何维贵 打虎这样容易吗？

魏福生 哪里会都这样容易！这不过是我走运罢了。你们走过的仙姑岭左边不是有一个长坡吗？那里原先不是像现在这样的光坡，是一带深山老林。近处的人知道那里边有老虎窝，谁也不敢去砍柴。因为长远没有人砍伐，那一带林子就越长越密，深得不见天日。后来里面虎多了，常常出来侵害附近人家的牲口，到了晚上常听得有老虎吼叫，近边人家都不敢安心睡觉。后来把长坡易四聋子的儿子也咬去了。易四聋子是我们乡里有名的猎户，他们夫妇就单生这个儿子，宠得跟性命一样，一旦给虎咬去了，那还受得了？他发誓要杀尽这一坡的老虎。他有个朋友姓袁，也是个有名的猎户，人家叫他袁打铳，也愿意帮他给地方除害。易四聋子每天背着猎枪，提着刀，到坡里找，有一天果然被他找出了一条路，照那条路走进去，就到了老虎窝。他一看，母虎不在，只剩了四个小虎在窝里跳。虎窝旁边还有一堆小孩子的头腿，肉都啃没了。易四聋子不看犹可，一看见这堆骨头他又是伤心，又是冒火，一阵乱刀就将那几只小老虎都砍死在窝里。易四聋子知道母老虎一定要报复的。第二天就邀袁打铳跟许多猎户来围山。那天那母虎回来见小老虎都死了，整整吼了一夜。第二天他们围山的时候，它坐在窝里等着。……

［忽闻许多猎犬声，屠大和二三伙友从山上回来。

［屠大、周三登场。

魏福生　装好了吗，屠大？

屠　大　全都装好了。

魏福生　山上有人走吗？

屠　大　这个时候什么人会走到那样的岭上去？

魏黄氏　屠大爷，周三爷，快来烘一烘，今晚冷得很哩。

周　三　也不怎么冷。

［魏黄氏折些带叶的干柴，烧起熊熊的火来。屠大周三二人烘着。

李东阳　屠大爷你的衣袖子烂得不成样子了。

魏黄氏　昨天我要他交给莲儿缝补缝补，他又不肯。

屠　大　我的衣哪里敢烦莲姑娘补呢？反正在山里干活的人别想穿一件好衣，就有件把好衣，到深山里跑个三两趟，也完了。

李东阳　我老早劝屠大爷讨一个老婆，他总不听，不然，不早有人替你缝补了？

屠　大　甲长老爷，你也得体恤民情呀。像我们这样连自己也养不活的人还能养得活老婆吗？

李东阳　话虽是这样说，老婆总是要讨的。也没有见单身汉子个个有了钱，也没有见讨了老婆的个个都饿死了。我还是替你做个媒吧。

周　三　我也替你做个媒吧。

屠　大　（笑向周三）你替我做个什么媒呀？你有什么姑子要给我呢？

周　三　这姑娘你也见过的，就是后屋朱太太的大小姐。

屠　大　后屋有什么朱太太？

［魏福生和魏黄氏早笑了。

屠　大　哦，（打周三）你这坏蛋。

魏福生　喂，屠大爷，你快去把器械安排好。等一会就要用呢。

屠　大　好。周三爷你赶快替我磨刀去。

［屠大、周三下场。

李东阳　今晚上一定又该你发财呢。

魏福生　哈哈，这些事也要靠运气。法子总得想，能不能到手可说不定。这回叫"谋事在人，成事在天"哩。何维贵第二天又怎么样呢，魏老板？

魏福生　（突如其来，摸不着头脑）第二天？

何维贵　第二天他们去围山，捉到那只老虎没有呢？

魏福生　啊，你是说易四聋子打虎啊。对，第二天易四子就邀了袁打铳跟本地好几位有名的猎户去围山。易四子跟袁打铳奋勇当先，照着他昨天找到的那条路，一步步逼近老虎窝，等到相隔不远的时候，见那只母老虎正按着爪子等他。这真叫"仇人见面"，他举起枪，瞄准老虎头上就是一枪。老虎听得枪一响，照着枪烟，一个蹿步扑过来。易四聋子本想趁势刺它的肚子，但是来不及了，老虎扑到他的头上来了。他丢了手里的东西一把抱住母老虎的腰，把头紧紧地顶住它的咽喉，把两只脚紧紧地撑住它的后腿，任凭它怎样的摆布，他只是死命地抱着它不放。易四聋子的好朋友袁打铳，跟其他猎户们，救也不好，不救也不好。袁打铳隔得近，爬到树上，对准那老虎打了两枪，老虎打急了。等到第三枪，它就地一滚，那枪子打在易四聋子的腿上，虽然没有打中要害，但痛得他把腿一缩，头上也不由得松下来。那老虎趁这工夫大吼了一声，把易四聋子的脑袋咬了半边，几跳几蹿地就跑出去了。因为势子太凶了，猎户们谁也不敢挡它的路。袁打铳一面收拾他朋友的遗体，一面发誓除掉那只老虎，替他朋友报仇。从此以后，他就时常一个人背着枪，去找那只老虎。后来也打了好几只虎，可始终不是咬他朋友的那一只。他有一个儿子，叫友和，十四五岁了。袁打铳怕他死了之后他朋友的仇不能报，常常把母老虎的样子对友和说，要他长大了也做一个猎户，务必找到这只老虎，把它打死，祭他朋友的灵，才算孝子，因此友和心目中也常常有这么一只虎。

何维贵 他的儿子后来打到这只虎没有呢？

魏福生 你听哪。第二年春二月间，友和跟几个小朋友到枫树坡去寻惊蛰菌，这个坡里也因为林子深，没有人敢去砍柴，地下树叶子落得厚，每年结的菌子也最多。这些小孩越取越多，越多越高兴，就不顾危险往林子深处钻。正拣得高兴的时候，忽然一个小孩吓得叫也不敢叫出来，拼命地扯起他们跑。他们问："看见什么啦？"他说："有虎！"听得有虎，大家都往外跑，把取下来的菌子撒满了一地。可是跑了好一阵，却没见什么东西追出来，瞧有虎的那边林子，一点响动也没有。他们都奇怪。内中有大胆的就再跑到林子里去偷看，袁友和也是一个。一看林子里有一块小小空地，空地上坐着一只刚才吓得他们乱跑的大老虎，嘴里还咬着一块什么东西，两只眼珠鼓得有茶杯那样大，可是它不动，连哼也不哼一声，听听，好像连气息也没有。袁友和胆子最大，拣起一块小石头照那老虎头上一扔，打个正着，可它还是不动。袁友和知道世界上没有这样好脾气的老虎，一看它的头上还有一两处伤哩，心里早想起他爹爹时常对他说起的那只母老虎。他告诉那些小朋友，可是谁也不敢走近那老虎，还是友和跑过去把它一推，哗啦一声就倒了。原来那只母老虎自从咬了易四聋子，带了重伤逃出来，就藏在这林子里死了，如今只剩得皮包骨头，嘴里还衔着易四聋子的半边脑壳哩。

何维贵 那么为什么它还坐着呢？

魏福生 这就叫"虎死不倒威"嘛。后来友和回去把他老子喊来一看，果然是那只老虎。袁打铳把易四聋子那半边脑壳交给他家里跟遗体一起葬了，把老虎的皮骨祭了他的灵，才算完了他一桩心事。……

［正说到这里忽听得山上抬枪一响。

魏福生 嚇！

屠　大 （在内）枪响了。大老板！我们快去吧。

李东阳 福生，你的财运真好。这次包你又打了一只大虎了。祖母若真是只老虎，那么莲儿又多添一样陪奁了。但愿又是只老虎，不要打了一只什么小的野物，那就不值得了。

［屠大携猎枪、虎叉之类登场。

屠　大 不会，一定是只大虎。小野物不走那条路的。

魏福生　我也这样想。

何维贵　我们也去看看吧。

魏福生　何大哥要去看看也好。

李东阳　我也同去看看。

魏福生　（对魏黄氏）你赶快去烧好一锅水，等一下有好一阵子忙呢。

魏黄氏　我早已预备好了。

周　三　（在内）喂！去呀。

魏福生
屠　大　（同声）去呀。（各携器械退场）

魏黄氏　娭毑，你老人家睡去吧。

祖　母　还坐一会也好。等他们把虎抬回来再睡。又有好一阵子忙，我在这里烧烧火也是好的。魏黄氏：啊呀，炊壶里没有水了。莲儿！

莲　姑　（在内）来了。

［莲姑登场。

莲　姑　妈妈，什么事？

魏黄氏　你去添一壶水来。等一会儿他们回来了，要茶喝呢。

莲　姑　是。

［莲姑携壶下场，旋即携一满壶水登场，依然把壶挂在火炉里的通火钩上。

莲　姑　妈，又打了一只老虎吗？

魏黄氏　屠大爷说一定是只老虎。别的野物，不走那条路的。再说，昨天不是发了山了吗？

祖　母　若是只虎，你爹爹不知该多喜欢。他说这次就不抬到城里去请赏了，要把皮剥了给你做一铺褥子。

魏黄氏　日子近了，你那双鞋还不赶快做好！

莲　姑　我不做。

魏黄氏　蠢孩子。你为什么不做？

莲　姑　我不要穿鞋了。

魏黄氏　蠢话！为什么不要穿鞋了？

莲　姑　我不要活了。（哭）

魏黄氏　胡说！为什么不要活了？

莲　姑　爹妈若是一定要我出嫁，……

魏黄氏　你还嫌陈家里不好吗？

莲　姑　不是。

魏黄氏　嫌三少爷配不上你？

莲　姑　摇头不语。

魏黄氏　那么为什么又不愿意去了呢？

莲　姑　……不愿意去就是不愿意去嘛。

魏黄氏　好孩子，你先前说得好好的，怎么这会子又变卦了呢？这样的终身大事岂是儿戏得的！人家已经下了定了，你又不愿意去了。就是我肯，你爹爹肯吗？就是你爹爹肯，陈家里能答应吗？你总得懂事一点，你现在也不是七八岁的小姑娘了。放着陈家这样的人家不去，你还想到什么人家？

祖　母　是呀。像陈家那样的人家在我们乡里是选一选二的。他家里肯要你，真是你的八字好呢。你不到他家去，还想到什么更好的人家去？就是有更好的人家，他不要你也是枉然哪。

莲　姑　我什么人家也不愿意去。我在家里伺候娭毑、妈妈不好吗？

魏黄氏　你这话更蠢了。哪里有在娘边做一辈子女儿不出门子的呢？我劝你不要三心两意的了。你只赶快把鞋子做好别的陪奁我也替你预备得有个八成了，只候你爹爹打了这只虎，替你做床虎皮褥子，还托二叔到城里买一幅绣花帐檐，锦缎被面子，就要过礼了。你刚才这些话我原晓得你是故意跟我淘气的，你要出嫁了，你妈还能把你怎样吗？只回头不要对你爹爹这样说，你爹爹若听见了这些话，你是晓得他的脾气的。

祖　母　是呀。你爹爹他若听说你不愿意，你看他会怎么样气吧。

莲　姑　我不管爹爹气不气，我只是不去就是了。

魏黄氏　好，你有本事等一下对你爹说去。我懒得跟你麻烦。我要到灶屋里去了。（下）

莲　姑　（走到祖母前）娭毑，我……

祖　母　（抚之）傻孩子，你哭什么，你的命不是比你妈、你娭毑都好吗？

莲　姑　不。娭毑，我是一条苦命。

［隐约闻外面人声嘈杂，猎犬吠声。

祖　母　你听，你爹爹跟屠大爷他们抬虎来了。你出阁的时候又要添一样好陪奁了。你也可以早些到陈家里去享福去了。你还不到大门口去看看去。

莲　姑　不，我不要去看。我怕这个老虎。

祖　母　你又不是才看见过老虎的，怕它做什么？以前捉了活的还不怕，此刻是打死了抬回来的，更不必怕了。

莲　姑　我怎么不怕它？它是催我的命的。

祖　母　瞧你，你又跟黄大傻一样地发起颠来了。

莲　姑　娭毑，是的，我是跟他一样颠的，我怕我会变成他那一样的颠子呢。

祖　母　你越说越傻了。好好的人怎么会颠？

［人声、狗声愈近。

祖　母　好。（站起来）

［众声嘈杂中闻甲长之声：“抬进去，抬进去。”

祖　母　你听，虎已经抬到门口来了。快去看看去。

莲　姑　不，我不要看。老虎进来，我就要出门子了。

［人声，脚步声，猎犬吠声，已闹成一片了。

屠　大　（在内）顾三爷，你把大门推开些，推开些。

魏福生　（在内）堂屋里快安排一扇门板。

李东阳　（在内）你把脚好生抱着，抬进去。

祖　母　莲儿，虎抬进来了，快去看看。

莲　姑　不，我不要看。

［人声、足步声愈近。

魏福生　（在内）到堂屋里去。

李东阳　（在内）不，抬到火房里去。

祖　母　你快去开门，虎要抬到火房里来了。

魏福生　（在内）何必抬到火房里去？

李东阳　（在内）天气冷，抬到火房里去吧。快去安置一下。

［火房门开了，李二进来把左壁大竹床上的东西挪开，铺上一床棉褥，把衣服卷成一个枕头，放好。李东阳进来把椅凳移开。在莲姑和她祖母的错愕中间，魏福生和屠大早半抬半抱地抬进一只“大虎”——一个十七八岁的褴褛少年。腿上打得鲜血淋漓，此时昏过去了。让他们把他尸骸般的抬起放在那大竹床上。

祖　母　怎么哪，打了人？

魏福生　有什么说的，倒霉嘛！

李东阳　你老人家快把火烧大一点。福生，你得赶快去请一个医生来。

魏福生　这时候到哪里去请医生呢？槐树屋梁六先生又上城去了。

李东阳　不，得立刻去请一个来，他伤得很重，弄出人命来不是玩的。

魏福生　屠大爷，那么你到文家文九先生那里去一趟，请他老人魏福生家务必今晚来一趟。李二爷，你也同去，好抬他的轿子。

［屠大、李二匆匆退场。

［魏黄氏急登场。

魏黄氏　打了人？打了谁呀？

魏福生　还有谁！还不是那个晦气。

［魏黄氏与莲姑的眼光都转到那褴褛少年脸上。

魏福生　他晕过去了。快烧碗开水灌他一下。（忽注意到莲姑）莲儿快进去，不要待在这里。

莲　姑　（目不转睛地望着那面色灰败的少年，似没有听得她父亲的话，旋疑其视觉有误，拭目，挨近一看）嗳呀，这不是黄大哥？黄大哥呀！（哭）

魏黄氏　当真是那孩子，怎么瘦到这样了。咳，真是想不到。（起身，烧水去）

魏福生　不识羞的东西，他是你什么黄大哥？还不给我滚进去！

祖　母　（起视）当真是那孩子吗？

魏福生　不是那个颠子，这个时候谁还跑到岭上去送死？背时人就碰上这样的背时东西。

祖　母　伤在哪里？

魏福生　伤了大腿。只要再打上一点，这家伙就没有命了。

李东阳　现在还是危险得很，血出的太多。我们走近他的时候还以为是只虎，仔细一看才知道是他在那里乱滚。

魏福生　他伤的那样重，见了我还跟我道恭喜呢。这个混账东西！祖母快替他收血，把他喊转来。可怜这孩子已经是个颠子了，不要又弄成个残疾。

魏福生　（伏在少年腿边作法收血）功程太大了，不容易收。我去叫下屋李待诏来。甲长先生，请你替我招呼一下，我去一下就来。

李东阳　可以。你去，这里我招呼。

魏福生　谢谢你，甲长先生。（下去了）

莲　姑　（等他父亲走后，挨近少年身边，寻着伤处）哦呀，伤得这么重！（摸一手的血）出这样多的血！呀，怎么得了！（哭。忽悟哭也无益，急起身进房）

［闻撕布声。

李东阳　（对何维贵）今晚领你来看老虎，想不到看了这样一只李东阳虎。你先回去吧。我要等一下才能走。（送何维贵到门口）你出大门一直走，走到那株大樟树那里拐弯，进那个长坡，就看见我的家了。你看得见吗？拿个火把去吧

何维贵 不消得，我看得见。

周　三 我带何大哥去好哪。我还要顺便到一下李家新屋，问他周们家要些药来。他们有云南白药。

李东阳 那更好了。你对大娭毑说，我等一下就回来。

［何维贵、李东阳退场。

［莲姑携白布和棉花一卷登场，就黄大傻侧坐。替他洗去血迹绷裹伤处。少年略转侧，微带呻吟之声。

莲　姑 （细声呼少年）黄大哥，黄大哥！

黄大傻 （从呻吟声中隐约吐出一种痛苦的答声）唔。

李东阳 壶里的水开了。快灌点开水。

［魏黄氏冲一碗开水，俟略冷，端到黄大傻身边。祖母拿支筷子挑开他的口，徐徐灌下。

李东阳 好了，肚子里有点转动了。

祖　母 咳，这也是一种星数。

莲　姑 （微呼之）黄大哥，黄大哥。

黄大傻 （声音略大）唔。嗳呦。

祖　母 可怜的孩子，这一阵子他痛晕了呢。

黄大傻 （呻吟中杂着梦呓）哟，莲姑娘，痛啊。

魏黄氏 这孩子这样痛，还没有忘记莲儿呢！

莲　姑 （抚之）黄大哥。

黄大傻 （睁开眼四望）哦呀。我怎么在这里？我怎么睡在这里？

李东阳 你刚才在山上被抬枪打了，我们把你抬到这来的。这会子清醒了一点没有？

黄大傻 好了一点。哦呀，李大公。哦呀，姑母，姑娭毑，莲姑娘。莲姑娘，我怎么刚才在山上看见你？我当我还倒在山上呢，嗳哟。（拭目）莲姑娘，我们不是在做梦吗？

莲　姑 黄大哥，不是做梦啊，是真的。你睡在我们家火房里的竹床上。

黄大傻 是真的？……我没想到今晚能再见你啊，莲姐！听说你要出嫁了。听说就是这几天要过门了。我想来跟你道喜，又没有胆子进这张门。我只想，只想到你出阁那天，陈家一定要招些叫花子来打旗子的。那时候我就去讨一面旗子打了，算是我跟你道喜。是，是哪一天？日子已经定了没有？

莲　姑 黄大哥……（哭不可抑）

［魏福生急上。

魏福生 李待诏不在家，找了一个空，血止了一点没有？

李东阳 止了一点。莲姑娘替他裹好了。

魏福生 （见莲姑）莲儿还不进去。进去！

［莲姑踌躇。

魏福生 还不进去，你这不识羞的东西！

莲　姑 爹爹，我今晚要看护他一晚。女儿这一辈子只求爹爹这一件事。

魏福生　他是你什么人？为什么要你看护他？他受了伤，我自然要想法子替他诊好的，不要你过问。你还不替我滚进去！

李东阳　福生，让她招呼一下何妨呢？病人总得姑娘们招呼好些。

魏福生　甲长先生，你不大晓得这个情形。……我是决不让我女儿看护他的。第一，我就不知道他这样晚为什么要跑到那样的岭上去送死？

李东阳　心里不大明白的人，总是这样的。

魏福生　不。你说他傻吗，他有时候说出话来一点也不傻。我真不懂他为什么老寻着我们家吵。

黄大傻　姑爹，以后我再也不要你老人家操心了。再也不到你老人家府上来了。今晚上是最末一次。真没想到今晚上又能到你老人家府上来的，更没有想到会真像受了重伤的野兽一样，倒在我小时睡过的这张竹床上。我只想能在后山上隐隐约约地看得见这屋子里的灯光就够了。

魏福生　你为什么今晚要来看我们家的灯光？

黄大傻　不止今晚啊，姑爹，除了上两晚之外，我差不多每晚都来的。自从在庙里戏台下面安身以来，我每晚都是这样的。哪怕是刮风下雨的晚上都没有间断过。我只要一望见这家里的灯光，我就像见了亲人一样，把苦楚都忘记了。

祖　母　咳！没有爹娘的孩子真是可怜啊。

魏福生　你既然这样想到我家来，何不好好对我说呢？

黄大傻　姑爹，我晓得我就是好好地求你老人家，你老人家也不会要我到你家里来的。我是挨过你老人家的打骂的呀！

魏福生　我打你骂你，都是愿你学好。谁叫你那样不听话呢？我要你学木匠，你不去；要你学裁缝，你也不去；你偏要在这近边讨饭，我怎么不恨呢？

黄大傻　是的。我宁愿在这近边讨饭，我宁愿一个人睡在戏台底下，我不愿离开这个地方。哪怕你老人家通知团上要把我这个无家可归的孩子驱逐出境，我也不愿离开这个地方。

魏福生　我是怕你不务正业，才要驱逐你的呀。假如你是学好的我何至如此？

黄大傻　嗨！穷孩子总是要被人家驱逐的。我讲好了替上屋张家看牛，你老人家硬叫张大公辞退了我。哪里是怕我不务正业，无非害怕我接近莲姑娘罢了。

魏福生　你们听！我早知道他是装疯卖傻的。

黄大傻　姑爹，我实在是个傻子，我明晓得没有爱莲姑娘的份儿，我偏舍不得她，我怎么不是个傻子呢？我跟莲姑娘从小就在一块儿。那时我家里还好，你老人家还带玩带笑地说过，将来这两个孩子倒是好一对。那时我们小孩子心里也早已模模糊糊地有这个意思了。后来我爹不幸去世，家里亏空不少，你老人家已经冷了一大半。及至我妈妈也死了，家里又遭了火烛，几亩地卖光，还不够还债的，我读书的机会自然没有了，学手艺吗，也全由别人作主：今天要我学裁缝，我不愿意，逃出来，挨了一顿打骂，又拉我去学木匠……我那时候早已晓得莲姑娘不是我的了。我去学本匠那天早晨，想找莲姑娘说几句话，都被你老人家禁止了。我只怨自己的命苦，几次想打断这个念头，可是怎么样也打不断。上屋里陈八先生可怜我，叫我同他到城里去学生意。我想这或者可以帮助我忘记莲姑娘，可是我同他走到离城不远的湖迹渡，我还是一个人折回来了。我不能忘记莲姑娘，我不能离开莲姑娘所住的地方。多亏仙姑庙的王道人可怜我，许我在庙里的戏台下面安身。我时常帮他做些杂事，碰上我讨不到饭的时候，他也把些吃剩的斋饭给我吃。我就是这样过了一年多的日子。

莲　姑　（哭）啊，大哥！

黄大傻　一个没有爹娘、没有兄弟、没有亲戚朋友的孩子，白天里还不怎样，到了晚上独自一个人睡在庙前的戏台底下，真是凄凉得可怕呀！烧起火来，只照着自己一个人的影子；唱歌，哭，只听得自己一个人的声音。我才晓得世界上顶可怕的不是豺狼虎豹，也不是鬼，是寂寞！

莲　姑　（泣更哀）大哥！

黄大傻　我寂寞得没有法子，到了太阳落山，鸟儿都回到里去了的时候，就独自一个人挨到这后山上，望这个屋子里的灯光，尤其是莲姑娘窗上的灯光，看见了她的窗子上的灯光，就好像我还是五六年前在爹妈身边做幸福的孩子，每天到这边山上喊莲妹出来同玩的时候一样。尤其是下细雨的晚上，那窗子上的灯光打远处望起来是那样朦朦胧胧的，就像秋天里我捉了许多萤火虫，莲妹把它装在蛋壳里，我一面呆看，一面痴想，身上给雨点打的透湿也不觉得，直等灯光熄了，莲妹睡了，我才回到戏台底下。

莲　姑　（泣）啊，大哥！

祖　母　可怜的孩子，那不会着凉吗？

黄大傻　没爹少娘的孩子谁管他着不着凉呢！寂寞比病还要可怕，我只要减少我心里的寂寞，什么也顾不得了。一年多的风霜饥饿，身体早已不成了；这几天又得上了一点寒热所以有两个晚上没有看这边窗上的灯光了。我怕到我爹妈膝下去的时候不远了，又听说莲姑娘就是这几天要出嫁，所以我今晚又走到这边山上来，想再望望我两晚没有望见的、或许以后永远望不见的灯光，不想刚到山上便绊着药绳，挨了这一枪。……我只望那一枪把我打死了倒好，免得再受苦了，没想到还能活着见莲姑娘一面，我挨这一枪也值得，死也死得过了。

莲　姑　啊，大哥！

祖　母　可怜的孩子，不想他这样爱着莲儿。

魏黄氏　可怜病得这样子又受了这样重的伤。他的娘若在世，不知怎样的伤心呢！

莲　姑　（抚着黄大傻的手）大哥，你好好睡。我今晚招呼你。

黄大傻　（欣慰极了）啊，谢谢。

魏福生　（暴怒地）不能！莲儿，快进去，这里有我招呼，不要你管。你已经是陈家里的人，你怎么好看护他？陈家听见了成什么话！

莲　姑　我怎么是陈家里的人了？

魏福生　我把你许给陈家了，你就是陈家的人了。

莲　姑　我把自己许给了黄大哥，我就是黄家的人了！

魏福生　什么话！你敢顶嘴？你这不懂事的东西！（见莲姑还握着黄大傻的手）你还不放手，替我滚起进去！你想要招打？

莲　姑　你老人家打死我，我也不放手。

魏福生　（改用慈父的口吻）莲儿，仔细想想吧，爹不是因为爱你才把你许给陈家的吗？爹辛苦半辈子，只有你这一个女儿，不想把你随便给人家。好容易千挑万选地才攀上了陈家这门亲。陈家起先嫌我们猎户出身，后来看得你人物还不错，才应允了。只望你心满意足地到陈家去，生下一男半女，回门来喊我一声外公，也算我没有儿子的人的福分。不想你这不懂事的东西存心跟我为难，可是后来你妈再三劝你，你不是已经回心转意，亲口答应了吗？……

魏黄氏　是呀，莲儿你自己答应了的呀。

莲　姑　爹逼得我没有法子，只好权时答应了。原想找个机会跟黄大哥商量，在过门以前逃跑的。

魏福生　唔，你居然想逃跑！

莲　姑　想逃跑。我老早就想逃跑，只是没有机会。第一次打了老虎，到我家看的人很多，我就想趁那时候逃。刚走到半山碰了屠大爷，我只好回来。后来过门的日子越近，你老人家越不肯叫我出去。前几天借着送虎肉才同张二姑娘到仙姑殿去了一回。因为有二姑娘跟着我，不好闻人，没有找着黄大哥。

魏福生　找着他呢？

莲　姑　找着他，我就约个日子同他跑。

魏黄氏　你们安排跑到哪里去？

莲　姑　跑到城里去。

魏福生　找谁？

莲　姑　找张大姐介绍我到纱厂做工去。

魏福生　唔。

莲　姑　没有想到我没有找着他，他倒先到我家来了。像受了重伤的老虎似的抬到我们家来了。身体瘦成这个样子，腿上还打一个大洞。……流了这许多血。黄大哥，可怜的黄大哥，我是再也不离开你的了。死，活，我都不离开你！

魏福生　我偏要你离开他。偏不许你们在一块……。你这不孝的东西！（猛力想扯开他们的手，但他们抓死不放）

莲　姑　爹！

祖　母　（同时）福生！

李东阳　（同时）福生！你——

魏黄氏　（同时）暖呀，莲儿，你放手吧。

莲　姑　不。我死也不放。世界上没有人能拆开我们的手！

魏福生　我能够！（暴怒如雷，猛力扯开他们的手，拖着莲姑往房里走）你这畜生，不要脸的畜生，不打你如何晓得厉害！（拖进房里）

［台上闻扑打声，抗争声“哼！你还强嘴不？”你还发疯不？你还喊黄大哥不？你还要气死我不？”每问一句，打一下。

大　家　（同时）福生，福生，嗳呀，不要打！（皆拥到后房去）

［台上只剩黄大傻一人，尸骸似的倒在竹床上，闻里面打莲姑声，旧病新创一齐

爆发。

黄大傻 嗳呀，我再不能受了。（忍痛回顾，强起，取床边猎刀）莲姑娘，我先你一步吧。（自刺其胸而死）

[里面魏福生“你还不听说不？你还要喊黄大哥不？你做陈家里的人不？”之声与竹鞭响声，哀呼“黄大哥”之声益烈，劝解者、号哭者的声音伴奏之。

——幕徐闭

【作者简介】

田汉（1898—1968），字寿昌，曾用笔名伯鸿、陈瑜、漱人、汉仙等，湖南长沙人，中国话剧作家，戏曲作家，电影剧本作家，小说家，诗人，歌词作家，文艺批评家，社会活动家，文艺工作领导者，中国现代戏剧的奠基人，创造社主要成员之一，是中华人民共和国国歌《义勇军进行曲》词作者。

【思考题】

请简要概述莲姑与黄大傻的形象特点。

压迫（节选）

丁西林

【故事梗概】

《压迫》是中国喜剧作家丁西林，于1925年创作的独幕剧。这部剧以市民生活为题材，戏剧性地揭露了大城市的房东普遍不招单身房客的现象。剧中守旧的房东太太不想把房子租给单身租客，但是单身男租客却从房东女儿手里租下了房子。矛盾由此爆发。在争执过程中，房东太太让女佣请来了巡警。这时，恰好另一位女租客的到来帮助男租客化解了危机。女租客巧妙说服男租客假扮夫妻，在巡警面前相互配合，顺利租到了房子。本文所选为戏剧的结尾部分。

女　客　你还是没有出那口气。——唉，我倒有个主意。

男　客　你有甚么主意？

女　客　（少顿）让我来做你的太太，好不好？

男　客　甚么！！

女　客　喔，你不用吓得那么样，我不是向你求婚。

男　客　喔，你误会了我的意思，——我……我……因为我实在没有想到这个方法。

女　客　这是最妙的一个方法。她说你没有家眷同住，这房子就不能租给你。现在你说你有了家眷，看她还有甚么话说？

男　客　她一定没有话说。不过——你愿意么？

女　客　我为甚么不愿意？这于我有甚么损害？——又不是真的做你的太太。

男　客　喔，谢谢你！

女　客　你不要把我意思弄错。我不是说做了你的太太，我就有甚么损害，那完全是另外一个问题。

男　客　是的，那完全是另外一个问题。不过你帮我把租房的这个问题解决了，我总应该向你道谢。

女　客　嗤！道谢，无产阶级的人，受了有产阶级的压迫，应当联合起来抵抗他们。（侧耳静听）

男　客　不错，不错。

女　客　我听见有人说话。

男　客　那一定是巡警！（急促的）唉，不过我已经说过我没有家眷的，现在怎么对她们讲？

女　客　就说我们吵了嘴，你是逃出来的，不愿意给人知道……

男　客　（听到巡警已经走到门外，他急忙的点了一点头，叫她不要再讲话）

嘘！

（男客人坐在方桌边，装作生气的样子。女客人坐在茶几旁边。后门由外推开，走进一个巡警，手里提了一个风灯，后面跟了老妈子和房东太太。她们看见房里来了一个女人，非常的惊讶。房里来的这个女人，见她们来了，起了一回身，向她们行了一个很谦和的礼。巡警将风灯放在桌上，与那位生气的先生行了一礼。）

巡　警　您贵姓？

男　客　（不客气的）我姓吴。

巡　警　（把头点了一点）喔。——府上是？

男　客　府上？我没有府上。

女　客　（起始做起受了委屈的太太来）啊，你是拿定主意不要家了，是不是？

巡　警　（注意到插嘴的人，向男客人）这位……贵姓是？

男　客　（答不出，看了女客人一眼。女客也正在代他为难。他只好起始做起依旧赌气的丈夫来）我不知道。你问她自己好了。

巡　警　（真的问她自己）您贵姓？

女　客　（很高兴的）我？我……也姓吴。

巡　警　喔，你也姓吴。

女　客　是的。

巡　警　（再也想不出别的话）府上是？

女　客　我？我住在北京西四牌楼太平胡同关帝庙对面，门牌三百七十五号，电话西局四千六百九十二。——啊，你把它写下来吧，等一会儿你一定要忘记。

巡　警　（真的摸出一本小簿子来）北京……（写字）

女　客　西四牌楼太平胡同，（让巡警写）关帝庙对面。

巡　警　门牌多少？

女　客　三百七十五号。电话西局——四千——六百——九十二。

巡　警　（写完了）谢谢您。（藏好了簿子，又转向男客）您是来这边租房的，是不是？

男　客　不是！我是来这边住宿的。这房子我老早就租好了。

巡　警　（难住了。没有了办法，又转向女客）您是来这边？……

女　客　我！我是来这边找人的。

房　东　（不能再忍耐了）你到这边找什么人？

女　客　（很客气的向她点了一点头）我到这边来找我的男人。

房　东　找你的男人？谁是你的男人？

女　客　我想你应该知道吧？——你既把房子都租了给他。

房　东　怎么！这位先生是你的男人么？

女　客　我不知道。你问他好了，看他承认不承认？

老　妈　（也不能再忍耐了）太太，你看怎么样！我老早就对您说过，这位先生一定是有太太的，您不信。

巡　警　（糊涂了）怎么？刚才你们不是说这位先生没有家眷，怎么现在他又有了家眷？

老　妈　不要糊涂吧，刚才这位太太还没来，我们怎么会知道？如果这位太太早来这里，还可以省了我在雨地里走一趟呢。

女　客　对你不住。这实在不能怪我，五点钟的车子，六点半钟才到这里。

老　妈　请您不要多心。我不过是说他太不懂事。

巡　警　这话可得要说明白了。太太要我到这边来，是说这位先生租了三间房子，要一个人在这边住。这屋里住的都是堂客，他先生一个人在这边住，很不方便，是那么个意思。现在这位先生的太太既是来了，这事就好办。如果太太是和先生在这边同住，那就没有我的事，如果太太不在这边住，这件事还得……

老　妈　不要瞎说吧。太太自然是在这边住。——一看还不知道——先生和太太不过是为了一点小事，闹了一点意见，你不来劝解劝解，还来说那样的话。太太不在这边住，到哪里住去？——好了，现在没有你的事了，你赶紧回去打你的牌去吧。（把风灯送到他手里）走！走！

巡　警　这样说，那就没有我的事了。好了，再见，再见。

女　客　再见。你放心好了，哪一天我不在这里住的时候，我通知你就是了。

巡　警　对不起，打搅，打搅。

（巡警走出。老妈兴高采烈的拿了茶壶走出。房东太太承认了失败，看了她的客人一眼，也只好板了面孔走出）

男　客　（关上门，想起了一个老早就应该问而还没有问的问题，忽然转过头来）啊，你姓甚么？

女　客　我——啊——我——

【作者介绍】

丁西林（1893—1974），原名燮林，字巽甫，江苏省泰兴县人。中国现代著名的物理学家、社会学家、剧作家。话剧创作是丁西林的业余爱好之一，他的作品以反映知识分子生活中的矛盾为主要内容。创作剧本有《压迫》《一只马蜂》等，辑有《丁西林戏剧集》。其独幕剧赢得广泛关注，获得了“独幕剧圣手”“中国的莫里哀”之称。

【思考与练习】

1. 通过《压迫》这部剧，概括社会问题剧的一般特色。
2. 简述《压迫》中的矛盾冲突及主题。
3. 简述《压迫》中人物的喜剧性格。
4. 谈谈《压迫》中的喜剧意味。

大學語文

第三部分　应用文写作

第十三章　应用文写作概述

第一节　应用文的概念与发展历程

一、应用文的概念

写作是人们运用语言符号把感受、认识主观世界和客观世界的思维结果有选择地记录、表述出来的一种精神生产劳动。从目的和效用上来说，写作可以分为文学写作和应用文写作两大类。文学写作以小说、诗歌、散文、戏剧等为主，用形象思维的方式，以塑造人物形象，创造独特的生活意境，抒发感情，表达观点，给读者以精神上、情感上的愉悦和享受。而应用文写作是为了记载物质资料的生产知识，传播存储信息，实施管理指挥，进行交际交流，开展调查研究，反映情况、意见、观点与决策等，以满足人们实用需要而进行的写作。它是用逻辑思维的方式，以质朴的语言表达作者的意图和主张，通过真实反映客观事物、传递信息、解决问题，提高办事效率。

应用文也称实用文，应用文是应用写作的表现形态。通常所说的应用文，是指国家机关、企事业单位、社会团体以及人民群众个人在日常的工作、学习、生产和生活中用以办理公务以及个人事务、传播信息、表述意愿所使用的，具有直接实用价值和惯用体式的文章。应用文重在解决实际问题、处理具体事务，是为现实生活和工作服务的沟通工具。

二、应用文的发展历程

应用文作为重要的交流工具，其产生与文字的出现密切相关。《周易·系辞下》中有："上古结绳而治，后世圣人易之以书契，百官以治，万民以察，盖取诸夬。"意思是说，在文字没有出现的上古时期，统治者采用结绳记事的方法来治理天下，后来的圣人用文字代替了结绳，百官以"书契"治理政事，人们通过"书契"了解各种事情。这里的"书契"虽然指的是早期的文字，但可以推断，用来治理天下的“书契”必然是古代应用文的雏形。应用文伴随文字的出现而产生，其发展在我国历史上可谓源远流长。

殷商时期的甲骨卜辞，从内容和形式看，是应用文书的雏形。西周时期，应用文书有了具体的文种名称。如国王与诸侯用以赏赐、任命和告诫臣子的文书，称为“诰”和“命”；用以誓告军旅的文书称为“誓”。在上古的典籍中，《尚书》是中国最早的应用文专集，相传它是孔子将上古的历史文件汇编而成的，书中包括了虞、夏、商、周四个时代的祝词、明誓、诰言和法令等文书。其中关于商周时代的史料具有重要的历史价值。

秦汉时期政治和文字的统一，为应用文的统一创造了条件。早在秦汉，应用文的各种文类和文种已经初步确立。尤其是公文，秦统一中国后确立了上行文和下行文，并对文体的用法做了若干规定。皇帝给臣子的文书，如制、诏、策、戒等为下行文；臣子给皇帝的上书，如章、表、奏、议等为上行文。可以说，秦汉时期公文的基本形式在漫长的封建时代中一直保持着主要的架构，历代不断地进行完善和补充。汉代还把应用文写作列为选拔人才的考试内容，期间出现很多佳作名篇，如贾谊的《陈政事疏》、晁错的《论贵粟疏》等。

魏晋南北朝时期不仅有名篇如诸葛亮的《出师表》、李密的《陈情表》、嵇康的《与山巨源绝交书》，而且应用文写作理论研究也取得了丰硕成果。最著名的要数南朝刘勰的文艺理论名著《文心雕龙》。在《文心雕龙》中，刘勰探讨了35种文体的起源、演变和写作特点，这些文体除了诗赋等几种文学体裁外，其他的二十余种都属于应用文类。

到了唐宋两代，中国的社会和文化发展到达了顶峰，文物典章无不蔚为壮观，应用文种类进一步增多，应用文在这一时期更成了科举考试的科目，尤其被重视。著名的唐宋八大家都留下了许多名作，如韩愈的《祭十二郎文》、王安石的《答司马谏议书》等。

明清时期，应用文种类不断增多，除公文外，事务文书及专业应用文书相继出现，格式也进一步规范，甚至用纸、用色、用印等都有了较为统一的要求。

清朝末年，无论是国家道路还是文化思想乃至表达工具都要求新的变革。伴随着新文化运动的兴起，白话文取代了文言文成为表达新思想、新时代的工具，应用文的语言和文体形式也受到了深刻的影响。

辛亥革命后，绵延了数千年的封建文书发生了巨大的变化。1912年，南京临时政府实行公文程式改革，规定了一些新的文种及用途，废除了大部分旧的公文文体，公文种类从清末的80余种精简到9种，并且规定了公文写作要用白话文并加标点符号。

1949年中华人民共和国成立后，应用文特别是公文写作进行了更为彻底的改革，不仅公文种类和形式进一步简化，使公文呈现出简单、实用的面貌；而且语言上也补充了大量新鲜词汇，文风更加流畅浅易。

自1951年以来，国务院多次颁布条例对公文进行改革，全面完善了现代公文体系。2000年8月24日，国务院发布《国家行政机关公文处理办法》，规定了公文文种为13类14种，于2001年1月1日起施行。

2012年4月16日，中共中央办公厅和国务院办公厅联合印发《党政机关公文处理工作条例》（中办发〔2012〕14号），本条例自2012年7月1日起施行，一直使用至今。

随着社会经济的发展，时至今日，应用文无论在格式上还是在语言上都有很大的改变。在人际交往、信息交流和事务处理等方面发挥着十分重要的作用。

【思考与练习】

1. 什么是应用文？
2. 为什么说《尚书》是中国最早的应用文专集？
3. 在中国历史上，应用文的发展经历了哪些阶段？
4. 历史上哪些名篇既是应用文的佳作，同时也是中国古典文学的瑰宝？试举例说明。

第二节　应用文的种类与特点

一、应用文的种类

应用文种类繁多，有学者对现今通行的应用文文种进行统计，有300余种。随着社会的发展，人们的创造活动不断扩大升级，应用文的文种还将继续增加，其使用范围也将不断扩展。从内容性质和使用对象来看，应用文可以分为公务文书和私人文书两大类；从使用范围来看，应用文涉及社会的各个领域，主要可以分成以下几大类。

（一）党政机关公文

党政机关公文，又称法定公文，一般简称公文，是党政机关处理公务时使用的文书。《党政机关公文处理工作条例》（中办发〔2012〕14号）规定了15种公文文种，即决议、决定、命令（令）、公报、公告、通告、意见、通知、通报、报告、请示、批复、议案、函、纪要。

（二）事务文书

事务文书是指机关、企事业单位、团体或个人在处理日常事务时经常使用的文书，它具有很强的实用性、事务性和某种惯用格式。从广义上说，事务文书也是一种公务文书，目的是处理公务和传递信息，使用“事务文书”这一名称，是相对于正式公文而言的。事务文书包括的种类较多，有计划、总结、调查报告、简报、大事记、述职报告等。

（三）行业专用文书

专用文书，是相对于通用文书而言的。行业专用文书指由具有专门行业职能的机关，根据特殊需要而使用的具有特定内容和格式的文书。常用的专用文书有法律文书、经济文书、科技教育文书、新闻出版文书、外交文书等。

（四）日常文书

日常文书是指机关、团体、企事业单位和个人在日常生活、工作和学习中所使用的，具有一定规范格式，能起交流思想、沟通感情、传递信息等作用的文书，如书信、条据、日记、启事、演讲稿、导游词等。

二、应用文的特点

应用文种类繁多，不同种类的应用文各有其独特的个性特征，同时也有着鲜明的共性特征。

（一）实用性

实用性是应用文最根本的特征。诗歌、小说等文学作品的创作是"有感而发"，是为了抒发感情、反映对现实的认识和感悟。而应用文写作主要是为了解决实际问题，是"有事而发，无事不发"。例如，汇报工作，要写报告；借款，就要立字据；推销产品，要写广告；找工作，要写求职信和求职简历。

（二）真实性

文学作品来源于生活又高于生活，人物、事件等都可以虚构加工，而应用文则不可以，其内容必须真实，写作时必须坚持实事求是的原则。文中所写的数据、材料等要准确；所表达的意见、主张要真实；所发布、传达的上级指示精神要确切。

（三）规范性

文学作品贵在新、奇、特，讲究构思巧妙，而应用文则不同。应用文强调格式的规范性，主要体现在两个方面：一是文种的规范，即涉及什么样的事务就使用什么样的文种，是约定俗成还是明文规定，都应遵照规范执行；二是格式的规范，即每一文种在写法上有其固定的格式规范，不能随意更改。

（四）时效性

经典的文学作品历久弥新，千百年前的作品今天读来仍旧令人津津乐道；但应用文的寿命就其本身的实用效果来说却短促得多。应用文着眼于解决眼前具体的事务，所以其内容有一定的时效性，内容的执行和问题的解决都有明确的时间限制。经济合同自双方签字盖章后正式生效，对双方都产生法律效力；新闻通讯报道的是最新事件的动态，如不及时拟稿和发表，就会变成"旧闻"，失去了新闻本身的价值。

（五）明确性

大多数诗歌、小说等文学作品的读者对象范围广泛，且雅俗共赏。而应用文不同，它有明确的范围、特定的读者对象。如书信写给谁、字据写给谁、报告打给谁，对象都是明确的，即使广告大多也是针对特定消费者的。国家规定的法令、条例，虽然对象范围广，但对象也是明确性的，即人人都要看。所以写应用文一定要明确读者对象，做到有的放矢。

三、应用文的作用

随着社会经济的发展，人类活动范围日益广泛，信息交流和事务处理数量日益增长，应用文的作用也逐步显现出来。概括起来，主要体现在以下几个方面。

（一）规范约束作用

应用文中的一些文种对现实生活中一些公共行为起着规范作用。比如国家的法律法规，在经过一定的法律程序颁布以后，就具有法律约束力，在它所涉及的范围内对任何单位和个人都具有规范和约束作用，任何人不得违反，否则就会受到不同程度的处罚。除非制定和发布的机关经过修订重新发布，否则任何单位和个人无权修改。此外，领导机关制发的下行公文，如命令、决定、公告、通告、通知、批复等，是要求下级机关和有关人员遵照执行的，虽然它们多数不属于法规性文件，但同样具有权威性，对下级机关具有规范和约束的作用。

（二）沟通交流作用

现代社会，人们的交流范围越来越广泛，上级与下级之间，不相隶属的单位之间，平级单位之间，单位与个人之间，个人与个人之间都有着千丝万缕的联系。他们之间需要进行交流，需要进行信息沟通，这样才能处理好人际关系。应用文就是沟通交流的重要工具之一。应用文像桥梁和纽带一样把上下左右联结在一起，可以促进相互间的了解，可以沟通彼此间的感情，可以加强不同部门的工作交流。

（三）知照晓谕作用

有一些应用性文书，只是为了告知一些具体事项让人们知晓，并不要求对方贯彻执行。如各级机关的公告、通告及知照性通知等，都具有知照作用。应用文书的晓谕作用具体体现为启示、教育和动员，其知照作用主要体现为告知具体事项。

（四）宣传教育作用

任何文章都有宣传教育作用，应用文也不例外。除了宣传类应用文如新闻消息、通讯、解说词等文种外，其他门类的应用文也或多或少地具有一定的宣传教育功能。党政机关为使各项方针政策得到贯彻执行，就必须对广大干部群众进行宣传和教育，以提高他们的思想认识水平，增强人们执行政策的自觉性。如决定、通知、通报、规定等，有的是用来宣传党和国家的方针政策以及表彰先进、推广成功经验的，有的是为了批评错误、揭露不良现象、鞭挞丑恶行为的，并以此端正和统一人们的思想认识，规范人们的行为，增强人们的法治观念和工作责任感，从而保障社会的稳定，不断推动社会的发展和进步。

（五）凭证依据作用

人们常说：“口说无凭，有书为证。”应用文作为一种以记录事实为主的书面文体，在记载事物发展状况和反映客观现实的同时，又对已有事实的存在和肯定的事情起到一定的证实作用，是处理工作、解决问题的依据和凭证。即使效用失去也可将其存档，作为反映各单位不同时期的工作情况、记载各个时期工作状况的资料和有效凭证，这样不但有助于指导今后的工作，发现问题，总结规律，而且能够为上级机关和本单位领导制定政策、进行决策、采取措施提供重要的依据和经验。

【思考与练习】

1. 应用文有哪些种类？
2. 应用文写作和文学写作有哪些异同？试举例说明。
3. 应用文具有怎样的特点？
4. 结合实际，谈谈应用文的作用。

第三节 应用文写作的基本要素

一、主旨

（一）主旨的概念

主旨，又称主题、题旨、立意等。具体地说，主旨就是文章具体内容所表达的中心思想、基本观点或要说明的主要问题，表达作者对客观事物的评价和态度。

主旨在应用文写作中是贯穿首尾、支配一切的中心。意在笔先，主旨先行。写作时，主旨确立了，然后才能选取材料、布局谋篇、遣词造句、梳理成章，形成一个整体。

（二）主旨的提炼

应用文主旨的提炼，有两个具体原则：一是要定向定位。定向是指确定主旨时要把握一定的方向，包括对问题的处理、工作的主张、事情的观点以及对结果的预估都要有明确的意向。主旨的定向，宏观上要符合党和国家的方针政策，符合客观实际的发展规律；微观上要符合所涉及区域范围的总体发展思路和行动路线。定位是指主旨的确立要有现实针对性，文章的目的、对象、要解决的问题以及解决问题的原则、方法、见解或主张要十分明确。应用文的主旨应具有指导性、约束性和可操作性，因为应用文是要人们去做，去实施，去贯彻的，只有定位明确了，才能使确立的主旨更有针对性，更有指导性，也就更有现实效力。二是要删繁就简。确立应用文的主旨时往往要面对庞杂繁芜的生活材料，面对千头万绪的工作局面和形形色色的矛盾现象，要找出需要针对的主要对象，对准中心事件和核心问题，抓住主要矛盾和矛盾的主要方面，避散居要，经过深入研究来提炼和确立主旨。

应用文提炼主旨的方法是：首先要有丰富翔实的材料，材料是产生主旨的现实土壤和客观依据，材料匮乏或者失真，就无法提炼出正确深刻的主旨。其次是要以正确的思想理论为依据，包括政治理论、党和国家的方针政策、科学发展观等，应用文的主旨是主客观相结合的产物，没有正确的理论作为主旨的思想内核，就不能产生正确深刻的主旨。最后要运用科学的方法分析提炼主旨，要在充分调查研究的基础上，以求真务实的态度辩证地分析研究相关材料，然后确立主旨。

（三）主旨的作用

1. 主旨是文章的灵魂和生命

文章如果没有了主旨，就会像人没了灵魂一样。应用文的主旨决定了应用文的价值、质量和影响。应用文的主旨一经确立，文章就有了灵魂和生命。

2. 主旨对行文产生制约作用

应用文材料的取舍、布局谋篇、技巧运用，乃至拟定标题、遣词造句等，都受到主旨的制约，并服从表现主旨的需要。

下笔前先确定主旨，材料取舍、结构安排、方法运用、遣词造句就有了依据，写起来就可从容成篇；而主旨还没有确定就动笔写作，难免会出现问题。

（四）对主旨的要求

1. 正确

主旨正确，包含两层含义：一是要符合党和国家的路线、方针、政策，符合国家的法律法规；二是要符合客观实际，反映事物的真实面貌和本质规律。

2. 鲜明

应用文在行文中必须有明确的观点和态度：拥护什么，反对什么，提倡什么，批评什么，肯定什么，否定什么，要清楚明白地表述出来，不能含糊其词、模棱两可、似是而非，使读者难以把握。

3. 集中

集中是指应用文主旨要明确，中心要突出。即一篇应用文要围绕一个中心把问题讲深、讲透，不要在一篇文章中出现多个中心，也不要在一篇文章中使用许多与主题无关的材料，使主题分散。

4. 深刻

应用文的主旨应该有一定的深度，能够透过现象看本质，即使过去写过的事情，也能有精当的分析，讲出新的道理，挖掘出别人看不到或者虽然看到了但缺乏认识深度的内容。也就是说，在使用应用文来处理实际事务的时候要善于分清主次，抓住主要矛盾和关键问题，否则文章很难行之有效地解决问题。

（五）主旨的表现方法

1. 标题点旨

把文章的主旨在标题中概括出来，使读者一目了然地知晓文章的中心。

2. 开头明旨

在应用文开头部分用主旨句来显现文章主旨，即开门见山点明中心。在应用文中，明白、准确地表达主旨的句子叫主旨句。

3. 文中显旨

主旨可以显示在文章主体部分的恰当之处。这种方法可使主旨与文章内容紧密结合，以利于读者领会文章中心或文件精神。

4. 篇末现旨

在文章结尾提示主旨，归纳全文，对于主旨的表现起到水到渠成、画龙点睛的作用。

二、选材

（一）材料的概念

材料是作者为了达到某一写作目的而搜集、摄取、积累以及写入文章，用以表达主旨的一系列现象、数据、事实或思想、观念和理论。

材料是构成文章诸要素中最坚实、最丰富、最具活力的一个因素，主旨的确立要依靠它，文章的感染力和说服力也要来自它。如果说主旨是应用文的灵魂，那么材料就是应用文的血肉。材料的搜集、整理、选择、加工及使用是应用文写作的一个关键环节，决定着写作的成败。

（二）材料的作用

1. 材料是提出问题的依据

应用文是应“用”而写的，它的一大用途，就是结合工作实际，及时、准确地提出问题，进而分析问题，解决问题。而提出问题的根据，就是掌握在手中的大量材料。

2. 材料是确定观点的基础

所谓观点，就是主旨。应用文的主旨是从掌握的大量素材中，经过加工、分析、整理、提炼，透过表面现象看到实质，从感性认识上升到理性认识而得到的。离开大量充分的材料基础，观点就成了空中楼阁。

3. 材料是观点的佐证

材料是表达观点的物质内容。一篇应用文，如果只有观点，没有材料，观点就成了抽象、空洞、笼统的概念，这样的观点就立不起来，即使勉强立起来，也是软弱无力、缺乏科学性和说服力的。因此，若使观点正确，必须依靠有说服力的、典型的、有普遍意义的材料来加以支撑、说明和印证。

（三）材料的来源

1. 查阅文献资料

利用档案馆、图书馆、阅览室及其他信息渠道，从报刊、书籍、计算机信息网络等方面收集国内外有关某项工作的情况与信息。这样收集到的材料，可以使我们开阔眼界，及时吸收借鉴某一领域的最新发现或研究成果，从而提高自身的理论修养，以便写作时挖掘文章主题的深度。

2. 深入调查研究和亲身实践

通过自身的工作实践或亲自深入实际去采访、调查研究，来获取第一手材料，这是收集材料最直接、最行之有效的办法。这样得来的材料可靠、真实、有价值，作者对其有深刻的体会，能够从各方面去考虑其表现主题的角度，使用起来也得心应手。

（四）选择材料的标准

1. 要切题

要根据文章主旨的需要来选材，即凡是与主旨有关并能有力说明、突出主旨的材料，就可选用；凡是与主旨无关、无法突出主旨的材料，即使再生动也要舍弃。同时也应注意，当同一类型材料过多时，也要懂得舍弃一部分，留下一两个最能说明问题、突出主旨的即可。

2. 要真实

写进应用文里的材料必须做到真实、准确。真实不仅仅意味着确有其事，还意味着围绕着某个事实或问题的事例、人物、情节、时间、地点、数据等必须确凿无误，出之有处，每一句阐述、概括、评价都具有科学性。如果不注意材料的真实性，甚至编造虚假材料，只能给实际工作带来损失和负面影响。

3. 要典型

所谓典型材料，是指那些在同类材料中最具有代表性的、能够反映事物本质的材料。现实生活中的材料是极其丰富的，但不同的材料在具体文章中的作用又是千差万别的。就其思想意蕴来讲，有的鲜明，有的隐晦；就其对现实的反映来讲，有的显现出的是真相，有的显现出的是假相；就其所表现出的问题来讲，有的提示的是事物发展的必然规律，有的展现出的是一种偶然现象……在应用文写作中，应选取那些能充分显示事物本质和规律的材料，即典型材料。典型材料具有本质的真实，能代表主流，体现必然性，因而能以一当十。至于体现偶然性、代表支流、不能完全反映本质规律的材料，尽量不选用，或者仅作为辅助材料放在次要地位，略写即可。

4. 要新颖

新颖，是指写进应用文里的材料，必须有强烈的时代感，能够表现客观事物的发展变化趋势，反映客观事物的最新面貌，以及现实生活中人们最关心的新人、新事、新思想、新成果和新问题。应用文是为解决现实问题、改进以后工作或改善各方面的关系而写的，就事论事必须立足于当前，着眼于未来。这就要求所使用的材料必须是生动、鲜活、富有生命力的。因为只有使用新颖的材料，才能很好地反映出事物发展的新动态、新情况，提示出当前需要解决的新问题，在此基础上才能产生出符合实际、切实可行的解决问题的新思路。

（五）材料的使用

1. 先亮观点，后举材料

这种方法是指先概括出观点，然后列举事实材料或理论材料来陈述观点。采用这种方法来组织材料，可以使文章主旨鲜明、突出，便于读者理解和接受，从而使应用文发挥出较大的实用价值。

2. 先举材料，后亮观点

这种方法是指先举事实、列数据或说明根据，然后推导出结论、归纳出观点。在列举材料的基础上提出观点，使观点立于坚实的基础之上，可以增强文章的说服力，让读者自觉自愿地接受作者的观点和主张，从而提高文章在指导工作、解决实际问题等方面的价值。

3. 边举材料，边亮观点

这种方法就是夹叙夹议的方法。其优点是既摆事实又讲道理，通过摆事实、讲道理，步步深入地表明作者的观点，使作者的观点和主张能够被读者正确理解和接受，从而提高应用文的实用价值。

三、结构

（一）结构的概念

结构是指文章的内部构造，表现在写作过程中就是对材料的组织安排和布局谋篇。

如果说主旨是文章的灵魂，材料是文章的血肉，那么结构就是文章的骨架。有了坚实匀称的骨骼，血肉与灵魂才有所依附，只有把主旨、材料和结构三者有机地结合起来，文章才能构成一个完美的整体。结构的设置使杂乱无章的材料有序地排列起来，使零散的材料之间有了一种内在的逻辑联系，使材料本身隐含的意思明朗起来。与一般文章结构不同的是，应用文的结构是经过长期的应用实践，并通过不断发展和完善而逐渐固定下来的。应用文结构的相对稳定，使写作更快速，阅读更便捷，处理问题更方便，有利于提高工作效率。

（二）结构的原则

1. 服从主旨的需要

应用文的结构安排，就是要把材料组合成一个有机的整体以表现主旨。因此，材料的先后、详略、层次段落的安排等，都必须紧紧围绕主旨，让主旨贯穿全文始终。

2. 反映事物的本质联系和规律

客观事物有其存在的形式和变化规律，应用文书所要表达的对象都是客观现实，因此它的结构安排应取决于客观事物，结构形式应体现客观事物本身内在的本质联系。

3. 体现文种特点

应用文有不同的种类，各文种都有相对稳定的结构体式，所以结构安排需要适应各文种体式的规范要求。

（三）结构的构成要素

结构是文章的骨架，是文章层次与层次、段落与段落之间的内部联系与外部形式的统一。文章的结构主要包括以下几项内容。

1. 层次

层次又叫“意义段”“逻辑段”，是指出于表达主旨的需要而在文章内容的安排上所呈现出的一种相对完整、相对独立的意义单位，它在文章中大于或等于自然段。文章层次所表现的，或是事物发展的阶段性，或是客观矛盾的各个侧面，或是某一事物所包含的几个方面，或是人们表达思想的逻辑推理构成。

（1）应用文安排层次的方法

① 时间顺序。即按照事件发生、发展、结局的时间顺序来安排层次。先发生的先写，后发生的后写。在应用文写作中，这种结构安排多用于事情、情况的说明、介绍，它符合客观事物本身的发展规律，容易被读者接受。

② 逻辑顺序。逻辑顺序包括并列式和递进式。并列式就是主旨的各个层次的内容是并列的。它常常表现为几个观点、几类问题或若干事件并列在一起。它们在形式上彼此独立，在内容上共同为说明主旨服务。叙述过程中虽有先后，但它们在内容上一般没有十分明显的主次之分。递进式一般表现为内容层层推进、环环相扣，各层次之间的内容按照事理内涵的逐层深入来安排，而材料安排的先后顺序和依理分析的各个层次是不能打乱的。

③ 总分顺序。各层次之间是总述和分述的关系，这是一种辐射式展开的安排层次的方式。它可以先总后分，也可以先分后总，还可以先总、再分、最后再总。

（2）应用文表述层次的方法

① 采用小标题表示。即每一层次拟写一个反映分观点或提示主要内容的小标题。

② 用序号表示。如一、二、三、四……，或第一，第二，第三，第四……

③ 用序列词、词组表示。如“首先，其次，再次，最后”等序列词，或者“会议认

为……”“会议决定……”“关于 ×× 问题……”等词组。

2. 段落

段落也叫自然段，即应用文中能够表达一个完整意思而又相对独立的基本构成单位。它是作者的思维步骤及表达上的转折、间歇的反映，一般具有换行、空格的明显标志。

段落划分的原则包括以下四点：

（1）是单一性　即在一个自然段里，只说一个中心意思，不把其他无关的意思混杂在一起。

（2）是完整性　即在一个自然段中要把一个意思表述完整，不能残缺，不留尾巴；除为了特殊的表达效果，一般不把一个意思分散在几段去写。

（3）是有序性　即段内的句子之间、段落之间的组合关系要合理，要有逻辑性与连贯性。

（4）是合理性　即段落的划分要注意长短适度，匀称得当，既要服从应用文内容表达的需要，又要注意应用文阅读者接受心理的需要。

3. 过渡

过渡是指上下文之间的衔接、转换。在应用文写作过程中，大体有三种情况需要过渡：一种是内容的转换处；一种是由分到总，或由总到分的转换处；一种是在运用了不同的表达方法处。

过渡的方法有以下三种：

（1）段落过渡　如果上下文意思转换幅度较大，且文章篇幅较长，可安排一个段落来承上启下，形成暂时的间歇，以关照上下文，确保文章脉络的畅通。

（2）句子过渡　如果上下文意思的跳跃不太大，可以用富于提示性的句子或设问句来过渡。如用“综上所述……”“总之……”“现将……通知如下……”“具体做法是……”等句子来过渡。

（3）关联词语过渡　如果上下文意思不能自然衔接，但又变化不大，可以用关联词语过渡。

4. 照应

照应，是应用文前后、上下文之间的关照和呼应。照应的目的，是增加文章的整体感和周密性。恰当地运用照应，能使文章内容连贯，结构严谨、完整。

常见的照应方法有以下三种：

（1）首尾照应　即开头和结尾相照应。文章开头提出问题，结尾得出结论，使文章首尾连贯。

（2）文题照应　即文章的标题和文中的内容相照应。这种照应在应用文书中使用比较广泛。

（3）前后照应　即在行文中反复强调内容重点，使围绕某一中心的各部分之间构成有机的联系，能够突出主旨，增强文章的感染力。

5. 开头

文章的开头部分虽然文字不多，篇幅不长，但却关系到文章的全局，反映了作者对其所要表达的思想观点的整体认识。头开得好，文章主体就容易顺利展开，还可增强文章的感染力。应用文的开头多采用直截了当的平实写法，就近落笔，单刀直入，尽快引入正题。

应用文常见的开头方式有以下几种：

（1）概述式。即在开头简明扼要地介绍有关情况或背景。

（2）提问式。即在开头提出问题，提示应用文的主旨或主要内容，以引起阅读者的注意与思考。

（3）目的、依据式。即在开头直陈行文的目的、原因或依据，表明内容前后的逻辑联系。

（4）引述式。即在文章开头引述对方来文、来电的标题、文号，然后引出下文。这种开头是被动行文，要针对来文的内容行文。

（5）表态式。即在开头直截了当地对有关事项表明态度，做出评价，提出看法。

（6）观点式。即在开头先提出观点，或者点明主旨，接着加以解释说明，以引起读者的重视。

6. 结尾

结尾是文章的结束，这部分的处理对文章写作也非常重要。好的结尾能够加强结构的完整匀称感，深化主题，加深读者的印象。应用文的结尾方式多种多样，主要有以下几种：

（1）卒章显志，总结全文。即用提示主旨、总结全文主要意思的话语结束全文。

（2）提出问题，发人深思。即在结尾处提出问题，引人深思，拓展文章的深度或加深读者的印象。

（3）照应点题，重申结论。即在文章结尾处重申观点，强调、深化文章的主旨。

（4）展望未来，鼓舞斗志。

（5）专用词语结尾。

（6）提出改进的建议、措施和方法。

（7）表明要求、希望和态度。

四、语言

（一）语言的概念

语言是思想的物质外壳，是表达、交流、承载、传递信息的思想工具，是构成文章的第一基本要素。

（二）应用文语言的表达要求

1. 准确

即能恰如其分地说明情况，阐述做法，表达思想。

（1）辨析词义，掌握分寸。

（2）语言规范，语气得体。

（3）合乎语法，合乎逻辑。

2. 明晰

即表述清楚、明白，句稳词妥，完整通顺，能让人看得懂，能清楚地理解文章的基本意思，不晦涩，无歧义。

3. 简朴

即语言要简明扼要、朴实无华、平易通俗，实事实说，平铺直叙，不转弯抹角，不冗长繁杂，不浮华藻饰。

4. 庄重

即文风严谨、郑重，不能过分诙谐、滑稽，不能用不典雅的口语。

（三）应用文常用专用词语

1. 称谓词

即表示称谓关系的词语。在应用文写作中，若涉及机关或个人时，通常应直呼机关的全称或规范化简称，以及对方的职务。在表述指代关系的称谓时，一般用下列专门词语：

（1）第一人称：本、我。

（2）第二人称：你、贵。

（3）第三人称：该。

2. 领叙词

用以表示行文的目的、依据、方式、对象等的词。常用的有：兹、兹有、兹因、奉、谨悉、为了、根据、按照、遵照、依照、关于、由于、敬悉、惊悉、兹定于等。

3. 经办词

用以说明文件承办过程中的情况的词。常用的有：经、业经、兹经、复经、前经、经过、通过、均经等。

4. 转承词

用以承接上文转入下文时使用的词。常用的有：为此、据此、故此、鉴此、综上所述、总而言之、总之等。

5. 祈请词

用以向受文者表示请求与希望的词。常用的有：请、希、即希、敬希、望、敬请、烦请、恳请、拟请、特请、务请、务希、即请等。

6. 征询词

用以征询对方意见的词。常见的有：妥否、可否、当否、能否、是否妥当、是否可行、是否可以、是否同意、意见如何等。

7. 受事词

用以向对方表示感谢、感激时使用的词。常见的有：承蒙、蒙等。

8. 命令词

用以表示命令或告诫语气的词。常用的有：着、着令、特命、着即、责成、令其、迅即、切切、毋违、切实执行、不得有违、不得有误、严格办理等。

9. 目的词

用以交代行文目的的词。常用的有：请批复、请函复、请批示、请告知、请批转、请转发、请查证办理、请遵照执行、请参照执行、请周知、请备案、请审阅等。

10. 表态词

用以明确表示意见时使用的词。常用的有：照办、不宜、不可、同意、不同意、准予、特此批准、请即施行、按照执行、可行、不可行等。

11. 拟办词

用以拟办事项时使用的词。常用的有：拟办、本拟、拟将、拟予、拟于等。

12. 结尾词

置于文章最后，表示正文结束的词语。常用的有：为要、为盼、为荷、特此通知、特此通告、特予公布、致以敬意、谨致谢忱等。

五、表达方式

一般文章的表达方式主要有叙述、描写、议论、说明和抒情五种。而应用文由于其实用性特点，写作中使用的表达方式基本以叙述、说明和议论为主。

（一）叙述

叙述就是述说和交代客观事实的始末和前因后果、事件发生的整个过程。应用文的叙述包括时间、地点、人物、事件、原因、结果六要素。一般情况下，对事实的表述宜采用直接叙述的方式，不求所叙述的人和事详尽具体，只要求叙述直接简明、绝对真实即可。

在叙述过程中要注意人称的选择。应用文写作中的人称主要有第一人称和第三人称。选用第一人称的叙述是主观性叙述，能给读者真实、亲切的感受；选用第三人称的叙述是客观性叙述，可不受时空和是否亲身经历的限制，因而涉及面较广、较自由。

（二）说明

说明是用言简意赅的文字清楚地解说事物的性状、关系、功用和成因等内容，把事物的特点表述明白的表达方式。应用文中说明的运用非常广泛。

应用文常用的说明方法主要有：比较说明，即把两种或两种以上的事物通过比较、区别来说明事物本质特点的方法；举例说明，即列举具体的例子以说明事物特征的方法；数字说明，即列举数据来说明事物、事理的方法；分类说明，即把说明对象按照一定的标准划分为不同的类型逐一说明的方法；定义说明，即简要说明事物的概念或本质属性的方法；图表说明，即用图画和表格来说明事物特性的方法；引用说明，即引用一些相关的论述、文件资料来说明事物的性状、特点、本质和规律的方法。

应用文中的说明常与议论、叙述结合使用，并且常常是多种说明方法结合使用。

（三）议论

议论即说理和评判，是作者对某件事情或某个问题进行分析、推理、评论，表明自己的立场、观点、意见的一种表达方式。

应用文中的议论平实而简约，以就事论事为主，表明观点即可，一般不会引申话题、发表长篇大论，所以大多是直接议论。应用文中的议论以正面议论为主，即旗帜鲜明地表明观点。

应用文常用的论证方法有；例证法，即用事例或统计数据作论据，举例直接证明论点的议论方法；对比法，即将性质相反或有差异的两种或几种事物作比较，做出论断，证明论点的论证方法；引证法，即引用经典作家的言论、党政机关的文件、科学的定义、公理、名人名言、格言、谚语来直接证明论点的论证方法；因果法，即分析事物的前因后果，并以此证明论点的方法；喻证法，即通过打比方、讲道理来证明论点的方法；归谬法，即将错误的观点进行合乎逻辑的推理，引出荒谬的结论，从而证明该观点错误的证明方法。

【思考与练习】

1. 应用文写作包括哪些构成要素？
2. 简述应用文各要素之间的关系。
3. 应用文写作选择材料的标准有哪些？
4. 请阅读下面两段文字，从语言和表达方式两方面说说二者的差异。

（1）沿着小溪往南走，就来到趵突泉公园。一个开阔的泉池，差不多是见方的，占了大半个公园。池里的水清极了，游鱼水藻，都可以看得清清楚楚。泉池中央偏西，有三个大泉眼，水从泉眼里往上涌，冒出水面半米来高，像煮沸了似的，不断地翻滚。三个水柱都有井口大，没昼没夜地冒，冒，冒，永远那么晶莹，那么活泼，好像永远不知疲倦。要是冬天来玩就更好了，池面腾起一片又白又轻的热气，在深绿色的水藻上飘荡着，会把你引进一种神秘的境界。

池边还有小泉呢：有的像大鱼吐水，极轻快地上来一串小泡；有的像一串明珠，走到中途又歪下去，真像一串珍珠在水里斜放着；有的半天才上来一个泡，大，扁一点，慢慢地，有姿态地，摇动上来；碎了；看，又来了一个！有的好几串小碎珠一齐挤上来，像一朵攒得很整齐的珠花，雪白。有的……这比那大泉还更有味。

（2）趵突泉公园位于济南市中心，趵突泉南路和泺源大街中段，南靠千佛山，东临泉城广场，北望大明湖，面积约158亩。趵突泉公园是以泉为主的特色园林。

趵突泉又名槛泉，为泺水之源，至今已有2700年的历史。趵突泉，三窟并发，声如隐雷，“泉源上奋，水涌若轮”。泉水一年四季恒定在18摄氏度左右，严冬，水面上水汽袅袅，像一层薄薄的烟雾，一边是泉池幽深、波光粼粼，一边是楼阁彩绘、雕梁画栋，构成了一幅奇妙的人间仙境。历代著名文学家、哲学家、诗人，诸如曾巩、苏轼、张养浩、王守仁、蒲松龄等都有吟泉佳作和美文。

第四节　应用文写作技能的培养

一、学习应用文写作的意义

未来社会，人们的工作能力不仅体现在对实际工作的处理上，也体现在对与工作密不可分的各种应用文的写作上。随着社会经济的发展，应用文写作的作用和地位更加突出，范围也不断扩大。

（一）应用文写作在社会发展中的重要性日益凸显

随着社会各个领域的迅速发展，社会事务日益繁重，社会关系日益复杂，处理程序日益规范，应用文的使用范围也日益广泛，几乎无处不在。应用文已经成为党政机关、企事业单位、社会团体或个人在社会活动中处理事务、沟通信息不可缺少的重要工具，它如同一根纽带，将政治、经济、文化、科学等各个领域和行业紧密联系在一起，广泛应用于上传下达、发布信息、沟通商洽、社交礼仪、交流思想、办理业务等社会生活的各个方面。毫不夸张地说，无论社会各界、各级各类组织还是个人，在处理公务或私事时均离不开应用文。

（二）应用文写作能力是衡量个人综合素质和能力的重要指标

高职院校肩负着培养高素质技术技能型人才的使命。应用文写作能力是高职学生必备的一种能力。教育家叶圣陶老先生曾说："大学毕业生不一定要能写小说诗歌，但是一定要能写工作和生活中实用的文章，而且非写得既通顺又扎实不可。"一份实习报告、一篇演讲稿固然不能代表一切，但可从中反映出一个学生掌握知识的深广度，对素材加工整理的能力、逻辑思维能力及语言表达的能力。应用文写作这种综合性的特点，使其逐渐成为衡量一个人素质和能力水平的重要指标，作为"试金石"用来检验一个人的综合素质和能力，是最常用、最简便、最直接的方式。

我国正处于经济、科学、技术迅速发展的关键时期，新事物层出不穷，无论是学习、运用还是传播新知识、新信息，都要运用应用文，因此，必须花大气力掌握好这一技能，适应社会发展的需要。

二、怎样学习应用文写作

（一）掌握基本写作知识，加强政治理论学习

应用文写作和一般文章写作一样，需要写作主体具备基本的语言基础和写作能力。写作主体必须掌握一定的语法、逻辑、修辞和写作知识，并能融会贯通、综合运用，所以确立文章主旨、选材、谋篇布局、遣词造句，甚至修改润色，这些基本技能都是写作者所应具备的。

在写作应用文时，首先必须熟悉其规范格式，按照既有的格式进行文字表述。格式是应用文的架构，几乎每种应用文都有其相对固定的格式结构，只要符合格式，文章就会显得很规范，从文章形式上提高语言表达的规范程度，减少写作中的一些硬伤。

应用文写作，特别是公文写作，理论性、政策性很强，离不开党和国家相关政策的指导。公文写作的过程，本来就是依靠政策、理解政策、表达政策和执行政策的过程。要提高认识能力，就需要具备较高的思想政治素质和政治觉悟，努力掌握党的基本理论知识，掌握科学的世界观和方法论，并且要做到不断学习，与时俱进。

（二）深入实际，调查研究

应用文写作者除了提高政策水平外，还要深入实际，调查研究。因为应用文是为解决现实问题而写的。要解决问题，就必须对问题做出正确的判断。而正确的判断，来自于对问题的充分认识，对实践情况的全面了解，这就需要深入实际，进行实地调查研究，充分掌握第一手材料。只有采取适当的调查方法、透彻地了解情况，遵循正确的理论指导，对所调查的

事物进行深入分析，抓住本质，才能做出符合实际的判断，得出正确的结论。这样才能写出反映社会实际问题的有针对性的、高质量的应用文来。

（三）注重实践，苦练应用文写作基本功

应用文写作的实践性很强，撰写者要提高应用文写作能力，必须在阅读古今应用文名篇的基础上，动手多写，坚持不懈，苦练应用文写作基本功。要多看范文，分析他人长处，多改病文，吸取教训。在平时，要多写日记、读书笔记、书信及其他日常应用文；在工作中，要主动承担公务文书的撰写任务。写作实践不仅可以使撰写者的文章内容准确，语言流畅，符合体式规范，而且会使他头脑灵敏，从而掌握应用文写作技能。

【思考与练习】

1. 结合实际，谈谈应用文写作的重要性。
2. 如何才能掌握应用文写作技能？

第十四章　事务文书写作

事务文书是国家机关、企事业单位、社会团体和人民群众个人在处理事务时使用的，具有一定惯用格式的文字材料。其主要是用于部署工作、交流情况、沟通信息、总结经验、研究问题、规范行为，为领导和上级有关部门的决策提供基础信息和依据，也是留存备查的凭证，具有重要的史料价值。

本章选择了常用的计划、总结、调查报告等文种进行介绍。在学习的过程中，要认识这些文种存在的价值与意义，准确把握各文种的概念、特征、类型等理论知识，掌握其规范格式和写法，并结合实际多写多练，能够灵活运用理论知识进行写作实践，解决实际问题，培养和提高撰写事务文书的能力。

第一节　计　　划

一、计划的概念

计划是国家机关、企事业单位、社会团体或个人为完成某一任务或实现某项目标，针对今后一定时期内的工作、活动，事先写出工作目标、相应措施办法和完成任务的步骤、时间等的文书。

计划是计划类文书的统称。按内容涉及的范围大小、期限长短和实施步骤的详略不同，计划还有以下不同的名称。

（一）规划

是指具有全局性的、较长时期的远景计划。规划的时间跨度一般在5年以上，目标大、涉及范围广、内容较宽泛，如“××师范大学5年发展规划”。有时，较长远、宏大的规划也被称为“纲要”，如《中华人民共和国国民经济和社会发展第十四个五年规划和2035年远景目标纲要》。

（二）方案

是指对某项工作完成的多种可能性进行比较、筛选、论证后，做出的相对优化、周密的计划。方案一般要从完成任务的目的、要求、工作步骤、工作方式方法等方面，做出比较全面、详细的安排，多用于对需短期完成的目标和任务做出的计划，如“×× 商贸公司第四季度销售方案”。

（三）安排

是指对短期内预计要完成的工作进行具体布置的计划。安排一般切合当前实际、内容较为具体，如“×× 商场童装部周工作安排”“×× 学会 2020 年度年会准备工作安排”等。

（四）设想

是指对长远工作做出粗线条的部署。设想属于初步的草案性计划，其实施方法和步骤较为简略，如“×× 省建立生态保护区的设想”“建立健全农村人口医疗保障体系的设想”等。

（五）打算

是指短期内工作的要点式计划。打算一般只需写出完成任务的概要，不做详细部署，如“元旦文艺汇演筹备工作打算”。

（六）要点

是指对一段时间内的主要工作内容做出简要安排的计划，如“×× 建筑公司 2019—2020 年度工作要点”“生产安全管理工作要点”等。

二、计划的特点

（一）预见性

这是计划最明显的特点之一。计划应该是在行动之前对行动的任务、目标、方法、措施所做出的预见性确认。

（二）针对性

计划既要根据党和国家的方针政策、上级部门的工作安排和指示精神而定，又要结合本单位的工作任务、主客观条件和相应能力而定，具有针对性。

（三）可行性

计划的内容必须切实可行，目标定得过高，措施就无力实施；目标定得过低，措施就没有创见性，都不能取得有价值的成就。

（四）约束性

计划一经通过、批准或认定，在其所指向的范围内就具有了约束作用。在这一范围内，计划涉及的相关人员必须按计划的内容开展工作和活动，不得违背和拖延计划。

三、计划的分类

（1）按性质分，有综合性计划和专题性计划。

（2）按内容分，有工作计划、生产计划、学习计划、科研计划、军事计划等。

（3）按时间分，有长期规划、短期计划、年度计划、季度计划、月计划等。

（4）按范围分，有国家计划、部门计划、单位计划、个人计划等。

（5）按表达形式分，有条文式计划、表格式计划和文表结合式计划。

四、计划的结构和写法

（一）标题

标题有不同的结构形式，具体写法包括以下几种。

（1）由单位名称、适用时限、计划内容和计划种类构成，如“北京大学 2020 年招生工作计划”。

（2）由单位名称和计划内容构成。如“太平洋公司接待方案”。

（3）由计划适用时限、计划内容和计划种类构成。如“2018—2022 年城市绿化规划”。

（4）由计划内容和计划种类构成。如“毕业生分配工作的计划”。

（二）正文

1. 前言

前言需要交代制订计划的背景、政策依据、指导思想、原因、意义、基本情况以及要努力达到的大的目标等方面的内容。

2. 主体

主体部分要具体说明计划的内容，即计划的目标和任务要求、措施和时间、实施步骤等事项。一份成功的计划，措施要具体，分工要明确，步骤要有序，表达要条理清楚。

（1）目标。目标即计划需完成的任务，是计划的核心内容，是具体提出工作要求的部分。这一部分要明确指出总体目标和基本任务，以及工作任务要达到数量和质量等指标。

（2）措施。即完成计划所采用的方式、方法。以什么方法，用什么措施来确保完成任务、实现目标，是关乎计划是否具有可操作性的关键环节。一个完整的计划应既有目标任务，也有措施办法。所谓有措施办法，就是对完成计划须动员哪些力量、创造哪些条件、排除哪些困难、采取哪些手段、通过哪些途径等做到心中有数。只有如此，措施、办法才能切实可行。

（3）步骤。步骤是对工作的阶段划分，强调时限和先后有序。编制计划必须要有全局观念，经过分析、对比、统筹，设计出科学的工作阶段和工作流程，并对人、财、物进行合理分工和周密组织。此外，编制计划时还要对整体的工作任务进行分解，规定操作步骤，将各项工作的完成时限、质量要求及责任人落到实处。这样才能做到职责明确、操作有序、执行无误，保证计划的完成。

3. 结尾

可表明决心，寄予希望，发出号召等，也可自然收束。

（三）落款

在正文右下方署上制订计划的单位名称和成文日期，如果以公文的形式下发，则要加盖公章。

五、计划写作的注意事项

（一）从实际出发，统筹兼顾

无论是撰写长期计划还是短期计划，都必须从实际出发，要充分分析客观条件，所撰写的计划既要有前瞻性，又要留有余地，使计划执行者通过一番努力就能够完成。此外，事关全局的计划应考虑周全，处理好大计划与小计划的关系、整体与局部的关系。

（二）重点突出，主次分明

计划在目标较多的情况下，要解决好先与后、重与轻、主与次的关系，一定要做到点面结合，有条不紊，这样才能有利于工作的全面开展并达到事半功倍的效果。

（三）目标明确，步骤具体

计划只有目标明确，才能使执行者有明确的努力方向。步骤和措施越具体，越有利于指导实际工作，也越便于检验计划的优劣。

【例文】

2022—2023 学年第一学期个人学习计划

为了不断更新自己的知识结构，努力提高自己的综合素质，更好地锻炼自己，特制订 2022—2023 学年第一学期的学习计划如下。

一、学习目标

1. 学好本学期开设的英语口语、听力等课程内容，努力做到发音准确、听力良好、词汇量达 1000 个以上。

2. 各门专业课平均成绩达到 85 分以上，体育 75 分以上。

3. 读七八本优秀课外书。

二、措施步骤

1. 每天早上 6:30 起床体育锻炼，可慢跑、跳绳、踢球等。

2. 每天上午 8:00—9:00 坚持早读，朗诵课文、听录音带；同时，养成随身携带英语单词表的习惯，随时随处有空就背单词，增加词汇量。

3. 下午 16:40—17:30 利用课外时间到图书馆阅读报刊和课外书籍，充实自己的视野，坚持读英文报刊扩充英语词汇量，提升英语阅读能力。

4. 课外时间选择性地参加各种集体活动，培养各种有益的兴趣与爱好。抽出半小时至 1 小时阅读课外书籍。

5. 晚上 19:00—21:00 按时独立完成作业，进行课前预习、课后复习。

首先，学习是一个循序渐进的过程，需持之以恒，切忌“三天打鱼两天晒网”；然后，还需处理好学习与课外活动的关系，科学安排，不疲劳学习，劳逸结合；最后，遇到困惑之处要虚心向老师和同学请教，不断积累知识和经验。相信自己能在这一学期的学习中收获知识，度过一个充实而有意义的新学期。

×××

2022 年 ×× 月 ×× 日

评析：这是一篇个人的学习计划，有清晰的任务目标和切实可行的措施步骤，并在最后一个自然段提出了对自己的要求和希望。文章结构完整、条理清楚、格式准确，是一篇规范的学习计划范文。

【思考与练习】

1. 请结合自身实际撰写一份新学期的学习计划，要求具备学习目标、措施和步骤。

2. 请结合自身实际，撰写一份大学生涯规划，要求具备目标、措施和步骤。

3. 请代学校团委制订一份朗诵比赛的活动方案，要求具备活动目的、活动主题、活动方式、活动流程等内容，涉及的相关时间、地点等事项可自拟。

4. 请根据下面内容，拟订一份培训工作计划。要求格式规范、内容具体，条理清晰。

鑫润公司为了适应业务发展的需要，提高公司销售人员的专业知识和业务水平，拟组织销售人员进行业务培训。公司刘经理交代秘书小赵，拟出一份培训工作计划，要提出关于组织领导、培训对象、培训方式、学习时间安排、考核办法等方面的具体意见。

第二节　总　结

一、总结的概念

总结是单位或个人对已完成的工作或已发生的事项进行回顾、检查、分析、评价，从而得出经验教训，概括出规律性的认识，以备查考和指导今后工作实践所写的一种应用文体。日常工作中的总结还有其他名称，如回顾、小结、体会、经验、做法、心得等。

通过总结，人们可以把零散、肤浅的感性认识上升为系统、深刻的理性认识，从而得出科学的结论，以便发扬优点，克服缺点，使今后的工作少走弯路，多出成果。它还可以作为先进经验被上级推广，为其他单位所汲取、借鉴，从而推动工作的顺利开展。

二、总结的特点

（一）实践性

总结以回顾实践或工作的全过程为前提。通过客观的回顾、认识、评价、分析得出具有指导性和规律性的认识，它的根源是客观实践活动，总结的对象和材料来自实践，观点也是从实践中提炼出来的。

（二）真实性

写总结时首先要回顾实践或工作的全过程，在回顾过去时一定要用事实说话，从自身的实践活动中选取材料。因此总结必须忠于事实，不能添枝加叶、无中生有、报喜不报忧，否则就失去了总结的价值和意义。事例和确凿数据是一篇总结得出正确结论的基础。

（三）理论性

总结应当忠实于工作实践活动本身，但是，总结不是工作实践活动的记录，不能完全照搬工作实践活动的全过程，不能停留在简单的表层陈述。它是对工作实践活动的本质概括，要在回顾工作实践活动全过程的基础上，进行分析研究，归纳出能够反映事物本质的规律，把感性认识上升到理性认识，这是总结的价值所在。

三、总结的分类

从性质、内容、时间、范围等不同角度，总结可划分为以下类型。

（一）按性质分

按性质划分，可分为综合性总结和专题性总结。

1. 综合性总结

又称全面总结，它是对某一时期各项工作的全面回顾与检查，如“×× 公司 2021 年度工作总结”“×× 学院 2022 年工作总结”等。

2. 专题性总结

也称单项总结，是对某项工作或某方面问题的专门总结，多用于推广成功经验，如“×× 集团 2021 年度销售工作总结”“×× 市 ×× 区植树造林工作总结”等。

（二）按内容分

按内容划分，可分为工作总结、学习总结、科研总结、教学总结等。

（三）按时间分

按时间划分，可分为年度总结、季度总结、月度总结等。

（四）按范围分

按范围划分，可分为地区总结、部门总结、个人总结等。

以上分类是相对的，是可以相容和交叉使用的，应灵活掌握，不必过于刻板。

四、总结的结构和写法

总结与计划一样，也由标题、正文、落款三部分构成，具体写法如下。

（一）标题

总结的标题有多种拟写方式，常见的有以下几种。

1. 文件式标题

此类标题一般由写作总结的单位名称、时限、内容、文种名称四部分构成。如“×× 集团公司 2009 年度对外贸易工作总结”“×× 市 2009 年农村工作总结”等。

2. 文章式标题

以单行标题概括主要内容或基本观点，不出现总结字样，但对总结内容有提示作用，如“我们是如何实行教学与科研相结合的”。

3. 双行式标题

又称新闻标题，由主标题和副标题构成。主标题点明主旨，副标题具体说明总结的单位名称、时限、内容和文种或只说明内容和文种，如“适应新的形势，努力做好财会工作——×× 厂财务处 2009 年工作总结”。

（二）正文

正文由开头、主体和结尾三个部分组成。

1. 开头

开头一般介绍总结写作的依据、背景、基本概况等，也可交代总结的主旨并做出基本评价。总结的开头力求简洁，开宗明义。

2. 主体

（1）主体内容　主体是总结的重点部分，一般占全文三分之二以上的篇幅，主体内容包括以下四个方面。

① 基本情况。这部分要求全面、简要地说明某一时期所做的各项工作或某项工作的各个方面。写基本情况时可以分项表述，但不能记“流水账”，应该着眼于大事，并能清楚地反映出工作的开展过程。

② 取得的成绩。这部分是总结的主要内容，要对应基本情况部分，有重点地概括工作中取得的主要成绩或经验。这部分要充分体现总结的真实性和评价性，根据客观真实的材料进行主观评价。

③ 存在的问题。存在的问题是实践活动中深切感觉到应当解决而暂时没有条件解决或没有办法解决的问题。有些专门总结成功经验的总结，也可以不涉及存在的问题。这部分可根据实践活动的具体情况和总结的目的、要求灵活安排，要写得简略、中肯、有针对性。

④ 今后的打算。今后的打算，通俗地讲就是展望未来。总结是回顾过去的工作，是为了把下一段工作做得更好，也是为制订下一个计划做铺垫。所以总结中谈到今后的打算时，既要与常规工作、中心工作和长远计划相结合，又要与本阶段存在的问题相对应。但总结毕竟不是计划，在谈今后的打算时宜粗不宜细，宜简不宜繁，宜大不宜小。

（2）主体结构　主体部分从材料安排的角度看，常见的有如下几种方法。

① 横式结构。也称并列式，具体来说，总结的各项内容并不是按时间或阶段顺序排列，而是把同一性质的内容归纳成一个部分。

例如，“×× 市秘书学研究会 2022 年工作总结”采用横式结构安排材料。主体部分从五个方面进行了总结：

一、坚持以习近平新时代中国特色社会主义思想为指导，深入学习贯彻党的二十大精神，积极参加我市社会科学界的各项活动。

二、组织理论研究活动，总结学术研究成果。

三、总结秘书经验，开展学术交流，提高秘书工作水平。

四、参加培训考核，培养秘书人才。

五、加强组织建设，巩固发展会员。

② 纵式结构。也称阶段式，即把工作的整个过程，按时间顺序划分成几个阶段来写。每个阶段写一个部分，在各个部分中再以块式结构来安排内容。这种结构形式适合写时间较长而又有明显阶段性的工作总结。

③ 综合式结构。综合式结构综合运用横式与纵式，既体现事物发展过程，又注意内容的逻辑关系。

3. 结尾

结尾主要写今后的设想与打算。这部分内容主要是根据存在的问题，有针对性地提出今后工作的努力方向，以及改进的意见。文字比较简练，不做具体的阐述，但也不能泛泛而谈，而要有的放矢。有的总结可以没有这一部分，写作时可根据具体情况而定。

（三）落款

落款包括署名和日期，标注在正文的右下方。

五、总结写作的注意事项

（一）材料真实

写作总结的目的是指导工作，因此，它所运用的各种材料，包括工作情况、数据、图表等都要真实。如果这些材料不真实，它概括出的所谓经验、认识也就会成为无源之水、无本之木，对工作没有任何的指导意义。在这方面，尤其反对任意夸大成绩、政绩的浮夸风，否则写出的总结将不具有指导性。

（二）重点突出

无论是综合性总结还是专题总结，在写作中都会碰到原始材料杂乱的问题，因为现实工作很庞杂，而工作中哪一种做法才是最见成绩、最有效用因而最值得总结的呢？这需要写作者做出认真的比较研究，只有这样才能抓住工作中的主要矛盾，并围绕工作的主要经验加以写作。客观实践千姿百态，新生事物层出不穷，我们必须不断研究新情况、新问题，总结新经验，工作才有长进。因此，写总结不应面面俱到、主次不分，而要突出重点，着力反映工作实践的特殊性。

（三）揭示规律

总结的写作还要注意它对于现实工作的应用价值，对于原来面上或点上的工作存在的最大问题是什么，必须通过工作回顾提出一些具体的解决方法。因此，在写总结的时候，必须从感性认识上升到理性认识，揭示工作的客观规律，用以指导实际工作。

六、总结与计划的关系

总结和计划的关系密不可分，有人把它们比喻成工作的“接力棒”，具体来说有如下几点。

（1）总结既要检查计划的执行情况，又要作为今后修订计划或制订新计划的依据。

（2）计划的制订要参考总结的内容，总结的写作要参照计划的内容。

（3）计划体现的内容主要指在某一时间段内要“做什么”“谁来做”“怎么做”，而总结所体现的内容是在某一时间段内“谁做的”“做了什么”“做得怎么样”。

正确认识两者之间的关系，能使这两种应用文书的写作互为对比、互相关联，更有针对性，从而使工作更具有连贯性。

【例文】

小学教师教学工作总结

这一学期，本人认真备课、上课、听课、评课，及时批改作业、讲评作业，做好课后辅导工作，广泛涉猎各方面知识，形成比较完整的知识结构，严格要求学生，尊重学生，发扬教学民主理念，使学生学有所得，不断提高，同时也不断提高了自己的教学水平和思想觉悟，并顺利完成教育教学任务。为了今后能更好地工作，现对本学期的教学工作总结如下。

一、要提高教学质量，关键是上好课

为了上好课，我做了下面的工作。

（一）课前准备：备好课

1. 认真钻研教材，对教材的基本思想、基本概念，每句话、每个字都弄清楚，了解教材的结构、重点与难点，掌握知识的逻辑，能运用自如，知道应补充哪些资料，怎样才能教好。

2. 了解学生原有的知识技能，如他们的兴趣、需要、方法、习惯，学习新知识可能会有哪些困难，并采取相应的预防措施。

3. 考虑教法，解决如何把已掌握的知识传授给学生的问题，包括如何组织教学、如何安排每节课的活动。

（二）课堂上的情况

组织好课堂教学，关注全体学生，注意信息反馈，调动学生的有意注意，使其保持相对稳定性；因材施教，注重培养尖子生，注重抓两头带中间；同时，激发学生的情感，使他们产生愉悦的心情，创造良好的课堂气氛；课堂语言简洁明了、讲练结合，课堂提问面向全体学生，注意引发学生学习的兴趣；布置好家庭作业，作业少而精，减轻学生的负担。

二、要提高教学质量，课后还要关爱学生

小学生爱动、好玩，缺乏自控能力，常在学习上不能合理地安排时间。针对这种情况，我积极抓好学生的思想教育，并使这一工作贯彻到对学生的学习指导中去；做好对学生学习的辅导和帮助工作，尤其在后进生的转化上，对后进生努力做到从友善开始。比如，我班的某同学刚开学的一个月里不安心学习，上课睡觉、搞小动作、说话，下课就往外跑，不打铃不回班，经常被政教处扣分。针对这种情况，我积极了解到另一位同学在他家附近住，就安排他俩同桌，并同其家长联系共同做他的思想工作，从赞美着手，和他交谈时，对他的处境、想法表示理解和尊重，现在该同学学习成绩大幅度提高，其他毛病也减少了。

三、积极参与听课、评课，虚心向同行学习教学方法，博采众长，提高教学水平

充分利用没课的时间，积极参与教研室的听课、评课活动，虚心向优秀老师和其他同事

请教，学习他们先进的教学理念、灵活的教学方法、精练的教学语言，丰富教学形式，博采众长，全面提高自身的教学水平。

四、培养多种兴趣爱好，到图书室博览群书，不断拓宽知识面，为教学注入新鲜血液

在做好岗位工作的同时，争取多去图书室读书，读好书，除了阅读与本学科教学研究有关的书籍外，也要有计划地阅读文学书籍、科技前沿类书籍、自然科学类书籍等，认真做好读书笔记，写作读书心得，不断拓宽自己的知识面，为教学工作注入新鲜血液。

社会对教师的素质要求越来越高，在今后的教育教学工作中，我将更严格要求自己，努力工作，发扬优点，改正缺点，开拓进取，为美好的明天奉献自己的力量。

×××

2019年7月15日

评析：这是一篇专题性工作总结。文章总结了提高教学质量的经验办法。作者很善于概括经验，文章针对性强，做法具体，条理清楚。

【思考与练习】

1. 请对下面这段总结的开头进行修改。

金秋送爽的十月，正是瓜果成熟和收获的季节。苹果那么红，葡萄像水晶，好一派欣欣向荣的丰收景象！在这丰收的季节，我们秘书专业一年的学习胜利结束，也获得了丰收。我们带着丰收的喜悦，遥谢春城里的老师，真是“丰收果里有你的甘甜，也有我的甘甜”。静思我们学习中有哪些收获，还存在哪些不足，该是认真总结的时候了！

2. 请结合自身实际，撰写一篇大学学习生活总结。

3. 在假期生活中，你都做了哪些事，有些什么收获？请以“假期生活回顾”为题，写一篇总结。

4. 请了解所在学校学生会一个学期的工作开展情况，拟写一份学生会工作总结。

第三节　调查报告

一、调查报告的概念

调查报告就是对某项工作、某个问题、某件事情进行调查研究之后写成的反映调查研究结果的书面报告。它有时也被称作“考察报告”“调研报告”等。

调查报告可以作为向上级领导或有关部门汇报工作、反映情况的内部材料，也可以在广播、报纸、刊物上公开发表；既可以反映现在的情况，也可以反映过去的情况；可以就某一专题来写，也可以综合反映几个方面；可以写正面的经验，也可以写反面的教训。

二、调查报告的特点

（一）真实性

调查报告中反映的材料必须是绝对真实的。文章所写的事实、人物、数据，必须来源于真实的生活。没有真实性，就不能称其为调查报告。由于不了解情况因而展开调查，因此一切写作材料都必须来源于调查实际，必须由表及里、由此及彼、去粗取精、去伪存真，不允许有任何虚假和欺骗，不允许有丝毫的夸大或缩小。

（二）典型性

所谓典型性，是指被调查的对象和使用的材料无论是经验还是问题都要具有代表性，能反映客观事物的全面性和本质性。只有这样，写出的调查报告对工作才有指导意义。

（三）针对性

调查报告是针对现实生活中一些人们关心的新情况、新经验、新问题，从某一单位的具体情况入手，进行调查了解、分析研究，得出规律性的结论。如果没有针对性，就没有普遍意义，这样的调查报告也就没有什么价值了。只有针对某个问题进行调查，才容易调查得比较深入，走马观花式的泛泛调查，是不会有太大收获的。一般来说，针对性越强，调查的效果就越好，调查报告的作用就越大。从某种意义上说，针对性是调查报告的“灵魂”。

三、调查报告的类型

调查报告的使用范围十分广泛，涉及面很广，根据使用习惯，大致可分为以下几种。

（一）基本情况的调查报告

也称社会状况调查报告，是就某一个范围、某一个内容的情况进行调查所写的报告。如“江苏省工薪阶层周末度假情况的调查”“关于旅游商品需求情况的调查报告”，这些调查报告以市场消费者为对象，了解旅游需求，为开发旅游市场提供参考。

（二）新生事物的调查报告

这类调查报告通过描述新生事物产生的背景、发展过程、突出的优点和存在的问题，揭示其特点、规律和本质，说明其意义和作用，具有推广和示范的价值。这类调查报告要求作者必须有较高的政策认知水平和判断能力，能预测到事物发展的方向，满腔热情地看待新生事物。

（三）宣传先进经验的调查报告

这类调查报告以各条战线上成绩突出的单位和部门以及先进人物所取得的经验为内容，重点介绍他们的做法和体会，并上升到理论，加以推广和介绍，使他们的经验得到发扬传播。

（四）揭露问题的调查报告

这类调查报告侧重于反映社会、工作、生活中存在的某些问题。通过揭露问题、查清事实性质和工作失误的程度，剖析原因，明辨是非，说明危害，提出解决问题的建议。它既可以作为上级公正处理问题的依据，又能借以引起有关部门和社会的警觉，吸取教训。

四、调查报告的作用

（一）调查报告是了解新情况、总结新经验、解决新问题的重要途径

社会在不断进步，各项事业在飞速发展，工作中也经常出现新情况、新问题。调查报告作为推广先进经验、扶植新生事物、揭露具体问题的重要形式，也可以通过报刊媒体向社会公开发表，起到广泛的宣传教育作用，以推动新生事物更好地成长，使不良倾向及时得到制止。

（二）调查报告能为政府和上级主管部门提供各种信息，作为制定方针政策的依据

各单位写的调查报告，可以在报纸杂志上发表，也可以直接呈报给上级部门，这些材料都为党和政府各级领导了解下情提供了参考。各级领导可以从调查报告中了解信息，有针对性地制定政策。

（三）调查报告是交流工作经验、传递情报信息的重要工具

调查报告可以在报纸杂志上发表，可印在内部工作简报上，也可以用公文的形式加以转发。这样，一个单位一个部门的工作经验或教训，就得以传播交流，对社会有关部门起到参考和借鉴的作用。

五、调查报告的结构与写法

调查报告的结构包括标题、正文和落款三部分，各部分写法如下。

（一）标题

调查报告的标题要精练、醒目，用简洁明快的短语或短句表明文章主题，以引起人们关注。一般有以下几种类型。

1. 公文式标题

这种标题就像公文标题一样，由调查对象、调查内容和文种构成，如“关于农村留守儿童生活和思想状况的调查”。

2. 文章式标题

又称新闻式标题，以简练的语言把调查报告的中心或主要内容直接提示出来，鲜明突出，形式灵活，如“校园畸形消费应引起高度重视”。

3. 正副式标题

又称双标题，正题提示调查报告的思想意义，副题表明调查的事项和范围，如“旧时王谢堂前燕，飞入寻常百姓家——都市居民小康生活面面观”。

4. 提问式标题

即用提问的方式总结某一项工作经验，或揭露某一个问题，如“甲流后人们改变了什么”。

（二）正文

调查报告的正文一般由前言、主体、结尾三个部分组成。

1. 前言

前言是调查报告的开头部分，其内容主要有以下几个方面：①简要地叙述为什么对这个问题（工作、事件、人物等）进行调查；②调查的时间、地点、对象、范围、经过以及采用什么方法；③调查对象的基本情况、历史背景；④调查后的结论。这些方面的侧重点由调查者根据调查目的来确定，不必面面俱到。

前言部分常见的写法有说明式、概述式、提问式、结论式等，不论采用何种写法，都要简明扼要，具有吸引力，便于引出下文。

2. 主体

（1）主体内容　主体是充分体现调查报告价值和质量的核心部分，其内容组成如下。

① 基本情况。这部分要具体写明调查的时间、地点、人物、数据及事件的起因、发展、经过和结果等，尽可能运用人物有典型意义的原型语言和典型事例，以增强报告的说服力。

② 事实分析。这部分运用夹叙夹议的写作手法对调查事实进行分析，得出经验教训，说明原因和影响。

③ 归纳结论。这部分是调查报告的目的所在，经过上述叙述和分析，归纳出客观、正确的观点和结论。

（2）主体结构　主体的结构形式主要有以下三种。

① 纵式结构，也称平叙结构。即按照客观事物发生、发展、结局的先后顺序，把内容分成几个层次，逐层分析说明。这种结构形式反映了客观事物变化的内在逻辑性，有助于读者了解事物发展的来龙去脉，给人以完整而清晰的印象。

② 横式结构，也称并列结构。即把调查的材料和要表现的主旨分为几个不同的问题，各个问题处于平等并列的地位，每个问题都有一个中心，可以独自成章，而每个问题又是体现全文中心的一部分。如“厦门特区工薪阶层自费旅游水平的调查与分析”，从不同所有制、不同文化程度、不同年龄、不同性别这四个方面说明了厦门特区工薪阶层自费旅游水平。这四个方面虽然互不隶属，但皆统一在“厦门特区工薪阶层自费旅游”这一中心之下。

③ 综合式结构。即在一篇调查报告中交错使用纵式和横式结构，对于表述某些头绪繁杂的事物，可起到纲目并举的作用。这种结构的一般写法如下：叙述事情经过时用纵式结构，写认识和经验教训时采用横式结构。这样就能做到既有一条纵的时间先后的线索，又能按问题分门别类地论述。这种写法灵活、富于变化，适用于反映复杂问题或事件的调查报告。

3. 结尾

结尾又称结论，是调查报告的结束语，一般比较简要。调查报告的目的、内容、主旨不同，结语的写作也不同：有的总括全文，突出主要观点；有的提出问题，引起有关部门的重视；有的总结经验，以利于人们借鉴。有些调查报告如果已把问题讲清，无须赘言，也可省略结尾。

（三）落款

1. 在文尾标注

在正文右下角落款，写上调查者的名字和完成日期。

2. 题下标注

公开发表的调查报告，多在标题之下署上调查者的名字和完成日期。

六、撰写调查报告的注意事项

（一）材料要真实、充分

材料是写作调查报告的基础。调查过程中要占有全部的材料，只有这样才能为科学分析和提炼观点提供坚实的基础，写出的调查报告才有价值。

（二）观点、结论要正确、客观

在占有大量的素材之后，要对原始材料进行整理、鉴别、筛选、分析，做一番“去粗取精、去伪存真、由此及彼、由表及里”的分析研究工作。经过认真分析研究，找出事物的本质和规律，提炼出具有普遍意义的正确结论和观点。只有观点和结论正确、客观的调查报告才能为今后的决策服务。

（三）观点和材料要统一

调查报告的观点必须来自材料，同时又必须统率材料，要体现出观点和材料之间的逻辑关系。如果材料游离于观点，这种材料是多余的；如果有观点而无支持的材料，这种观点是不客观的。这些观点与材料相脱节的情况都违背了调查报告写作原则。

（四）语言要准确平实

调查报告的语言虽然讲究辞章，但以准确平实、明白晓畅为本，在此基础上，力求生动。调查报告一般不用或较少使用比喻、夸张、含蓄等修辞手法，也不用华丽的辞藻，应当禁绝一切浮词虚言、空话、套话。按照著名编辑出版家周振甫的说法，调查报告属于实用修辞学的范畴，在语言运用上只要简明、准确、平实，使人读了十分明确就达到目的了。

七、调查报告与总结的区别

调查报告与总结这种文体较为接近，都是对以往工作的回顾与反映，都要求总结成绩与经验，揭示事物变化发展的规律，提出带指导性的意见，以便更好地指导今后的工作。两者亦有区别。

（一）材料范围不同

总结的材料范围主要是本机关本单位或部门及个人的情况，写作时以第一人称方式行文；调查报告的材料范围比较广泛，可以反映某一个单位某一方面的情况，又可以反映多个单位共同存在的情况，以第三人称方式行文。

（二）表述手法不同

总结往往采用叙议结合、以议为主的方式，对基本事件与详细过程不必进行面面俱到的表述，但对具体问题的分析结果要有所侧重地进行表述；调查报告采用的个体材料往往较多，侧重点是注重事实的报道，要求寓经验于对事实的表述中，主要通过叙述的方式进行表达。

（三）写作目的不同

写作总结的目的是展现成绩、指出问题，归纳出带指导性的经验、意见，做好今后的工作；写作调查报告的目的是提出社会普遍关注的问题，以引起全社会的重视，或者是推广点上的经验，启动面上的工作。

【例文】

大学生兼职调查报告

针对大批在校大学生都有过兼职经历的事实，我们利用“五一”长假开展了一次题为“大学生兼职状况”的社会调查。调查采用问卷形式，共发放问卷100份，其中一年级20份，二年级30份，三年级50份，收回100份，有效回收率100%，被调查男女生人数基本相等。本次调查主要涉及大学生兼职的类型、目的、其间遇到的问题及解决办法、收入情况等内容。

一、看待兼职的态度

（一）有无必要兼职

从性别来看，分别有46.9%的男生、52.9%的女生认为大学生兼职非常有必要，而认为大学生没必要兼职的均占0%，53.1%的男生、47.1%的女生则认为大学生兼职可有可无。

从年级来看，一年级、二年级、三年级分别有30.9%、35.2%、60.8%的同学认为大学生兼职非常有必要，其余同学则认为大学生兼职可有可无。

（二）是否从事过兼职

从性别来看，分别有14.3%的男生、11.8%的女生经常兼职；75.5%的男生、78.4%的女生偶尔兼职；10.2%的男生、9.8%的女生从未兼职。与此同时，各年级差异性不大，即绝大多数同学偶尔兼职，少数同学经常兼职或从未兼职。

总的来看，女生认为非常有必要兼职的比例明显高于男生；随着年级的增长，同学们意识到就业形势越来越紧迫，认为非常有必要兼职的同学比例显著增长。

二、寻找兼职的途径

从性别来看，分别有69.4%的男生、45.2%的女生自己寻找兼职；38.8%的男生、25.5%的女生通过熟人寻找兼职；22.9%的男生、27.5%的女生通过中介机构寻找兼职；还有部分同学通过广告寻找兼职。与此同时，各年级差异性不大，基本与总体情况相符。

调查还发现，80%以上的同学认为学校非常有必要成立专门的兼职指导机构，以丰富同学们的课余生活并确保兼职的安全。

三、从事兼职的类型及范围

从性别来看，分别有80.8%的男生、40.70%的女生做过家教；分别有16.3%的男生、78.4%的女生做过促销；分别有13.2%的男生、29.4%的女生发过传单。同时，还有少数同学从事过礼仪、家政、餐饮等兼职工作。

从年级来看，一年级、二年级、三年级分别有65%、75.5%、98%的同学做过家教；分别有5%、7.5%、26%的同学做过促销；分别有20%、30%、16%的同学发过传单。

总的来看，大学生兼职的种类比较单一，而且性别差异较大。经分析，原因有两个：一方面，时间有限，大学生只能选择耗时少、收入较高的工作；另一方面，大学生社会经验较少，工作能力有限，诸多用人单位不予考虑。

四、从事兼职与学习之间的关系

不论从性别还是从年级来看，均有 90% 以上的同学认为兼职对学习的影响因人而异，只要注意调整，能够二者兼顾，还有小部分同学不清楚二者是否会相互影响。

五、从事兼职的目的及收获

从性别来看，分别有 45.2% 的男生、37.3% 的女生认为兼职可以赚到一笔完全属于自己的钱，颇有成就感；分别有 43.6% 的男生、60.8% 的女生认为兼职可以积累社会经验，为今后的工作奠定基础；分别有 11.2% 的男生、1.9% 的女生认为兼职可以拓宽交际面。

总而言之，绝大部分同学从事兼职的目的比较明确，认为兼职的收获主要是赚钱和积累社会经验，少数同学认为可以广交朋友，拓宽交际面。

六、兼职过程中遇到的困难及应对方式

不论从性别还是从年级来看，超过 70% 的同学偶尔遇到过困难，20% 左右的同学多次遇到过困难，只有极少数同学从未遇到过困难。

在所遇到的困难当中，基本不包括性别歧视，而有部分同学认为引起兼职困难的原因是自身能力不佳，也有不少同学认为是用人单位过于刁钻。

遇到困难时，80% 左右的同学积极想方设法解决，10% 左右的同学忍气吞声，自认倒霉，还有极少数同学不知所措。

七、家长对子女从事兼职的态度

总体来看，50% 左右的家长基本同意子女从事兼职，但对安全问题顾虑较多；25% 左右的家长完全同意子女从事兼职，并予以鼓励；20% 左右的家长不同意子女从事兼职，他们认为学生应该以学习为主；还有极少数家长完全不同意子女从事兼职。

八、兼职所得收入的用途

48% 的同学将兼职收入作为生活费，以减轻家里的经济负担；41% 的同学将其作为额外的零花钱；6% 的同学将其作为恋爱开支；其余 5% 的同学将其积累下来作为长久投资（如旅游等）。

小结：通过调查，同学们大都希望在大学期间从事兼职工作，家长基本同意子女兼职并予以支持。在兼职过程中同学们遇到了各种各样的困难，由于缺乏经验和社会阅历，不知如何应对，甚至有些同学还曾遭到欺骗。但也有一部分同学具有一定的特长，善于交际，能力突出，能够将兼职工作做得很好。另外，同学们一致认为学校应该成立专门的兼职指导机构，鼓励指导学生从事兼职，使大家在丰富课余生活的同时，既锻炼能力，又能获得一定的报酬，为以后的就业做好准备。

评析：这是一篇反映大学生兼职情况的调查报告。撰文者进行了周密调查，获得了大量的第一手资料，找出了一些规律性现象，加深了对大学生兼职的认识，是一篇有意义的调查报告。

【思考与练习】

1. 简述调查报告的特点。

2. 简述撰写调查报告的注意事项。

3. 从以下题目中任选一个撰写调查报告。要求学生分组设计调查问卷，根据问卷开展调查活动，最后加以总结，写出调查报告。

调查报告参考题目：

（1）高职学生消费情况调查

（2）高职学生手机使用情况调查

（3）高职学生课外阅读情况调查

（4）高职学生业余爱好调查

（5）高职学生创业意向调查

（6）企事业单位对本专业人才需求的调查

4. 利用寒、暑假的时间，根据实地调查写一篇专题调查报告。

第四节 简 报

一、简报的概念

简报是指党政机关、社会团体、企事业单位用来反映情况、交流经验、解决问题、传播信息的一种简短灵活的书面材料。

从文体上看，它是简要报道单位内部各方面信息的一种常用文体；从形式上看，它是一种具有固定格式的内部刊物。常见的“×× 反映”“×× 动态”“×× 简讯”“×× 信息”“内部参考”等，虽然名称不同，其实质都是简报。

二、简报的特点

（一）简洁性

简报要求题材单一，内容简明，语言简练，篇幅短小，要直陈其事。

（二）新闻性

简报是对一个系统、一个部门内新近发生的有意义的事实的报道，强调内容上的新鲜性。

（三）快速性

快编快发是简报的生命力所在，简报贵在及时迅速地反映情况、传递信息，以充分发挥其效用。

（四）指导性

简报作为各级机关的“耳目”和“喉舌”，理应正确反映国家的政策、方针，反映国内外形势的发展变化，回答迫切需要解决的问题，使其具有指导意义。

三、简报的分类

简报可依据不同的标准分出不同类型。

（一）按时间分

按时间，简报有定期的（如周刊、月刊、季刊），有不定期的，也有根据某种需要编发的临时性简报。

（二）按内容涉及范围分

简报按内容涉及范围可分为综合性简报和专题性简报。

（三）按行文去向分

按行文去向，简报分为上行简报、平行简报、下行简报。

（四）按内容的性质分

简报按其性质可分为动态简报、工作简报、会议简报等。

1. 动态简报

即反映社会情况、动态的简报。如国内外重大事件、思想认识倾向、科技工作动态或各部门、各领域的新情况，新动态。如市场动态、学术动态常以“内部参考”的形式出现。

2. 工作简报

主要用来及时反映工作情况，也常称“情况简报”。即反映本部门、本系统贯彻执行上级精神的情况，生产、经营等方面的工作任务的进展情况，工作中的经验教训和问题等。

3. 会议简报

会议期间专门用来反映会议的进程，并组织引导会议进行的简报，包括会议的概况，会议期间的活动，会议研究讨论的问题，典型发言，与会代表的情绪、愿望、意见等。

四、简报的结构与写法

简报的结构由报头、报核、报尾三部分构成。

（一）报头

报头部分在首页的上方，约占全页三分之一的版面，一般包括以下五项。

1. 简报名称

在报头的居中位置，用大号字体或套红样醒目地标出，简报名称由简报内容加“简报”两个字组成，如“工作简报”“情况简报”“内部参考”“×× 动态”“×× 会议简报”等。

2. 密级

简报的内容如果是保密的，则要在报头的左上方注明秘密等级，或写上“内部文件，注意保存”等字样。

3. 编号

也称期号，标注于简报名称的正下方，先写第 × 期，再写总第 × 期，加括号。编号有一年一编的，也有历年统编下来的，其中会议简报按编发的顺序依次编号。

4. 编发单位

在编号下方的左侧标明编发单位名称，与编发日期的位置平行。

5. 编发日期

在编号的右下方，标明 × 年 × 月 × 日，年、月、日要齐全。

报头部分应用横线与报核隔开。

（二）报核

报核就是简报所刊登的文章内容，也称文稿或报文，是简报的主要部分，包括以下内容。

1. 按语

按语即作者或编者对文章所做的说明、评价，发表倾向意见或对某一点加以强调、提示，以引起读者的重视，帮助读者理解文章精神的文字。

按语可根据需要分为评价性按语、说明性按语、提示性按语三种。

简报的按语在间隔线下方，目录或文稿标题的上方。有的简报还加上了“内容提要”，内容提要一般印在标题的下方，两侧各向中间缩进两格，字体可与正文不同，以示区别。

按语不是简报必备的结构要素，有的简报可以不写按语，按语一般由编发机关指定有关人员撰写。

2. 目录

标注在按语下方、文章标题上方居中的位置，只有一篇文章的简报不写目录。

3. 标题

标题在横割线之下空一行、正文之上居中的位置，用大于正文的字号标出。一般要求简明地概括正文内容。简报的具体内容不同，其标题的写法也不同，因此形式多样。大多数文章类似新闻中的消息，因此标题的写作也可参考新闻标题的写法。常见的标题有以下几种。

（1）公文式。这类标题有单位、内容、文种三要素齐全的；也有省略单位，只保留内容和文种的。如“科研成果表彰大会情况汇报”。

（2）文章式。这类标题用精练的语言将简报的主要观点或基本内容加以概括，具有较强的文学性和吸引力。如“领导干部必须五官端正——嘴不馋、腿不懒、耳不偏、心不散、手不长”“海尔电器挺进国际市场”。

（3）正副题式。即双标题，正标题鲜明揭示主题，副标题点明单位、内容、文种等。如“建设社会主义新农村是我党目前的根本任务——某省党务工作会议简报”。

4. 正文

正文内容的写法分开头、主体、结尾三部分。根据内容需要，一般有以下几种写法。

（1）新闻式。这是简报最常用的写法，同新闻中的消息的写法类似，由导语、主体、结尾和穿插在叙述中的背景材料组成。

导语起总领作用，一般交代时间、地点、人物、事件、原因和结果，揭示全篇中心思想。常见的导语有直叙式、提问式、结论式。

主体是正文的主干部分，承接导语，把问题全面展开。

结尾常用的有评论式、小结式、号召式，还有的结尾提出具体措施，有的不需另写结尾。

（2）指示式。主要用于上级机关对下级机关部署工作的简报写作方式，其内容一般由导语和指导的具体内容组成。导语主要写明指示的内容和意义，主体内容可分条列项，眉目清晰，简洁明快。

（3）总结式。主要用来介绍和推广先进经验，与总结的写法类似。导语概括主旨或内容，主体承接导语，分条列项写出成绩与经验。

（4）会议报道式。这种简报写作方法又分两种，第一种与公文中的会议纪要写法一样，导语介绍会议的概况，主体报道会上研究的问题、讨论的意见、作出的决定和对今后提出的任务和要求等，结尾提出希望和号召；第二种是对会议情况的报道，包括会议的时间、地点、与会人员、会议内容及会议的主要精神。

（5）转发式。即转发对本单位（或系统）有借鉴或参考作用的重要文章。该类简报主要是撰写“编者按”，以说明转发文章的撰写单位、文章的主要内容、性质及对其进行评价。

（三）报尾

位于正文之下两条平行线之间，间距的大小一般根据线内文字的多少而定，在平行线内的左方分别写明报、送、发各单位名称，在平行线右侧写明印刷份数。

五、简报写作的注意事项

（一）要注意简报的格式

简报是应用文中的一个特殊的文种，由报头、报核和报尾三部分组成。编写的报头与报核必须规范。

（二）要注意反映内容的政策性

做到准确快捷地贯彻党和国家的政策方针，善于敏感地抓住群众关心和亟待解决的问题并及时地反映，这样才能收到良好的效果。

（三）材料要典型，内容要集中

一般一份简报反映一件事情、一个问题，如一份简报多篇文章的，要围绕一个中心来编发。这样突出一个中心，易写易编，能充分发挥简报的优势。

（四）篇幅要短小，文字要精练

简报，顾名思义，就是要简，字数一般在 1000 字左右，俗称“千字文”。所以文字必须干净利落，要开门见山，直截了当，简明扼要。

【例文】

活动简报

（第 ×× 期）

×× 职业技术学院主办　　　　　　　　　　×××× 年 × 月 × 日

积极参与　重在提高认识

——离退休党总支根据自身特点积极参加学习实践活动

离退休党总支讨论学习二十大精神活动方案

离退休党总支、离退休工作处于 × 月 × 日上午，在 ×× 校区图书馆大会议室召开离退休老同志会议，就如何开展深入学习二十大精神活动进行讨论。与会的离退休党总支委员、支部书记一致认为：

1. 按学院《深入学习二十大精神活动实施方案》分类指导的意见，结合离退休党总支实际，离退休党总支将以“自学为主，重在提高认识”的原则开展学习实践活动，离退休工作处列出学习实践活动安排。

2. 召开全体离退休党员学习实践活动动员大会，举办专场辅导报告会。

3. 征求离退休同志对学院发展和离退休工作的建议意见。

4. 前往 ×× 参观，去 ×× 校区教师公寓建设工地考察。

5. 由各党支部组织学习座谈和交流心得。

6. 建设与组织发展工作相结合，创建“五好”党支部。

离退休同志代表五赴 ×× 校区参加动员大会和报告会

从 × 月 × 日至 × 月 × 日，短短半个多月时间，离退休党总支五次组织离退休同志代表赴 ×× 校区，参加学院深入学习二十大精神活动动员大会和辅导报告会。先后听取院党委书记、院学习实践活动领导小组组长 ××× 同志作动员报告，省委教育工委书记、省教育厅厅长、省高校学习实践活动领导小组组长 ××× 同志的重要讲话，省委党校 ××× 教授作的《深入学习二十大精神》报告，省委党校 ××× 教授作的《××××××××××》报告，省教育厅 ××× 厅长作的《××××××》报告，×× 大学常务副校长 ××× 教授作的《××××××》报告。参加动员大会和辅导报告会的离退休同志共达 ×× 人次。

离退休党总支举办专场辅导报告会

发放“离退休同志建言献策征求意见表”（略）

离退休党总支召开院关心下一代工作委员会会议（略）

离退休党员学习二十大精神活动安排（略）

评析：这是关于离退休党总支参加实践活动的动态简报，简述了离退休党总支讨论活动方案的情况。总体而言，这篇简报文字简洁，表述清楚，但从细节来看，结构上不太合理，可进行如下调整：将第一段第一句话后的内容分段，冠以“一、讨论结果”的标题，然后在“离退休同志代表五赴 ×× 校区参加动员大会和报告会”段落前面冠以“二、活动内容”的标题，并对后面的内容整理分段，添加段落编号“1.2.……”，这样整个简报的结构会更加清晰和严谨。

【思考与练习】

1. 简报有哪些特点？

2. 报头部分包括哪些内容？

3. 简述撰写简报的注意事项。

4. 试以所在班级集体活动或班会内容为材料编写一份简报。要求报头、报核、报尾结构完整，加上编者按，文字简洁，不超过 1000 字。

第十五章　党政机关公文写作

第一节　党政机关公文概述

一、党政机关公文的概念

公文，即公务文书的简称，属于应用文。公文有广义和狭义之分。广义的公文，是指党政机关、社会团体、企事业单位为处理公务而形成的文字材料。狭义的公文，是指党政机关处理公务时所使用的公文。

党政机关公文是党政机关实施领导、履行职能、处理公务的具有特定效力和规范体式的文书，是传达、贯彻党和国家的方针政策，公布法规和规章，指导、布置和商洽工作，请示和答复问题，报告、通报和交流情况等的重要工具。

二、党政机关公文的种类

2012年4月16日，中共中央办公厅、国务院办公厅印发的《党政机关公文处理工作条例》规定，党政机关公文共有决议、决定、命令（令）、公报、公告、通告、意见、通知、通报、报告、请示、批复、议案、函、纪要等15种。

（1）决议。适用于会议讨论通过的重大决策事项。

（2）决定。适用于对重要事项作出决策和部署、奖惩有关单位和人员、变更或者撤销下级机关不适当的决定事项。

（3）命令（令）。适用于公布行政法规和规章、宣布施行重大强制性措施、批准授予和晋升衔级、嘉奖有关单位和人员。

（4）公报。适用于公布重要决定或者重大事项。

（5）公告。适用于向国内外宣布重要事项或者法定事项。

（6）通告。适用于在一定范围内公布应当遵守或者周知的事项。

（7）意见。适用于对重要问题提出见解和处理办法。

（8）通知。适用于发布、传达要求下级机关执行和有关单位周知或者执行的事项，批转、转发公文。

（9）通报。适用于表彰先进、批评错误、传达重要精神和告知重要情况。

（10）报告。适用于向上级机关汇报工作、反映情况，回复上级机关的询问。

（11）请示。适用于向上级机关请求指示、批准。

（12）批复。适用于答复下级机关请示事项。

（13）议案。适用于各级人民政府按照法律程序向同级人民代表大会或者人民代表大会常务委员会提请审议事项。

（14）函。适用于不相隶属机关之间商洽工作、询问和答复问题、请求批准和答复审批事项。

（15）纪要。适用于记载会议主要情况和议定事项。

三、党政机关公文分类

1. 按行文方向分

公文按其行文方向，可分为上行文、下行文、平行文。

（1）上行文。是指下级机关向上级机关报送的公文，如请示、报告等。

（2）下行文。是指上级机关向所属下级机关的行文，如决定、公告、通告、通知、通报等。

（3）平行文。是指同级机关或不相隶属机关之间的行文，如函等。通知、公文纪要有时也可作为平行文。

2. 按时限要求分

公文按其时限要求，可分为特急公文、急办公文、常规公文。

公文内容有时限要求，需迅速传递办理的，称为紧急公文。紧急公文可分为特急和急件两种，紧急公文应随到随办，时限要求越高，传递、办理的速度也就要求越快，但要“快中求准”。随着社会的发展，对公文的时效要求越来越高，即使常规公文，也应随到随办，以提高办文效率。

3. 按机密程度分

公文按其机密程度，可分为绝密公文、机密公文、秘密公文、普通公文。

绝密、机密、秘密公文又称保密文件，是指内容涉及党和国家的机密，需要控制知密范围和知密对象的文件。文件的密级越高，传达、阅办、保管的要求也越严。

四、党政机关公文的行文关系

行文关系，是各级党政机关、各个部门和单位之间的组织关系和业务关系在公文运行中的体现。机关部门、单位之间的相互关系，一般可分为同一系统上下级之间的相互隶属关系，同一系统的平级机关之间以及同一机关各部门之间的平行关系，不同系统的机关、部门之间不相隶属关系。行文关系是根据行文单位各处的隶属关系和职权范围确定的。

建立正确的行文关系，遵守必要的行文规则，有助于机关、部门、单位维护正常的领导和管理，避免行文混乱，防止“公文旅行”，克服文牍主义，提高工作效率。

五、党政机关公文的文面格式

公文的文面包含三大部分：版头、主体、版记。

1. 版头

（1）份号。公文的份号即公文的份数序号，也就是每份公文的编号。公文根据印制份数，编流水号。公文份号是为了掌握公文的发放方向，便于公文的保密管理，便于掌握公文的去向。

涉密公文一定要标注份号，如果发文机关认为有必要，也可对不涉密公文标注份号。

如需标注份号，一般用6位3号阿拉伯数字，顶格编排在版心左上角第一行。份号用黑色标注。

（2）密级和保密期限。涉及国家秘密的公文应当标明秘密等级和保密期限，涉密程度分为绝密、机密和秘密三种。

如需标注密级和保密期限，一般用3号黑体字，顶格编排在版心左上角第二行；保密期限中的数字用阿拉伯数字标注。

（3）紧急程度。紧急公文应当根据紧急程度分别标明“特急”“加急”。

电报格式的公文紧急程度分为四级，从急到缓依次为：特提、特急、加急、平急。

如需标注紧急程度，一般用3号黑体字，顶格编排在版心左上角；如需同时标注份号、密级和保密期限、紧急程度，按照份号、密级和保密期限、紧急程度的顺序自上而下分行排列。

（4）发文机关标志。发文机关标志是公文版头部分的核心，用套红大字居中印在公文首页上半部，字体要庄重、规范、美观、大小适度（一般应小于上级机关的字体大小）。

发文机关标志主要有两种形式：一是发文机关全称或规范化简称后加“文件”二字；二是发文机关全称或规范化简称。字号以醒目美观为原则，字体字号大小一般不超过上级机关的字体字号。

发文机关标志上边缘至版心上边缘为35mm。发文机关标志推荐使用小标宋字体，颜色用红色。

联合行文时可并用联合发文机关名称，一般主办机关名称排列在前；也可单独用主办机关名称。

联合上报公文一般不单独使用主办机关名称。因为联合上行文需要将所有联署机关签发人的姓名都标出，如果发文机关名称只用主办机关，这样与签发人的标注就不相匹配。

联合行文机关过多时，必须保证公文首页显示正文。

（5）发文字号。由发文机关代字、年份和发文顺序号三个要素组成。机关代字要求准确、规范、精练、无歧义、易识别，并固定使用，避免与上级机关、同级机关的机关代字雷同。联合行文时只标注主办机关的发文字号。同一地区，避免不同机关的发文字号的机关代字重复。

发文字号编排在发文机关标志下空2行位置，居中排布。年份、发文顺序号用阿拉伯数字标注；年份应标全称，用六角括号“〔 〕”括入；发文顺序号不编虚位，不加“第”字。

上行文发文字号标注在发文机关之下居左空 1 个字。

（6）签发人。上行文需标注签发人姓名。这时发文字号标注在发文机关之下居左空 1 字，签发人姓名平行居右空 1 字。签发人用 3 号仿宋体字，签发人姓名用 3 号楷体字标注。

联合行文时有多个签发人，签发人姓名按发文机关的顺序，从左到右、自上而下依次均匀顺排，一般每行排 2 个姓名，回行时与上一行第一个签发人姓名对齐，最后一个签发人姓名应与发文字号处在同一行并使红色分隔线与其距离为 4mm。

2. 主体

（1）公文标题。标题由发文机关名称、事由和文种组成，应当准确、扼要地概括公文的主要内容。4 个以上（含 4 个）机关联合行文时，标题中发文机关名称可简略。公文标题中除法规、规章名称加书名号外，一般不用标点符号。

公文标题一般用 2 号小标宋字体，编排于红色分隔线下空 2 行的位置，分一行或多行居中排布；回行时要做到词意完整，排列对称，长短适宜，间距恰当。标题排列应使用梯形或菱形，不应使用上下长度一样的长方形或上下长、中间短的沙漏形。

（2）主送机关。即公文的主要受理机关。主送机关应当使用机关全称、规范化简称或者同类型机关统称。其中，使用简称要规范、准确，机关的规范化简称和统称应由上级机关明确，不得随意编造机关简称。使用统称，包括的地区、部门、单位要齐全，称谓要准确。

（3）公文正文。正文是公文的主体和核心，用来表述公文的内容，公文首页须显示正文。

一般公文的首个盖章页应当同时显示正文、发文机关署名和印章。

正文中标题字号的使用：文中结构层次序数依次可以用“一、”“（一）”“1.”“（1）”标注，一般一级标题用黑体字，二级标题用楷体，三级和四级正文一样用 3 号仿宋。

（4）附件说明。即公文附件的顺序号和名称。公文正文中的一些内容，如图表、名单、规定等，如穿插在公文正文中，往往隔断公文前后的联系而造成阅读上的不便，需将其从公文正文中抽出来作为公文的附件单独表述。

公文附件是正文内容的组成部分，与正文具有同等效力。在正文下空 1 行左空 2 字编排“附件”二字，后标全角冒号和附件名称。如有顺序号，应使用阿拉伯数字标注，附件名称后不加标点符号。

（5）发文机关署名。公文一般以发文机关的名义进行署名，特殊情况如议案、命令（令）等文种需要由签发人署名时，应当写明签发人职务并加盖签发人签名章。发文机关署名应使用发文机关全称或规范化简称，应与发文机关标志、标题中发文机关名称相一致。联合行文时，发文机关署名的顺序应与发文机关标志的排列顺序一致。

（6）成文日期。成文日期是公文的生效时间，是党政机关公文生效的重要标志，它指的是会议通过或发文机关负责人签发的日期。若是联合行文，则应当是最后签发机关负责人签发的日期。成文日期在公文中的标注位置可以有两种：一是在公文标题下，写全年、月、日并用圆括号“()”括起来，如会议通过的决议、决定等公文的日期标注；二是在公文正文或附件说明的右下方标注，写全年、月、日。

（7）印章。公文中有发文机关署名的，应加盖发文机关印章，并与署名机关相符。印章同样是公文生效的标志，更是鉴定公文真伪最重要的依据。

（8）附注。指的是党政机关对公文的发放范围、使用时需注意的事项的说明。常见的有平行文和下行文中对印发传达范围的说明，如“此件公开发布”“此件发至县团级”等，或请示类公文对联系人及联系电话的说明等。

（9）附件。指的是党政机关公文正文的说明、补充或参考资料，是附属于公文正文的文字、图表、图形等其他材料，对正文起说明、解释、补充、证实、参考等作用，是正文的组成部分，与正文具有同等效力。

3. 版记

版记一般包括抄送机关、印发机关和印发日期等要素。

（1）抄送机关。指的是除主送机关外其他需要执行或知晓公文内容的党政机关。抄送机关的名称同样应使用全称、规范化简称或同类型机关统称。抄送机关一般是按上级机关在前、同级机关在后、下级机关最后的方式排列，即按照党、政（地方党委政府在前，部门和厅局在后）、军、群的顺序排列。

（2）印发机关。是党政机关公文的送印机关。印发机关不一定就是公文的发文机关，而是公文的印制主管部门，一般是各机关的办公厅（室）或文秘部门。如果发文机关没有专设印发机关，则发文机关就是印发机关。

（3）印发日期。指的是党政机关公文的送印日期。由于公文在签发成文后，会经过打字、校对、复核等若干环节，所以成文日期与印发日期通常存在一定的时间差。标注印发日期既能使发文机关掌握制发公文的效率，也能使收文机关掌握公文的传递时间。

第二节 通 知

一、通知的概念及分类

1. 通知的概念

通知是适用于批转下级机关的公文、转发上级机关和不相隶属机关的公文、传达和发布要求下级机关办理和有关单位周知或者执行的事项等。

2. 通知的种类

根据内容的不同，通知一般可以分为五种。

（1）指示性通知。上级向下级机关作出某项指示和安排、布置某项工作的通知，而根据公文内容又不必用“命令”时，可使用这类通知。

（2）批转、转发性通知。批转性通知用于批转下级机关的公文。下级机关的意见，经常用通知批转。转发性通知用于转发上级机关和不相隶属机关的公文。

（3）知照性通知。这类通知一般用于处理日常事务性工作。其用途较广泛，机构、人事调整，启用、作废公章，机构名称变更，机关隶属关系变更，迁移办公地址，安排假期等，都可使用这种通知。

（4）发布性通知。发布性通知用于颁布、印发各级行政领导机关制定的行政法规和规章，包括条例、规定、办法和细则等。

（5）会议通知。会议通知即组织会议的单位告诉有关单位或个人参加会议的通知。

此外，根据具体情况，几个单位可以发出联合通知；紧急事项可以发紧急通知；重要事项可以发重要通知；对前发事项有所补充，可发补充通知。需要公众周知的通知，可以见报。

二、通知的结构

通知一般由四部分组成：标题、主送机关、正文和落款。

1. 标题

标题通常有三种形式：一是由发文机关名称、事由和文种构成。如《国务院关于发布第三批国家重点风景名胜区名单的通知》。联合发文，发文机关名称要写全。如《中华人民共和国教育部中国文字改革委员会中国科学院语言研究所关于撤销普通话研究班的机构的联合通知》。二是由事由和文种构成。如《关于加强国有企业下岗职工管理和再就业服务中心建设有关问题的通知》。三是只写文种，如“通知”。

2. 主送机关

正文之前，标题之下、正文之上顶格写出被通知对象的名称，名称后加冒号。

3. 正文

包括开头、主体和结尾三部分。开头主要交代通知缘由、根据；主体说明通知事项；结尾提出执行要求。

4. 落款

写出发文机关名称（若标题中已有发文单位，可省略）和发文时间。

三、通知写作的注意事项

一是除指示类通知外，有关会议、任免、转发以及一般事项类的通知，在写作过程中均应直接说明发文原因、根据、通知事项；二是不作深入分析、论证，或者议论；三是用语准确、肯定，表述简洁、练达。

四、各类通知的写法

1. 指示性通知

指示性通知的写法一般分为三部分：第一部分是通知的根据——制发通知的原因、意义；第二部分是通知的内容——工作任务、基本措施、基本原则、注意事项；第三部分是执行的要求——包括安排、希望等内容。

2. 批转、转发性通知

（1）批转性通知。批转性通知常用四要素格式的标题，即“发文机关 + ‘批转’原发文机关 + 事由 + 文种”的形式，这样可以清楚交代谁来批转、谁的文件、什么事由以及什么文种被批转，便于受文单位迅速知晓。就正文而言，批转性通知的内容较少，首先表明同意某个文件并要求贯彻执行，然后将需要批转的原文件显示出来，以方便相关单位参照执行。

（2）转发性通知。转发性通知的写法与批转性通知的写法大致相同，但效力并没有批转性通知高。一般把转发性通知称为“批语”，把被发布和转发的文件看作通知的主体内容。批语表明发文机关的态度，并提出贯彻执行的要求。

3. 知照性通知

知照性通知主要概述实际情况，交代发文背景，指出发文依据，说明发文目的，一般以“现将有关问题通知如下：”引出下文，事项部分可分条列项地叙述通知内容。

4. 发布性通知

发布性通知主要包括发布的目的、文件或行政法规名称、执行要求、实施日期（文件时可省略）。被公布的公文紧列于通知正文之后。

5. 会议通知

较复杂的会议通知由开会原因、会议内容、与会人员、会议安排、与会要求五部分组成，其中安排、要求两项最为重要。一般会议通知只用写安排、要求两部分，包括名称、时间、地点、要求等项内容，要准确、简明。

【范例 1】知照性通知

国务院办公厅关于 2020 年部分节假日安排的通知

国办发明电〔2019〕16 号

各省、自治区、直辖市人民政府，国务院各部委、各直属机构：

经国务院批准，现将 2020 年元旦、春节、清明节、劳动节、端午节、国庆节和中秋节放假调休日期的具体安排通知如下。

一、元旦：2020 年 1 月 1 日放假，共 1 天。

二、春节：1 月 24 日至 30 日放假调休，共 7 天。1 月 19 日（星期日）、2 月 1 日（星期六）上班。

三、清明节：4 月 4 日至 6 日放假调休，共 3 天。

四、劳动节：5 月 1 日至 5 日放假调休，共 5 天。4 月 26 日（星期日）、5 月 9 日（星期六）上班。

五、端午节：6 月 25 日至 27 日放假调休，共 3 天。6 月 28 日（星期日）上班。

六、国庆节、中秋节：10 月 1 日至 8 日放假调休，共 8 天。9 月 27 日（星期日）、10 月 10 日（星期六）上班。

节假日期间，各地区、各部门要妥善安排好值班和安全、保卫等工作，遇有重大突发事件，要按规定及时报告并妥善处置，确保人民群众祥和平安度过节日假期。

国务院办公厅（章）

2019 年 11 月 21 日

【范例 2】批转性通知

国务院办公厅转发交通运输部等部门
关于加快道路货运行业转型升级
促进高质量发展意见的通知

国办发〔2019〕16 号

各省、自治区、直辖市人民政府，国务院各部委、各直属机构：

交通运输部、发展改革委、教育部、工业和信息化部、公安部、财政部、人力资源社会保障部、生态环境部、住房城乡建设部、应急部、税务总局、市场监管总局、全国总工会《关于加快道路货运行业转型升级促进高质量发展的意见》已经国务院同意，现转发给你们，请认真贯彻执行。

附件：关于加快道路货运行业转型升级促进高质量发展的意见

国务院办公厅（章）
2019 年 4 月 21 日

（此件公开发布）

第三节　通　　报

一、通报的概念

通报是一种适用于表彰先进、批评错误、传达重要精神和告知重要情况的公文。其使用范围广泛，各级党政机关和单位都可以使用。具体来看，通报的主要作用在于表扬好人好事、批评错误和歪风邪气，通报应引以为戒的恶性事故、传达重要情况及需要各单位知道的事项等。

二、通报的性质、特点与类型

1. 通报的性质

通报是较为特殊的一个文种，其性质主要体现在以下几个方面。

（1）通报属于奖励与告诫性公文，承担着“表彰先进，批评错误”的任务，因而具有奖励与告诫性质。

（2）通报属于传达和知照性公文，侧重于传达重要精神或情况。

（3）从通报的发布范围来看，通报往往是在一个机关或一个系统内部使用，其发布范围往往仅限于本机关或本系统。

2. 通报的特点

通报具有典型性、引导性、时效性、真实性和公开性等多种特点。

（1）典型性。通报的题材必须是既有普遍性、代表性，又有个性和新鲜感的典型人物、典型事件或典型情况，只有这样才能引起人们的高度关注，提高人们的认识，起到以点带面的作用。

（2）引导性。无论是表彰、批评，还是通报情况，最终目的不仅在于宣布事件的处理结果，还在于通过典型的人物或事迹引导人们树立正确的价值观，或提供借鉴、总结经验、吸取教训。

（3）时效性。通报的行文一定要及时，行文单位要具有高度的责任感和政治敏锐性，及时发现好的趋势或不良倾向，第一时间制发通报，对其进行表彰或批评，以指导当前的工作。换言之，通报越及时，对工作的指导作用就越大。

（4）真实性。无论是表扬、批评，还是告知情况或传达精神，都要求案例是真实的，不允许有任何虚假成分，必须准确无误、实事求是，否则就达不到引导教育的目的。

（5）公开性。通报应当及时在一定范围内公之于众，或直接向干部群众宣读，又或者及时与有关单位沟通情况，上情下达，交流信息，真正使通报起到应有的作用。

3. 通报的类型

按照内容的不同，通报可以分为表彰通报、批评通报和情况通报。

（1）表彰通报。用来表彰先进单位和个人，介绍先进经验或事迹，树立典型，号召相关人员向其学习。表彰通报要突出主要先进事迹，要在阐述先进事迹的基础上，提炼出主要经验、意义和值得学习与发扬的精神。一般来说，都是先介绍当前形势和情况，然后介绍表彰的原因，接着明确表彰对象，最后提出要求、希望和号召。如果表彰对象过多，可通过附件展示。

（2）批评通报。用来批评、处分错误，以示警戒，要求被通报者和相关人员吸取教训。批评通报要抓主要错误事实，这类通报一般按照说情况、找根源、阐明处理决定、使人从中吸取教训以免重蹈覆辙的思路来拟制。为了防范和杜绝类似错误发生，批评通报的结尾处通常要有针对性地提出防范的措施或规定。

（3）情况通报。在一定范围内传达重要情况、动向和精神，以指导工作为目的。情况通报具有沟通和知照的双重作用。情况通报的拟制，关键在于对情况的掌握要确实、全面、充分，包括通报有关情况、分析并得出结论。具体来说，可以先讲情况，然后进行分析得出结论；也可以先通过简要分析得出结论，再列举情况，从而说明结论的正确性和针对性。

三、通报与通知的区别

通报和通知是截然不同的两种公文，两者区别如下。

1. 内容范围不同

两者虽然都有告知的作用，但通知主要是告知工作的情况以及应共同遵守、执行的事项；通报则是告知正反面典型，或有关的重要精神及情况。使用通知可以发布行政法规和规章，批转和转发公文，传达需办理和周知的事项等；使用通报则用于表扬先进，批评错误，传达、交流重要的情况和信息。

2. 目的要求不同

通知的目的是告知事项、布置工作、部署行动，其内容比较具体，要求受文机关了解要办什么事、该怎样办、不能怎样办等，有严格的约束力；通报的目的主要是交流、了解情况，或通过正反面的典型教育人们，从而宣传先进的思想和事迹，增强人们的认识。

3. 表达方式不同

通知的表达方式主要是叙述，告知人们做什么、怎样做，其叙述具体，语言平实；通报的表达方式则常兼用叙述、说明、分析和议论，感情色彩更为强烈。

4. 行文时间不同

通知告知的是相关事项，一般是在事前行文；通报告知的是已经发生过的有关情况，只能在事后行文。

四、通报的结构和写法

1. 标题

通报的标题通常由“发文机关 + 事由 + 文种”构成，有时也可省略发文机关，直接由“事由 + 文种”构成。

2. 主送机关

通报的主送机关一般为直属下级机关，或需要了解该内容的不相隶属的机关，基本上受文机关都比较明确，所以主送机关这个要素不能省略。

3. 正文

对于表彰通报和批评通报而言，正文分为三部分，分别是主要事实、教育意义、决定要求，即通过典型案例反映出教育意义，进而对大家提出相应的要求。情况通报则可以只对有关事实做客观叙述，也可以对有关情况加以分析说明，甚至可以针对具体问题提出相应的指导性意见。

4. 发文机关署名和成文日期

通报的发文机关署名在正文后右下方标注，如在标题中已出现发文机关，这里也可以不再署名；成文日期则一般为发文日期，格式上为阿拉伯数字的年、月、日。

【范文1】表彰通报

国务院办公厅关于对国务院第六次大督查发现的典型经验做法给予表扬的通报

国办发〔2019〕48号

各省、自治区、直辖市人民政府，国务院各部委、各直属机构：

为进一步推动中央经济工作会议部署和《政府工作报告》提出目标任务的贯彻落实，国务院部署开展了第六次大督查。从督查情况看，各有关地区在以习近平同志为核心的党中央坚强领导下，以习近平新时代中国特色社会主义思想为指导，认真落实党中央、国务院重大决策部署，求真务实、攻坚克难，统筹推进稳增长、促改革、调结构、惠民生、防风险、保稳定各项工作，加大“六稳”工作力度，各项工作取得积极成效。在对16个省（区、市）开展实地督查中，除发现一些地方存在有令不行、有禁不止，不作为慢作为乱作为等问题外，也发现有关地方在减税降费、稳定和扩大就业、深化“放管服”改革优化营商环境、推动创新驱动发展、合理扩大有效投资等方面主动作为、精准发力，在实践中创造和形成了一批好的经验做法。

为表扬先进，宣传典型，进一步激发和调动各地区、各部门锐意进取、改革创新的积极性、主动性和创造性，推动形成善于破解难题、勇于干事创业的良好局面，经国务院同意，对天津市加强财政开源节流保障重点项目实施、四川省探索职务科技成果权属改革打通科技与经济结合通道等32项地方典型经验做法予以通报表扬。希望受到表扬的地方牢记使命，珍惜荣誉，发扬成绩，奋力拼搏，再创佳绩。

各地区、各部门要坚决贯彻落实党中央、国务院决策部署，坚持稳中求进工作总基调，坚持新发展理念，坚持推动高质量发展，坚持以供给侧结构性改革为主线，坚持深化市场化改革、扩大高水平开放，学习借鉴典型经验做法，认真履职尽责，强化责任担当，抓深抓实抓细抓好各项工作，力戒形式主义官僚主义，保持经济持续健康发展和社会大局稳定，确保完成全年经济社会发展主要目标任务，为实现“两个一百年”奋斗目标和中华民族伟大复兴的中国梦作出新的更大贡献。

附件：国务院第六次大督查发现的典型经验做法（共32项）

国务院办公厅（章）
2019年11月1日

（此件公开发布）

【范文2】批评通报

关于对三起违反工作纪律典型问题的通报

为进一步严明工作纪律，切实转变工作作风，提高工作效率，充分发挥警示震慑作用，现对三起违反工作纪律问题进行通报。

1. 政务服务中心环保窗口职工乔××违反工作纪律问题。9月19日10时许，乔××工作时间在办公桌睡觉，造成不良影响。乔××受到批评教育处理，并作出深刻书面检查。

2. 政务服务中心质检窗口职工赵××、李××违反工作纪律问题。9月19日10时许，赵××、李××二人在工作时间玩手机，造成不良影响。赵××、李××二人受到批评教育处理，并作出深刻书面检查。

3. 政务服务中心安监窗口职工于××、张××违反工作纪律问题。9月19日10时许，于××、张××二人在工作时间玩手机，造成不良影响。于××、张××二人受到批评教育处理，并作出深刻书面检查。

全县广大干部职工一定要以此为戒，汲取教训，不断增强纪律意识、服务意识，提高服务效率，做到守土有责、守土尽责。各级党组织（党组）要切实履行全面从严治党主体责任，抓早抓小，真正把纪律立起来、紧起来、严起来。党组织（党组）书记要履行好“第一责任人”责任，真抓、真管、真严，认真管好班子，带好队伍；班子成员和各级领导干部要认真落实“一岗双责”，管好职责范围内的纪律作风，进一步加强对干部职工的日常教育管理。纪检监察机关要强化监督执纪问责，对不担当、纪律松懈、作风懈怠等问题一寸不让、从严查处，进一步营造风清气正的社会风气。

中共 ×× 县纪律检查委员会（章）
×× 县监察委员会（章）
×××× 年 ×× 月 ×× 日

第四节　请　示

一、请示的概念、特点、分类

请示适用于向上级机关请求指示、批准时所使用的呈批性公文，是一种上行陈述性文种。请示必须事前行文且一文一事。请示具有针对性、单一性、时效性和呈批性的特点。根据内容、性质的不同，请示可以分为请求指示性请示、请求批准性请示和批转性请示。

二、请示的适用范围

请示作为报请性的上行文，应用范围十分广泛，总体来说适用于以下几种情形。

（1）下级机关遇到新情况、新问题，因无章可循而没有对策或没有把握，需要上级机关给以明确指示时。

（2）下级机关在处理较为重大的事件和问题时，因涉及必须慎重对待的有关方针、政策，或为防止工作失误而需要报请上级机关时。

（3）下级机关在工作中遇到问题，虽然有解决的办法，但由于职权、条件的限制，没有权力或没有能力实施这些办法，需要上级机关帮助解决时。

（4）下级机关对有关方针政策和上级机关发布的规定、指示有疑问，需要上级机关明确答复同意才能办理时。

（5）下级机关在较重要的问题上出现意见分歧，无法统一，需要上级机关裁决才能办理时。

（6）因情况特殊，遇到某些难以执行现行规定、有待上级重新指示才能办理的事项时。

（7）下级机关遇到上级领导、主管部门明确规定必须请示、批准才能办理的事项，或上级机关明文规定完成一项工作任务后，需要上级机关审核认定的事项时。

三、请示的结构

请示由标题、主送机关、正文、署名及成文时间构成。

1. 标题

请示的标题一般有两种形式：一种是由发文机关名称、事由、文种构成；另一种是由事由和文种构成。

2. 主送机关

请示的主送机关是指负责受理和答复该文件的机关。

3. 正文

正文由请示缘由、请示事项和结束语三部分组成。请示缘由是正文的重要内容，是请示事项能否成立的前提条件，也是上级机关批复的依据。主要是提出请求指示和批准事项的理由、背景或根据；请示事项是向上级机关提出的具体请求，必须阐述请求指示或批准的具体事项；结束语部分，习惯用语一般有“特此请示”“当否，请批示”“妥否，请批复”，或“请即批复为盼”等。

4. 署名及成文时间

标题未写明发文机关的，在结束语的右下方写上发文机关全称，并加盖公章，写明年、月、日；标题中已写有发文机关名称的，只需加盖公章。

四、请示写作的注意事项

标题中揭示事项的字数不宜过多，力求高度概括、鲜明、简洁；请示只能写一个主送机关，不能多头请示。主送机关的名称要顶格写。一般应逐级行文，不得越级行文；请示缘由的理由要充分，根据要可靠，要求简明扼要。这一部分的结尾常用“特请示如下”“请示如后”等启用语；请示事项的内容要写得具体、明确、简要、集中、条项清楚，以便上级有针对性地明确批复。提出的建议或意见要切实可行。结束语应另起一段。

【范例 1】请求指示的请示

××省财政厅关于企业库存涤棉布调整价格差额
大于国家流动资金部分能否增拨的请示

财政部工交司：

你部财企〔2001〕×号文《关于企业库存涤棉布调整价格差额的财务处理问题的意见》，我厅业已转发。据××、××等十多个地（市）反映，有些企业国家资金很少，库存涤棉布调整价格差额大于国家流动资金。超出国家流动资金的部分如何处理，能否增拨流动资金，请指示。

××省财政厅（章）
××××年××月××日

评析：这篇请示是在工作中遇到疑难问题而向上级请示的。标题由发文机关、请示事由和文种组成。主送机关是财政部工交司，符合请示只能写一个主送机关、不要多头主送的要求。正文由请示的缘由、请示的事项和结语三项内容组成。请示的缘由写得简明扼要，使人一目了然，请示事项写明自己的疑问，要求上级机关给予明确的指示，最后写上格式化的结语。全文观点清晰，语言简洁，格式规范。

【范例2】请求批准的请示

××县邮政局关于增设中兴街邮政营业所的请示
×县邮〔2002〕7号

××省邮政管理局：

为合理组织网点，扩大邮政服务，我局拟在中兴街设立邮政营业所一处。

中兴街地处我县西郊，驻街机关、工厂、学校较多，系单位和居民密集地带。但该处距县局约2公里，用户使用邮政很不方便。

为缓解当地用邮困难状况，我局近年来定期组织流动服务组到该处服务，但由于没有固定局房，生产和生活诸多不便。且自××××年省有关部门公布我县为开放旅游区以来，当地邮政业务量激增，流动服务组的方式已远远不能满足需要。为此，请核准增设中兴街邮政营业所。

附件：1. 中兴街位置图
　　　2. 拟建局房平面图

××县邮政局（章）
××××年××月××日

评析：这份请示内容严谨有序，语言简明通畅，是一篇充满说服力的请示佳作。凡“请求批准”的请示，发文机关的根本目的都在于说服上级，从而使有关要求获得批准。在实事求是的基础上，请示的拟制者应特别注意表述的条理性，以使请示内容体现出难以拒绝的说服力。

该请示以目的（为合理组织网点，扩大邮政服务）和想法（拟在中兴街设立邮政营业所一处）开笔，一个独立成段的长单句十分醒目而直接。这种写法，在请求批准的请示中经常用到。

为说服上级，获得批准，文中严谨有序地谈及了几点理由：首先，是中兴街的自然情况：系单位和居民密集地带，位置偏远，用邮不便。其次，是采用流动服务组方式的具体困难：“没有固定局房，生产和生活诸多不便”。这一条理由，实际上仅是一个过渡，就其本身而言，并不能对所提请求构成一个绝对性的支撑，突出开展邮政服务的主动性应该是其主要用意。再次，是“流动服务组的方式已远远不能满足需要”。这第三条理由完全排除了继续进行流动服务的可行性，因而，是具有相当分量的理由，这条理由的表述，使整个请示充满了不容拒绝的说服力。行文至此，再提出“请核准增设中兴街邮政营业所”的要求，可谓水到渠成，顺理成章。

第五节　函

一、函的概念

函，是不相隶属机关之间相互商洽工作、询问和答复问题，向有关主管部门请求批准等或答复审批事项所使用的公文文种。

二、函的适用范围

函作为公文中唯一的一种平行文种，其适用的范围相当广泛，不仅可以在平行机关之间使用，也可以在不相隶属机关（包括上级机关或者下级机关）之间使用。从内容上看，函的使用范围如下。

（1）用于不相隶属机关之间商洽工作、询问和答复问题。

（2）向有关主管部门请求批准事项。

（3）向上级机关询问具体事项。

（4）上级机关答复下级机关的询问或批准事项。

（5）上级机关催办下级机关有关事宜。

（6）上级机关对某件原发文件做较小的补充或更正。

三、函的特点与类型

1. 函的特点

（1）平等性和沟通性。函用于不相隶属机关之间商洽工作、询问和答复问题，这体现了平等沟通的关系，是其他上行文和下行文所不具备的特点。即使是向有关主管部门请求批准，在双方不是隶属关系的时候，也不能使用请示和批复，而只能用函，并且姿态、措辞、口气也跟请示和批复大不相同，要体现平等性和沟通性的特点。

（2）灵活性和广泛性。函对发文机关的资格要求很宽松，高层机关、基层单位、社会团体、企事业单位均可发函，内容和格式也比较灵活。

（3）单一性和实用性。函的内容必须单一，一份函只能写一个事项。函不需要在原则和意义上进行过多的阐述，应强调实用性。

2. 函的类型

函的分类方法很多。按照函所起的作用来划分，可分为以下五种。

（1）告知函。把某一事项、活动函告对方，或邀请对方参加会议等某种活动。这种函的作用和内容类似通知，只是由于双方不是上下级和业务指导关系，使用“通知”行文不妥，故应该用“函”。告知函应该明确告知某一事项、工作或活动所涉及的具体内容，如事项、工作或活动的名称、时间、地点与主题、相关人员范围以及其他需要告知的内容等。如果内容比较复杂，可分条列项予以说明，使受文者一目了然地获取信息。其结尾部分常用“特此函告”“特此告知”“专此函达”等专用语，或者用“竭诚欢迎您届时光临”“再次感谢贵公司一直以来对我公司的大力支持”等表达诚挚期盼、感谢或致意性的语句结束全文。

（2）商洽函。主要用于请求协助、支持、商洽解决办理某一问题，比如干部商调函、联系参观学习函、要求赔偿函等。商洽函的使用主体具有广泛性，适用于各种级别的行政机关、企事业单位和社会团体，因而其行文对象也具有广泛性，可以是各级行政机关、企事业单位或社会团体等。写作时主要应写清为什么提出商洽，即发函的原因。一般都以某些事实为理由，也有以贯彻上级文件或指示精神为理由的。较为简单的事情可不写缘由而直接提出具体内容，然后写清商洽的具体事项，特别是对受函者的要求。商洽函通常用“如你部（处、科）同意，请复函”“以上意见可否，望予复函”等作为结尾。

（3）询问函。主要用于询问某一事项、征求意见、催交货物等。询问函为去函，写作时要明确去函目的，即说明要求主送机关协办的事项或通报的信息，或要求解决的问题等。其结尾常用“盼复”“请予复函”等收尾。

（4）答复函。在答复不相隶属机关询问相关方针、政策等问题而不能用批复时使用。答复函与询问函合称为问答函，其中，答复函是询问函的复函，应回复发函机关提出的问题，如不能满足要求时，应加以解释。书写事项时，如事项单一，就单独列段；如事项复杂或要求较多，就需提行分段或分条列项书写。其结尾常用“此复”“特此专复”“特此函复”“专此函告”等收尾。

（5）请批函。向有关机关、部门请求批准时使用。如果是下级机关向上级机关请求批准，只能用请示，而不能用函。请批函首先应说明制发此函的缘由、根据、目的等，常用“现将有关情况说明如下”引入下文。其主体部分应说明请求对方批准的具体事项；结尾部分可再次向对方提出希望或请求，明确行文目的。请批函常用“以上事项，请予批准”“函复为盼”“请予批准为盼”等专用语结束。

四、函的结构和写法

函一般由四部分组成：标题、主送机关、正文和落款。

1. 标题

去函的标题一般与其他文种的写法一样。答复函应在标题中标出“复函”字样。

2. 主送机关

写明函的受文单位。

3. 正文

去函的正文包括两个部分，即叙述事项和说明希望、要求。复函的正文也包括两部分，即引述来函事项和做出表态、答复。复函的正文，首先要指出所针对的问函，如“贵公司×年×月×日《关于××××××××的函》（×××〔×××〕××号）收悉”；其次要写明答复的意见。

4. 落款

落款署在正文右下方。包括发文机关和成文时间来函、复函，都要写好落款。

函的结尾语，对下级一般用“为要”“是盼”等；对平级或不相隶属单位一般用“是荷”“为盼”等；需要回复的用“盼复”；答复对方的用“特此函复”“特此函达”等。

五、函写作的注意事项

内容单一，一函一事；行文郑重、严谨；因其对受文单位一般不具有强制约束力，所以语气要平缓、礼貌、诚恳；篇幅宜短小精悍，用语简练；复函要针对来函意图、要求给予明确、具体的答复，不可拐弯抹角、含糊暧昧。

【范文 1】

自然资源部办公厅关于做好 2019 年度绿色矿山网上信息填报的函
自然资办函〔2019〕1389 号

各省、自治区、直辖市自然资源主管部门，部信息中心：

为落实国务院“互联网 + 政务服务”有关要求，进一步提升绿色矿山信息化管理水平，促进互联互通，推动信息共享，向管理部门、矿山企业、社会公众提供优质、高效、便利的网上服务，依据《关于加快建设绿色矿山的实施意见》（国土资规〔2017〕4 号）和《关于做好 2019 年度绿色矿山遴选工作的通知》（自然资办函〔2019〕965 号），现正式启用全国绿色矿山名录管理信息系统，请组织做好网上信息填报工作。有关事项函告如下：

一、组织信息填报

全国绿色矿山名录管理信息系统（以下简称名录系统）可实现网上信息填报、审核提交、标识下载、信息查询等功能。各省级自然资源主管部门要深刻领会有关要求，结合遴选工作，加快工作部署，组织并指导相关矿山企业按照要求通过名录系统填报信息。

二、按时完成信息提交

各省级自然资源主管部门要做好对企业填报信息的审核，对符合填报要求的，上传第三方评估报告，形成审核意见书（需上传盖章版）后通过名录系统提交；对不符合要求的，及时退回，并指导企业重新填报。所有信息填报工作应于 2019 年 8 月 31 日前完成。

三、结果公告与查询

各地信息填报工作完成后，对符合相关标准要求的矿山企业，部将统一向社会进行公告，纳入全国绿色矿山名录，并在部门户网站及名录系统提供公众查询服务，接受社会监督。

四、做好技术支撑服务

各省级自然资源主管部门要高度重视绿色矿山信息化管理工作，安排专人负责，提升主动服务意识，确保信息填报工作有序开展。部信息中心要做好系统维护、问题解答、使用培训、数据管理等技术支撑工作。

五、其他事项（略）

联系人及电话：部矿保司　×××　×××-×××××××××

部信息中心　×××　×××-×××××××××

自然资源部办公厅（章）
2019 年 8 月 13 日

【范文 2】

国务院办公厅关于同意辽宁省承办 2028 年
第十五届全国冬季运动会的函

国办函〔2023〕107 号

体育总局、财政部：

你们《关于辽宁省承办第十五届全国冬季运动会的请示》（体竞字〔2023〕133 号）收

悉。经国务院领导同志批准，现函复如下：

一、同意辽宁省承办2028年第十五届全国冬季运动会。

二、体育总局、辽宁省人民政府要坚持以习近平新时代中国特色社会主义思想为指导，深入贯彻习近平总书记关于体育工作的重要讲话和指示批示精神、完整、准确，全面贯彻新发展理念，落实党中央、国务院有关规定，按照“简约、安全、精彩”的办赛要求，充分结合辽宁省经济社会发展实际，共同组织好2028年第十五届全国冬季运动会，为强国建设、民族复兴伟业贡献体育力量。

三、筹备和举办2028年第十五届全国冬季运动会的经费主要由辽宁省人民政府自筹，中央赋政给予一次性定额补助。中央财政定额补助资金主要用于运动会举办和场地维修等，场馆设施建设所需资金由辽宁省人民政府自行负担。

国务院办公厅（章）
2023年10月22日

（此件公开发布）

第十六章 日常文书写作

日常文书种类繁多，包括以下类别：

（1）书信类。普通书信、专用书信（感谢信、慰问信、介绍信、证明书、求职信、聘书、申请书、推荐信、检讨书、电报等）。

（2）条据类。便条、留言条、请假条、收条、领条、欠条、借条、代收条等。

（3）启事类。征婚、寻人、寻物、招生、招聘、征稿、征订、开业、迁址、租赁、脱离关系等。

（4）海报类。海报、喜报、捷报等。

（5）礼仪类。祝辞、贺辞、欢送辞、祝酒辞等。

（6）贺卡类。生日卡、节日卡等。

（7）吊丧类。讣告、悼词、唁电、墓碑文等。

（8）自述材料类。简历、自我鉴定、述职报告等。

（9）读书笔记类。摘录、提要、读后感、随笔、专题札记等。

由于社会在不断发展，新的事物、新的现象不断出现，日常文书的种类和形式也在不断变化。如手机短信、电子邮件正取代普通信件，成为21世纪人际交往的一种最常用手段。

由于时间的限制，也由于许多日常文书的大同小异，我们不可能将以上所有内容一一讲述，只是选取其中一些有代表性的，应用频率比较高的某些种类来加以简单介绍。

第一节 条据类文书

一、条据类文书的类型

1. 说明类条据

如便条、留言条、请假条。

2. 凭证类条据

如收条、领条、欠条、借条、代收条。

二、说明类条据

1. 说明类条据概述

主要告知对方某个信息，向对方说明某件事情。这类条据只起说明、告知的作用，不具备法律效力。它包括便条、留言条、请假条等。

2. 说明类条据的结构与写法

说明类条据由标题、称谓、正文、落款和日期构成。

（1）标题。请假条或留言条（正中间）。

（2）称谓。在标题下一行顶格写受文者姓名或称谓。

（3）正文。另起一行，空两格，写明所说明的事项。

（4）落款 + 日期。写在右下角。

【例文 1】

留言条

×× 兄：

长久不见，听闻尔身染疾。本拟前来问候，无奈事情繁忙，不能脱身，只得在此遥祝仁兄早日康复。

弟 ×× 上

×× 日

【例文 2】

请客便条

×× 兄：

本月 20 日是家母 50 岁生日，我们邀请了部分好友聚一聚，那天，无论如何，请你赏光。时间：20 日下午 6 点。

此致

台安！

弟 ×× 即日

【例文 3】

<table><tr><td>
请假条
×× 培训中心：
　　因我行于 5 月 10 日晚举行员工大会，任何人不得缺席，所以本人 5 月 10 日晚不能回校参加培训。特此请假，恳望批准！

　　此致
敬礼！

李刚
2016 年 5 月 8 日
</td></tr></table>

三、凭证类条据

1. 凭证类条据概述

作为证据、凭证，具有法律效力。

其种类有收条、领条、借条、欠条、代收条。

2. 凭证类条据的结构与写法

凭证类条据由标题、性质关系语、正文、尾语、落款和日期构成。

（1）标题。借条或欠条（正中间）。

（2）性质关系语。“今收到”“现收到”“代收到”。

（3）正文。另起一行，空两格，写明钱物名称、数量、归还日期。

（4）落款 + 日期。当事人姓名，写在右下角。

【例文 4】

<table><tr><td>
领条
　　今领到 ×× 商业局教育科《商业职工教育文件选编》伍拾本。

红旗旅社经办人：赵二妮
× 年 × 月 × 日
</td></tr></table>

【例文 5】

<table><tr><td>
欠条
　　×× 年 3 月份借到王立东人民币捌拾元整，今补欠条，作为凭证。

张红玉　（签名盖章）
× 年 × 月 × 日
</td></tr></table>

【例文6】

借条

今借到财务科人民币伍仟元整，作回家探亲用。日后按规定报销，多退少补。

特立此据！

借款人：李爱兵（签名盖章）

×年×月×日

【例文7】

收条

今收到兴隆乡兴隆沟村二组张×× 同志送来的土地承包合同资金叁仟元整。

××省农业科学研究所

经手人：张××（签名盖章）

××××年××月××日

四、条据类文书写作注意事项

条据是一种“保险”，而不是麻烦。

凭证性条据一般不加称谓。

凡是涉及财物的金额、数量等数据的条据，必须用规范格式书写大写汉字，前边不要留下空白。若是纸币，要写明币种，是否为现金，“元”字后面加“整”字。

凭证性条据必须用钢笔或签字笔书写，字迹要工整、清楚，不得涂改，若不慎写错，可另写一张或在涂改处盖章、按手印。

第二节　求职类文书

一、求职信的概念

求职信，又称自荐信。它是求职者向用人单位表达求职意愿和介绍自己实际才能，以达到求职目的的信件。一封好的求职信虽不能确保你获得一份职业，但一封差的求职信却会使你得不到面试的机会。为此，求职者花些时间准备求职信是一项有益投资。

二、求职信的格式和写法

求职信从形式上看属于书信的一种，自然要遵守书信的一般格式，诸如要重视开头的称呼、结尾的祝颂语及落款等，但它又不完全等同于书信，有其特定的内容。

1. 标题

可以直接用“自荐信”“自荐书”“求职信”作标题，也可以根据需要自拟一个简明精要、引人注目的标题。

2. 称谓

要在第一行顶格写收信人的称呼，应视不同对象，即根据收信人的身份、地位给予恰当的称谓。称呼后边加冒号。

3. 正文

正文是求职信的主体部分，须另起一行空两格写。一般包括以下内容。

（1）开头。要阐明写信的缘由、目的。开头尽量巧妙、别致，以引起对方注意，并诱发其阅读的兴趣。重点是写清求职者的基本情况和自荐要求，即简介个人的基本情况及自身的思想、业务素质条件；简介求职的具体目标。

（2）结尾。要写出求职的心情和愿望，也可以写录用后的打算和决心，并请用人单位尽快答复。所写文字应热情、诚恳。

4. 祝颂语

一般用“此致敬礼”即可。如有必要，也可根据时间或事由酌情选择。祝颂得体，会使对方感到求职者个人很有修养。一般可用“敬颂……”“顺颂……”，如对女士、小姐，可颂“玉安”“坤安”；对国营、集体单位的领导，可颂“大安”“钧安”。另外，也可按季节颂祝“春祺”“秋祺”等。

5. 落款

写求职者的姓名、成文时间。在落款后面注明通信地址和联系方式，以备用人单位日后联系。

6. 附件

证明求职信内容的相关佐证材料，如个人简历、学习成绩单、获奖证书复印件、学历证书复印件、各类技能证书复印件（扫描件）等。

求职者应在广泛搜集招聘信息的前提下，选取自己适合的职业，以加强求职信内容的针对性和目的性；从所求单位和职业的性质、特点出发，突出自己的专长；语言表述要简洁明快，态度要谦和、诚恳，实话实说，适度得体，切不可自吹自擂。

求职信一般应用电脑打印，并注意版式要美观大方。

【求职信模板】

求职信

尊敬的 ×× 人力资源部部长：

您好！

很荣幸您能在百忙之中阅读我的求职信，首先表示感谢！

我是 ×××，男，×× 岁，是 ×× 大学 ×× 学院 ×× 专业的应届本科毕业生。贵公司是国际知名企业，公司的发展……（有针对性地评价），我对贵公司慕名已久，自我从学校就业指导中心网站看到贵单位的招聘启事，备受鼓舞，我渴望能成为贵公司的一员，为贵公司服务。

我应聘的职位是 ××。在大学四年的学习中，我注重品德修养，严格要求自己，在培养自身专业技能的同时，注重自身综合素质的提升。

在专业学习上，我认真学习专业知识，学习成绩名列专业第 ×，曾获得 ××× 奖学金，同时，我对文学、管理等方面也很感兴趣，阅读了大量的 ×× 方面的书籍……

在实践能力和专业技能方面，我积极参加社会实践活动和学生课外学术科研活动。比如，× 年我成功申请了全国大学生创新创业训练项目，项目名称是……从这个项目中，我学到了……我参加 ×× 社会实践队……在专业实习方面，我 ××（时间）到 ×× 公司进行实习……

在校园活动中，我担任 ×× 社团的学生干部，组织了……活动。学生课外活动锻炼了自身的管理、组织和协调能力。

如被贵公司录用，我相信，在公司的指导和培养下，我一定会做好工作，与公司一同进步。

望贵公司给予我宝贵的面试机会，谨候回音。

此致

敬礼

求职者：×××

× 年 × 月 × 日

联系地址：× 大学 × 学院 × 专业 × 班，邮编：××××××

联系方式：139××××××××，××××××@×××.com

附件：1. 求职简历 1 份

2. 获奖证书、英语等级证书、成绩单的扫描件各 1 份

第三节　启事类文书

一、启事的概念

启事是党政机关、企事业单位、团体或个人，需要向公众说明某事或希望公众协助办理某事时使用的一种事务文书，通常可以粘贴在公共场所或刊登在报纸杂志上，也可以通过广播和电视媒介传播。

“启事”与“启示”是两个完全不同的概念，二者不能通用。“启事”是为了公开声明某事而登在相关媒体上的文字。这里的“启”是“说明”的意思，“事”就是指被说明的事情。而“启示”的“启”，则是“开导”的意思，“示”是把事物摆出来或指出来从而让人知道，因此“启示”是指启发指示，开导思考，使人有所领悟。可见，“启事”和“启示”

的含义截然不同。无论是“征文启事”，还是“招聘启事”，都只能用“事”字，而不能用“示”字。

二、启事的种类

启事的种类很多，根据所启事的事项不同，可以将启事分为寻遗、征招、告知和声明四类。

1. 寻遗类启事

这类启事是为了求得公众的响应和协助，如寻人启事、寻物启事、招领启事等。寻遗类启事一般需要写明三个方面的内容：一是遗失（走失）的时间、地点和原因；二是寻找对象的准确特征，如寻人启事就需要写明姓名、性别、年龄、身高、体重、相貌、衣着、口音等，寻物启事则需要写明数量、形状、质地、颜色、特殊标记等；三是联系方式及酬谢事宜。

2. 征招类启事

这类启事是为了求得公众的配合与协作，主要包括征稿、征订、征集设计启事与招生、招聘启事等。其中，征稿、征订、征集设计启事应当明确写出征集目的、相关背景、内容要求、体裁限定、字数、截止日期、投寄地址、奖励办法和注意事项等；招生、招聘启事则应当写明数量、工种（或专业）、具备条件、考核和录用办法、报名事项及待遇等。

3. 告知类启事

这类启事是为了开展工作和业务而把某些事项公之于众，以便让公众知晓，如开业启事、迁址启事、变更启事等。周知类启事只需要将开业、迁址、变更、婚庆等相关内容准确表述出来，让受众能够明白具体的情况就行。

4. 声明类启事

这类启事是为了完成法律程序，启事事项经公开声明、登报后，启事人对其引起的事端不再承担法律责任，如遗失启事、更正启事和其他声明启事等。声明类启事的写作应当严谨，应将需要声明的情况完整且正确地表述出来，让受众完全了解具体的情况。

三、启事的特点

启事的类型启事具有公开性、广泛性、求应性、自主性和简明性等特点。

1. 公开性

启事主要用于向社会各界公开陈述或说明某些事项，目的在于吸引公众参加。

2. 广泛性

启事形式多样，可广泛用于招生、招聘、开业、庆典、单位成立、商标的使用与更换等各种事宜。

3. 求应性

启事不同于只是向社会“告知”的声明，它还要求通过告知得到社会上广泛的回应，以解决某件事务。

4. 自主性

指的是启事的对象参与与否具有自主性。由于启事不具有法令性和政策性，更不具有强制性和约束力，所以启事的对象可以选择参与或不参与。

5. 简明性

启事常借助广播、电视、报纸、期刊等新闻媒介进行传播，如果内容过多，受众就会缺乏了解的耐心，因此启事的内容一般简洁明确，篇幅短小。

四、启事的格式和写法

启事通常由标题、正文、结尾三部分组成。

1. 标题

用文种作标题；用内容作标题；内容和“启事”组成标题；启事者和内容组成标题；启事者、内容和“启事”组成标题。

2. 正文

启事的正文有多种写法，如：一段式写法，启事内容简单的通常一段成文；分段式写法，启事内容稍为丰富的通常分几个段落成文；标题式写法；条款式写法等。

3. 结尾

启事的结尾一般包括联系地址、电话、联系人姓名或者签署启事者的姓名、签署时间等。

五、启事的写作要求

（1）内容要简而明。

（2）用语讲求礼貌。

【范文 1】

招聘启事

×× 公司成立于 2000 年，主营房地产开发与经营、物业管理、建材购销、房地产咨询等业务，因公司业务发展需要，现面向社会诚聘销售管理人员。愿您的加入给我们带来新的活力，我们也将为您提供广阔的发展空间！

一、招聘要求：正规本科以上学历，工作认真扎实，具有较强的沟通协调能力和团队协作意识，有责任心；专业、男女均不限，学生会或班干部优先录取。

二、招聘人数：4～5 人。

三、招聘岗位：销售管理人员。

四、主要职责：销售案场管理，联系房管局和银行，给客户办理按揭贷款，签订购房合同，办理房产证等业务。

五、工资待遇：试用期基本工资 2000 元 / 月，试用期 3～6 个月。试用期满考核合格，缴纳三险一金，实行基本工资加奖金的薪酬制度。

六、报名方式：打电话报名登记，发送邮件投寄简历或直接到 ××× 销售部报名，并按报名顺序统一组织面试，可登录 ×× 网或 ×× 大学网查询招聘信息。

七、报名日期：截止到 2017 年 10 月 11 日。

联系人：××××

联系电话：××××-××××××

面试日期：2017 年 10 月 18 日上午 9 点（请带毕业证或学生证，近期一寸免冠照片 1 张，简历 1 份参加面试）

面试地点：×× 销售部（×× 路和 ×× 路交界口，×× 店对过）

×× 公司

2017 年 10 月 5 日

【范文 2】

招生启事

一、招生对象与条件

1. 具有一定文化艺术素养，了解书法、绘画的基本知识。

2. 身体健康，热爱书画艺术，年龄 18 岁以上。

二、学习内容

书法，包括楷书、行书、草书、篆书等；绘画，包括山水、花鸟、人物等。

三、教学方法

邀请著名书画家授课，针对学员书画基础、技法之共性问题集中讲授，个别问题重点点评，使学员在书画艺术理论、实践上有提高、有突破、有创新。

×× 月 ×× 日至 ×× 月 ×× 日开班，每周六上午 8:30—11:30，周日 15:30—18:30 在 ×× 会议室授课。

四、奖励办法

培训结束时，每人提交结业作品，经院专家组评审后颁发结业证书，优秀作品可优先在 ×× 报和 ×× 杂志发表，学习优秀者可优先聘为 ×× 书画院会员。

五、收费标准

每学期两个月，每月学费 400 元。

六、报名方法

持本人有效身份证件即可报名，同时交两张 2 寸免冠近照。

报名地址一：×× 市 ×× 路 ×× 号

电话：××××××××

联系人：×××

报名地址二：×× 路与 ×× 路交叉口向北 20 米路东，×× 城二楼

电话：××××××××

联系人：×××

×× 书画院

×××× 年 ×× 月 ×× 日

第四节　演说类文书

一、演讲稿和演讲

1. 演讲稿

演讲稿也叫演讲词，它是在较为隆重的仪式上和某些公众场合发表的讲话文稿。演讲稿是进行演讲的依据，是对演讲内容和形式的规范和提示，它体现着演讲的目的和手段。演讲稿是人们在工作和社会生活中经常使用的一种文体。它可以用来交流思想、感情，表达主张、见解；也可以用来介绍自己的学习、工作情况和经验等等；演讲稿具有宣传、鼓动、教育和欣赏等作用，它可以把演讲者的观点、主张与思想感情传达给听众以及读者，使他们信服并在思想感情上产生共鸣。

演讲稿像议论文一样论点鲜明、逻辑性强、富有特点，但它又不是一般的议论文。它是一种带有宣传性和鼓动性的应用文体，经常使用各种修辞手法和艺术手法，具有较强的感染力。

演讲未必都使用演讲稿，不少著名的演讲都是即兴之作，由别人经过记录流传开来。但重要的演讲最好还是事先准备好演讲稿，因为演讲稿至少有两个方面的作用：其一，通过对思路的精心梳理，对材料的精心组织，使演讲内容更加深刻和富有条理。其二，可帮助演讲者消除临场紧张、恐惧的心理，增强演讲者的自信心。

2. 演讲

演讲又称演说、讲演，是指一个人在较为隆重的仪式上和某些公众场所运用有声语言和态势语言就某些问题、某件事件向听众发表意见、讲述见解、讲明事理、宣传主张、抒发感情的信息交流活动。

首先，演讲是演讲者就人们普遍关注的某种有意义的事物或问题，通过口头语言面对一定场合的听众，直接发表意见的一种社会活动。

其次，严格地讲，演讲是演讲者与听众、听众与听众的三角信息交流，演讲者不能以传达自己的思想和情感、情绪为满足，他必须能控制住自己与听众、听众与听众情绪的应和与交流。

二、演讲稿的主要特点

第一，针对性。演讲是一种社会活动，是用于公众场合的宣传形式。它为了以思想、感情、事例和理论来晓喻听众，打动听众，“征服”群众，必须要有现实的针对性。所谓针对性，首先是作者提出的问题是听众所关心的问题，评论和论辩要有雄辩的逻辑力量，要能为听众所接受并心悦诚服，这样，才能起到应有的社会效果；其次是要懂得听众有不同的对象和不同的层次，而“公众场合”也有不同的类型，如党团集会、专业性会议、服务性俱乐部、学校、社会团体、宗教团体、各类竞赛场合，写作时要根据不同场合和不同对象，为听众设计不同的演讲内容。

第二，可讲性。演讲的本质在于“讲”，而不在于“演”，它以“讲”为主、以“演”为辅。由于演讲要诉诸口头，拟稿时必须以易说能讲为前提。如果说，有些文章和作品主要通过阅读欣赏，领略其中的意义和情味，那么，演讲稿的要求则是“上口入耳”。一篇好的演讲稿对演讲者来说要可讲，对听讲者来说应好听。因此，演讲稿写成之后，作者最好能通过试讲或默念加以检查，凡是讲不顺口或听不清楚之处（如句子过长），均应修改与调整。

第三，鼓动性。演讲是一门艺术。好的演讲自有一种激发听众情绪、赢得好感的鼓动性。要做到这一点，首先要依靠演讲稿思想内容的丰富、深刻，见解精辟，有独到之处，发人深思，语言表达要形象、生动，富有感染力。如果演讲稿写得平淡无味，毫无新意，即使在现场“演”得再卖力，效果也不会好，甚至相反。

第四，整体性。演讲稿并不能独立地完成演讲任务，它只是演讲的一个文字依据，是整个演讲活动的一个组成部分。演讲主体、听众对象、特定的时空条件，共同构成了演讲活动的整体。撰写演讲稿时，不能将它从整体中剥离出来。为此，演讲稿的撰写要注意以下几个方面。

首先，要根据听众的文化层次、工作性质、生存环境、品位修养、爱好愿望来确立选题，选择表达方式，以便更好地沟通。

其次，演讲稿不仅要充分体现演讲者独到、深刻的观点和见解，而且还要对声调的高低、语速的快慢、体态语的运用进行设计并加以注释，以达到最佳的传播效果。

最后，还要考虑演讲的时间、空间、现场氛围等因素，以强化演讲的现场效果。

第五，口语性。口语性是演讲稿区别于其他书面表达文章和会议文书的重要方面。书面性文章无须多说，其他会议文书如大会工作报告、领导讲话稿等，并不太讲究口语性，虽然由某一领导在台上宣读，但听众手中一般也有一份印制好的讲稿，一边听讲一边阅读，不会有什么听不明白的地方。演讲稿就不同了，它有较多的即兴发挥，不可能事先印好讲稿发给听众。为此，演讲稿必须讲究“上口”和“入耳”。所谓上口，就是讲起来通达流利。所谓入耳，就是听起来非常顺畅，没有什么语言障碍，不会发生曲解。具体要做到：

（1）把长句改成适听的短句。

（2）把倒装句改为常规句。

（3）把听不明白的文言词语、成语加以改换或删去。

（4）把单音节词换成双音节词。

（5）把生僻的词换成常用的词。

（6）把容易误听的词换成不易误听的词。

这样，才能保证讲起来朗朗上口，听起来清楚明白。

第六，临场性。演讲活动是演讲者与听众面对面的一种交流和沟通。听众会对演讲内容及时做出反应：或表示赞同，或表示反对，或饶有兴趣，或无动于衷。演讲者对听众的各种反应不能置之不理，因此，写演讲稿时，要充分考虑它的临场性，在保证内容完整的前提下，要注意留有伸缩的余地。要充分考虑到演讲时可能出现的种种问题，以及应付各种情况的对策。总之，演讲稿要具有弹性，要体现出必要的控场技巧。

三、演讲稿的主要功能

第一，“使人知”演讲。这是一种以传达信息、阐明事理为主要功能的演讲。它的目的在于使人知道、明白。如美学家朱光潜的演讲《谈作文》，讲了作文前的准备、文章体裁、构思、选材等，使听众明白了作文的基本知识。它的特点是知识性强，语言准确。

第二，“使人信”演讲。这种演讲的主要目的是使人信赖、相信。它从“使人知”演讲发展而来。如恽代英的演讲《怎样才是好人》，不仅告知人们哪些人不是好人，也提出了三条衡量好人的标准，通过一系列的道理论述，改变了人们以往的旧观念。它的特点是观点独到、正确，论据翔实、确凿，论证合理、严密。

第三，“使人激”演讲。这种演讲意在使听众激动起来，在思想感情上与你产生共鸣，从而欢呼、雀跃。如美国黑人运动领袖马丁·路德·金的《我有一个梦想》，用他的几个“梦想”激发广大的黑人听众的自尊感、自强感，激励他们为“生而平等”而奋斗。

第四，“使人动”演讲。这比“使人激”演讲进了一步，它可使听众产生一种欲与演讲者一起行动的想法。法国前总统戴高乐第二次世界大战期间在英国伦敦作的演讲《告法国人民书》，号召法国人民行动起来，投身反法西斯的行列。它的特点是鼓动性强，多以号召、呼吁式的语言结尾。

第五，“使人乐”演讲。这是一种以活跃气氛、调节情绪，使人快乐为主要功能的演讲，多以笑话或调侃为材料，一般常出现在喜庆的场合。这种演讲的事例很多，人们大都能听到。它的特点是材料幽默，语言诙谐。

四、演讲稿的种类

（一）按照体裁分

1. 叙述式

向听众陈述自己的思想、经历、事迹，转述自己看到、听到的他人的事迹或事件时使用的形式。叙述当中，也可夹用议论和抒情。

2. 议论式

即摆事实、讲道理，既有事实材料，又有逻辑推断，立场坚定，旗帜鲜明。

3. 说明式

对听众说明事理，通过解说某个道理或某一问题来达到树立观点的目的。

（二）按照内容分

1. 政治演讲稿

政治演讲稿，是指政治家或代表某一权力机构的要员阐述政治主张和见解的演讲稿。各级领导的施政演说、新当选的领导人的就职演说、政治家的竞选演说等等，都属于这一类型。著名的范例有林肯的《葛底斯堡演讲》《丘吉尔在美国度圣诞节的即兴演讲》以及马丁·路德·金的《我有一个梦想》等。

政治类演讲稿有三大特点：

（1）话题的政治性。这类演讲涉及的往往是重大的政治问题，关系到国家、政党、民族以及改革、和平与进步等。演讲者要表明自己的政治倾向，宣传自己的政治观点，力求正确把握历史的发展方向。

（2）内容的鼓动性。这类演讲是为一定的政治目的服务的，通过演讲让听众了解施政纲领或政治观点，从而获得理解和支持，这是最基本的演讲目的。因此，这类演讲都要具备强烈的鼓动性、感召力和说服力。

（3）严谨的逻辑性。政治类演讲稿在提出问题、分析问题、解决问题的过程中，要显示出无懈可击的逻辑力量，只有这样才能使听众口服心服，才能赢得听众的理解和支持。

2. 学术演讲稿

学术演讲稿是传播、交流科学知识、学术见解及研究成果的演讲文稿。随着科学事业的发展，建设的需要，国内外学术交流活动的日益增多，学术演讲或学术报告的活动也越来越多。不仅专业科学技术工作者要参加各种各样的学术活动，进行学术演讲，一些机关、企事业单位的领导也要经常参加学术类的活动，因此，学术演讲稿具有下列特点：

（1）学术性。所谓学术性，首先是指讨论的问题是科学性的，而不是社会性的。其次是对某一学科领域中的现象或问题的系统剖析和阐述，能够揭示事物的本质及发展的客观规律。

（2）创造性。所谓创造性，就是对科学问题有独特的发现和独到的见解。要在前人研究的基础上有所前进，而不是原地踏步。因此，学术类演讲不能泛泛地讲一般的知识，而要有自己的新材料、新方法、新见解。

（3）通俗性。学术演讲具有很强的专业性，它要涉及许多有关复杂抽象的科学道理和不易被一般人所理解的专业术语，这样就给听众对演讲的内容的理解造成了一定的困难。另外，演讲这种口头传播方式稍纵即逝，不能像阅读文章那样反复咀嚼，否则会影响传播的效果。为此，撰稿时要对某些专业知识进行必要的注解，要把抽象深奥的科学道理表达得深入浅出、通俗易懂。

3. 思想教育类演讲稿

思想教育类演讲稿是针对现实生活中人们的思想动态、思想倾向和思想问题，以真切的事实、有力的论证、充盈的感情来讴歌真善美、鞭挞假恶丑，引导听众树立正确的人生观、世界观，激励听众为崇高的理想、事业而奋斗。这类演讲稿适用于演讲比赛、主题演讲会、巡回报告等。

思想教育类的演讲稿有以下特点：

（1）时代性。思想教育类的演讲稿所涉及的内容大都是现实生活中比较突出的问题，都具有浓郁的时代气息。撰写这类演讲稿时，要把握时代精神，如实宣传现实生活中的新人、新事、新思想、新风尚。

（2）劝导性。思想教育类演讲稿的目的是劝说、引导、警示，让人们在人生的道路上走好每一步。为此，演讲者要站在特定的立场上，通过大量翔实的材料，具体生动地阐明自己的观点，使听众在不自觉中受到感染，并引起思想上的共鸣。

（3）生动性。思想教育类演讲稿并不是用抽象的说教方式把自己的观点强加于人，而是运用具体生动的事例和形象直观的表达，去打动听众，使之自觉自愿地接受演讲者的观点。

4. 课堂演讲稿

可分为两种：一是教师在传授知识时使用的；二是学生为培养自己演讲能力写的。这两种演讲稿的写作有共同的要求：明确的目的性、严格的时限性、内容的充实性、语言的简明性。

五、演讲稿的结构与写法

演讲稿的结构分开头、主体、结尾三个部分，其结构原则与一般文章的结构原则大致一样。

1. 开头

演讲的开头，也叫开场白。它在演讲稿的结构中处于显要的地位，具有特殊的作用。演讲稿的开头，通常有以下几种：

（1）开门见山，揭示主题。一般政治性的或者学术性的演讲稿都是开门见山，直接揭示演讲的中心。比如宋庆龄《在接受加拿大维多利亚大学荣誉法学博士学位仪式上的讲话》的开头："我为接受加拿大维多利亚大学荣誉法学博士学位感到荣幸。"

运用这种方法，必须先明确把握演讲的中心，把要向听众揭示的论点摆出来，使听众一听就知道讲的中心是什么，注意力马上集中起来。但这种方法容易显得过于平淡、冷静，很难吸引人。

（2）说明情况，介绍背景。比如恩格斯《在马克思墓前的讲话》的开头："三月十四日下午两点三刻，当代最伟大的思想家停止思想了……——但已经永远地睡着了。"

这个开头对事情发生的时间、地点、人物作出了必要的说明，为进一步向听众揭示论题作准备。运用这种方法开头，一定要从演讲的中心论点出发，不能信口开河，离题万里，更要防止套话、空话，败坏听者的胃口。

（3）提出问题，引起关注。写演讲稿的开头，可根据听众的特点和演讲的内容，提出一些激发听众思考的问题，以引起听众的兴趣。这种问题应该新颖、独特，确实能促使听众去思考。

（4）引用警句，引出下文。引用内涵深刻、发人深省的警句，引出下面的内容来。如一个大学生的演讲稿，标题叫《我的思考与奋起》，开头就很精彩："一个人如果一辈子都不曾混乱过，那么他从来就没有思考过。"

2. 主体

演讲稿的主体，要层层展开，步步推向高潮。所谓高潮，即演讲中最精彩、最激动人心的段落。在主体部分的行文上，要在理论上一步步说服听众，在内容上一步步吸引听众，在感情上一步步感染听众。要精心安排结构层次，层层深入，环环相扣，水到渠成地推向高潮。

主体部分展开的方式有以下三种：

（1）并列式。并列式就是围绕演讲稿的中心论点，从不同角度、不同侧面进行表现，其结构形态呈放射状四面展开，宛若车轮之轴与其辐条。而每一侧面都直接面向中心论点，证明中心论点。

（2）递进式。即从表面、浅层入手，采取步步深入、层层推进的方法，最终揭示深刻的主题，犹如层层剥笋。用这种方法来安排演讲稿的结构层次，能使事物得到由表及里的深入阐述和证明。

（3）并列递进结合式。这种结构，或是在并列中包含递进，或是在递进中包含并列。一些纵横捭阖、气势雄伟的演讲稿常采用这种方式。

演讲稿主体内容的安排，应注意以下几个问题：

（1）确定结构形式。演讲稿的形式比较活泼，或旁征博引、剖析事理，或引经据典、挥洒自如，或层层深入、就事论事。结构形式不管怎么样变化，都要求内容突出、问题说透、推理严密、层次清晰、情理交融。

（2）认真组织好材料。演讲稿的理论依据和事实论据的组织安排要适当。首先必须保证例证的真实性、典型性。演讲稿不能太长，一般30分钟左右最好。内容要求言简意赅、起到画龙点睛的作用。

（3）构筑演讲高潮。一个成功的演讲，不可能没有高潮。要体现三个特点：一是思想深刻、态度明确，最集中体现演讲者的思想观点。二是感情强烈，演讲者的爱恶、喜怒在这里得到尽情宣泄。三是语句精练。

如何构筑演讲高潮呢？

首先要注重思想感情的升华。必须对某个问题有较为深刻全面的分析、论证，演讲者的思想倾向要逐渐明朗，听众也能逐渐领会演讲者的思想观点，并有可能与演讲者的思想感情产生共鸣，从而构筑高潮。

其次要注意语言的锤炼。使用排比、反问等句式增加气势，也可借助名言警句把思想揭示得更深刻。

3. 结尾

结尾时演讲内容的自然结尾，是演讲稿的有机组成部分。结尾给听众的印象，往往将代表整个演讲给听众的印象。言简意赅、余音绕梁，能够使听众精神振奋，并促使听众不断思考和回味。

写结尾时常犯的毛病就是要么草草收兵，要么画蛇添足，要么就是套用陈词滥调，更有些人在本来已经讲完后，又唠叨几句“我讲得不好，请大家批评指正”之类的话，势必让人反感。演讲稿的结尾没有固定的格式，或对整个演讲全文要点进行简单小结，或以号召性、鼓动性的话收尾，或者以诗文名言以及幽默俏皮的话结尾。但一般原则是要给听众留下深刻的印象。

结尾的结构有引导式、希望式、感慨式和抒情式。

六、演讲稿的写作要求

（1）演讲，首先要了解听众，注意听众的组成，了解他们的性格、年龄、受教育程度、出生地，分析他们的观点、态度、希望和要求。掌握这些以后，就可以决定采取什么方式来吸引听众，说服听众，取得好的效果。

（2）一篇演讲稿要有一个集中、鲜明的主题。无中心、无主次、杂乱无章的演讲是没有人愿听的。一篇演讲稿只能有一个中心，全篇内容都必须紧紧围绕着这个中心去铺陈，这样才能给听众留下深刻的印象。

（3）好的演讲稿，应该既有热情的鼓动，又有冷静的分析，要把抒情和说理有机地结合起来，做到动之以情，晓之以理。

（4）演讲稿的语言要求做到准确、精练、生动形象、通俗易懂，不能讲假话、大话、空话，也不能讲过于抽象的话。要多用比喻，多用口语化的语言，深入浅出，把抽象的道理具体化，把概念的东西形象化，让听众听得入耳、听得明白。

附录　党政机关公文处理工作条例

第一章　总　　则

第一条　为了适应中国共产党机关和国家行政机关（以下简称党政机关）工作需要，推进党政机关公文处理工作科学化、制度化、规范化，制定本条例。

第二条　本条例适用于各级党政机关公文处理工作。

第三条　党政机关公文是党政机关实施领导、履行职能、处理公务的具有特定效力和规范体式的文书，是传达贯彻党和国家的方针政策，公布法规和规章，指导、布置和商洽工作，请示和答复问题，报告、通报和交流情况等的重要工具。

第四条　公文处理工作是指公文拟制、办理、管理等一系列相互关联、衔接有序的工作。

第五条　公文处理工作应当坚持实事求是、准确规范、精简高效、安全保密的原则。

第六条　各级党政机关应当高度重视公文处理工作，加强组织领导，强化队伍建设，设立文秘部门或者由专人负责公文处理工作。

第七条　各级党政机关办公厅（室）主管本机关的公文处理工作，并对下级机关的公文处理工作进行业务指导和督促检查。

第二章　公文种类

第八条　公文种类主要有：

（一）决议。适用于会议讨论通过的重大决策事项。

（二）决定。适用于对重要事项作出决策和部署、奖惩有关单位和人员、变更或者撤销下级机关不适当的决定事项。

（三）命令（令）。适用于公布行政法规和规章、宣布施行重大强制性措施、批准授予和晋升衔级、嘉奖有关单位和人员。

（四）公报。适用于公布重要决定或者重大事项。

（五）公告。适用于向国内外宣布重要事项或者法定事项。

（六）通告。适用于在一定范围内公布应当遵守或者周知的事项。

（七）意见。适用于对重要问题提出见解和处理办法。

（八）通知。适用于发布、传达要求下级机关执行和有关单位周知或者执行的事项，批转、转发公文。

（九）通报。适用于表彰先进、批评错误、传达重要精神和告知重要情况。

（十）报告。适用于向上级机关汇报工作、反映情况，回复上级机关的询问。

（十一）请示。适用于向上级机关请求指示、批准。

（十二）批复。适用于答复下级机关请示事项。

（十三）议案。适用于各级人民政府按照法律程序向同级人民代表大会或者人民代表大会常务委员会提请审议事项。

（十四）函。适用于不相隶属机关之间商洽工作、询问和答复问题、请求批准和答复审批事项。

（十五）纪要。适用于记载会议主要情况和议定事项。

第三章　公文格式

第九条　公文一般由份号、密级和保密期限、紧急程度、发文机关标志、发文字号、签发人、标题、主送机关、正文、附件说明、发文机关署名、成文日期、印章、附注、附件、抄送机关、印发机关和印发日期、页码等组成。

（一）份号。公文印制份数的顺序号。涉密公文应当标注份号。

（二）密级和保密期限。公文的秘密等级和保密的期限。涉密公文应当根据涉密程度分别标注“绝密”“机密”“秘密”和保密期限。

（三）紧急程度。公文送达和办理的时限要求。根据紧急程度，紧急公文应当分别标注“特急”“加急”，电报应当分别标注“特提”“特急”“加急”“平急”。

（四）发文机关标志。由发文机关全称或者规范化简称加“文件”二字组成，也可以使用发文机关全称或者规范化简称。联合行文时，发文机关标志可以并用联合发文机关名称，也可以单独用主办机关名称。

（五）发文字号。由发文机关代字、年份、发文顺序号组成。联合行文时，使用主办机关的发文字号。

（六）签发人。上行文应当标注签发人姓名。

（七）标题。由发文机关名称、事由和文种组成。

（八）主送机关。公文的主要受理机关，应当使用机关全称、规范化简称或者同类型机关统称。

（九）正文。公文的主体，用来表述公文的内容。

（十）附件说明。公文附件的顺序号和名称。

（十一）发文机关署名。署发文机关全称或者规范化简称。

（十二）成文日期。署会议通过或者发文机关负责人签发的日期。联合行文时，署最后签发机关负责人签发的日期。

（十三）印章。公文中有发文机关署名的，应当加盖发文机关印章，并与署名机关相符。

有特定发文机关标志的普发性公文和电报可以不加盖印章。

（十四）附注。公文印发传达范围等需要说明的事项。

（十五）附件。公文正文的说明、补充或者参考资料。

（十六）抄送机关。除主送机关外需要执行或者知晓公文内容的其他机关，应当使用机关全称、规范化简称或者同类型机关统称。

（十七）印发机关和印发日期。公文的送印机关和送印日期。

（十八）页码。公文页数顺序号。

第十条 公文的版式按照《党政机关公文格式》国家标准执行。

第十一条 公文使用的汉字、数字、外文字符、计量单位和标点符号等，按照有关国家标准和规定执行。民族自治地方的公文，可以并用汉字和当地通用的少数民族文字。

第十二条 公文用纸幅面采用国际标准 A4 型。特殊形式的公文用纸幅面，根据实际需要确定。

第四章　行文规则

第十三条 行文应当确有必要，讲求实效，注重针对性和可操作性。

第十四条 行文关系根据隶属关系和职权范围确定。一般不得越级行文，特殊情况需要越级行文的，应当同时抄送被越过的机关。

第十五条 向上级机关行文，应当遵循以下规则：

（一）原则上主送一个上级机关，根据需要同时抄送相关上级机关和同级机关，不抄送下级机关。

（二）党委、政府的部门向上级主管部门请示、报告重大事项，应当经本级党委、政府同意或者授权；属于部门职权范围内的事项应当直接报送上级主管部门。

（三）下级机关的请示事项，如需以本机关名义向上级机关请示，应当提出倾向性意见后上报，不得原文转报上级机关。

（四）请示应当一文一事。不得在报告等非请示性公文中夹带请示事项。

（五）除上级机关负责人直接交办事项外，不得以本机关名义向上级机关负责人报送公文，不得以本机关负责人名义向上级机关报送公文。

（六）受双重领导的机关向一个上级机关行文，必要时抄送另一个上级机关。

第十六条 向下级机关行文，应当遵循以下规则：

（一）主送受理机关，根据需要抄送相关机关。重要行文应当同时抄送发文机关的直接上级机关。

（二）党委、政府的办公厅（室）根据本级党委、政府授权，可以向下级党委、政府行文，其他部门和单位不得向下级党委、政府发布指令性公文或者在公文中向下级党委、政府提出指令性要求。需经政府审批的具体事项，经政府同意后可以由政府职能部门行文，文中须注明已经政府同意。

（三）党委、政府的部门在各自职权范围内可以向下级党委、政府的相关部门行文。

（四）涉及多个部门职权范围内的事务，部门之间未协商一致的，不得向下行文；擅自行文的，上级机关应当责令其纠正或者撤销。

（五）上级机关向受双重领导的下级机关行文，必要时抄送该下级机关的另一个上级机关。

第十七条　同级党政机关、党政机关与其他同级机关必要时可以联合行文。属于党委、政府各自职权范围内的工作，不得联合行文。

党委、政府的部门依据职权可以相互行文。

部门内设机构除办公厅（室）外不得对外正式行文。

第五章　公文拟制

第十八条　公文拟制包括公文的起草、审核、签发等程序。

第十九条　公文起草应当做到：

（一）符合党的理论路线方针政策和国家法律法规，完整准确体现发文机关意图，并同现行有关公文相衔接。

（二）一切从实际出发，分析问题实事求是，所提政策措施和办法切实可行。

（三）内容简洁，主题突出，观点鲜明，结构严谨，表述准确，文字精练。

（四）文种正确，格式规范。

（五）深入调查研究，充分进行论证，广泛听取意见。

（六）公文涉及其他地区或者部门职权范围内的事项，起草单位必须征求相关地区或者部门意见，力求达成一致。

（七）机关负责人应当主持、指导重要公文起草工作。

第二十条　公文文稿签发前，应当由发文机关办公厅（室）进行审核。审核的重点是：

（一）行文理由是否充分，行文依据是否准确。

（二）内容是否符合党的理论路线方针政策和国家法律法规；是否完整准确体现发文机关意图；是否同现行有关公文相衔接；所提政策措施和办法是否切实可行。

（三）涉及有关地区或者部门职权范围内的事项是否经过充分协商并达成一致意见。

（四）文种是否正确，格式是否规范；人名、地名、时间、数字、段落顺序、引文等是否准确；文字、数字、计量单位和标点符号等用法是否规范。

（五）其他内容是否符合公文起草的有关要求。

需要发文机关审议的重要公文文稿，审议前由发文机关办公厅（室）进行初核。

第二十一条　经审核不宜发文的公文文稿，应当退回起草单位并说明理由；符合发文条件但内容需作进一步研究和修改的，由起草单位修改后重新报送。

第二十二条　公文应当经本机关负责人审批签发。重要公文和上行文由机关主要负责人签发。党委、政府的办公厅（室）根据党委、政府授权制发的公文，由受权机关主要负责人签发或者按照有关规定签发。签发人签发公文，应当签署意见、姓名和完整日期；圈阅或者签名的，视为同意。联合发文由所有联署机关的负责人会签。

第六章　公文办理

第二十三条　公文办理包括收文办理、发文办理和整理归档。

第二十四条　收文办理主要程序是：

（一）签收。对收到的公文应当逐件清点，核对无误后签字或者盖章，并注明签收时间。

（二）登记。对公文的主要信息和办理情况应当详细记载。

（三）初审。对收到的公文应当进行初审。初审的重点是：是否应当由本机关办理，是否符合行文规则，文种、格式是否符合要求，涉及其他地区或者部门职权范围内的事项是否已经协商、会签，是否符合公文起草的其他要求。经初审不符合规定的公文，应当及时退回来文单位并说明理由。

（四）承办。阅知性公文应当根据公文内容、要求和工作需要确定范围后分送。批办性公文应当提出拟办意见报本机关负责人批示或者转有关部门办理；需要两个以上部门办理的，应当明确主办部门。紧急公文应当明确办理时限。承办部门对交办的公文应当及时办理，有明确办理时限要求的应当在规定时限内办理完毕。

（五）传阅。根据领导批示和工作需要将公文及时送传阅对象阅知或者批示。办理公文传阅应当随时掌握公文去向，不得漏传、误传、延误。

（六）催办。及时了解掌握公文的办理进展情况，督促承办部门按期办结。紧急公文或者重要公文应当由专人负责催办。

（七）答复。公文的办理结果应当及时答复来文单位，并根据需要告知相关单位。

第二十五条　发文办理主要程序是：

（一）复核。已经发文机关负责人签批的公文，印发前应当对公文的审批手续、内容、文种、格式等进行复核；需作实质性修改的，应当报原签批人复审。

（二）登记。对复核后的公文，应当确定发文字号、分送范围和印制份数并详细记载。

（三）印制。公文印制必须确保质量和时效。涉密公文应当在符合保密要求的场所印制。

（四）核发。公文印制完毕，应当对公文的文字、格式和印刷质量进行检查后分发。

第二十六条　涉密公文应当通过机要交通、邮政机要通信、城市机要文件交换站或者收发件机关机要收发人员进行传递，通过密码电报或者符合国家保密规定的计算机信息系统进行传输。

第二十七条　需要归档的公文及有关材料，应当根据有关档案法律法规以及机关档案管理规定，及时收集齐全、整理归档。两个以上机关联合办理的公文，原件由主办机关归档，相关机关保存复制件。机关负责人兼任其他机关职务的，在履行所兼职务过程中形成的公文，由其兼职机关归档。

第七章　公文管理

第二十八条　各级党政机关应当建立健全本机关公文管理制度，确保管理严格规范，充分发挥公文效用。

第二十九条　党政机关公文由文秘部门或者专人统一管理。设立党委（党组）的县级以上单位应当建立机要保密室和机要阅文室，并按照有关保密规定配备工作人员和必要的安全保密设施设备。

第三十条　公文确定密级前，应当按照拟定的密级先行采取保密措施。确定密级后，应当按照所定密级严格管理。绝密级公文应当由专人管理。

公文的密级需要变更或者解除的，由原确定密级的机关或者其上级机关决定。

第三十一条　公文的印发传达范围应当按照发文机关的要求执行；需要变更的，应当经发文机关批准。

涉密公文公开发布前应当履行解密程序。公开发布的时间、形式和渠道，由发文机关确定。

经批准公开发布的公文，同发文机关正式印发的公文具有同等效力。

第三十二条　复制、汇编机密级、秘密级公文，应当符合有关规定并经本机关负责人批准。绝密级公文一般不得复制、汇编，确有工作需要的，应当经发文机关或者其上级机关批准。复制、汇编的公文视同原件管理。

复制件应当加盖复制机关戳记。翻印件应当注明翻印的机关名称、日期。汇编本的密级按照编入公文的最高密级标注。

第三十三条　公文的撤销和废止，由发文机关、上级机关或者权力机关根据职权范围和有关法律法规决定。公文被撤销的，视为自始无效；公文被废止的，视为自废止之日起失效。

第三十四条　涉密公文应当按照发文机关的要求和有关规定进行清退或者销毁。

第三十五条　不具备归档和保存价值的公文，经批准后可以销毁。销毁涉密公文必须严格按照有关规定履行审批登记手续，确保不丢失、不漏销。个人不得私自销毁、留存涉密公文。

第三十六条　机关合并时，全部公文应当随之合并管理；机关撤销时，需要归档的公文经整理后按照有关规定移交档案管理部门。

工作人员离岗离职时，所在机关应当督促其将暂存、借用的公文按照有关规定移交、清退。

第三十七条　新设立的机关应当向本级党委、政府的办公厅（室）提出发文立户申请。经审查符合条件的，列为发文单位，机关合并或者撤销时，相应进行调整。

第八章　附　　则

第三十八条　党政机关公文含电子公文。电子公文处理工作的具体办法另行制定。

第三十九条　法规、规章方面的公文，依照有关规定处理。外事方面的公文，依照外事主管部门的有关规定处理。

第四十条　其他机关和单位的公文处理工作，可以参照本条例执行。

第四十一条　本条例由中共中央办公厅、国务院办公厅负责解释。

第四十二条　本条例自 2012 年 7 月 1 日起施行。1996 年 5 月 3 日中共中央办公厅发布的《中国共产党机关公文处理条例》和 2000 年 8 月 24 日国务院发布的《国家行政机关公文处理办法》停止执行。

参考文献

[1] 徐中玉. 大学语文[M]. 北京: 高等教育出版社, 2016.
[2] 陈振鹏, 章培恒. 古文鉴赏辞典[M]. 上海: 上海辞书出版社, 2014.
[3] 王国维. 人间词话[M]. 北京: 中国华侨出版社, 2015.
[4] 刘阳. 大学国文[M]. 北京: 高等教育出版社, 2018.
[5] 邱燕, 乔芳, 吴媛媛. 国学教育[M]. 北京: 首都师范大学出版社, 2017.
[6] 党怀兴, 郭迎春. 大学语文[M]. 北京: 高等教育出版社, 2018.
[7] 郑忠孝, 杨欣. 大学语文[M]. 天津: 南开大学出版社, 2010.
[8] 杨传凯, 叶刚. 大学语文[M]. 北京: 现代教育出版社, 2019.
[9] 张爱丽. 大学语文[M]. 哈尔滨: 哈尔滨工业大学出版社, 2019.
[10] 杨莉, 尹清杰. 大学语文[M]. 北京: 北京邮电大学出版社, 2012.
[11] 朱文斌, 周金声. 大学语文[M]. 北京: 高等教育出版社, 2017.
[12] 郑洁. 大学语文[M]. 上海: 上海大学出版社, 2009.
[13] 光军风. 大学语文[M]. 北京: 高等教育出版社, 2019.
[14] 王鹏里, 赵滢, 桑显洁. 大学语文[M]. 南昌: 江西高校出版社, 2019.
[15] 毛元金, 张小娟. 大学语文[M]. 昆明: 云南大学出版社, 2020.
[16] 谢锡龄, 李建明. 大学语文新编[M]. 成都: 电子科技大学出版社, 2009.
[17] 张鹏振, 张祥平, 邹志生. 大学语文新编[M]. 3版. 武汉: 华中科技大学出版社, 2011.
[18] 薄克礼, 鲁冰. 大学语文[M]. 北京: 对外经济贸易出版社, 2012.
[19] 田维舟. 大学语文[M]. 广州: 华南理工大学出版社, 2018.
[20] 王显槐, 王晓霞. 大学语文[M]. 北京: 北京出版社, 2019.
[21] 杨春, 王涛, 韩素萍. 文学欣赏[M]. 天津: 南开大学出版社, 2011.
[22] 张巍峰. 浸染的诗情——中国古典诗词赏析[M]. 镇江: 江苏大学出版社, 2014.
[23] 李泽厚. 美的历程[M]. 北京: 生活·读书·新知三联书店, 2009.
[24] 袁行霈. 中国文学史(第一卷～第四卷)[M]. 北京: 高等教育出版社, 1999.
[25] 王力. 古代汉语[M]. 北京: 中华书局, 1999.
[26] 朱东润. 中国历代文学作品选[M]. 上海: 上海古籍出版社, 2001.
[27] 曹旭. 古诗十九首与乐府诗选评[M]. 上海: 上海古籍出版社, 2002.
[28] 周汝昌, 宛敏灏, 叶嘉莹, 等. 宋词鉴赏辞典(上、下册)[M]. 上海: 上海辞书出版社, 2003.
[29] 程帆. 唐诗宋词鉴赏辞典[M]. 长沙: 湖南教育出版社, 2012.
[30] 蘅塘退士, 等. 唐诗三百首·宋词三百首·元曲三百首[M]. 北京: 华文出版社, 2009.
[31] 陆林. 宋词[M]. 北京: 北京师范大学出版社, 1992.
[32] 徐中玉, 金启华. 中国古代文学作品选(二)[M]. 上海: 华东师范大学出版社, 1999.
[33] 李静, 等. 唐诗宋词鉴赏大全集[M]. 北京: 华文出版社, 2009.
[34] 王学初. 李清照集校注[M]. 北京: 人民文学出版社, 1979.
[35] 罗立刚. 长恨此身非我有: 豪放词[M]. 北京: 人民文学出版社, 2016.
[36] 韩凌. 豪放词[M]. 武汉: 崇文书局, 2017.

[37] 邹志方. 陆游诗词选[M]. 北京：中华书局，2005.
[38] 张永鑫，刘桂秋. 宋元明清——陆游诗词选译[M]. 成都：巴蜀书社，1990.
[39] 李昉，等. 太平御览[M]. 北京：中华书局，1966.
[40] 袁珂. 山海经校注·北山经[M]. 成都：巴蜀书社，1996.
[41] 袁珂. 中国古代神话[M]. 上海：华东师范大学出版社，2017.
[42] 高诱. 诸子集成·淮南子·览冥训[M]. 杭州：浙江古籍出版社，1999.
[43] 裘锡圭. 文字学概要[M]. 北京：商务印书馆，2010.
[44] 李清梅. 汉字之美[M]. 成都：电子科技大学出版社，2019.
[45] 张孟晋. 汉字的故事[M]. 长春：吉林人民出版社，2010.
[46] 罗贯中. 三国演义[M]. 北京：人民文学出版社，2019.
[47] 施耐庵. 水浒传[M]. 北京：人民文学出版社，1997.
[48] 冯梦龙. 警世通言[M]. 北京：中华书局，2009.
[49] 李剑国. 唐前志怪小说辑释[M]. 上海：上海古籍出版社，1986.
[50] 蒲松龄. 聊斋志异会校会注会评[M]. 上海：上海古籍出版社，2011.
[51] 曹雪芹，高鹗. 红楼梦[M]. 北京：人民文学出版社，1994.
[52] 刘勰. 文心雕龙注[M]. 范文澜注. 北京：人民文学出版社，1958.
[53] 钟嵘. 诗品集注[M]. 曹旭集注. 上海：上海古籍出版社，2011.
[54] 陈祚明. 采菽堂古诗选[M]. 李金松点校. 上海：上海古籍出版社，2019.
[55] 叶嘉莹. 说汉魏六朝诗[M]. 北京：中华书局，2018.
[56] 叶嘉莹. 说阮籍咏怀诗[M]. 北京：中华书局，2018.
[57] 叶嘉莹. 杜甫秋兴八首集说[M]. 石家庄：河北教育出版社，1997.
[58] 余冠英. 汉魏六朝诗选[M]. 北京：中华书局，2012.
[59] 袁行霈. 中国文学史(第二卷)[M]. 北京：高等教育出版社，2014.
[60] 北京大学北京师范大学中文系，北京大学中文系文学史教研室. 陶渊明资料汇编[M]. 北京：中华书局，1962.
[61] 阎步克. 波峰与波谷[M]. 北京：北京大学出版社，2017.
[62] 陈寅恪. 元白诗笺证稿[M]. 北京：商务印书馆，2015.
[63] 陈寅恪. 隋唐制度渊源略论稿唐代政治史述论稿[M]. 北京：商务印书馆，2011.
[64] 闻一多. 唐诗风情[M]. 北京：北京联合出版公司，2013.
[65] 吕思勉. 中国通史[M]. 成都：成都时代出版社，2014.
[66] 张明林. 诗经•楚辞[M]. 沈阳：辽海出版社，2014.
[67] 蘅塘退士. 唐诗三百首[M]. 思履主编. 北京：中国华侨出版社，2016.
[68] 曾冬. 宋词素描[M]. 长沙：湖南文艺出版社，2019.
[69] 弘丰. 楚辞[M]. 青岛：青岛出版社，2020.
[70] 芳园. 唐诗宋词元曲[M]. 天津：天津人民出版社，2015.
[71] 于丹.《庄子》心得[M]. 北京：中国民主法制出版社，2007.
[72] 钱理群，温儒敏，吴福辉. 中国现代文学三十年[M]. 北京：北京大学出版社，1998.
[73] 朱栋霖，朱晓进，吴义勤. 中国现代文学史(上册)[M]. 北京：高等教育出版社，2014.
[74] 郭沫若. 郭沫若诗文经典[M]. 南昌：二十一世纪出版社，2016.
[75] 徐志摩. 猛虎集[M]. 武汉：新月书店，1931.

[76] 闻一多. 红烛死水[M]. 北京：人民文学出版社，1988.
[77] 戴望舒. 雨巷：戴望舒诗集(现代中国最美的诗)[M]. 北京：人民文学出版社，2020.
[78] 鲁迅. 中国小说史略[M]. 郭豫适导读. 上海：上海古籍出版社，2019.
[79] 鲁迅. 呐喊[M]. 西安：陕西师范大学出版社，2009.
[80] 卢勇. 应用文写作与口语表达[M]. 北京：航空工业出版社，2010.
[81] 吴宝玲. 实用文写作[M]. 北京：高等教育出版社，2017.
[82] 司春艳. 新编应用写作教程[M]. 北京：教育科学出版社，2008.
[83] 吴静，朱蓓. 应用文写作[M]. 北京：清华大学出版社，2011.
[84] 王用源. 中文沟通与写作[M]. 北京：机械工业出版社，2015.
[85] 杨莉，王春艳. 新编应用文写作[M]. 哈尔滨：哈尔滨工程大学出版社，2018.